I. Tamamshev

Der Kampf um Constantinopel in seiner Vergangenheit, Gegenwart und zu

Kunst

I. Tamamshev

Der Kampf um Constantinopel in seiner Vergangenheit, Gegenwart und zu Kunst

ISBN/EAN: 9783743403079

Hergestellt in Europa, USA, Kanada, Australien, Japan

Cover: Foto ©ninafisch / pixelio.de

Manufactured and distributed by brebook publishing software (www.brebook.com)

I. Tamamshev

Der Kampf um Constantinopel in seiner Vergangenheit, Gegenwart und zu

Kunst

Vorrede.

Das vorliegende Werk: „Der Kampf um Constantinopel ist das Ergebniß der Forschungen und Beobachtungen, welche der Verfasser während eines mehr als sechsjährigen Aufenthaltes am Bosporus, in Constantinopel und in verschiedenen Theilen des Orients gemacht hat. Es gibt kein Land und keine Stadt, über welche so viel und so mannigfaltig geschrieben wurde, wie über den Bosporus und Constantinopel, und demungeachtet lassen sich seiner Geschichte und den Ereignissen und ihren Entwicklungen immer wieder neue Seiten und Darstellungen abgewinnen.

Abgesehen von den Schilderungen des Fachgebietes ergiebt sich kein specieller Standpunkt, und ist in den bisher erschienenen Werken auch nicht hervorgehoben worden, von welchem aus der Bosporus und der Orient in seinen Beziehungen mit Rom und den Römern des Alterthums erörtert und auseinandergesetzt wäre. Die römische Besitznahme und Herrschaft des Orients war von entscheidendem Einfluß nicht nur in historisch-politischer, sondern auch in culturhistorischer Hinsicht, denn durch die Herrschaft der Römer wurde dem Oriente römisches Leben und Wesen in nachhaltigster Weise eingeprägt, wie auch das bisherige orientalische Leben und die Sitte auf das Römerthum von Einfluß war. Was Julius Cäsar geplant, hat Constantin d. G. zur Ausführung gebracht und damit dem Oriente und allen seinen Angelegenheiten eine neue Richtung und Laufbahn gegeben. Und das, was Constantin am Bosporus und goldenen Horn begründet und in Ausführung gebracht, hat mehr als tausend Jahre mit

I

wechselndem Erfolge — gut und schlecht — mit Sieg und Niederlage,
mit Fort- und Rückschritt — bis zum 29. Mai des Jahres 1453
gedauert. Zwei meisterhafte Werke: „The declin and fall of the
romain empire" und „The history of the Greece" schildern
diese Epoche eingehend und gründlich. In ersterem schildert
Gibbon in farbenreichen Bildern die letzten römischen Kaiser
und den Zustand des griechisch-orientalischen Kaiserreichs in
chronologischer Reihenfolge, aber ohne Erwähnung des Einflusses,
welchen das Römerthum im Oriente ausgeübt. In dem zweiten
Werke ist der Verfasser — Finlay — näher und eingehender
an diesen wichtigen Stoff der einheitlichen Geschichtsforschung
herangetreten und betrachtet vom thatsächlichen Standpunkte aus
das Wesen des Römerthums und seines umgestaltenden Einflusses
auf das innere und äußere Wesen des Griechenthums in
Constantinopel. Andere Schriftsteller von Fach, wie Banduri,
Du Cange, Rambeaud, Le Bean, Labarde, Gfrörer,
Burkhardt, Hertzberg, Sathas u. a. beleuchten den
Gegenstand von verschiedenen Gesichtspunkten, aber alle ohne
Resultat, den Stoff allseitig klarzulegen. Keine Periode dieses
Reiches leidet an einer solchen Dürftigkeit litterarischer Quellen
wie die Geschichte des griechisch-orientalischen Kaiserreiches, und
die Jahrhunderte vom VII. bis weiter an das XII. finden nur
in wenigen griechischen Schriftstellern eine sehr ungenügende
Darstellung, und muß eine solche in armenischen und arabischen
Aufzeichnungen gesucht und erforscht werden. Was nach Zerstörung
der alexandrischen Bibliothek, ferner nach der Eroberung Constanti-
nopels durch die Türken an Werken und Manuscripten in
Privat- und öffentlichen Gebäuden sich vorfand, wurde auf
Fuhrwagen geladen und nach dem Innern Kleinasiens und
weiter geschickt. Das Wenige, was zu jener Zeit gerettet und in
Sicherheit gebracht wurde, ist im Escurial bei Madrid aufbewahrt.
Vor drei Jahren besuchte der Secretär des griechisch-litterarischen
Vereins „Syllogos" in Constantinopel, Herr Papadopulo-
Kerameos, viele alten Klöster Kleinasiens, um daselbst Ueber-
bleibsel aus älterer Zeit aufzufinden, aber das, was er an
verschiedenen Manuscripten fand, betraf nach seinen mündlichen

Mittheilungen mehr kirchliche Angelegenheiten und hätte keinen Bezug auf geschichtliche und staatliche Nachrichten.

In Constantinopel wurden manchmal alte griechische Manuscripte auf Pergament — zu hohen Preisen — angeboten, dem Inhalte nach sind sie aber nur religiöse Andachtsbücher. Einige wenige bisher unbekannte Documente betreffs der Geschichte des Mittelalters sind in neuerer Zeit von dem Griechen Sathas in Paris veröffentlicht worden. Aus dem Allen ersieht man, daß diese tausendjährige belangreiche nur für den Orient höchst wichtige Periode des Mittelalters bis jetzt nur mangelhaft erforscht und dargestellt werden konnte. Die Annahme, daß Documente und Manuscripte über diese Periode des orientalischen Mittelalters in Folge der häufigen Erdbeben und Kriege verschüttet und versteckt wurden und nun unter Erdrinden lagern, findet ihre Bestätigung darin, daß von Zeit zu Zeit bei Ausgrabungen behufs Fundamentirung neuer Gebäude manche Funde in Metall und Stein gemacht werden, deren Inschriften, gelesen und entziffert, einigen Aufschluß über jene Zeit und deren Ereignisse geben. Diese Erfolge sind einem kleinen Kreise gebildeter Männer aus der Mitte der übrigen schlummernden Bevölkerung Constantinopels zu verdanken

Die Erforschung Kleinasiens und der Balkanhalbinsel — abgesehen von den Forschungen und Sammlungen einzelner europäischer Reisenden — steht noch bevor. Indien, Japan, Neu-Guinea, Südamerika sind schon mehr und umfassender erforscht und untersucht worden, als die zwei angrenzenden Halbinseln dies- und jenseits des Bosporns.

Ueber das Türkenreich und die Herrschaft der Muselmanen in Kleinasien und der Balkanhalbinsel sind zahlreiche und höchst bedeutende Schriften erschienen, von denen, besonders hervorgehoben, zu werden, verdienen: Chalkokondilas, Knolles, Mnradgea Marsigli, Kantemir, Hammer-Purgstall, Zinkeisen und Dechevdet-pascha und die in eingehendster Weise die türkischen Angelegenheiten beschreiben und erörtern, soweit es die muselmanischen und andere literarische Hilfsquellen ermöglichten. Außerdem sind noch einige ausgezeichnete Schriftsteller zu erwähnen, wie

1*

Tavernier, Ricaut, Beaudier, Guer, Eton, Charles White, Juchereau de St. Denis, Slade, Urquhart, Rigler, Ubicini, Henschling u. a., welche durch ihren Aufenthalt in Constantinopel und in verschiedenen Theilen des Orients im persönlichen Verkehr in Mitte des bunten, complicirten Drangsals des privaten und öffentlichen Lebens im Orient ihre Studien und Forschungen machten und solche in partibus und ioto der Oeffentlichkeit überliefert haben. Trotz aller dieser bedeutenden Forschungen und Studien über den Orient und besonders Constantinopel ist sehr Vieles noch in Dunkel gehüllt und unaufgeklärt, und es ist daher unmöglich in chronologischer Reihe die geschichtlichen Thatsachen aneinander zu reihen und zu schildern. Einzelne Jahrhunderte sind besonders reich an Lücken, die keine Quellen für die Geschichtsforschung bieten, und somit für den wissenschaftlichen Forscher bis jetzt eines der mangelhaftesten Gebiete dieses Faches sind. Im Anfange dieses Jahrhunderts war der preußische Gesandte Knobelsdorf im Auftrage der Berliner Akademie der Wissenschaften mit der Aufklärung der Geschichte des Orients beschäftigt und hat manche werthvolle Werke, z. B. „v. Mirchond" und „Haidar-Ibr-Ali" für dieselbe angeschafft, und sind die Werke für die Geschichte des Orients vielfach benützt worden. Als der Marquis de Noailles vor einigen Jahren Botschafter Frankreichs in Constantinopel war, ließ er im Geiste der „quaranto immortels" für die französische Akademie ein Verzeichniß aller unbekannten orientalischen Manuscripte, welche in verschiedenen Theilen des Orients, in Constantinopel und jenseits des Bosporus, in Klein-Asien, Persien, Arabien und Egypten behutsam aufbewahrt werden, herstellen. Dieses Verzeichniß, von dem wir eine Abschrift erhielten, enthält eine Aufzählung von mehr als zweihundert Manuscriptstücken. Aus demselben ist zu ersehen, daß die meisten Schriftstücke in arabischer, wenige davon in persischer und die wenigsten in türkischer Sprache verfaßt sind. Keines dieser Manuscriptstücke ist bisher von einem Orientalisten untersucht und verwerthet worden. Der siebente Orientalisten-Congreß, welcher im October 1886 in Wien tagte, bewies klar, daß die Orientfor-

schung nur auf eine höchst dürftige Sammlung einzelner Bruchstücke von Manuscripten und Studien einzelner Forscher beruhe,
und somit die Erfahrungen und Kenntnisse in Betreff des Orients
bisher sehr beschränkten Umfanges sind, und daß in dieser Beziehung noch in keine einheitliche Richtung und wissenschaftliche
Bearbeitung eingegangen werden konnte.

Die Orientforschung befindet sich jetzt in eben solchen ver-
worrenem aussichtslosem Zustande, wie die Naturforschung im
achtzehnten Jahrhunderte, bevor noch die bahnbrechenden Entdeckungen von Laplace, Lavoisier, Lamarck gemacht waren.

In dieser Hinsicht muß man sich mit Hoffnungen und
Erwartungen auf die Zukunft begnügen.

Unsere Beschreibung, welche eigentlich nicht die Geschichte
des betreffenden Themas, sondern blos einen historisch-politischen
Beitrag bildet, enthält viele wichtige Fragen in bündiger Form
zur Erörterung und Klarlegung der politischen Lage Constantinopels in den verschiedenen Zeitaltern auf Grund der kritischen
Analyse von oft sehr widersprechenden Thatsachen.

Was die Beschreibung der Gegenwart betrifft, war es
nothwendig, die „Natur" und „Wahrheit" der verwickelten buntfarbigen Umstände und Vorgänge des öffentlichen und privaten
Lebens der Neuzeit in Constantinopel nach bester Möglichkeit zu
schildern, ohne durch den äußeren Schein oder verlockende Trug-
bilder sich hinreißen zu lassen.

In Hinsicht auf die dargestellten Gegenstände, sind noch
andere Materiale, welche einen integrirenden Theil der historischen
Beschreibung der Gegenwart bilden, doch hätte eine solche den
Umfang dieses Werkes, gegen unsere Absicht, nur bedeutend ver-
größert. So eine ganze Reihe von Abhandlungen über die Kirchen
und Moscheen; der confessionelle Gottesdienst; der religiöse Eifer
der verschiedenen Völker; die historische Betrachtung der Patriarchen; die ersten Anfänge der nationalen Erwachung der Balkanvölker; die klimathologischen und sanitären Verhältnisse des
Bosporus und Constantinopels; die Krankenhäuser und die
Mortalität; die Gefängnisse und die criminelle Statistik; die
speciellen wirthschaftlichen Verhältnisse und Erwägung des Dampf-

schiffverkehrs in den orientalischen Gewässern; der Zustand des Schwarzen Meeres vor der Periode des Durchbruchs des Bosporus; die geologischen, botanischen, zoologischen und anthropologischen Betrachtungen am Bosporus und in Constantinopel; die von den Griechen übertragene Civilisation der Araber und die geistige Unproductivität der Türken u. a. Abhandlungen, die, wie oben schon bemerkt, aus verschiedenen Gründen einstweilen unterblieben sind, die aber zu einer anderen Zeit der Oeffentlichkeit übergeben werden können.

In Betreff des zehnten und letzten Capitels, in welchem die politischen Verhältnisse der Umgestaltung der Türkei in der Zukunft auseinander gesetzt sind, wurde alles so wie in den vorangehenden Capiteln unparteiisch besprochen und analysirt, da der Verfasser weder Parteiführer noch Parteimann sein kann. Hierin liegt ein großer Vortheil für das Publicum im Allgemeinen, und jeder aufgeklärte Leser wird zu würdigen und zu beurtheilen in die Lage gesetzt, daß alles, was in vorliegender Schrift gesagt wurde, vom objectiven Standpunkte betrachtet ist und die politischen Verhältnisse des nahen Orients sachbeweislich dargestellt worden sind.

Wien, Anfang November, 1886.

Der Verfasser.

Die Römer, ihre Welteroberungszüge, ihre Herrschaft im Orient, Constantin der Große, die Gründung von Constantinopel.

Zwei aneinandergrenzende Halbinseln der Welt haben seit uralter Zeit die Aufmerksamkeit der Völker auf sich gelenkt und rege gehalten, sie waren im Alterthum eine Stätte der Civilisation, des Handels und eines großartigen Verkehres der Völker von Osten nach dem Westen und von West nach Ost, von Nord nach Süd und von Süd nach Nord. Eine von beiden, welche als Theil von Südeuropa unter der Bezeichnung Balkanhalbinsel bekannt ist, nordwärts vom Donaustrom durchflossen wird und vom Schwarzen, Marmara-, Egeischen, Mittelländischen und Adriatischen Meere begrenzt wird, ist von Bergen durchzogen, welche im Alterthume Hämus genannt wurden und jetzt Balkan heißen. Die Balkangebirge sind nichts anderes als eine natürliche Fortsetzung der Karpathen des Banat, von denen sie durch das Strombett der Donau getrennt werden, und ziehen sich bogenartig von West gegen Ost fast bis an das Schwarze Meer. Die Thäler von der Morava nordwärts und dem Vardar südwärts des Balkans theilen die Halbinsel in zwei Gebiete. Im westlichen Gebiete hat die Hauptgebirgskette größten-

theils eine Richtung von Norden gegen Süd, oder von
Nordosten gegen Südosten, während im östlichen Ge=
biete die Berge von Westen gegen Osten gerichtet sind.
Die höchsten Gipfel der Gebirgskette, welche im Rhodope
liegen, haben bis 2600 Meter Höhe. Die Richtung
der Gebirge setzt sich gegen den Süden der Halbinsel
fort und endet im Pindus, dessen höchster Punkt der
2000 Meter hohe Olymp, welcher als nationales und
religiöses Heiligthum des ganzen antiken Hellenismus
bekannt ist. Die nördlichen Abhänge gegen die Donau
sind terassenförmige Gebirgsländer mit breiten und
weithin sich erstreckenden Wiesen, während sie südwärts
mauerartig gebildet sind, und die zahlreichen Gebirgs=
zweige sich in malerisch geformte Thäler und Schluchten
umbilden, mit einem milden Klima, mit Wäldern und
mit einer sehr üppigen, bunten Vegetation bedeckt und
von zahlreichen Strömen durchzogen sind. Einige
herrliche Seen, in denen sich zahlreiche Fische tummeln,
südwärts von der Gebirgskette erhöhen noch mehr den
Genuß an dieser landschaftlichen Schönheit und sind
für die Bevölkerung ebenso viel große als reichhaltige
Quellen natürlicher Schätze und Reichthümer.

Die wichtigsten Seen sind: Der See von Ochrida,
Skutari, Janina, Castoria, Jenifsche u. s. w. Die
Flüsse und Nebenflüsse: Donau, Maritza (Hebrus),
Karasu oder Struma (Strymon), Varbar (Axius),
Indsche=Karasu oder Wistritza, Salambria (Penea),
Arzen, Drin, Narenta u. s. w. Hafeneinbuchtungen
finden sich am häufigsten im Egeischen, Mittelländischen
und Adriatischen Meere, weniger im Marmara= und
Schwarzen Meere.

Die Naturproduction der Balkanhalbinsel ist wie
die Mannigfaltigkeit der Landesformation und der
klimatischen Verhältnisse, gleichfalls sehr verschieden.
Nördlich vom Balkan ist die Vegetation dürftiger als
im Süden, wo man einen äußerst üppigen Pflanzen=

wuchs mit allen Spielarten der Flora der südlichen
Länder antrifft. Ebenso mannigfach ist die Fauna,
und endlich sind in den Gebirgsadern zahlreiche Mine=
ralien, welche aber bis jetzt noch nicht zu Tage
gefördert wurden. Auch an mineralhältigen Warm=
und Kaltquellen ist kein Mangel, die gleichfalls der
Erforschung entbehren.

Die Urvölker dieser Gegenden, Thrakier, Ily=
rier, Macedonier und Griechen lebten von der Jagd
und beschäftigten sich mit der Rindvieh=, Schaf= und
Pferdezucht. Die alten Griechen sind durch ihre hohe
geistige Production in Wissenschaft und Kunst als Vor=
gänger der modernen Culturvölker zu betrachten.

Vorder= oder Kleinasien, oder auch Anatolien
ist wie das Balkanland der europäischen Türkei eine
stumpfe Halbinsel zwischen dem Schwarzen, Marmara=,
Egeischen und Mittelländischen Meere. Man unterscheidet
auf dieser Halbinsel zwei Arten von Ländern mannig=
faltiger Configuration, von denen das eine als Flachland
ein Drittel in der Halbinsel einnimmt, und jenes Land
der Gebirgskette, welches sich von einem Ufer des
Euphrats in der Richtung von Südost gegen Nordwest
hinzieht. Das Flachland ist stellenweise hügelartig,
stellenweise wieder ganz flach und horizontal, und ent=
behrt größtentheils des Baumwuchses, wodurch der
Gegend der Charakter der Einförmigkeit und Trau=
rigkeit aufgedrückt wird. Ebenso einförmig sind die
klimatischen Verhältnisse, welche an jene von Nord=
frankreich und Norddeutschland erinnern. Jene Pflanzen,
welche im Süden Europas unter gleichen Breitegraden
sehr gut gedeihen, sind hier nicht zu treffen. Das
Gebirgsland nimmt die nördlichen und südlichen Theile
von Kleinasien ein. Der südliche Theil der Gebirgs=
kette erhebt sich bis zu 3000 Meter und ist eine der

schönsten und reichsten Gegenden von Kleinasien. In dieser Gegend trifft man den üppigen Pflanzenreichthum des Südens.

Diese südliche hohe Gebirgskette wurde seit alter Zeit als Taurus bezeichnet, zieht sich gegen Westen hin und entsendet einige Zweige gegen Norden, welche unter verschiedenen Namen bekannt sind. Jener Gebirgszweig, welcher im Nordwesten von Kleinasien im Golfe Abramiti endigt, hat zwei sehr erhabene Kegel, von denen der eine, der asiatische Olymp, mit ewigem Schnee bedeckt, 2700 Meter hoch, im Alterthume eine Stätte der homerischen Götter war, während der andere, näher am Golf gelegene, der von Homer besungene Berg Jda, in der Höhe von 1700 Meter das schönste Thal des alten Troja begrenzt, in welchem zwei im Alterthume vielgenannte Flüsse, Simoïs und Skamander strömen. Der nördliche Theil der anatolischen Gebirgskette zieht sich vom Bosporus an parallel mit dem Ufer des Schwarzen Meeres hin, erstreckt sich in das armenische Hochgebirgsland zwischen Trebizond und Erzerum und geht in die Gebirgsverbindung von Musch bis zum Van-See über. Diese verschiedenen Gebirgsverzweigungen vereinigen sich mit der Kaukasusgebirgskette. Eine andere Verzweigung des Taurusgebirges im südlichen Theile von Anatolien zieht sich ostwärts bis an die Euphratufer, welche wir als den Anfang der Gebirge erwähnt hatten, und vom anderen Ufer desselben Flusses mit verschiedenen Verzweigungen erreichen dieselben den Van-See in Armenien, wo dieselben in Verbindung mit Antitaurus-Ausläufern fast gänzlich den erwähnten See umgeben, von hier sich mit zahlreichen Verzweigungen durch das Perserland weiterziehen und „atteignent jusqu'aux mysterieuses contrées de l'Asie centrale", wie sich Tschihatschef so treffend ausdrückt, d. h., nach Centralasien übergehend, sich mit der Gebirgskette von Afghanistan und Indien verbinden. Einer der Ausläufer des Taurus dehnt sich nach südwärts aus und vereinigt sich in Syrien mit der Gebirgskette des Libanon.

Zur Gegend von Anatolien gehören umfangreiche und tiefe Thäler, welche nachfolgende Flüsse durchströmen: Kizil-Ermak (im Alterthume Halys) Jeschil-Ermak (Iris), Ermenek (Kalykabnus), Meander, Caïstre, Gedistschai (Hermus) und Bakir Tschaï (Caïcus).

Kleinasien hat zahlreiche Seen mit salzhaltigem und süßem Wasser, von denen der erstere Tustschly (im Alterthume Tatta palus) heißt, dessen Gewässer sich im Sommer vermindern und dessen Ufer sich mit zahlreichen Salzkrystallen bedecken. Die anderen Seen sind: Kara-Hissar, Ak-Schehir, Egirdir, Bei-Schehir, Sogla, Kharbak, Bulbur, Nicea und Apollonia.

Vermöge der Uferconfiguration hat Kleinasien zahlreiche Häfen, von denen die meisten im Egeischen und Mittelländischen, jedoch nur wenige im Schwarzen Meere sich befinden. Die Vegetation in den Thälern, auf den Feldern und in den Gärten in allen Theilen Anatoliens ist eine äußerst mannigfaltige. Auf allen Hügeln und Bergabhängen gedeiht der Maulbeerbaum in überreicher Fülle, ja, Süd-Anatolien ist mit dichten Wäldern in allerlei Baumgattungen bedeckt. Alle Gebirgsketten sind reich an Mineralschätzen. In verschiedenen Theilen des Landes sind zahlreiche Mineralquellen höherer und niedriger Temperatur, die aber bisher noch nicht erforscht sind.

Was die Bevölkerung von Kleinasien und ostwärts davon im Allgemeinen betrifft, haben hier die verschiedensten Völkerschaften nacheinander geherrscht und um den Fortschritt der Civilisation und ihren Glauben gekämpft. Zu verschiedenen Zeiten haben hier nacheinander Zoroaster, Moses, Jupiter, Christus und Mohamed ihre zahlreichen Bekenner und Anhänger gehabt. Die großartigen Ruinen allenthalben in Klein-

Asien und Armenien decken die alte Civilisation auf und zeugen von jenen Kämpfen, welche die Völker gegen den Barbarismus der hereinbrechenden Asiaten geführt haben und denen sie unterlegen sind.

Als einheimische und alte christliche Völker dieser Gegenden sind jetzt an den Küstenstrichen die Griechen, und in den Flach- und Gebirgsländern die Armenier und Assyrer. Ueberaus zahlreich sind die Türken, Turcomanen, Juruken, dann die Kurden, Yeziden, Juden, die Bergeinwohner von Syrien, Drusen, Maro- niten, endlich die ansäßigen Araber und die Beduinen 2c.

In der Mitte dieser zwei angrenzenden Halb- inseln in Europa und Asien, wo die mächtigen Wasser- ströme der Dardanellen und des Bosporus fließen, liegt an den Ufern des letzteren seit 15 Jahrhunderten die merkwürdige, von Constantin d. Gr. gegründete Stadt, deren Bestand seit dieser Zeit die allgemeine Eifersucht und die Zwietracht der Völker erregt. Nirgends auf der Erdoberfläche noch sind die verschiedenen Völker in so steten Verkehr getreten, wie auf diesen beiden Halb- inseln. Die Völker des Orients, die Küstenbewohner des Stillen und des Atlantischen Oceans, die Bewohner des fernen Westens, von Italien, Iberien, Gallien und Britannien, sie alle sind auf diesen Halbinseln zusammen- gekommen und in Handel und Verkehr getreten. Diese Halbinseln waren auch der Schauplatz der blutigsten Kämpfe zwischen den Völkern des Ostens und Westens, hier wurden die Schicksale der Völker der alten Welt durch Siege oder Niederlagen entschieden; hier hat sich die alte Cultur und Civilisation zur höchsten Blüthe entfaltet und alle Völker mächtig angezogen; hier zog durch die langen Kriege Greuel und Verwüstung ein und decimirte die einst so dichte Bevölkerung. Die Ureinwohner und die alten Völker gingen zu Grunde; neue sind an ihre Stelle getreten oder es mischten sich die alten Völker mit den neu eingewanderten, daß es heute nur schwer möglich ist, ihre Spur an Ort und Stelle aufzufinden.

Während der Epoche der großen Racen-Erhebung und Völkerbewegung in Asien in Folge der Bedrückungen und anderweitigen Ursachen verließen vor ungefähr zweitausend Jahren viele Völker ihre Heimat in den Hochgebirgsländern Asiens, von denen ein Theil nordwärts vom Kaspischen Meere und ein anderer Theil südwärts davon wanderte, und, den Spuren der bequemsten Existenzbedingungen folgend, verbreiteten sich manche von den Wolgaufern aus über die nördlichen Länder des Schwarzen Meeres bis gegen die Donau und darüber hin, andere wieder durch die südlichen Gegenden des Kaspischen Meeres gegen die Küstenländer des Mittelländischen Meeres. Nirgends konnten diese asiatischen Völker so viel und so mannigfache Existenzmittel finden, als auf diesen Halbinseln mit ihrer reichen Thier- und Pflanzenwelt. Mit der Gewalt der Waffen bezwangen sie die Ureinwohner der Halbinseln und ließen sich in ihrer Mitte nieder, unterwarfen sie oder wurden wieder von anderen unterworfen.

So entstanden, hervorgerufen durch die große Völkerwanderung, im Laufe einiger Jahrhunderte nach Ch. G. auf beiden Halbinseln die verschiedenartigsten Völkermischungen, und nur in unzugänglichen oder schwer zugänglichen Gebirgsthälern und Schluchten konnten sich die Ureinwohner der verschiedensten Länder erhalten und zugleich ihre Sitten und Gebräuche im Laufe der Jahrhunderte unverändert beibehalten, was zur detaillirten Ethnographie der Völker des Balkans und der Taurus-Halbinseln mannigfaltige und bunte Bilder beiträgt, die bis heute noch weniger als die Ethnographie von südamerikanischen und australischen Völkern durchforscht ist.

Als Rom allmälig verschiedene Völker und Provinzen unterwarf und beherrschte, sie zu einem Staate gestaltete und sich in einem blühenden und gedeihlichen Zustande befand, ließen seine freien Bürger aus angeborener Eroberungssucht und vermöge ihres überlegenen Geistes auch diese Halbinseln nicht unberührt. Die Römer erschienen zuerst vor ungefähr drei Jahrhunderten vor Ch. G. auf denselben, und um das Hämusland zu erobern, brauchten sie ungefähr 250 Jahre. Die Thracier und Illyrier, die Ureinwohner dieser Halbinsel, leisteten starken und energischen Widerstand, ehe sie endlich den römischen Legionen sich unterwarfen. Der römische Feldherr Lucullus hat die letzten Bergbewohner besiegt, ebenso die griechischen Colonien am Schwarzen Meere, und beendigte damit den Krieg sehr ruhmreich. Die einheimischen Herrscher auf der Balkanhalbinsel werden als tributpflichtige Anhänger Roms betrachtet. An diese Siege am Balkan knüpfen sich noch andere in Kleinasien und Armenien. Nach der gänzlichen Eroberung aller Länder zwischen der Donau und dem Hämus durch Crassus wurden sie insgesammt römische Provinzen. In Asien aber setzte Pompejus die Siegeslaufbahn des Lucullus fort. Durch das Machtwort: „majestatem populi romani comiter conservato" erzwang der römische Adler nach diesen Siegen die Achtung der verschiedenen Völker vor der Herrschaft Roms. Seither wandten die Römer ihre Blicke nicht mehr vom Oriente weg und waren bemüht, ihren Besitz sich für längere Zeit und mit allen ihnen zu Gebote stehenden Mitteln zu sichern. Sulla, Lucullus, Crassus und Pompejus haben nacheinander ihren Feldherrnruhm durch ihre Erfolge im Oriente befestigt. Jetzt tritt Julius Cäsar auf den Schauplatz, jener Mann, welcher durch seinen vielseitigen Schaffensgeist und seine nie rastende Thätigkeit einen neuen Wendepunkt in der Weltgeschichte herbeizuführen bestrebt war.

Als Cäsar nach Unterwerfung des Westens in einen
Bürgerkrieg verwickelt wurde und über seine Stellung
zur Republik entschieden werden sollte und nach dem
Siege über Pompejus bei Pharsalus in Thessalien
48 v. Ch. gelangte die ausgesprochene Machtentfaltung
Roms in Bezug auf den Besitzstand des Orientes zum
vollkommenen Ausdrucke, und Cäsars Trachten war in
seinem weltbeherrschenden Blicke, da er, nach Beendigung
des Krieges im Osten und Westen, vom Senat, den
Patriciern und Plebejern als Halbgott angesehen wurde,
nach der Alleinherrschaft gerichtet. Allein in Rom, wo
jeder Platz, jeder Winkel, ja jeder Baustein die Spuren
des freien Geistes und der freien Einrichtungen einer
freien Republik trug, wo das Andenken an die großen
Thaten des Senates, der Patricier und des Volkes
noch nicht erloschen waren, war man weit entfernt,
an die Alleinherrschaft eines Einzigen zu denken, weshalb Cäsar die Residenz des ihm vorschwebenden Kaiserreiches nach dem Orient zu verlegen beabsichtigte. (Sueton.)
In geheimen Sitzungen berieth er nun mit seinen Ge-
sinnungsgenossen die Mittel zur Verlegung der Residenz
nach Osten, als welche ihm bald das Thal von Troja,
bald Alexandrien u. s. w. passend erschien. Um alle
Widerstände und Schwierigkeiten zu beseitigen, erachtete
er es für nothwendig, zuerst den Staatsschatz und die
neue Miliz zu besitzen, da die alte, welche in repu-
blikanischen Anschauungen entstanden und ergraut war,
ihm zu unverläßlich war, als daß er sie nach dem Osten
entsenden konnte. Er verhielt sich, wie dies seine Eigenthümlichkeit war, kühn, entschlossen und rapid, trotzdem
seine Freunde ihm abmahnten, bis der Umsturz endlich
entdeckt wurde und Cäsar zu den Füßen des Stand-
bildes des Pompejus im Senate von dreiundzwanzig
Dolchstichen getroffen niedersank. Sein Tod war für
die Umgestaltung des Orientes verhängnißvoll, aber
seine weltbeherrschenden Gedanken überlebten ihn und

erschienen in Wirklichkeit im ersten Imperium der Welt verkörpert, nachdem alle treuen Anhänger der Republik durch seinen Neffen Octavian beseitigt wurden. Als Octavianus Augustus durch die Volksstimmung sich zum Imperator emporschwang, erstreckte sich das Kaiser= thum vom Atlantischen Ocean und Nordmeere und fast von der Donau bis an die Ufer des Euphrates und alle nördlichen Küsten Afrikas, also das ganze Binnen= land des Mittelmeeres umfassend. Trotzdem der erste römische Kaiser als obersten Grundsatz die Beibehaltung der bisherigen Grenzen aufstellte, richteten die Römer ihr Augenmerk dennoch auf den Orient und auf die Welteroberung, wie sie sich Cäsar und seine Nachfolger dachten. Diese Welteroberung der Römer beruhte aber auf einem geographischen Irrthume, da die Römer im ersten Jahrhunderte der Ansicht waren, daß sie, nach Osten weiter schiffend, in das Kaspische Meer gelangen könnten, welches nach ihrer Meinung einen Busen des indischen Oceans bilde, der die Erde umkreise. (Strabo.) Das Weltsystem von Ptolemäus wurde erst im zweiten Jahrhunderte bekannt. Wie wir weiter sehen werden, gehen in den Ländern zwischen dem Mittelmeere und dem Kaspischen Meere im Laufe der Jahrtausende eine Kette und Reihenfolge der größten, mannigfachen ge= schichtlichen Ereignisse des Orients hervor, die aber bis heute nur unvollständig aufgeklärt sind.

Zu jener Zeit wurde manche Volksstimme laut, welche dem Kaiser den Orient in Erinnerung brachte. Kaiser Augustus trug sich gleichfalls mit dem Gedanken, seine Residenz nach dem Osten, dem Rom seine Entstehung verdankt, zu verlegen. Als Virgil die Entstehung Roms besang, ließ er Aeneas, welcher das Feuer der Vesta= linnen und das Palladium Trojas mitführte, sagen: „Italiam non sponte sequor", da die Reise auf Geheiß der Götter unternommen wurde: „fata viam inveniunt", da er versuchte, während der Fahrt an der Küste von

Creta, Sizilien und Carthago zu landen, aber „fata obstant". Als er endlich auf italienischem Boden in Alba anlangte, sagte Aeneas: „tantae mollis erat romanam condere gentem", wodurch er die Abhängigkeit Roms vom Oriente bekundete. *)

Trotzdem blieb jedoch die ursprüngliche Absicht des Kaisers Augustus unausgeführt, und erst 26 Jahre später, zur Regierungszeit des Kaisers Tiberius, wurde das ganze thrakische Land vom Hämus bis zum Schwarzen und Egeischen Meere erobert und der römischen Macht unterworfen. Theils Eroberungslust, theils die in den Provinzen ausgebrochenen Aufstände, nöthigten die Römer, ihre Legionen immer unter Waffen zu halten. Nach dem Untergange der blühendsten Städte des Orients, nachdem Ninive, Persepolis, Halicarnaß, Tyrus, Syrakus und Carthago in Ruinen verwandelt waren, sind unter Augustus' Nachfolgern nicht minder mächtige Städte untergegangen. Keine von allen diesen Städten war großartiger als Jerusalem, welche vom Kaiser Vespasian belagert und von Titus zerstört wurde. Nicht genug, daß die Beschwichtigung der im Westen des Reiches herrschenden Unruhen Streitkräfte erforderte, mußten die römischen Legionen auch auf der gräko-illyrischen Halbinsel gegen die einfallenden barbarischen Völker stets Wacht halten, ebenso in Kleinasien am Euphrates gegen die Einfälle der Perser. Kaiser Trajan, einer der bestgesinnten Kaiser, beabsichtigte nach der Unterwerfung von Dacien, nordwärts

---

*) Der Name Rom's stammt nach Titus Livius vom trojanischen Worte „trojagena", d. h. aus Troja stammend, und hierauf beziehen sich auch einige Geschichtsforscher, aber Mommsen erwähnt es nicht und läßt es auch ohne Erklärung; nach demselben hießen die Ureinwohner von Alba Ramnes, und der Ursitz des lateinischen Stammes und des Mutterortes Rom, sowie aller übrigen altlateinischen Gemeinden war zwischen dem albanischen See (Lago di Castello) und dem albanischen Berge (Monte Cavo).

von der Donau, wo bis auf den heutigen Tag so
manches Denkmal an diesen Kaiser erinnert, und nach
der Unterwerfung von Parthien und Armenien, nach
dem Vorbilde Alexander des Großen, nach Indien
vorzurücken. Es erwuchsen ihm jedoch so viele Schwierigkeiten, daß sein kühner Plan unausgeführt blieb.

Die römische Welteroberungslust kannte jedoch
keinen Stillstand, die aber in Verbindung mit der
gänzlichen Unterwerfung und dem weiteren Schicksale
des Orientes, als eines bedeutenden Theiles der Monarchie, für das Gedeihen und die Existenz dieser letzteren sehr verhängnißvoll wurde. Wie wir bereits bemerkten, mußten die römischen Legionen im Oriente
stets unter Waffen bleiben, um den Krieg gegen die
Barbaren zu führen und dadurch die Verwüstungen
der Länder durch dieselben zu verhüten.

Gegen Ende des zweiten Jahrhunderts, als die
Kaiser aus den Legionen hervorgingen, lebten diese
meist im Lager, zeigten sich in Rom höchst selten und
verwalteten die Monarchie nach militärischem Despotismus. Der alte Ruhm des freien Senates, wie der
vornehmsten und maßgebendsten Prätorianer war er-
blichen, die Feinde der kaiserlichen Oberherrschaft wurden
unverzüglich hingerichtet. Die römischen Legionen bestanden größtentheils aus einem Gemisch barbarischer
Völker Europas, Asiens und Afrikas, bereicherten sich
unter dem Schutze der Kaiser, gewannen das Uebergewicht über das Volk und verachteten Roms Bildung
und Recht. Als der Kaiser Septimius Severus an der
Spitze seiner Legionen in Rom einzog, war die ganze
Bevölkerung über die rohen Gesichtszüge und das
schroffe Benehmen seiner aus den verschiedenen Theilen
Afrikas und Asiens stammenden Legionen empört und
entsetzt. Erst unter seiner Regierung tritt eine griechische Colonie hervor, welche in der Geschichte der
späteren Jahrhunderte eine höchst wichtige politische

Rolle zu spielen berufen war. Es ist dies Byzans am Triangel des europäischen Continents, an der Mündung vom Bosporus und Goldenen Horn gelegen, welche die ganze Aufmerksamkeit der Römer und eine große Zahl der Streitkräfte von Septimius Severus an sich zog.

Zu dieser Zeit geriethen alle Städte Griechenlands in Verfall. Die Römer beschäftigten sich mit ferneren Eroberungszügen in Macedonien, Syrien und Kleinasien. Byzans jedoch genoß lange Zeit Frieden von denselben. Die Römer beunruhigten es nicht, sie befanden sich sogar in einer Art von Bündniß mit ihm, ließen ihm Gesetze, Verwaltung und seine umfangreichen Besitzungen an den Ufern des schwarzen Meeres, sie bekamen nur einen unbedeutenden Theil der Einnahmen, welche die Byzantiner von durchfahrenden Schiffen am Bosporus nahmen. Diese glückliche Periode des Wohlgedeihens der Einwohner dauerte ungefähr 700 Jahre.

Am Ende des zweiten Jahrhunderts n. Ch. (196) wurde Byzans von Septimius Severus erobert, weil seine Bevölkerung dem Empörer Pescennius Niger, welcher in Kleinasien Verwalter war und sich, unabhängig von Rom, als Kaiser des Orients anrufen lassen wollte, gegen Rom Hilfe geleistet hatte. Ein Historiker jener Zeit, Dion Cassius (Hist. rom. I. LXXIV), welcher Byzans vor und nach der Eroberung durch Kaiser Severus gesehen hatte, beschreibt den außerordentlichen Reichthum und die Macht dieser Stadt, den langwierigen Krieg, welcher drei Jahre gegen eine starke römische Flotte, die Kaiser Severus hier aus allen Theilen des Reiches sammelte, dauerte. Wie der Angriff, ebenso wurde der Widerstand hartnäckig und merkwürdig. Die Byzantiner ergaben sich, als die Mittel der Vertheidigung erschöpft waren. Das Meer war von dem vergossenen Blute roth gefärbt und voll von Leichen, von denen sie selbst eine Anzahl verzehren mußten, die Haare ihrer Frauen und Töchter

wurden zu Schiffstauen verwendet. Nach der Einnahme
der Stadt wurden alle Einwohner niedergemetzelt und
die Häuser und Stadtmauern durch Feuer verwüstet
und zerstört. Alles wurde von Grund aus vernichtet.
Die Stadt verlor ihre Rechte und war dem römischen
Prätor, der in Selimbria wohnte, unterworfen.
Die außerordentlichen Vortheile von Byzanz veran=
laßten den Septimius, durch die Bitte seines Sohnes
Antonius Caracalla bewogen, die Stadt wieder auf=
zubauen, welche zu Ehren desselben den neuen Namen
Antonina führte. Bis heute existirt noch ein Ziegel=
stein mit der Inschrift Antoninia. Der Kaiser Severus
ließ nach römischem Vorbilde auf dem ersten Hügel
einen Circus erbauen, welcher in der byzantinischen
Geschichte eine wichtige Rolle spielte. Ebenso ließ er
Bäder und Säulengänge aufführen. Von hier aus
suchte sein Nachfolger Caracalla durch neue Verträge
mit den orientalischen Vasallenstädten den Handel aus=
zudehnen und dadurch neue Einkünfte für die römische
Monarchie zu verschaffen. Ja, er ging in seinen Plänen
noch weiter. Sein Gesichtskreis wandte sich nach Baktra
und Indien, sogar bis nach China, gleich Alexander
dem Großen beabsichtigte Caracalla Ostasien zu unter=
werfen. Trotz dieser hochfliegenden Pläne machte ihn
sein lasterhafter Lebenswandel selbst bei den Legionen
so verhaßt, daß er in ihrer Mitte auch ermordet wurde.

Bald darauf hieß die Stadt wieder Byzanz.

Zur Zeit des Kaisers Gallienus prägten die
Byzantiner eine Medaille, auf welcher er, der sorglose
Kaiser, in verhöhnender Weise dargestellt war. Die
Münze trug den Namen Galliena Augusta,
obwohl die kaiserliche Büste mit einem Barte abgebildet
war. Statt des gebräuchlichen Lorbeerkranzes sah man
einen einfachen Kranz und auf der Reversseite der
Medaille stand folgende Inschrift: „Ubique pax"
(Ueberall Friede), trotzdem sich alle Provinzen in Auf=

regung befanden und der Vater des Kaisers, Valerian,
in perfischer Gefangenschaft in Fesseln schmachtete. Der
Kaiser rächte sich hiefür und ließ alle männlichen Ein=
wohner der Stadt niedermachen. Zu Kaiser Claudius' II.
Zeit erhielt Byzans wieder die früheren Rechte und
kämpfte an Seite der Römer gegen die Gothen. Im
Garten des alten türkischen Palastes (Serail) trägt
eine Säule die Inschrift: „ob devictos Gothos",
welche zu unserer Geschichte also in directer Bezie=
hung steht.

Im gleichen Maße, als die Kaiser mit den
orientalischen Plänen beschäftigt waren, wurden Sitten,
Gebräuche und Trachten der orientalischen Völker in
Rom eingeführt. Zoroasters Sonnenanbetung fand hier
neben römischen Gottheiten Raum. Zur Zeit der
schwächsten Kaiser erhoben sich in den verschiedensten
Theilen des Reiches dreißig Tyrannen, und 300.000 Mann
barbarischen Kriegsvolkes unternahmen einen Einfall in
alle Gebiete römischen Bodens. Die Monarchie war
ermüdet und hatte kaum mehr Waffen zum Schutze des
Reiches und zur Abwehr des Feindes. Durch die
Uebermacht der Legionen gingen mehrere Kaiser als
Imperatoren aus denselben hervor, in deren Mitte
aber viele von ihnen wieder erschlagen wurden. Ver=
schwörungen und Kaisermorde standen zu jener Zeit
auf der Tagesordnung, kein um die Monarchie besorgter
Kaiser (wie Aurelian u. A.) entging dem gewalt=
samen Tode.

In allen Theilen des Reiches gab sich eine
allgemeine Schwäche der Verwaltung kund, und in jedem
der Regierungszweige wie in allen Schichten des Volkes
offenbarte sich ein allgemeiner Verfall. Trotzdem der
Imperator Probus in der zweiten Hälfte des dritten
Jahrhunderts dem Senate alle Rechte überantwortete,
war dieser zu einer unabhängigen Thätigkeit dennoch
zu ohnmächtig. Außer den Kriegszeiten ließ er die

Truppen mit Ackerbau beschäftigen, aber sie waren
entwöhnt und verweichlicht und leisteten auch hier
schlechte Dienste. Der Kaiser Carus war genöthigt nur
mit den abendländischen Legionen gegen die Perser zu
ziehen und wurde schon im Anfange des Krieges in
der Mitte seiner Truppen ermordet. Unter solchen
Umständen circulirten allerlei Prophezeihungen über
den Untergang des römischen Reiches.

Als Diocletian, der, ein Illyrier von Geburt,
von nur niedriger Herkunft war, sich jedoch im Kriege
so auszeichnete, daß er zum Kaiser ausgerufen wurde,
nahm das Reich nach innen und außen wieder eine
den Zeitverhältnissen entsprechende feste Stellung ein,
und seine Regierungszeit bildete auch eine Epoche in
der römischen Geschichte. Diocletian war der erste,
welcher die kaiserliche Macht theilte: sein Kriegsge-
fährte Maximian wurde von ihm zum Mitkaiser ernannt. Die Residenz verlegte er nach Nikomedien
(Ismyd) an den Ufern desselben Meerbusens des
Marmarameeres, während Maximian in Rom residirte;
zur selben Zeit ernannte er zwei Cäsaren als Gehilfen
der beiden Kaiser, und zwar Gallerius für den Orient
und Constantius Chlorus für den Westen. Diocletian
war der erste, welcher von jener Unordnung abwich,
die damals in Rom herrschte. Er lebte immer in
großen Gedanken und Entwürfen. Seine erste Sorge
war auf die Befestigung der Grenzen gegen die feindlichen Nachbarn gerichtet, und durch seine Machttheilung
gelang es ihm thatsächlich, letztere in Schach zu halten.
Große Aufmerksamkeit wendete Diocletian auch den
inneren Angelegenheiten zu, er verbesserte das Heerwesen, die Verwaltung der Provinzen und führte Ver-
besserungen in der Finanzverwaltung sowie im Münz-
wesen ein. Rom — Roma aeterna — war nicht mehr
der Mittelpunkt des Reiches. Diocletian's Residenz in
Nicomedien war nach orientalischer Art eingerichtet;

statt der römischen Begrüßung der Kaiserwürde führte
er die orientalische Anbetung seiner Person, die im
Niederwerfen und Ausstrecken auf dem Boden bestand,
ein. Neben seiner politischen und militärischen Machtstellung vereinigte er in sich die strengreligiöse Verehrung des Götzendienstes und was damit im Zusammenhange stand, wie die Eingeweideschau bei den Opferthieren
zur Erforschung der Zukunft (haruspices). Er dünkte
sich eine ebenso hohe Gottheit wie Jupiter. In seinen
letzten Regierungsjahren trat er den Christen, denen
er vordem gleiche Rechte wie den Heiden gewährt hatte,
feindselig entgegen, und erließ über Anregung des
Christenhassers Gallerius drei Edicte zu deren Verfolgung. Bald darauf gerieth der Palast des Diocletian
in Flammen, was ihn sehr verstimmte und seine Energie
herabdrückte. Da die Christen beschuldigt wurden, den
Palast in Brand gesteckt zu haben, wuchs die Erbitterung
Diocletians gegen sie noch mehr, während Constantin,
der sich als Geisel seines Vaters Constantius Chlorus
am Hofe Diocletians befand, diesen Brand von einem
Blitzschlage herleitete, um so das Unheil von den Christen
abzuwenden. Nach einer zwanzigjährigen Regierungszeit zog er sich wegen Kränklichkeit von den Staatsgeschäften zurück und ernannte den Gallerius zum
Augustus. Er kehrte sodann in seine Vaterstadt Salona
zurück und beschäftigte sich hier mit Gemüsebau, ähnlich
Garibaldi auf der Insel Caprera zu unseren Zeiten.
Infolge der beim Regierungsantritte getroffenen Ver-
einbarung sollte nun, zugleich mit Diocletian, Maximian
in Rom abdanken, was letzterer, wenn auch mit Wider-
streben, zu thun genöthigt war. An seine Stelle sollte
Constantius Chlorus im Westen treten, der schon als
Augustus anerkannt wurde. Es sind Münzen vorhanden,
auf denen Gallerius und Constantius gemeinschaftlich
als Augusti des Ostens und Westens erscheinen, allein
Constantius hatte es abgelehnt, Gebieter des Westens

zu sein, und begnügte sich mit der Herrschaft von Gallien
und Britannien. Der Sohn Maximians, Maxentius,
bemächtigte sich, durch Prätorianer begünstigt, alsbald
der Herrschaft von Italien und Afrika. Constantius
Chlorus entstammte einer vornehmen römischen Familie,
da seine Mutter eine Nichte des Kaisers Claudius war.
Er hatte sich griechisch-römische Bildung angeeignet,
und gehörte daher der wissenschaftlich gebildeten Gesell-
schaftsclasse, die damals kein geringes Aufsehen erregte,
an. Er legte nur geringes Gewicht auf die Redekunst,
wie dies damals gebräuchlich war, sondern auf gute
Umgangsformen. Dem Schulwesen widmete er seine
besondere Aufmerksamkeit. Constantius Chlorus verweigerte, der Einzige, als aufrichtiger Christenfreund,
die Vollziehung der Edicte Diocletians, im Gegensatze
zu Maximian und Gallerius, welche diese Befehle zur
Verfolgung der Christen streng ausführten. Er ließ
allerdings die Kirchen zerstören, behandelte aber die
Christen rücksichtsvoll. Ohne Christ zu sein, verabscheute
er dennoch, wie alle gebildeten Römer seiner Zeit, den
Götzendienst und huldigte dem Monotheismus. Da die
Zahl der Christen sich in jenem Jahrhunderte schon
bedeutend vermehrt hatte, so entstand unter ihnen, sowohl im Oriente, wie im Reiche überhaupt, eine durch
die letzten Christenverfolgungen hervorgerufene Gährung.
Wenn wir die politisch-religiöse Stellung der
Römer einer allgemeinen Betrachtung unterziehen, so
finden wir, daß diese die innerliche Zersetzung und
willkürliche Mischung der Gottheiten begünstigte, eine
Mischung, welche durch die in den unterworfenen
Provinzen und im Auslande herrschenden Culte entstand
und die antike Religion vollständig trübte. Dreihundert
verschiedene Arten der Götterverehrung jener Zeit zeugen
von einer Zersplitterung des Heidenthums, die aber
zugleich zu einer großen und tiefgehenden Vereinfachung
drängte, da die unterworfenen Völker die römischen

Götter keineswegs anerkennen wollten. Der Mono=
theismus der Juden, der im Oriente vorherrschend war,
stand im Widerspruche und ohne jeden Zusammenhang
mit dem Polytheismus der Römer, ja in directem
Kampfe zu letzterem.

Als die Schüler Jesus' sich in Jerusalem ver=
sammelten und unter Führung Petri zu predigen
anfingen, bekehrten sich gleich im Anfange 3000 Juden
zu dieser neuen Lehre, ebenso auch viele Heiden, und
gründeten darauf eine Genossenschaft, deren Aufgabe
und Zweck Gütergemeinschaft, Wohlthätigkeit und Für=
sorge für die Armen bildete. Von Jerusalem aus ver=
breiteten sie sich allmälig nach verschiedenen Richtungen,
durch gute Communicationswege, welche damals das
Römerreich durchzogen, ungemein begünstigt. So trat
das Christenthum, dessen Grundlehren Nächstenliebe und
Gleichheit der Menschen bilden, in die Weltgeschichte
ein und war die Ursache vieler blutigen Kämpfe,
obgleich es mit der Zeit die ganze Welt beherrschen sollte.

In den ersten zwei Jahrhunderten vollzog sich
der christliche Gottesdienst in Privatwohnungen, wo die
heilige Schrift vorgelesen, Predigten und Reden gehalten
wurden und man gemeinschaftlich sang und betete. Nach
Abhaltung des Gottesdienstes versammelten sich Alle
um einen Tisch behufs Empfanges der heiligen
Communion. Im Beginne des zweiten Jahrhunderts
geschah die Entgegennahme der Communion während
des Gottesdienstes. Zu gleicher Zeit wurde in den
Kirchen Geld gesammelt, welches für allgemeine Be=
dürfnisse verwendet wurde. Die Geschäfte der christlichen
Gemeinde versah der Rath der Aeltesten, an dessen
Spitze der Bischof oder Präsident stand. Die Fürsorge
der Gemeinde war auf Nothbürftige gerichtet, Kranke
und Gefangene wurden durch Diacone und Diaconissinnen
in Pflege genommen. Sogar vornehme Damen über=
nahmen die Pflege solcher Personen. Die arme Be=

2*

völkerungsclasse, die sich in Folge der Kriege, Krank=
heiten und Verfolgungen stark vermehrte, war im Reiche
zahlreich vertreten und zu Bekehrungen zum Christen=
thume leicht geneigt. Trotz der wiederholten Bedrückungen
durch Nero, Domitian, Trajan, Marc Aurel, Septimius
Severus, Maximin, Decius, Gallus, Valerius und
endlich Diocletian bildete zur Zeit dieses letzteren die
Zahl der Christen im Oriente ein Zehntel und im
Westen ein Fünfzehntel der Bevölkerung.

Der Polytheismus der Römer, der anfänglich
einen politischen Charakter hatte, überall verehrt wurde
und das Capitol als das größte Heiligthum auf Erden
betrachtete, rief allmälig im zweiten und dritten Jahr=
hunderte Verwirrung und zahlreiche Widersprüche der
politischen und religiösen Auffassung hervor, die die
Grundlagen vieler Gewaltthätigkeiten im Reiche bildeten,
ohne dem Bedürfnisse des menschlichen Geistes nach
idealem Weltverständnisse zu genügen, und nicht zu
festen Ueberzeugungen zu führen vermochten. Im un=
gleichen Kampfe mit Monotheismus und Christenthum
artete der Polytheismus aus und führte endlich im
Zusammenhange mit den politischen Ursachen den Ver=
fall des römischen Kaiserthums herbei. Die ersten
Keime dieses Niederganges kann man schon zur Zeit
des Augustus, als die Verderbtheit und Unsittlichkeit
in den höheren Kreisen begann, wahrnehmen. Im Laufe
der Zeiten ging in Folge der barbarischen Einfälle, der
herrschenden Unordnung in der Armee, welche den
Staatssäckel nicht schonte, der Wohlstand der Bürger
unter, und die Tugenden, welche sonst die Römer bei
allen ihren Handlungen leiteten, gingen in Laster über,
die sich auf die ganze Bevölkerung übertrugen. Senat
und Volk waren gleich lasterhaft, alle Bevölkerungs=
schichten waren von einer moralischen Krankheit heim=
gesucht, die zu beseitigen keine menschliche Kunst im
Stande war. Eine allgemeine geheime Furcht hatte

Alle durchdrungen: die Kaiser, die Senatoren und die
Soldaten. Dazu kam noch die Pest, die lange Zeit im
Volke wüthete, die Verwüstungen von Stadt und Land,
das Brachliegen der Vegetation, die Hungersnoth, welche
die ganze Bevölkerung auseinanderjagte und endlich die
Ansiedlung der Barbaren auf römischem Boden. Die
Folge aller dieser Unglücksfälle war, daß „the immo-
rality of the Romans at last undermined the
political fabric of the empire" und daß „men's
minds were changed" u. s. w., wie so treffend
Finlay sagt, daß der römische Staat und die Staats-
einrichtungen die berühmte Nation überlebten. Der
Geist des Christenthums schwebte in der Luft und rief
zur Zeit Constantins eine Abnahme des Heidenthums
hervor. Wenn wir in die einzelnen Details des
römischen Verfalls eingehen, ist bezüglich der physischen
Seite des Römers folgendes zu bemerken: die Aus-
artung der Race war wenigstens in den höheren
Ständen in den meisten Bildnissen dieser Zeit ausgesprochen und es herrschte theils eine natürliche Häß-
lichkeit, theils etwas Krankhaftes, Aufgedunsenes oder
Eingefallenes und Scrophulöses. Grabmonumente,
Münzen, Mosaiken, Böden der Trinkgläser — Alles
zeigte diesen Charakter. Alte Sitten und Gebräuche,
nationale Anschauungen, geistige Bestrebungen aller
Art gingen unter. Die mit Gold und Blumen durch-
wirkten Kleider, Haartouren und Schmuck widerstrebten
dem Geiste des Römerthums ebenso wie das widerwärtige Schminken mit rother oder weißer Farbe. Die
Frauen sahen wie Götzenbilder aus, und jede Thräne,
die über ihre Wangen lief, ließ eine tiefe Furche zurück.
Die römische Gesellschaft besaß kein Mitglied von
tugendhaften Eigenschaften und patriotischen Bestrebungen, sie war zerklüftet nach Stand und Rang, den
irgend ein Titel verlieh. Gleicher Verfall herrschte in
der Baukunst, worin mehr Luxus in Stoffen, Gold

und Silber als die Schönheitsform hervortrat, ferner in der Mosaik und Plastik. Die außerordentliche Größe der Kunstgegenstände wurde als Kunstziel betrachtet. Die Malerei zeigte einen tendentiösen Zug. Die Dicht= kunst war gleichfalls im Niedergange, Wort= und Versespiel ohne jeglichen Sinn und Inhalt spielten die Hauptrolle. Rhetorik und Sophistik bildeten die einzige Beschäftigung der gebildeten Römer, weßhalb der Styl jenes Zeitalters bombastisch und aufbringlich war.

Als sich unter solchen Umständen des Zeitalters nach Diocletians Abbankung alle Provinzen in Ver= wahrlosung und Verwirrung befanden, erscheint der Sohn des Constantius Chlorus im Vorbergrunde der Geschichte, nämlich Constantin, dessen Bild, mit dem Kreuze in der Hand, zuweilen allein zuweilen gemein= schaftlich mit seiner Mutter Helene, auf den Trümmern der alten Welt, am Wendepunkte des Alterthums und des Mittelalters dargestellt wird. Wir wollen hier in Kürze seinen Lebenslauf nach den Hauptmomenten anführen und beweisen, daß er vor der allgemeinen Versumpfung bewahrt blieb, dem römischen Staate eine neue Richtung gab und durch die Gründung von Constantinopel und Verlegung der Residenz eine neue Ordnung der Weltgeschichte schuf.

Wie im Alterthume sieben Städte die Ehre beanspruchten, als Geburtsort Homers zu gelten, so machen sich auch einige Städte den Ruhm streitig, die Vaterstadt Constantins genannt zu werden. Nachdem dieser unter mütterlicher Aufsicht seine Knabenjahre zugebracht, widmete sich der Jüngling, den An= forderungen des Zeitalters entsprechend, ausnahmslos kriegerischen Uebungen, die ihn befähigten, rühmlichen Antheil an den Kriegen in Persien und Egypten zu nehmen. Seine vortrefflichen Eigenschaften und hervor= ragenden Fähigkeiten erwarben ihm bald allgemeine Beliebtheit beim Volke, sowie besonders bei den Cohorten, die seinen spätern Ruhm im Voraus zu ahnen schienen:

„Sur son front jeune encore
Un rayon de sa gloire."

Eifersüchtig auf das Ansehen, welches Constantin in so unbeschränktem Maße genoß und von Mißtrauen gegen ihn betreffs etwaiger ehrgeiziger Pläne geleitet, zeigte Gallerius, der Beherrscher des Ostens, dem Jüngling gegenüber einen Haß, der sich nicht scheute, zu den verwerflichsten Mitteln, die nur Heimtücke und Hinterlist zu ersinnen vermögen, seine Zuflucht zu nehmen.

Zu allen Zeiten und selbst bis auf unsere Tage werden im Oriente hochbegabte Männer angefeindet und sogar verfolgt, weil die psychische Knechtschaft und Erniedrigung dort alle Völker beherrschten und das freie und wahre Wort unterdrückten? Von Zeit zu Zeit erhielt Constantius Chlorus Kunde von der ungünstigen Stellung seines Sohnes und bat mehrmals den Gallerius schriftlich, Constantin zu ihm zu senden. Nach vielen Schwankungen, Bemühungen und Hindernissen, die ihm Gallerius entgegensetzte, entschloß sich Constantin, in einer Nacht aus dem Palaste von Nicomedien zu entfliehen (306). Er schlug den Weg über Bithynien, Thracien, Dacien, Pannonien, Italien und Gallien ein und kam nach Bologna. Unterwegs befahl er, auf allen Stationen die Pferde zu lähmen, um der Verfolgung zu entgehen. Er erreichte die Meeresküste bei Bologna zur selben Zeit wie sein Vater, der sich zu einem Kriegszuge in Britannien gegen die Barbaren vorbereitete. Bald nach seiner Ankunft im Sommer desselben Jahres starb Constantius in Eboracum (York). Sterbend bat er ihn, seine Geschwister in Schutz zu nehmen. Constantin beklagte den Tod seines Vaters aufrichtig, aber das Volk und die Legionen bekleideten ihn als zukünftigen Kaiser mit dem Purpurmantel.

Nach diesem Ereignisse schickte Constantin an Gallerius die Botschaft, daß er zum Nachfolger des Constantius ernannt wurde. Darob gerieth Gallerius in solche Wuth, daß er den Brief ins Feuer warf und den Boten umbringen wollte. Nachdem er sich beruhigt hatte, blieb ihm nichts anderes übrig, als Constantin die untergeordnete Stellung eines zweiten Cäsaren jenseits der Alpen zu verleihen. Es schien, als ob die Versöhnung vollzogen wäre, allein Constantin war damit nicht befriedigt. Seine Herrschsucht und sein Ehrgeiz kannten keine Grenzen. In seiner Regierung war er bestrebt, den Bedürfnissen der Bevölkerung von Gallien nachzukommen, da das Land durch die früheren Einfälle der Barbaren arg gelitten hatte. Er setzte die Abgaben des Volkes herab und kämpfte am Rhein gegen die Einfälle der Germanen mit Erfolg.

Maximian, der schon als Kaiser abgedankt hatte, zeigte sich in Rom abermals, als sein Sohn Maxentius die Zügel der Regierung in Händen hielt. Hab= und Herrschsucht, endlich Leichtsinn trieben Maximian zu dem Verlangen, gleichzeitig mit seinem Sohne zu regieren. Maxentius vertrieb jedoch den Alten aus Rom, und Maximian erbat sich von Gallerius im Oriente Unterstützung, die ihm jedoch versagt wurde. Nun wandte er sich nach Gallien an Constantin, gab ihm seine Tochter Fausta zur Gemahlin und verlieh ihm den Titel des Augustus. Die Habsucht ließ dem alten Manne keine Ruhe. Während Constantins Anwesenheit bei den Grenzkriegen bemächtigte er sich dessen Schatzes und war bemüht, die Soldaten gegen den eigenen Schwiegersohn aufzureizen. Nach der Rückkehr wollte Constantin den Alten bestrafen, allein dieser stellte dem Leben seines Schwiegersohnes nach und wollte sogar Fausta gegen den Gatten aufstacheln, der aber bald von der ihm drohenden Gefahr Kenntniß erhielt. Man legte einen Sclaven in das Bett Constantins, der noch in derselben Nacht von Maximian ermordet wurde. Constantin traf nun strenge Maßregeln gegen Maximian, der nach Marseille flüchtete. Allein Constantin war ihm hart auf den Fersen, bis Maximian auch von seinen Soldaten verlassen wurde. Constantin verurtheilte ihn zum Tode, überließ ihm jedoch die Wahl desselben. Der Ehrgeizige wurde sohin erdrosselt.

Während sich in Gallien diese Ereignisse abspielten, ließ Gallerius statt seiner den Licinius im Orient zurück und überfiel Italien, um dieses in seine Gewalt zu bekommen, wurde jedoch zu einem schimpflichen Rückzuge gezwungen. Alle Provinzen befanden sich in einer solchen Anarchie, daß die kühnsten Heerführer der Provinzen sich zu Kaisern ernannten. So Maximian (Dazza) in Syrien und Egypten, Alexander in Afrika. So standen nun sechs Kaiser an der Spitze des römischen Reiches zu gleicher Zeit, wodurch die Verfassung Diocletians umgangen wurde und dem aufsteigenden Gestirne Constantins Schwierigkeiten entgegentraten. Jeder der sechs Kaiser bedrückte das Volk durch hohe Steuern, die allgemeine Unruhen, Verwüstungen und Plünderungen zur Folge hatten, die das Leben der Bürger unsicher machten. Mit großer Mühe hielten die Legionen den offenen Aufstand zurück. Maxentius, der Verwalter Italiens war, bewegte sich im Kreise von Frauen in seinem Palaste zu Rom oder in den Gärten zu Salusta in Ausschweifung und Verschwendung und überließ während sechs Jahren die Regierungsgeschäfte seinen Untergebenen, deren Bestechlichkeit und Verschwendung keine Grenzen kannte.

In jener Zeit war, wir müssen die Zustände als in vollkommener Auflösung begriffen bezeichnen, die Ausschweifung in allen Kreisen der Bevölkerung Roms so verbreitet, daß eine Matrone von edler Herkunft, welche lieber den Tod vorzog, als sich der Ausschweifung hinzugeben, nach der Darstellung Gibbons, als eine einzige Ausnahme betrachtet wurde. Nur die Soldaten erhielten mehr oder weniger die Vorzüge ihrer Ahnen, und genossen allgemeine Verehrung. Unter solchen Umständen bedurfte es einer mächtigen Hand, um dem Untergange der ganzen römischen Gesellschaft und der Zerbröckelung des Kaiserthumes vorzubeugen, und diese Hand erhob sich allmälig nordwärts von den Alpen. Es war jene Constantins.

Trotz der trostlosen Situation des Gesammtlandes rüstete sich Maxentius zu einem Kriege gegen Gallien, was Constantin bewog, seine Legionen binnen kurzer Zeit zu vereinigen und in Eilmärschen gegen die Alpen zu ziehen, da Constantin, ähnlich Julius Cäsar, unerschrocken und schnell gefaßt war. Auf ganzen Strecken kam ihm die Bevölkerung mit großer Freude entgegen. Constantin überschritt die Alpen, eilte unaufhaltsam nach Italien und befand sich nach einigen glücklichen Treffen bald vor den Mauern Roms, vor den verschanzten Stellungen des Maxentius. Die Streitkräfte waren ungleich, jene des Maxentius denen Constantins viermal überlegen und nach orientalischer Sitte in schwere Rüstung gekleidet, während das Heer Constantins gut disciplinirt, kriegslustig war, und voller Hoffnung auf seinen Feldherrn blickte. Nach kurzer Schlacht gerieth das Heer des Maxentius in Verwirrung und floh über die Milvy'sche Brücke, welche unter der Last des Heeres zusammenbrach. In der Mitte der Fliehenden befand sich auch Kaiser Maxentius in schwerer Rüstung und ertrank in der Tiber, zur allgemeinen Freude des Volkes, da er als Tyrann verhaßt war. Im Volke Roms erhält sich bis auf den heutigen Tag die Sage, daß das Wasser der Tiber seit jener Zeit trüb wäre. Im Monate October (312) hielt Constantin in Rom seinen Einzug und wurde als Augustus, Kaiser des Reiches und Befreier des Volkes vom Senate und Volke begrüßt. Großartige Festlichkeiten fanden statt,

ein Triumphbogen, welcher sich bis auf den heutigen
Tag am Abhange des Capitols zu Rom erhalten hat,
wurde anläßlich dieses Sieges des Constantin aufge=
stellt. Drei Monate verblieb er in Rom und wohnte
den Circusspielen bei, verabscheute aber die heidnischen
Ceremonien der Vielgötterei. Mehr noch als sein Vater be=
schützte er die Christen, welche unter dem Joche Gallerius'
furchtbar litten, unter dessen Regime er selbst in seiner
Jugendzeit so viele Grausamkeiten zu erdulden hatte.
Constantin sah in den Christen jener Zeit jene Symbole
der Tugenden, des Gehorsams, der Anhänglichkeit und
Barmherzigkeit, welche ihn zu deren Schutz veranlaßten.
Die Christen ihrerseits erblickten in ihm ihren Befreier
und Beschützer, sie begrüßten ihn überall am Wege
und im Kriege, begleiteten sein Heer mit Segenssprüchen
und verrichteten Wunderthaten und Zeichen. Viele
Soldaten, welche von den Eingeborenen aus Gallien
und den Rheinprovinzen stammten, waren bereits zum
Christenthume übergetreten und trugen auf dem Helme,
Schilde und der Fahne das Zeichen des Kreuzes. Die
Hauptfahne war mit dem Namen Labarum *) bezeichnet,
mit dem Christusnamen und der Inschrift: „In hoc
signo vinces.“

Im März des Jahres 313 erließ Constantin in
Mailand ein Edict, wodurch die christliche Kirche in
den Schutz der Regierung genommen wurde. Gallerius
war bereits an einer häßlichen Krankheit gestorben; an
seiner Stelle war Licinius, welcher mit Constantin
zum Schutze der Christen in Verbindung trat. Durch
dieses Edict wurden die Christen von allen Verfolgungen

---

*) Labarum, von rechts nach links gelesen: M u r a b a l,
entspricht dem Worte mirabile oder merveille = Wunder.
Das Wort Labarum ist in keiner europäischen oder asiatischen
Sprache aufzufinden, während die vergleichende Philologie viele
Beispiele solcher Umstellung der Worte im Alterthume und im
Mittelalter nachweist.

befreit und ihnen alle unrechtmäßig von der Regierung confiscirten Güter und Rechte zurückgestellt. Zu gleicher Zeit heiratete Licinius in Mailand als Verbündeter Constantins des letzteren Schwester. Dem Scheine nach war Licinius anhänglich und gehorsam, im Geheimen jedoch war er neidisch, eifer= und rachsüchtig gegen seine Nächsten, Gefährten und Verwandten. Die Hinterlist ist einer der Charakterzüge, von denen es sehr viele Beispiele im Oriente, vom Alterthume bis auf den heutigen Tag, gibt. Licinius war thatsächlich ein von diesen Eigenschaften beherrschtes Geschöpf. Nach ein= jährigem Aufenthalte in Mailand beschimpfte er unter= wegs auf dem Wege nach seiner Residenz das Bild des Constantin, und trotz seines Gelöbnisses, die Christen zu beschützen, begann er das Volk und besonders die Christen zu unterdrücken. Er sammelte ein großes Heer, vor dessen Führern er von Constantin mit Ver= achtung sprach.

Constantin hievon in Kenntniß gesetzt, ging ihm an der Spitze der kleinen, aber gut disciplinirten Miliz entgegen, traf ihn in Pannonien unweit der Save, schlug und verfolgte ihn. Ohne den Muth zu verlieren, widerstand Licinius mit dem Reste seines Heeres in Thracien bei Mardium, wo er aber zum zweitenmale geschlagen und zum Gehorsam genöthigt wurde. Con= stantin ließ ihn in seiner Großmuth als Herrscher am Bosporus und in den asiatischen Provinzen, aber die Donau= und Balkanprovinzen sammt Griechenland ver= einigte er mit dem weströmischen Reiche. Sein Kriegs= lager verlegte er nach Thessaloniki und widmete sich der Herausgabe von Gesetzen zum inneren Wohle und Gedeihen des Reiches. Im Laufe der Zeit entstanden wieder die feindseligen Reibungen zwischen Constantin und Licinius. Ihre Streitkräfte zu Wasser und zu Land waren jedoch sehr ungleich, das Uebergewicht an Macht war auf Seiten des Licinius, der sich in Adrianopel

stark befestigte, allein Constantin bewies in diesem Falle
eine außerordentliche Bravour und Tapferkeit, die nicht
allein von Kritikern, sondern sogar von Feinden zuge=
standen wurde. Durch strategische Manöver, die Con=
stantin in ausgezeichneter Weise zur Anwendung brachte,
wie wir sie ähnlich bei den letzten Kriegen in Böhmen
und Frankreich seitens preußischer Generale sahen,
nämlich durch die Umgehung der Hauptmacht und einen
Flankenmarsch, bei dem der Feind im Rücken gefaßt
wurde, gelang es Constantin, den Sieg zu erringen und
Licinius zur Flucht nach Byzanz zu zwingen, wohin
nun auch Constantin seine Streitkräfte richtete. Zur
selben Zeit brach auch Crispus, der ältere Sohn
Constantins, an der Spitze einer kleinen Flotte vom
Pyräus auf, durchschiffte den Hellespont und stieß auf
die Seemacht des Licinius, die, dessen nicht gewärtig,
130 Galeeren stark mit einer Besatzung von 5000 Mann
zu Grunde gerichtet wurde. Constantin belagerte Byzanz
und errichtete Befestigungen. Licinius erkannte die
Gefahr und flüchtete sich nach Chrysopolis an der
asiatischen Küste (jetzt Scutari). An der Spitze eines
schlecht bewaffneten, völlig disciplinlosen und des Muthes
beraubten Heeres stehend, erreichte nun, nach einer
nochmaligen vollständigen Niederlage und Auflösung
seines Heeres, den hinterlistigen Licinius ein tragisches
Ende. Er begab sich nach Nikomedien und wartete mit
brennender Ungeduld auf das Resultat der zwischen
seiner Frau Constantia und dem Sieger gepflogenen
Unterhandlungen. Die Fürsprache Constantias für ihren
Gatten vor dem mächtigen Bruder war außerordentlich
rührend. Endlich erschien der besiegte Licinius selbst,
warf sich Constantin zu Füßen und bat um Gnade
und Vergebung. Constantin war anfänglich sehr gerührt
und lud den Licinius noch am selben Tage zu einem
Feste ein, schickte ihn aber bald darauf nach Thessaloniki
ins Exil. Nicht lange Zeit darauf wurde an Licinius

das Todesurtheil vollzogen, und Constantin, nachdem er seines letzten Feindes entledigt war, vereinigte das weströmische Reich mit dem oströmischen unter seine Alleinherrschaft.

Von diesem Momente beginnt eine neue Periode seiner Regierungszeit, und diese Periode, reich an sehr mannigfaltigen Ereignissen, hatte auf die Entwicklung der historischen Begebenheiten einen großen Einfluß und wurde eine epochemachende Zeit für den ganzen Orient, in dessen Geschichte Constantinopel den Mittelpunkt bildet.

Die Gründung von Constantinopel und Verlegung der Staatsverwaltung dahin.

Während der letzten Kriege gegen Licinius hatte Constantin Gelegenheit gehabt, den dreieckigen Landstrich (Halbinsel), welcher von drei Seiten von den blauen Wogen des Meeres umgeben ist und auf welchem eine kleine griechische Colonie, Byzans genannt, stand, kennen zu lernen, sowie an den mannigfaltigen Naturschönheiten dieses Landes sich zu entzücken. Er nahm zugleich wahr, daß ein solcher Mittelpunkt vor allen feindlichen Angriffen leicht vertheidigt werden könne, sowie auch, daß von diesem Mittelpunkte aus eine Verbindung mit den entlegendsten Landstrichen hergestellt werden könne, was von großen Vortheilen für Handelsverbindungen sein würde. Bevor er jedoch zu einem Entschlusse kam, wohin er eine neue Hauptstadt, an deren Gründung er ernstlich dachte, verlegen sollte, sandte er Boten in verschiedene Gegenden des Reiches, um Erkundigungen und Vergleiche einzuziehen, wie das Vorhaben am vortheilhaftesten ausgeführt werden könnte. Es wurden folgende Städte in Aussicht genommen: Troja, Alexandrien (woran schon Julius Cäsar dachte), Sardiea (heute

Sofia in Bulgarien), Sigeum (südlicher von Troja), Khalcedon (heute Kadykoei als Vorstadt von Constantinopel), allein keine dieser Städte besaß die Vorzüge jenes obenerwähnten Landstriches. Und in Wirklichkeit hatte Byzans auf einer Halbinsel von unregelmäßiger, dreieckiger Lage, die einige Schriftsteller mit einer Katzenzunge vergleichen, die größten Vorzüge.

Bevor wir Byzans als griechische Colonie betrachten, ist es nothwendig, den Ureinwohnern dieses Landstriches einige Aufmerksamkeit zu schenken. Ehe daselbst eine griechische Colonie gegründet wurde, wohnte hier ein thracischer Stamm. Nach den Forschungen und schriftlichen Angaben von Friedrich Müller, trennte sich dieser Stamm von der indo-europäischen Race, ging durch das armenische Bergland und Kleinasien, überschritt den Bosporus und gelangte auf unseren besprochenen Triangel. Von da verbreitete er sich allmälig über den östlichen Theil der Balkanhalbinsel. Die Thracier bildeten also das Urvolk dieses Landstriches. Herodot sagt von diesem thracischen Volke, daß es unter allen Völkern nach den Indern der zahlreichste Volksstamm sei. Es ist mächtig und tapfer, aber völlig uneinig und in kleine Gruppen zersplittert, deßhalb auch schwächer als andere Völker. Die Thracier ergaben sich der Unthätigkeit, liebten den Wein und die Vielweiberei, übten andererseits die Jagd und führten Krieg mit den Nachbarvölkern. Die Reste grober Bildnisse von Reitern und Thieren, die in Felsen eingehauen vorgefunden werden, rühren nach der Ansicht von gelehrten Reisenden wie Hahn, Zach und Wilkinson, von den Thraciern her. Weitere Nachrichten über die Thracier fehlen.

Bis zum sechsten und siebenten Jahrhunderte v. Ch. war das Volk in Griechenland, besonders in Argos und Megara durch die Gewaltthaten der Tyrannen geknechtet und erniedrigt. In dieser Zeit vollzog sich in Griechenland ein Umschwung zu Gunsten des

unterdrückten Volkes. Die Clienten oder plebs ver-
jagten die Tyrannen, vernichteten oder bemächtigten sich
deren Besitzthümer und suchten durch Fleiß und Arbeit
die Verbesserung ihres Standes herbeizuführen. Außer
den Landwirthen entstanden alsbald Handwerker, Kauf-
und Seeleute und Besitzer industrieller Unternehmungen.
Es eröffneten sich neue Quellen des Reichthums. Industrie und gewerbliche Künste wurden als nothwendig
erachtet. Es entstand Wohlhabenheit, Münzen wurden
geprägt, Geld circulirte, die ehemaligen Clienten gelangten zu Besitz und Reichthum. Die Sitten verfeinerten sich und brachten im Gefolge Künste und Luxus.
Zugleich bildeten sich aber Rangunterschiede und Be-
vorzugungen innerhalb derselben. Der orientalische
Götzendienst, der in späteren Jahrhunderten in Rom
eingeführt wurde, fand in dieser Periode in Griechenland günstigen Boden und besonders beim gemeinen
Volke Verehrung. Man begann auch Waffen zu schmieden,
neben dem Fußvolke bildete sich Reiterei, wie Füstel
de Coulanges berichtet. Außer dem eben Angeführten ergab sich die Nothwendigkeit, für entferntere
Schifffahrten bessere Schiffe zu bauen. Unsere Betrachtung fällt in das Jahr 658 v. Ch., dem dritten
Jahre der dreißigsten Olympiade, als ein kühner See-
fahrer, Namens Byzas (oder Budschas, ein orientalischer Ausdruck, der einen Priester bezeichnet, aber
wegen der Unmöglichkeit, in der griechischen Sprache
ein „dsch" auszusprechen, in ein z verwandelt wurde)
an der Spitze von Seefahrern aus Megara und Argos
eine Fahrt zur Bereicherung unternahm und endlich an
die Küste des goldenen Hornes gelangte, wie es ihm
durch das Orakel geweissagt war. Gegenüber dem Triangel befand sich Khalcedon, dessen Einwohner sich noch
früher (675 v. Ch.) hier ansiedelten; dieselben wurden
dafür im Alterthume als blind bezeichnet, weil sie die
Naturschönheiten und die günstige Lage des Triangels

nicht bemerkten. Die Einwohner von Khalcedon stammten aus Phönicien. Unweit von jener Stelle, wo Byzas den Fuß auf das Land gesetzt hatte, befand sich am Ufer des Flusses Lykos ein bewohntes, gleichnamiges Dörfchen. An der Spitze des Triangels wurde mit dem Baue der Stadt angefangen, woselbst auch die Akropolis, jetzt Sarai Bournu, errichtet wurde. Byzas ließ daselbst Häuser und Tempel den Gottheiten Hekate, Rhea, Poseidon, den Dioscuren Castor und Pollux, ebenso verschiedene Altäre zu Ehren von Amphiaraus, Achilles und Ajax bauen und mit Mauern umgeben.

Die Stadt wurde von den Einwohnern nach allgemeiner Abstimmung Byzans genannt. Die ursprüngliche Verwaltung war patriarchalisch, wie dies in Kleinasien üblich war. Das Oberhaupt der Verwaltung hieß Hieromnamon, ähnlich einem Oberpriester. Die außerordentlich günstige Lage von Byzans ermöglichte es den Schiffen, Verbindungen mit den Küsten des Schwarzen, Marmara-Meeres und anderer Meere anzuknüpfen, wodurch sich der Wohlstand der Stadt rasch hob.

Im Laufe der Zeit fielen die Perser, von Kriegs- und Eroberungslust geleitet, in Gemeinschaft mit den Phöniciern in Kleinasien ein, verbreiteten sich immer mehr gegen Westen und bemächtigten sich zur Regierungszeit des Darius, eines Sohnes des Hystaspes, nachdem sie den Bosporus *) in der Gegend zwischen Anatoli Hissar und Candilli überschritten hatten, Byzans

---

*) „Bosporus" wäre mit Rinderfurth zu übersetzen. Der griechischen Mythe nach soll Jo, in eine Kuh verwandelt, diese Meerenge durchschwommen haben. Nachdem jedoch die Perser, laut geschichtlicher Tradition, beim Uebergange über den Bosporus sich der Ochsenhäute, welche in voller Größe zu Schwimmblasen geformt wurden, bedienten, so glauben wir mit einigem Recht den Namen des in Rede stehenden Meerestheiles diesem Umstande beimessen zu dürfen. Interessant wird es dem Leser sein, zu erfahren, daß noch heutigen Tages die Bewohner einiger Landschaften des Orients diese Art Fahrzeuge verwenden.

(490 v. Chr.). Bevor die Perser noch angerückt waren, verließen die Einwohner die Stadt und siedelten sich an den Ufern des Schwarzen Meeres (Mesembria) an. Byzanz blieb nicht lange unter persischer Herrschaft. Die Perser, bei Salamis von Themistokles und bei Platäa von den Spartanern unter Führung des Pausanias geschlagen, wurden vom Bosporus vertrieben. In Byzanz hielt sich Pausanias mit Vorliebe auf. Er führte hier die dorischen Einrichtungen und den dorischen Dialect ein. Später bemächtigten sich die Athener der Stadt Byzanz, nachdem die Spartaner geschlagen und aus ihr vertrieben wurden. Im Jahre 390 v. Chr. wurde die frühere Verwaltung von Thrasybul in eine demokratische umgestaltet. Während des Kampfes um die Hegemonie zwischen den Athenern und Spartanern schwankte die Politik von Byzanz zwischen diesen beiden Völkern und bewahrte sich hiedurch ihre Unabhängigkeit, bis sie sich endlich den Athenern völlig zuneigte. Als Philipp von Macedonien vor der Stadt erschien und sie im Jahre 340 v. Chr. belagerte, erhielt Byzanz durch die außerordentlich berühmte Rede des Demosthenes ausgiebige Hilfe von Athen. Philipp war genöthigt, ohne jeden Erfolg von der Belagerung abzustehen. Während der Belagerung ließ Philipp in einer finsteren Nacht einen Weg unter den Mauern der Stadt graben, um sich Zugang in die innere Stadt zu verschaffen; indessen erschien jedoch die Mondsichel am Himmel, beleuchtete die Arbeiten, und die Hunde in der Stadt begannen zu bellen. Die Einwohner der Stadt, dadurch aufmerksam gemacht, erkannten sogleich die drohende Gefahr und trafen Gegenmaßregeln. Die Mondsichel wurde deshalb von den Byzantinern als rettendes Symbol verehrt und im Tempel der Hekate nachgebildet, wie es für die späteren Herrscher am Bosporus bis auf die neueste Zeit verblieb.

Als die römische Macht im Oriente immer mehr

stieg, waren die griechischen Städte sehr in Verfall
gerathen. Die Römer beschäftigten sich mit Eroberungs=
zügen in verschiedenen Staaten des Orients und unter=
warfen nach einander Macedonien, Syrien, Kleinasien.
Thracien sammt seiner Halbinsel am Bosporus und
Marmarameere wurde von Vaspasian im Jahre 74 n. Ch.
mit der römischen Monarchie vereinigt, Byzans jedoch
behielt seine Gesetze, Verwaltung und umfangreichen
Besitzungen am schwarzen Meere und zahlte an die
Römer nur einen geringen Theil der Einnahmen, welche
von durchfahrenden Schiffen am Bosporus an Zoll
eingehoben wurden. Im Uebrigen genoß Byzans Ruhe
und Wohlergehen. Als jedoch allgemeine Ruhestörungen
im Innern des westlichen und östlichen Theiles der
römischen Monarchie ausbrachen, blieb Byzans kein
indifferenter Zuschauer, und leistete dem Verwalter des
Orients, Percennius Niger, im Jahre 196 n. Chr.
Hilfe gegen Rom. Der unglückliche Ausgang war für
Byzans sehr verhängnißvoll, es wurde von dem Sieger
um Hab und Gut und fast der ganzen Einwohnerschaft
beraubt. Erst später erhielt Byzans die früheren Rechte
wieder und kämpfte nun als treuer Vasall an der
Seite der Römer gegen die gemeinschaftlichen Feinde,
bis endlich Gallerius und später Licinius Verwalter des
Orients wurden.

Licinius als der letzte Herrscher im Oriente
wurde von Constantin besiegt, der die Stadt, wohin
sich Licinius geflüchtet, belagerte und dieselbe in Besitz
nahm. Byzans wurde endlich als Metropole des ost=
und weströmischen Reiches auserwählt. Dem Falle
Roms und der Gründung der neuen Hauptstadt gingen
sowohl heidnische als christliche Prophezeihungen vor=
aus. Constantin betrachtete das Heidenthum mit Wider=
willen und fand es der Verbreitung des Christenthums
in Rom abträglich. Sehr gewichtige politische Erwä=
gungen nahmen ihn in Anspruch, um die neue Residenz

3*

an einem Punkte zu gründen, von wo man sowohl die
barbarischen Einfälle an der Donau und am Euphrat,
als die Bewegungen der verschiedenen Völkerschaften am
Pontus und den anderen Gewässern überwachen konnte.
Byzanz war bis dahin auf den ersten zwei Hügeln
gelegen, im Umfange von vierzig Stadien. Constantin
hatte die Stadt bis auf den sechsten und einen Theil
des siebenten erweitert, im Ganzen im Umfange von
1¹/₂ geographischen Meilen.

Bosporus, ein Wassercanal, welcher aus dem
schwarzen in das Marmarameer strömt, verleiht
seinen Küstenländern seit uralter Zeit bis heute besondere Anziehungskraft. An seinen Ufern waren im
Alterthume viele Tempel errichtet, von denen die einen
dem Gotte Serapis, die anderen Jupiter (Urius)
geweiht waren. Außerdem bestanden hier viele Opfer-
altäre, welche von kühnen griechischen Seefahrern, die
ähnlich den Argonauten, bevor sie in das schwarze
Meer (Euxin) schifften, hier ihren Aufenthalt nahmen,
errichtet waren, um den Göttern ihre Opfer darzu-
bringen. Zu jener Zeit befanden sich hier auch zwei
Paläste, von denen einer dem Herrscher, Namens
Rhineus, und der andere dem Amycus gehörte. Es
existirten ferner zwei einander gegenüber gelegene
Festungen an der engsten Stelle des Bosporus. Der
eigentliche Hafen von Constantinopel, der eine Ab-
zweigung des Bosporus bildet, trug zu jener Zeit den
Namen des goldenen Hornes (chryso-keras). Die Un-
regelmäßigkeit der Form desselben verglich man im
Alterthum mit dem Ochsenhorn, während die Benennung
„golden" auf die Reichthümer, die auf Segelschiffen
hiehergebracht wurden, vielleicht auch darauf, daß der
Spiegel des Hafens bei Sonnenbeleuchtung einen
goldenen Schimmer hatte, Bezug hatte. Seine Tiefe ist
so bedeutend, daß große Schiffe frei bis an die Küste
landen können. Ein kleines Flüßchen mündet in das

goldene Horn, bespült und erfrischt die Küsten. Vom
Bosporus gelangt eine große Zahl von Fischen (Pela-
mides) hieher. Als Europa noch größentheils mit Ur-
wäldern bedeckt war, schickten die Scythen und Germanen
das Holz auf der Donau (Tanaïs) und Dnjepr
(Borysthenes) und durch das schwarze Meer in das
goldene Horn, ebenso Getreide, Hörner u. s. w. aus
Egypten, Gewürze und Edelsteine aus Indien. An jener
Stelle zwischen Byzans und Khalcedon mündet der
Bosporus in das Marmarameer, von wo sich die
herrliche Aussicht auf die hügeligen Anhöhen von
Thracien und Bithynien eröffnet.

So viele Vortheile der herrlichen Natur auch auf
Constantin bei der Gründung der Stadt bestimmend
wirkten, so schrieb er diese Gründung doch der göttlichen Vorsehung zu. Spätere Schriftsteller schmückten
sie mit Sagen und Legenden aus. Der erste Tag der
Gründung der Hauptstadt wurde unter großen Ceremonien vollzogen. Constantin mit einer langen Pike in
der Hand und zu Fuße bezeichnete die Abgrenzungen
der Stadt. Das zum Baue der Stadt nothwendige
Holz wurde von der nördlichen Küste des schwarzen
Meeres und der weiße Marmor von der Insel Pro-
conesis herbeigeschafft. Die Arbeiten gingen außerordentlich rasch von statten. Constantin bot Alles auf,
um alle Merkwürdigkeiten aus Rom, Sicilien, Athen,
Antiochien und anderen Städten von Kleinasien und
Afrika in der neuen Stadt zu vereinigen. „Constantinopolis dedicatur paene omnium urbium nuditate."

Constantin nahm an der Leitung der Arbeiten selbst Antheil. Zur gleichen Zeit wurden
die hohen und breiten Mauern fast in demselben Umfange, wie sie jetzt noch vorhanden sind, erbaut. Die
Thäler zwischen den Hügeln wurden durch Wölbungen
ausgefüllt und geebnet. Constantin baute auf dem ersten
Hügel einen viereckigen Platz (forum Augusteum) und

umgab ihn mit vielen Baudenkmalen, wie die Sofien=
kirche, den Senat, seinen berühmten großen Palast,
verschiedene Kapellen, Säulengänge und eine Säule mit
dem Bildnisse seiner Mutter Helene, das Kreuz in der
Hand haltend. In der Mitte des Platzes befand sich
ein goldenes Baudenkmal, Milliarium genannt. Von
diesem Punkte aus wurden alle Entfernungen der näher
und weiter gelegenen Städte des Reiches gemessen.
Constantin beendete auch den Bau des Circus, den er
mit Palästen, Säulengängen und Denkmälern aus allen
Städten des Reiches umgab. Es ist hier der Ort zu
erwähnen, daß der Senator Phyloxenus nach der An=
gabe Constantins einen großartigen Wasserbehälter er=
richtete, der auf 1001 Säulen ruhte, der sich aber heute
in einem schmutzigen und verwahrlosten Zustande be=
findet, ferner Basiliken und viele andere Bauten.
Neben dem Circus ließ er wunderschöne Bäder mit dem
Bildnisse des Jupiter, deßhalb Zeurippe genannt, her=
stellen, endlich eine imposante Marmortreppe, welche
einerseits seinen Palast mit dem Circus, andererseits
mit der Sophienkirche verband. Auf dem zweiten Hügel
baute er auch einen Platz in ovaler Form, Forum
Constantini, umgeben von Triumphbogen, Säulen=
gängen, Bildnissen, und in der Mitte des Platzes
errichtete er eine Porphyrsäule, welche bis heute unter
dem Namen: „verbrannte Säule" (türkisch:
tschemberlitasch) besteht, sich aber auch in einem ver=
wahrlosten Zustande befindet. Ursprünglich trug sie an
ihrer Spitze die Statue des Apollo, dessen Kopf durch
das Bild Constantins mit dem Kreuze ersetzt wurde.
Die Strahlen des Kranzes bestanden aus Nägeln, mit
denen Christus gekreuzigt wurde und die aus Jerusalem
gebracht wurden. Die ausführliche Beschreibung der
archäologischen Denkmäler von Constantinopel zu jener
Zeit gehört nicht hieher und kostete dem Staate, nach
Gibbon's Berechnung, 17 Millionen Thaler. Nach

römischem Muster wurden viele Häuser für die Hof=
leute und Senatoren unentgeltlich gebaut, wodurch er
viele angesehene römische Einwohner zur Uebersiedlung
nach Byzans bewog. Alle Arbeiten zur Umgestaltung
der Hauptstadt wurden mit fieberhafter Hast betrieben
und binnen fünf Jahren größtentheils beendigt. Am
11. Mai 330 n. Chr. wurde die Hauptstadt eingeweiht.
Großartige Festlichkeiten und Ceremonien halb heid=
nischer, halb christlicher Natur wurden durch vierzig
Tage abgehalten. Auf dem Platze stand ein dem Sonnen=
gotte geweihter Wagen mit allen möglichen Göttern
und daneben die Schutzgöttin der Stadt und auf dem
Haupte der Tyche ein Kreuz Christi. Gegenüber befand
sich das Bildniß des Constantin und der Helene mit einem
Kreuze in der Hand und der Inschrift darauf: „Ein
Heiliger, ein Gott, ein Christus, zu
Ehren des Vaters Gottes“. In der Mitte des
Kreuzes war das Bildniß der Sonne. Das Volk sang
„Kyrie eleison.“ Die Grundlegung des Christenthums,
dessen Wiege Constantinopel wurde, fand in der Mitte
zahlreicher Götter statt und Kaiser Constantin trat als
Beschützer und Verbreiter desselben auf, ohne den
heidnischen Gottesdienst zu beeinträchtigen. In den
Annalen der Geschichte wurde dieser Tag dies natalis
urbis benannt und durch ein kaiserliches Edict in eine
Marmorsäule gegraben und als Neu = Rom oder nach
seinem Namen Constantinopolis bezeichnet,
welche Benennung sich bis auf unsere Tage erhielt.

Seine Regierungszeit weist eine Periode auf,
worin die alten römischen Denkweisen ihre Macht ver=
loren und die abergläubische Verehrung Roms bereits
aufgehört hatte. Die Verlegung der Residenz weckte den
römischen Geist nur in der öffentlichen Verwaltung.
Die Griechen, welche als römische Bürger betrachtet
wurden, behielten ihre Sprache, ihre Lebensweise und .
Einrichtungen, und als Constantinopel zur Residenz

erhoben wurde, da entstand ein innerer Kampf, ob es eine griechische oder lateinische Stadt werden sollte. Constantin erklärte zwar offenherzig, daß er den griechischen Orient dem lateinischen Occident vorziehe, wollte jedoch den Griechen keine Uebermacht im Oriente geben und begründete daher die Stadt nach dem Vorbilde Roms mit römischer Sprache und römischen Einrichtungen. Die größte Aufmerksamkeit und Thätigkeit widmete er der Entwicklung des Orients und dessen Mittelpunkte Constantinopel.

Constantinopel war eine Schöpfung der kaiserlichen Gunst. Constantin ließ Korn und Oel unter die Bevölkerung, welche außerdem von Steuern befreit war, vertheilen, und die Bevölkerung überließ sich daher ganz dem Genusse und den Vergnügungen der Circusspiele und lenkte ihre Aufmerksamkeit wenig auf die Staatsgeschäfte. Diese Zustände für die Bevölkerung blieben seit der Begründung der Residenz durch mehrere Jahrhunderte ungestört.

Constantin hat das Heer reorganisirt, die Staatsverwaltung reformirt, eine neue Residenz gegründet und neue Religion eingeführt. Er bekümmerte sich nicht um eine Gemeinschaft mit nationalen Bestrebungen seiner Unterthanen herzustellen, denn er betrachtete den Zustand solcher ganz unabhängiger Machtstellung als die sicherste Grundlage der Kaisermacht und die beste Garantie für die unparteiische Verwaltung und Handhabung der Gerechtigkeit. Mit alten Ueberlieferungen war gebrochen und es bestand keine Verbindung mehr mit den Einrichtungen der Republik, welche vergessen wurden. Der Staat setzte sich aus einzelnen Völkerschaften zusammen, welche jede ihre besondere Geschichte, Sprache, Sitte und Religion hatten, wie Griechenland, Rom, Egypten, Syrien ꝛc. Der Kaiser selbst stand fern den Hoffnungen, Gesinnungen und Gefühlen des Volkes, insofern solche sich auf nationale Bestrebungen bezogen. Constantin

vereinigte in der Hand des Kaisers alle Zweige der
Staatsverwaltung, schuf einen Beamtenstand zur Führung
der Staatsgeschäfte und ließ das Volk nicht mehr an
den Staatsangelegenheiten activ Antheil nehmen. Diese
Staatseinrichtung überbauerte viele Jahrhunderte und
wurde später in allen monarchischen Staaten eingeführt.
In Folge dieser neuen Staatsorganisation wird Constantin als ein bedeutender Gesetzgeber betrachtet. Es
wird zwar behauptet, daß seine Staatseinrichtung den
schnellen Ruin des Reiches befördert hätte, während die
Wirklichkeit uns gerade das Gegentheil zeigt. Er theilte
das ganze Reich in vier Präfecturen: „Orient,
Illyricum, Italien und Gallien" mit zahlreichen Unterabtheilungen (dioecesen). Das Heerwesen galt Alles
im Staatsleben, es wurde gänzlich reorganisirt und
gliederte sich in zahlreiche Abtheilungen; die Mannschaft
bestand zum größten Theile aus fremden Völkern.
Constantin vereinigte alle Provinzen durch eine ausgezeichnete militärische Organisation, er hat die Gleich-
förmigkeit der Civil- mit der Militärverwaltung eingeführt. Die Anforderungen, welche an die Verwaltung
gestellt wurden, standen im Zusammenhange mit den
financiellen Einrichtungen, die gleichmäßig im Staate
in Ausführung gesetzt wurden. In demselben Verhältnisse, als die Regierungsform eine complicirtere wurde
und eine immer größere Anzahl von Beamten in
Anspruch nahm, wachsen auch die Auslagen für die
Gehalte, so daß die bisherigen Einnahmen nicht mehr
zur Deckung der Ausgaben hinreichten. Es wurden in
Folge dessen die Einnahmsquellen, von denen die eine
„Indictio", die andere „Chrysargyrum" hieß, d. i.
Naturalien und Geldabgaben, gesteigert. Es ist nicht
bekannt, welche Mittel zur Eintreibung dieser Steuern
angewendet wurden, es genügt nur zu sagen, daß diese
Abgaben äußerst lästig, ja unerschwinglich waren und
auf den Wohlstand der Bevölkerung sehr nachtheilig

einwirkten, besonders die zweite Art Chrysargyrum oder „Collatio auri lustralis".

Eine der größten, wichtigsten und folgereichsten Thaten Constantins war, daß er die Rechte der Christen und Heiden gleichstellte. Indem er das Zeichen des Kreuzes an der Fahne anbringen ließ, gewährte er den Christen die gleichen Rechte mit den Heiden und anerkannte er das Christenthum als Staatsreligion. Obschon die Götter Jupiter, Apollo, Mars, Hercules und die Sonnengöttin ihre Verehrer wie früher besaßen, obgleich der Senat und der römische Adel fest dem Heidenthume ergeben waren, wurde den Anhängern des Christenthums die öffentliche Ausübung ihres Gottesdienstes wie in Rom und den Provinzen, ebenso auch in Byzanz gestattet.

Die Stadt Rom hatte zur Zeit Constantins ungefähr eine Million Einwohner, darunter circa fünfzigtausend Christen, das ist ein Zwanzigstel der Bevölkerung. Die Gesammtbevölkerung des Reiches in jener Zeit, im Orient und Occident, schätzt man auf 120 Millionen. In den orientalischen Provinzen war die Zahl der Christen bedeutender. In der neuen Hauptstadt bekannten sich beinahe alle Einwohner zu diesem Glauben. Im ganzen Oriente, Kleinasien und Afrika fand die Christenlehre einen leichteren Zugang, wozu die Siege Constantins noch mehr beitrugen. Schon im Anfange des vierten Jahrhunderts war das ganze armenische Volk durch Gregorius b. Illuminator zum Christenthume bekehrt und das berühmte Kloster Etschmiadzin unweit vom Ararat gegründet (303 n. Chr.). Schon im ersten Jahrhundert, im 33. Jahrgange n. Chr. Geb., hatte sich der armenische König Abgar zu Ephesus zum Christenthume bekehrt, und das „ohne Hand gemachte" Bild von Jesu, welches bis zum zehnten Jahrhunderte in Ephesus aufbewahrt war, bezieht sich auf die Bekehrung Abgar's, dem das Bildniß zugesandt worden sein soll.

Constantin erkannte, daß die Christen für seine neue Residenzstadt von besonderem Vortheile waren, und sorgte daher für die Ruhe und das Gedeihen der christlichen Kirche, zu gleicher Zeit aber auch für den Wohlstand der christlichen Unterthanen. Er hob die Edicte und Anordnungen der früheren Kaiser, welche gegen das Christenthum gerichtet waren, auf, wodurch er im höchsten Maße die Christen beruhigte, die bis dahin sich in beständiger Angst befunden hatten. Außer dem Edicte von Mailand im Jahre 313, dessen wir bereits erwähnten, schrieb er an alle seine Präfecten, das Christenthum überall ohne Unterschied sich aus-breiten zu lassen.

Nach der Lehre Christi erkannte Constantin Gott als den einzigen Beherrscher des Himmelreiches, ebenso daß die verschiedenen Benennungen, Kirchengebräuche, Anschauungen der religiösen Secten und Völker bei der Verehrung Gottes nicht von einander zu trennen sind, sondern daß sie in der Verehrung Gottes gleich und einig sein müssen. Innerlich war er jedoch auch ein ergebener Verehrer der Sonnengottheit, des Apollo der griechisch-römischen Mythologie.

Er nahm alle Abzeichen der Sonnengottheit für sich in Anspruch; alle Eigenschaften dieser Gottheit rief er zur Beschützung seiner Thaten an; ihr Tempel wurde von Constantin mit reichen Geschenken geschmückt und sie galt überall als der unbesiegbare Begleiter und Beschützer des Kaisers.

Die Münzen jener Zeit stellen ein Kreuz und in der Mitte die Sonne dar; die Reversseite trägt die Inschrift: „Soli, invicto comiti." In der Zeit, als er mit Licinius herrschte, erscheint die Figur der Sonnen-gottheit mit der Inschrift: COMITI. AVGG. NN., d. h.: dem Begleiter unserer beiden Kaiser.

In den Gesetzen der Jahre 319 und 321 er=
kannte er theilweise den heidnischen Cultus noch als
zu Recht bestehend an und verwahrte sich nur gegen
den geheimen, sinnlosen Gebrauch der Magie und
der Haruspicien, während er das Beschwören des
Regens und Hagels gestattete. Als eifriger Anhänger
der Sonnengottheit weihte er einen Tag der Woche dem=
selben, indem er an diesem Tage die Gerichtsthätigkeit
und öffentliche Belustigungen 2c. verbot. An diesem
Tage widmete sich Constantin der Sonnengottheit und
nannte ihn „dies solis“, welcher Name fast in die
meisten modernen Sprachen überging, z. B. Sonntag,
sunday, und in anderen Sprachen im directen Ver=
hältnisse dazu steht.

Das Jahr 326, wo auf seinen Befehl der ge=
waltsame Tod seines Sohnes Crispus erfolgte, wird
nach der Ansicht mancher Geschichtschreiber als der wahre
Zeitpunkt für die Bekehrung Constantins bezeichnet.
Dieselbe fällt in die Zeit, kurz bevor er die letzten
Siege über Licinius erfocht. Wohl mag auch dieser
Umstand hierzu beigetragen haben, daß er im fort=
während Verkehre mit zahlreichen Kirchenlehrern,
unter denen er sehr viele Freunde hatte, aus Reue bei
Erkenntniß der Unschuld seines Sohnes die religiösen
Gesinnungen änderte.

Ob Constantin im Stande war, tiefere christliche
religiöse Anschauungen des Lebens zu cultiviren, nach=
dem ihn verschiedene Schriftsteller in Verdacht ziehen
und der Heuchelei beschuldigen, weil er zu gleicher Zeit
sowohl dem Heidenthum huldigen, als auch das Christen=
thum beschützen konnte, wollen wir hier mit einigen
Sätzen erörtern. Solche naive Ansichten der Geschichts=
schreiber dürfen nicht in Betracht gezogen werden, weil
Constantin eine Stelle von hochpolitischer Wichtigkeit
in der Geschichte einnimmt. Er stand an der Grenze
der zwei größten Epochen der Welt, nämlich beim Er=

löschen der antiken Welt und beim Erwachen der neuen
Umgestaltung beim Uebergang zum Mittelalter. Es ist
dies derselbe Fall wie bei Napoleon I. und Friedrich
d. Großen, welche, von ihrer politischen Stellung betrachtet, in Bezug auf ihre religiösen Anschauungen gar
nicht in Betracht kommen können. Darin liegt die
Größe seiner politischen Machtstellung und Thätigkeit,
daß er nach der Weltbeherrschung strebte und zu gleicher
Zeit die Umgestaltung seines Reiches, dem Christenthume
entsprechend, anbahnte. Man kann ebenso wenig sagen,
daß er sich der Christen habe bedienen wollen, um die
Macht zu erreichen, als man sagen dürfte, daß die
Christen ihn an die Spitze gestellt hätten, um ihren
Zweck durchzusetzen, sondern es war eine Strömung
beiderseits nach demselben Ziele. Constantin empfand
den Druck der überlegenen Gewalten, welcher auf ihm
in seinen besten Jahren lastete, und von dem er sich
zu befreien strebte. Auf gleiche Weise mußten die Christen
stets wünschen, derselben Last ledig zu werden. In
diesen beiden Bestrebungen vereinigten sie sich zu einem
und demselben Zwecke, um das Reich in ihrer Macht,
aber mit einer neuen Richtung zu haben. Aus diesem
Grunde mußten die Christen dem Kaiser größere
Dienste leisten, wofür sie auch in jeder Hinsicht befriedigt wurden. Alle diejenigen Christen, welche ihre
Aemter verloren hatten, erhielten dieselben wieder;
unschuldig als Verbrecher zu schweren Strafen Verurtheilte wurden befreit; confiscirte Güter wurden ihren
Familien wieder zurückgestellt und mit vielen Gütern
und Einkünften wurden die Kirchen dotirt. Die militärischen Würdenträger, wegen ihres christlichen Glaubens
früher zurückgesetzt, wurden in ihre Stellungen wieder
eingesetzt, und in der Civilverwaltung waren die obersten
Beamten Christen. Die Idololatrie wurde den Beamten
im Allgemeinen untersagt.

Auf diesem Wege mußte das Christenthum, ein-

mal gebuldet, raſch zur herrſchenden Religion werden.
Seit dem Kriege mit Maxentius iſt Conſtantin auf
allen Reiſen von chriſtlichen Prieſtern, Beiſitzern und
Tiſchgenoſſen umgeben. Bei den Synoden nahm der
Kaiſer mitten unter den Prieſtern Platz; ja, er hielt
Predigten in Gegenwart des Hofes und vieler Tauſende
Zuhörer. Als Thema wählte er gewöhnlich, die Viel=
götterei zu widerlegen. Sehr oft griff er in ſeinen
Predigten die Räuber, die Gewaltthätigen und Geld=
ſüchtigen an. Er pflegte die Diener der Kirche als
„geliebte Brüder" zu nennen, ſich ſelbſt aber, trotzdem
er noch nicht getauft war, nannte er den gemeinſamen
Biſchof. Seine Predigten hatten den Zweck, ſeine
Edicte von practiſcher Seite zu erörtern, und manchmal
ſprach Conſtantin über Dinge, welche ſich in den Edicten
nicht gut ſagen ließen. Seine Predigten wurden als
Mittel der Macht betrachtet, weil ſie von großem Ein=
fluſſe auf die Zuhörer waren. Er ſchrieb ſeine Pre=
bigten lateiniſch, und der Dolmetſch überſetzte dieſelben
in's Griechiſche.

Nach der Beendigung der Kriege mit Licinius
war Conſtantin durch religiöſe Entzweiungen in der
Kirche ſtark in Anſpruch genommen. Arius mit ſeiner
Lehre erhob ſich gegen die allgemein anerkannte Lehre
der Kirche und rief große Parteiungen in der Kirche hervor.

Conſtantin war beſtrebt, ſie zu verſöhnen, und
berief hinzu das Concil von Nicäa (Juni 325), wo
318 Biſchöfe aus allen Theilen des Reiches, meiſtens
aus dem Oriente verſammelt waren, um den Ent=
zweiungen ein zweckmäßiges Ende zu machen. Der
Kaiſer eröffnete perſönlich die Verſammlung. Er war
mit einem Purpurgewande, das reich mit Gold und
Edelſteinen geſchmückt war, bekleidet. Er ſprach lateiniſch,
darauf folgte die griechiſche Ueberſetzung ſeiner Rede.
Im Laufe der Discuſſion miſchte er ſich in Streit-
fragen in rein griechiſcher Sprache.

Die zwei Gegner, der Presbyter Arius und der alexandrinische Diakon Athanasius, führten die heftigsten Streitreden für und wider die Ewigkeit des Gottessohnes, ohne ein Ende zu erreichen. Der Debatte wurde endlich durch Constantin ein Ende gemacht und durch seine persönliche Ansicht entschieden. Diejenigen, welche dawider waren, fügten sich seinem letzten Ausspruche, und somit wurde das Concil geschlossen.

Wir unterlassen den theologischen Gegenstand des Concils, welcher eigentlich in die Kirchengeschichte gehört und begnügen uns hier vom politisch=geschichtlichen Standpunkte mitzutheilen, daß Constantin durch seine imposante Erscheinung sich großen Einfluß unter den Bischöfen erworben hatte. Durch dieselben, welche den Kaiser persönlich kennen lernten, gewann Constantin an politischer Machtstellung in den entlegensten Provinzen, was seine Herrschaft noch mehr befestigte.

Die christlichen Gemeinden besaßen schon im zweiten Jahrhunderte eine regelrechte Organisation und es bildeten sich sogar ganze Conföderationen von christlichen Gemeinden heraus. Constantin trennte die geistlichen Diener, welchen er die Verwaltung der Kirche übertrug, vollständig von den Laien und begründete auf solche Art die kirchliche Hierarchie. Die Hauptbischöfe, von denen die Verwaltung abhängig war, waren folgende: der von Rom, Alexandrien, Antiochien, Constantinopel und Jerusalem. Dieselben hießen auch Patriarchen und besaßen beträchtliche Einnahmen, so daß sie und ihre Untergeordneten ein mehr standesgemäßes Leben führen konnten.

Was die innere, religiöse Ueberzeugung der christlichen Lehre im wahren Sinne des Wortes betrifft, davon war wenig die Rede, aber es entwickelte sich ein Streben, herrliche Kirchengebäude zu bauen und ein reich ceremonielles Rituale einzuführen. Die religiöse Moral überging in die Dogmatik und das freie

Gebet zu Gott durch die glänzende Ausstattung vielfach in Pomp.

Jedenfalls trugen die unermeßlichen Schenkungen der vornehmen Leute, welche durch die Hände der Geistlichen wohlthätige Verwendung fanden, dazu bei, daß an vielen Orten Armenhäuser, Gasthäuser, Waisenhäuser, Pfründhäuser und Spitäler zur Verpflegung der Nothleidenden gestiftet wurden.

Die den Bischöfen von Constantin gegebene Gerichtsgewalt hob ihr Ansehen, und auf diesem Wege gewannen die Geistlichen die Oberhand und die Führung über die sich von Tag zu Tag vermehrende Christengemeinde, so daß der weltlichen Staatsverwaltung nur die Steuereinnahme und das Militärwesen zu besorgen blieb.

Die Verbreitung des Christenthums trug auf Grund der wahren Christenlehre viel dazu bei, um das Los der Sclaven erträglicher und milder zu gestalten, und in zahlreichen Fällen wurden dieselben sogar mit der Freiheit von ihren christlich gewordenen Gebietern beschenkt. Nach altrömischem Gesetze verfügte jeder vornehme Bürger über Leben und Tod seiner Sclaven; Constantin strebte dieses Recht durch Gesetze einzuschränken und aufzuheben. In Folge der Verbreitung des Christenthums mehrte sich die Zahl der Freigelassenen, und Johannes Chrysostomus verlangte kurz nach dem Tode Constantins in seinen Predigten die gänzliche Abschaffung der Sclaverei.

Nicht nur Constantin selbst vertheilte an Arme viel Geld, Almosen, Speisen, anständige Kleidung, sondern auch Helene, seine greise Mutter, schenkte große Summen an die Einwohner einzelner Städte und überdies Almosen an Nothleidende, welche sich ihr näherten.

Noch einen anderen Einfluß hatte die Lehre Christi, welcher im Volke einen großen Anhang fand, es war dies das Einsiedlerleben. Viele schenkten ihr

Vermögen dem Wohle der Kirche und zogen sich selbst
in die Einsamkeit des Klosterlebens zurück oder sie
wählten sogar das Leben in der Wüste und in Höhlen,
um sich in Enthaltsamkeit den himmlischen Betrachtungen
und dem Erlernen des Evangeliums zu widmen. Die
Zahl dieser Anachoreten war besonders groß in Egypten
und Palästina. Diese Einsiedler wurden in Folge von
Entbehrungen, Unwetter, Schmutz und Elend so ent=
kräftet und armblütig, daß es leicht erklärlich ist, wenn
sie durch beständige Illusionen in der Gestalt von
Geistern und Gespenstern von lebenden Thieren ge=
peinigt wurden. Zur Deutung dieser Erscheinungen be=
dienten sie sich der Machination der Dämonen. Diese
Deutung erhielt sich durch das ganze Mittelalter, sie
beschäftigte viele geistesschwache Personen und bot An=
laß zu gewissenlosen Betrügereien. Die Zahl solcher
Einsiedler wuchs besonders in heißen Ländern, wo der
Mensch die Nahrung leichter entbehren kann, während
das Einsiedlerleben in den kälteren Gebirgsländern von
Armenien und Pontus keine so große Verbreitung fand.

Was die Pflege der Bildung in Constantinopel
anbelangt, so widmete Constantin ein besonderes Augen=
merk der practischen Ausbildung der Beamten und
errichtete zu diesem Behufe eine Schule in einem Pa=
laste neben dem Circus, welche Magnaura hieß. Wahr=
scheinlich waren es Bruchstücke der Jurisprudenz, die
da gelehrt wurden, denn weitere Aufklärungen hierüber
fehlen gänzlich. Die alten Schulen von Alexandrien,
Antiochien 2c. blieben aufrecht mit der heidnischen
Richtung, deren Unterrichts=Gegenstände die Grammatik,
Rhetorik, Dialectik, Arithmetik, Musik, Geometrie und
Astronomie waren. Was Athen betrifft, so befand es
sich in blühendem Zustande, der Schulunterricht war
hoch gestiegen und aus politischen Rücksichten wurde
Athen von Constantin verehrt. Wir kommen jedoch
später auf dieselben ausführlich zurück in einem Capitel,

in dem wir die Volksbildung des Kaiserthums besonders
behandeln werden.

Eine andere Art von Schule, die einen großen
practischen Werth hatte, fand Anregung durch den
Aufbau von Constantinopel. Der Bau von Constantinopel wurde größtentheils in wenigen Jahren vollzogen;
die Mängel der Bauten wurden bald erkannt, weil
manche Gebäude einstürzten, was der mangelhaften
Ausbildung der Architekten zugeschrieben wurde. Dies
veranlaßte Constantin, eine Architektur-Schule zu gründen, und zwar umsomehr, als der Aufbau von großen
Gebäuden fortdauerte und auch nach seinem Tode weiter
geführt wurde.

Was die allgemeine Volksbildung betrifft, so
wurde insbesondere die Christenlehre als ein Fortschritt
betrachtet und als Unterrichtsmittel mit dem größten
Eifer verbreitet. Das Christenthum eröffnete wieder
alle Quellen der Eloquenz, und diese öffentliche Vered-
samkeit zum Schutze des Christenthums weckte die
nationalen Vorzüge und Eigenschaften der Griechen,
welche Jahrhunderte lang eingeschlummert waren. Die
Disputationen über die Christilehre gaben eine neue Kraft
den Institutionen der Gemeinden und Städte, hoben
die geistigen Eigenschaften des Volkes und führten zur
größeren Gleichheit der Stellung unter den Mitgliedern
der Gemeinde. Man bediente sich der griechischen Sprache
in allen Angelegenheiten der Kirche. Die Kirchenlehrer
wurden besonders hochgeachtet und fanden sehr zahlreiche Anhänger, selbst ganze Völkerschaften wurden
durch ihren Einfluß beherrscht. Aber ihre mannigfachen
Auffassungen und Erklärungen der Sätze der heiligen
Schrift waren hauptsächlich die Ursache der religiös-
theologischen Parteiungen und Entzweiungen, wozu
selbst der griechische Dialect durch die Mannigfaltigkeit
und Feinheit seiner Ausdrucksweise noch mehr Nahrung
bot, sei es manchmal durch ein Wort des Ausdruckes,

durch die Redewendung oder durch die bloße Form des Satzes. Constantin selbst duldete keine Ketzer, deren Zahl in seinem Reiche groß war. Er erließ daher ein Edict gegen dieselben und verbot ihre Versammlungen.

Nachdem wir die mannigfaltigen Thaten Constantins als Feldherr, Staatsmann, Gesetzgeber, Beschützer der Christen und Kaiser gewürdigt haben, erübrigt uns noch, sein Privatleben und seine persönlichen Charakterzüge zu schildern. Er war der einzige römische Kaiser, welcher über 30 Jahre regierte. Im Laufe dieser Zeit hörten die Feindseligkeiten der Nachbarvölker, welche ihn tief verehrten, auf. Von den entlegensten Herrschern selbst wurde er hoch geehrt. Die Beherrscher Ethiopiens und Indiens schickten Gesandtschaften an den Hof Constantins mit der Versicherung ihrer Ehrerbietung und mit seltenen, kostbaren Geschenken.

Constantin war physisch gut constituirt und geistig außerordentlich begabt. Die Statur imposant, Ausdruck des Gesichtes majestätisch, Umgang gutmüthig. In allen Bewegungen erkannte man Kraft und Geschicklichkeit. Von seiner Kindheit bis zum Alter bewahrte er die Frische des Geistes. Er führte eine gemäßigte Lebensweise und hatte Lust und Vergnügen am Familienleben.

Er war spöttisch, ohne die Würde seiner Stellung zu verletzen. Sein Anstand, Höflichkeit und ungezwungener Umgang gewannen ihm alle Herzen. Die Intimität seiner freundschaftlichen Beziehungen war jedenfalls zweifelhaft. Trotz seiner mangelhaften Bildung schätzte er die Kenntnisse. Künste und Wissenschaften fanden in ihm einen ausgiebigen Beschützer.

In der Erfüllung seiner Pflichten war er unermüdlich. Seine geistige Thätigkeit war immer concentrirt im Lesen, Schreiben, Nachdenken; die übrige

4*

Zeit verbrachte er im Ertheilen von Audienzen und in Untersuchung der Beschwerden seiner Unterthanen.

Auf dem Schlachtfelde war er ein Beispiel von Unerschrockenheit und Muth für seine Soldaten, die er befehligte, und die merkwürdigen Siege, welche er über seine äußeren und inneren Feinde erfocht, konnten mehr seinen Geistesgaben, als dem Glücke oder Zufall zuge= schrieben werden. Er liebte den Ruhm als Belohnung und Krönung seiner Bemühungen und Thaten.

Sein Hof glänzte mit persischem Luxus und Ceremonien, welche schon zur Zeit Diocletians einge= führt waren. Dies Asiatenleben, besonders in den letzten Jahren seiner Regierung, stand schroff gegenüber zu der Vergangenheit seiner militärischen Kriegsthaten und Unternehmungen und gab ihm zur Verweichlichung Anlaß. Er pflegte eine aus verschiedenfärbigen Haaren künstlich hergerichtete Perrücke zu tragen. Eine große Krone, mit zahlreichen Edelsteinen und Perlen besetzt, schmückte sein Haupt. Halsketten, Armbänder, ein weites, vielfärbiges, reich mit Gold gesticktes Seidengewand bildeten seine Kleidung.

Constantin war durch seinen Vater, der aus der Familie der Flavier stammte, mit dem kaiserlichen Hause verwandt. Er war zweimal verheiratet. Seine erste Frau, die er besonders liebte, hieß Minervina; aus dieser Ehe stammte der einzige Sohn Crispus, welcher von dem berühmten Kirchenlehrer Lactantius erzogen und gebildet wurde. Aus der zweiten Ehe mit Fausta, einer Tochter Maximians, entstammten drei Töchter und drei Söhne, welche Constantin, Constantius und Constans hießen und deren Bildung christlichen Bischöfen anvertraut wurde. Constantin hatte außerdem noch einen weiten Kreis von Verwandten, welche seine Herrschaft unterstützten. Aber alle diese zahlreichen Familienmitglieder waren außer zweien, Gallus und Julian, zu Grunde gegangen.

Der älteste Sohn und muthmaßliche Nachfolger, Crispus, wird von allen Historikern als gutmüthiger und braver Jüngling geschildert. Sein Erzieher Lactantius hat merkwürdigerweise alle Tugenden in ihm entwickelt. Als er 17 Jahre alt wurde, trug er schon den Titel eines Cäsar, verwaltete Gallien und schlug die Einfälle der Germanen zurück. Im bürgerlichen Kriege mit Licinius theilte er den Oberbefehl mit seinem Vater und bewies großen Muth und Umsicht bei Durchschiffung des Hellespont und bei dem siegreichen Angriffe auf die große Flotte des Licinius. Dieser Seesieg entschied vollständig das Schicksal des Krieges. Die Namen Constantins und Crispus' wurden im großen Triumphe vom Volke geehrt. Crispus stand in hoher Achtung und Gunst des Hofes und des Volkes. Er wurde als die Hoffnung des zukünftigen Glückes und Wohlseins aller Unterthanen betrachtet. Statt der Anerkennung für die vollbrachten Thaten und einer Erhebung in höhere Würden blieb er plötzlich im eigenen Hause verlassen und der Verleumdung der Feinde und Neider preisgegeben. In dieser Hinsicht bestehen sehr dunkle und unaufgeklärte Gerüchte.

Ob er an der Spitze einer geheimen Verschwörung gegen seinen Vater stand, worüber Constantin im Jahre 325 ein Edict erließ und eine Vermuthung über denselben aussprach; oder ob Crispus im verbrecherischen Liebesverhältnisse zu seiner Stiefmutter Fausta stand, welche in dieser Hinsicht die Rolle der Phädra spielte; ob er bei den Festlichkeiten der Vicenalien, welche Constantin in Rom feierte, seinen Vater an die zwanzigjährige Regierungsdauer Diocletians erinnerte und hierdurch den Vater gegen sich aufstachelte; ob Crispus die Ursache des persönlichen Hasses und der Verleumdung seiner Stiefmutter war, welche ihren eigenen Söhnen statt seiner die Regierung sichern wollte; dies Alles mag hier direct unerörtert bleiben. Es ist nur sicher,

daß Crispus inmitten der Festlichkeiten auf Befehl
seines Vaters verhaftet und nach kurzem Verhöre unter
strenger Bewachung nach Pola in Istrien (im Monate
Juli 326) gebracht wurde, wo er den sicheren Tod
durch Vergiftung fand.

Was den gewaltsamen Tod des Crispus betrifft,
herrschen in der Geschichte dunkle Andeutungen. So
oder so, seine Unschuld wurde im Allgemeinen anerkannt, und als Constantin die unüberlegte That erkannte, vergoß er bittere Thränen, und im Laufe der
vierzig Tage der Reue enthielt er sich von Bädern und
allen Annehmlichkeiten. Er errichtete ihm ein goldenes
Denkmal mit der Inschrift: „Meinem Sohne, den
ich ungerecht verurtheilt habe." Es wurde
die Schuld seiner Ermordung der Frau Constantins,
Fausta, zugeschrieben, in Folge dessen ließ sie Constantin, als Urheberin des Unheils, um's Leben bringen.
Sehr viele andere Hofleute, welche in diese Angelegenheit
verwickelt waren, wurden ebenfalls, sei es mit Recht
oder Unrecht, hingerichtet.

In den letzten Jahren seines Lebens theilte Constantin sein mit so großen Mühen gegründetes Reich
in der Absicht unter seine Söhne, um sie von einander
zu trennen, weil er bemerkte, daß unter ihnen Feindseligkeiten herrschten. Und dieser Umstand wird vom
geschichtlichen Standpunkte als ein Rückschritt betrachtet.

Nach Beendigung seiner 30jährigen Regierung,
welche glänzend gefeiert wurde, stellte der Perserkönig
Sassanid Sapor (Schapur) die Forderung an Constantin, es mögen ihm die durch Gallerius eroberten
Länder zurückgegeben werden. Constantin wies dies
Verlangen zurück, er wollte sich an die Spitze des
Heeres stellen, um gegen die Perser zu ziehen, als er
erkrankte. Zur Herstellung seiner Gesundheit ließ er
sich nach Drepanon führen, um in den naheliegenden
warmen Mineralbädern seine Kräfte wieder herzustellen.

Jedoch die Krankheit verschlimmerte sich nach kurzer Zeit, und er ließ sich nach Aquyrion unweit von Nicomedien führen, wo er, die Nähe des Todes fühlend, von dem Bischofe Eusebius getauft wurde. Bald darauf verschied er am 22. Mai 337. Gemäß seinem letzten Willen wurde sein Leichnam in die Residenz überführt, trotzdem ihn der römische Senat und das Volk nach Rom verlangten. Seine Ueberreste wurden in Constantinopel mit großer Ehrerbietung verehrt. Die Trauerfeierlichkeiten dauerten fort nach aller Strenge des Hofceremoniells in so solenner Art und Weise, daß man sagen konnte, Constantin herrsche weiter. Viele Bewohner rissen sich die Kleider vom Leibe und vergossen reichliche Thränen.

II.

Die Griechen und Constantinopel im Mittelalter.

Zur Regierungszeit Constantin des Großen erreichte das römische Reich den Gipfel der höchsten Macht, und während der 31jährigen Regierung dieses Kaisers, welche Dauer noch von keinem römischen Herrscher erreicht wurde, genoß im Allgemeinen dieses Kaiserthum die vollkommenste Ruhe im Innern und an allen Grenzen.

Die kirchlichen Streitigkeiten bei Erklärung der Dogmen wurden von ihm selbst beigelegt oder durch bischöfliche Concile geschlichtet, wie bereits vorher erwähnt wurde. Aber bald nach seinem Tode entstanden außerordentliche Schwierigkeiten in der inneren Verwaltung des Reiches, die neu entstandenen kirchlichen Zwistigkeiten verursachten einen heftigen Kampf im Innern des Reiches und die feindlichen Nachbarvölker beunruhigten unausgesetzt die Grenzen. Die im Reiche befindlichen Streitkräfte reichten nicht aus, um überall erfolgreich Widerstand leisten zu können, die einander befehdenden Parteien im Lande selbst und Revolten in den westlichen und östlichen Provinzen ließen die größten Schwierigkeiten für den Zusammenhalt dieser umfangreichen Monarchie entstehen. Iberien, Gallien und Britannien strebten, sich von der Centralmacht zu trennen; die Barbareneinfälle von der Donau herüber brachten

dem Reiche Gefahr und Verwüstung; ebenso suchten
in den asiatischen Provinzen die bis dahin wohl disciplinirten Heere auseinander zu gehen, umsomehr, als
die Perser am Euphratus eine sehr drohende Stellung
einnahmen. Noch einmal gelang es dem Kaiser Theodosius, kriegerische Erfolge zu erringen und das gesammte Reich zu vereinigen, auch durch kluge Verwaltung
und zweckmäßige Gesetzreformen die inneren Entzweiungen und Kämpfe zu endigen und vor Allem die
kirchlichen Angelegenheiten zu regeln. Aber die Schwierigkeiten in der Verwaltung erwiesen sich als so großartig und complicirt, daß Theodosius der Große kurz
vor seinem Tode es für nothwendig hielt, die ganze
Monarchie in zwei Theile, in ein westliches und in ein
östliches Reich zu scheiden, von welchem er die Regierung
im Osten auf seinen Sohn Arcadius im Jahre 395
übertrug. Seitdem verfolgte der Orient, welcher nun
nie mehr mit dem Westen vereinigt wurde, andere
Ziele, seine Interessen waren vollkommen andere als
jene des Westens, die Bestrebungen der Unterthanen
beider Reiche wurden in ganz verschiedene Bahnen gelenkt und ihr Wirken unterlag ungleichartigen Einflüssen. Der Westen wurde von Honorius verwaltet.
Aber dortselbst sproßten die Keime der Jahrhunderte
alten Civilisation wieder zu neuem Leben empor, und
in den verschiedenen Gebietstheilen dieser westlichen
Monarchie, begünstigt durch verschiedene Landes- und
Völkerunterschiede, entwickelten sich die Staatseinrichtungen auf Grund der Principien der alten Cultur.
Aber auch der Osten war trotz ungünstiger Einflüsse
zur höchsten Blüthe des Reichthums gelangt. Constantinopel am Bosporus bildete hier die Centralmacht der
altrömischen Institutionen, sich mit den Provinzen mehr
oder weniger in Harmonie befindend, regiert von dem
Kaiser, welcher vom Patriarchen, dem Oberhaupte der
Kirchenverwaltung, unterstützt wurde.

Ein Jahrhundert nach Gründung Constantinopels befanden sich hier außer den kaiserlichen Palästen eine Unterrichtsanstalt, ein Circus, zwei Theater, 8 öffentliche und 153 Privatbäder, 52 Portiken, 5 Kornmagazine, 8 Aquabucte, 4 geräumige Hallen für Senatsversammlungen und Gerichtssitzungen, 14 Kirchen, 14 Paläste und 4380 mehr oder weniger große Häuser in 322 Straßen. Rom hatte zu gleicher Zeit circa 1780 große Häuser — domus — und 424 Straßen.

Wir werden weiter die mannigfaltigen Angelegenheiten des Kaiserthums in Constantinopel auf Grund von Thatsachen, und die Hauptmomente seines inneren Bestandes, seines Steigens und Sinkens vom allgemeinen objectiven Standpunkte aus in Betrachtung ziehen.

Es sind zahlreiche Umstände, welche das römische Kaiserthum in seiner Fortentwicklung hemmten; hier an den Ufern des Bosporus ging die weltberühmte kaiserliche Macht der Römer gänzlich zu Grunde, und wurde durch ein anderes, das griechisch-orientalische, oder nach geschichlichem Ausbrucke durch das byzantinische Kaiserthum ersetzt, oder besser gesagt, das römische Reich ging in das Kaiserthum von Constantinopel oder Byzanz über. Da in diesem die Verwalter nicht mehr Römer waren, auch nicht mehr römisch oder lateinisch sprachen, wurden die Statthalter aus den Einheimischen gewählt, und waren sonach Griechen oder zum Griechenthume bekehrte Männer; auch die Verwaltung und das Heerwesen wurden griechisch geleitet.

Aber das von Gott gesegnete Kaiserthum erfreute sich keiner beständig regierenden Dynastie, ja es floß sogar oftmals in den Adern der Verwalter kein fürstliches Blut; Jeder im Staate, der, wie es im Aberglauben der Zeit lag, irgend einer albernen Prophezeihung nachhing, hoffte sich selbst einst als Kaiser zu sehen Der Kaiser Leo I. war nach Ueberlieferung des Volkes

zuerst ein Fleischhauer; auch zeigte man seine Bude in
Constantinopel, wo er mit seiner Frau das Fleisch
verkauft hatte. Ein Schweinehändler von Bederiana
in Illyrien kam barfuß und mit einem Sacke auf den
Schultern nach Constantinopel, wo er, nach einigen
Auszeichnungen in der Armee, als Kaiser Justin I.
der Begründer der slavischen Dynastie in Constantinopel
wurde. Sein Neffe, ein Feldarbeiter aus demselben
Dorfe, wurde nach Constantinopel berufen, im kaiserlichen Palaste unterrichtet und glänzte später, zum
Kaiser Justinian I. ausgerufen, als Gesetzgeber und
Beschützer der Baukunst. Der Kaiser Phocas war
nichts anderes als ein einfacher Centurion, als er durch
eine Blutthat den Thron erreichte, indem er seinen
Vorgänger, den Kaiser Mauricius sammt dessen Kindern
hinrichten ließ. Der Kaiser Leo III. der Isaurier war
zuerst ein Scherenschleifer, der, nachdem er sich im
Kriege durch Tapferkeit auszeichnete, zum Kaiser ausgerufen wurde. Leo V., von armenischen Eltern ab-
stammend, zeichnete sich gleichfalls im Kriege durch
Heldenthaten aus, in Folge dessen er den Kaiserthron
besteigen konnte. Kaiser Michael II., von niedrigster
Herkunft, war früher Diener und Pferdezüchter bei
dem vornehmen Bardanius. Kaiser Basilius I., Sohn
armenischer Eltern, welche ihre Heimath verlassen und
sich in Macedonien angesiedelt hatten, wurde durch die
Bulgaren aus Adrianopel als Gefangener mitgeschleppt,
befreite sich jedoch bald aus der Gefangenschaft und
kam zu Fuß und in größter Armuth nach Constantinopel, wo er, die erste Nacht, vor einer Kirchenpforte
schlafend, träumte, einst Kaiser zu werden. Von dem
Kirchendiener wurde er aufgefunden und verpflegt, bis
er im kaiserlichen Stalle als Pferdezüchter Aufnahme
fand. Durch Gewandtheit und Muskelkraft erregte er
das Wohlgefallen des Kaisers Michael III., welcher ihn
zu besserer Stellung beförderte und endlich zu seinem

Rathgeber erkor. Später Kaiser geworden, erwarb sich
Basilius den ehrenden Beinamen „Vater seiner Unter=
thanen", machte sich als kluger Regent, sowie als prac=
tischer Gesetzgeber bekannt, zeichnete sich durch vernünftige
Sparsamkeit aus, wie er auch die Stadt durch hervor=
ragende Bauten verschönerte. Auch er wurde der Be=
gründer einer neuen Dynastie, welche mit dem Namen
der „macedonischen" bezeichnet wird. Der Kaiser Roman
Lecapen, ebenfalls ein Armenier, befehligte vordem als
Admiral die byzantinische Flotte; Kaiser Johann
Zimiskes, auch Armenier von der Ostgrenze des Reiches,
war berühmt durch kriegerische Thaten. Man sieht
hieraus, daß Kleinasien und Armenien dem Throne
von Byzanz viele Kaiser gaben, von denen einige das
Reich zu Ansehen und Blüthe brachten. Die Sucht,
eigentlich die Krankheit, nach dem Purpur zu streben
(Amien—Marcellin), hat viele hochstehende Männer auf
Irrwege geführt, und jene, welche den Thron nicht
erreichen konnten, wurden der Marter und Folter aus=
gesetzt. Die Kaiser aus den Dynastien von Komnenen,
Angelos und Paleologen stammten aus den vornehmsten
griechischen Familien der Hauptstadt. Unter diesen trugen
die Kaiser Alexius I. Komnenos, Manuel Komnenos,
Isaak Angelos, Michael Paleolog durch ihre Ruhmes=
thaten wesentlich zum Glanz des Reiches bei, obgleich ihre
Regierung leider durch die trübsten äußeren Umstände
zu leiden hatte, welche auch den Verfall des Reiches
allmälig vorbereiteten.

Manche Kaiser waren die Typen der höchsten
Tugenden, manche von ihnen jedoch sehr verbrecherischer
und zweideutiger Natur.

Ein Geschichtsschreiber versucht die Herrscher von
Byzanz zu zählen, welche von Arcadius an bis Mo=
hamed ihr Leben tragisch endeten. In diesem Zwischen=
raume besetzten 109 Kaiser und Mitkaiser den Thron.
Von diesen starben 34 im Bettlager; 8 im Kriege oder

zufälligerweise; 12 wurden willig oder mit Gewalt
entthront; 12 starben im Kloster oder im Kerker; 3
erlitten den Hungertod; 18 wurden theils durch Ca=
stration entstellt, theils wurden ihnen die Augen aus=
gestochen oder Nase und Hände abgeschnitten; 20 wurden
vergiftet, erdrosselt, erstickt, erdolcht oder von einer
hohen Säule gestürzt. Ferner fanden während 1058
Jahren im Ganzen fünfundsechzig Palast=, Straßen=
und Casernen=Revolutionen und ebensoviel Entthro=
nungen statt.

Ein allgemeiner Ueberblick auf dieses Kaiserthum
durch verschiedene Jahrhunderte zeigt, daß es sich im
sechsten und siebenten Jahrhundert in einer Pe=
riode der geistigen Verirrungen befand, welche eine
Folge der Ketzereien und dogmatischen Streitigkeiten
war, die damals die Haupt=Beschäftigungen der höheren
und niederen Stände der Bevölkerung bildeten.

Das achte Jahrhundert war eine Periode der
inneren Reformen und der Bilderstreitigkeiten, wobei
sich die Bevölkerung in zwei streitende Parteien theilte,
und welche alle Kräfte des Volkes erschöpften. Das
neunte und zehnte Jahrhundert enthielt die Perioden
der geistigen Erwachung, welcher Zustand bis an die
Hälfte des elften Jahrhunderts dauerte, als der erste
Anstoß zum Untergange des Reiches gegeben wurde.
Das zwölfte und dreizehnte Jahrhundert bildete
die Periode der inneren Schwäche, der inneren und
äußeren Kämpfe und der Erschöpfung des Reiches.
Im vierzehnten Jahrhundert fiel die Zeit, als das
Reich seine Provinzen allmälig verlor, und in der ersten
Hälfte des fünfzehnten Jahrhunderts wurde Con=
stantinopel von den Türken erobert, mit welchem Zeit=
punkte dann das griechisch=orientalische Kaiserthum zu=
sammenbrach und endigte.

Die innere und äußere Verwaltung des Reiches,
ebenso die Kirchenverwaltung weisen viele Mängel auf,

aber das Kaiserthum in Constantinopel, vom Stand=
punkte der Anschauungen des Mittelalters betrachtet,
hat sehr viele Vortheile und Merkwürdigkeiten aufzu=
weisen. Die monarchisch=despotische Form der Ver=
waltung und eine eigenthümliche Art der Central=
regierung waren die Existenzbedingungen gegen die
beständigen Drohungen der Nachbarvölker. Der Kaiser
mußte fast immer an der Spitze seines Heeres kriegs=
fertig sein. Das Heer bestand aus Abkömmlingen aller
Völker von Europa und Asien (vor Allem aus Arme=
niern, Herulern, Gepiden, Gothen, Hunnen); wenn es
gut bezahlt und durch tapfere und sachkundige Heer=
führer gut geleitet wurde, leistete es seine Dienste aus=
gezeichnet, siegte immer und brachte dem Feinde groß=
artige Verluste bei; andernfalls erlitt er selbst große
Niederlagen, und mehr als einmal wurde das Reich
zum Abgrund und zur Vernichtung gebracht.

In den auswärtigen Angelegenheiten gebrauchten
die Kaiser von Constantinopel gern das Gold statt des
Eisens; die Ränke der Kaiserlichen verwickelten die
Beziehungen der Nachbarvölker untereinander und säeten
Zwietracht in ihrer Mitte. Durch die Gewandtheit der
Sprache und Redewendungen verfeinerten die Kaiser=
lichen noch mehr ihre diplomatische Kunst und trennten
und sprengten auf diese Weise die zusammengehaltene
Macht der Feinde. Die Mittel, welche sie gebrauchten,
waren mitunter falsch, arglistig und grausam, aber sie
hatten es mit Feinden zu thun, welche außerordentlich
verrätherisch und unbarmherzig waren. Mit den Feinden
aus mongolisch=uralischer Race, wie den Hunnen, Avaren,
Bulgaren, mit Attila, Bojan und Khrum, als auch mit
den beutegierigen Normannen und Venetianern, mit dem
betrügerischen Bohemond und dem schlauen Dandolo
eine vertrauensvolle Politik zu treiben, mußte den
Byzantinern lächerlich und sinnlos erscheinen. Aber
nach alledem war es ganz zwecklos und widersinnig,

daß die Kaiserlichen die Türken-Seldschukiden, als diese sich in Kleinasien niederließen, um ihre Hilfe ersuchten, mit ihnen in Verwandtschaft traten und ihnen allmälig nicht nur die Wege in den Provinzen preisgaben, sondern ihnen auch sogar die Thore der Hauptstadt öffneten. Auf diese Weise gaben sie selbst ihre Städte und Länder der Willkühr und der Vernichtung der Asiaten preis. Als aber das letztemal die Griechen sich mit wenigen Streitkräften den Türken vor den Thoren der Hauptstadt entgegenstellten, war es schon der letzte Verzweiflungskampf nach mehr als tausendjährigem Bestande des Kaiserthums.

Durch seine ausschließliche Lage in der Mitte der alten Welt und auf zwei benachbarte Halbinseln ausgedehnt, war das griechisch-orientalische Kaiserthum eine Erbschaft von Rom, und war am meisten den Schlägen der Feinde ausgesetzt; zugleich schloß es die Wiege der mittelalterlichen Civilisation und des Christenthumes in sich und vertheidigte sich hartnäckig gegen alle Angriffe von außen und innen. Dieser Kampf, welcher im Laufe der Zeiten mit mehr oder weniger glücklichem Erfolge geführt wurde, dauerte mehr als zehn Jahrhunderte.

Kein Staat in Europa ist so oft angegriffen und überfallen worden, wie das Kaiserthum von Constantinopel. Bald nach seiner Gründung durch Constantin den Großen hatte es im vierten Jahrhundert die Einfälle der Gothen, im fünften die der Hunnen und Vandalen, im sechsten die der Slaven und Anten, im siebenten die der Perser, Avaren und Araber, im achten bis zum zehnten Jahrhundert die der Bulgaren, Russen und Ungarn, im elften die der Kumanen, Petschenegen und Seldschukiden auszuhalten, im zwölften und dreizehnten Jahrhundert brachen die Normannen, Franken und Venetianer vom Westen herein (die Kreuzzüge vom 1098 und 1202), endlich geschahen im

vierzehnten und fünfzehnten Jahrhundert die mörde=
rischen Einfälle in Kleinasien und bald darauf die
Eroberung der europäischen Provinzen und Constanti=
nopels durch die Türken, wodurch das Ende des Kaiser=
thums herbeigeführt wurde. Die Hauptstadt selbst
wurde oftmals überfallen und belagert, so von den
Avaren, Persern, Arabern, Bulgaren, Petschenegen,
Russen, Franken und den Türken, jedoch wurden diese
Feinde immer in einer bestimmten Distanz von den
Mauern der Stadt gehalten. Die Bewohner von Con=
stantinopel konnten die Filzzelte sehen, welche die mon=
golisch=türkischen und persisch=arabischen Horden um die
Stadt errichtet hatten, und oft wurden die Bewohner
der eleganten Landhäuser der Residenzstadt von asia=
tischen Schaaren überrumpelt. Man muß sich die un=
günstige Lage der Einwohner vorstellen, welche sie
unter den beständigen Drohungen der Feinde selbst
unter den Mauern der Hauptstadt einnahmen!

Aber im gleichen Maße als Constantinopel eine
Anziehungskraft für verschiedene Völker besaß, war es
auch im Mittelalter ein Bollwerk gegen die barba=
rischen Eindringlinge aus Europa und Asien, und es
hat seine Rolle durch Jahrhunderte merkwürdig gut
durchgeführt. Ohne Constantinopel hätten sich alle
wilden Völker ohne Hindernisse über Europa ausge=
breitet und es überfluthet.

Wenn wir in unserem Jahrhundert von der
Civilisation, Wissenschaft und Kunst, von Industrie
und Progresse als Attributen der fortschreitenden mensch=
lichen Geistesproduction sprechen, so schloß im Mittel=
alter in Constantinopel das Christenthum Alles in sich,
womit sich der menschliche Geist beschäftigte, und Kunst
und Industrie beschränkten sich ausschließlich auf Objecte
des Evangeliums. Das Christenthum und die Kirche
waren Hauptbeschäftigungs=Gegenstände für Alle, für
den Kaiser sowohl, als für das gemeine Volk.

Der volle Glanz und die außerordentliche Anziehungskraft, wodurch Constantinopel sich auszeichnete
waren die Symbole des Christenthums und die gewich-
tigen Kirchenbauten, welche die Stadt schmückten. Die
Architectur, die Sculptur, die Malerei und die Dichtkunst schöpften ihren Productionsstoff aus christlichen
Materien und Bauarten. Die Gottesmutter Panagia,
der Gottessohn Jesus waren überall abgebildet und
verherrlicht. Die widerwärtigen Schicksale der Menschen und des Reiches wurden durch die Macht der
Heiligthümer erklärt und versinnlicht, ebenso wurden
die Zukunft der Menschen und des Reiches durch die
Allmacht der Heiligthümer und Religion angedeutet.

Die kirchlichen Väter als Kirchenlehrer waren
sehr zahlreich und übten einen großen Einfluß auf das
Volk aus. Reichlich dotirt durch die Einnahmen der
Kirchengüter, widmeten sie sich ausschließlich den prunkenden Ceremonien der Gottesdienste und den luxuri-
ösen kirchlichen Festlichkeiten. In der Mitte von
zahlreichen Klöstern führten die Bischöfe ein fürstliches
Leben. Waren es Gelehrte, drehte sich ihre Gelehrsamkeit
um die Lebensbeschreibungen der Heiligen; von der alten
classischen Literatur bereiteten sie neue Abschriften und
Auszüge, oder sie gaben Commentarien und Erklärungen
zu manchen Classikern des Alterthums. Das war hauptsächlich, worauf ihre Geistesarbeit sich ausdehnte.

Unter den Gelehrten mit schriftstellerischer Be-
gabtheit ragten hauptsächlich Procopius und Tribonian
zur Regierungszeit Justinians hervor, und als dieser
die Schulen von Athen (Accademie, Liceum, Stoa)
aufhob und die für deren Unterhalt erforderlichen
Gelder für den Staatsunterhalt verwendete, gerieth
die Civilisation von Constantinopel in Verfall. Die
Gelehrten von Athen waren genöthigt, sich nach Persien
zu begeben, wo sie von Khosroes in jeder Hinsicht gut
empfangen wurden.

Während der Zeitperiode von Justinian I. bis zu Leo dem Isaurier, also ungefähr ein und ein halbes Jahrhundert lang, d. i. bis zur Thronbesteigung des Leo des Isaurier (717) waren alle moralischen und intellectuellen Kräfte der Bevölkerung im Niedergange und Verfalle. Die Personen der höheren Stände gaben sich damit ab, um Berathungen und Gesellschaften mit ihren Hausdienern und Ammen abzuhalten. Außerordentliche Vorurtheile, Rohheit, Unwissenheit und Frömmelei herrschten in allen Schichten der Gesellschaft. Das Heer bestand ausschließlich aus barbarischen Völkerschaften. Der Mangel jeder geistigen Bildung war eine der Haupturfachen der Entvölkerung der Provinzen und die noch übrige Landesbevölkerung war nicht widerstandsfähig gegen die slavischen Horden, welche in das griechische Kaiserthum einfielen und sich in den Provinzen fest niederließen. — In diese Periode fällt das Erscheinen der Khorwaten und Serben an den Grenzen des Reiches. Sie wanderten von der Gegend des Weichselflusses gegen Süden aus und erschienen an der unteren Donau bald nach dem Jahre 620, als sich die Avaren in den Tagen des Kaisers Heraclius zu einem Ueberfalle und Angriffe auf das Kaiserthum rüsteten. Eine andere kriegerische Horde, von den Ufern des Wolgaflusses kommend, zog allmälig gegen die Donau, wo sie sich den Avaren unterwarf. Als diese Horde, die Bulgaren, unter ihrem Häuptling Kuwrat (634—668) das Avarenjoch abschüttelte, begann sie ihre Einfälle südwärts von der Donau. Hier ließ sie sich nieder, mischte sich stark mit Slaven und begründete das Bulgarenreich. Die Bulgaren waren kriegerisch gesinnt, sie lebten durch Krieg und für den Krieg und ihre Könige machten mehrmals Einfälle und Plünderungszüge bis in die Nähe von Constantinopel.

In Syrien und Kleinasien andererseits gewannen

die Araber die Oberhand und unternahmen alles, was
zur Vernichtung des Christenthums dienen konnte. So
verhielten sich die Dinge, als zu Beginn des VIII.
Jahrhundertes Leo der Isaurier den Kaiserthron bestieg und die Zügel der Regierung übernahm. Erst
seiner Regierungszeit war es beschieden, daß die sociale
und politische Lage des Reiches eine bedeutende Besserung und einen merklichen Aufschwung nahm. Er war
der Gründer einer neuen Dynastie, Beschützer Constantinopels vor den Arabern und ein Reformator der
Kirche und des Staates. Ueber die Herkunft des Kaisers Leo III. von Isaura bestehen noch Zweifel. Wiewohl ihn einige für einen Syrier halten, vermuthet
Finlay, daß er ein Armenier gewesen sei, seinen ver-
wandtschaftlichen Beziehungen nach zu schließen. Zu
seiner Regierungszeit errang die Kriegsmacht der Griechen bedeutende Erfolge und erwarb sich ein hohes
Ansehen durch ihre glänzenden Waffenthaten im Kampfe
gegen die Araber.

Wenngleich auch im Anfange des VIII. Jahrhundertes ein Verfall der Civilisation noch bemerklich
war, so war doch die griechische Kirche mit ihren dogmatischen Streitigkeiten für und gegen die Bildverer-
ehrung prädominirend.

Was die socialen Verhältnisse des Volkes anbelangt, so unterschied man im Anfange des in Rede
stehenden Jahrhundertes nur Freie und Knechte. Die
Knechtschaft wurde allmälig aufgehoben und es begann
die Bearbeitung des Bodens durch Freie. Es wurden
zu derselben Zeit zahlreiche Spitäler und andere huma-
nitäre Anstalten gegründet, ein Zeichen, daß die phi-
lantropischen Bestrebungen sehr tief in das menschliche
Gemüth eingedrungen waren.

Wenn auch die christliche Religion und der Staat
griechisch waren, gab es in Constantinopel doch verschiedene Nationalitäten, wie die Syrier, Armenier,

5*

Egypter, Perser, Franken, Germanen, welche der Ge=
sellschaft die Farbe gaben. Aber die nie ruhenden
Bilderstreitigkeiten in der Kirche nahmen die Aufmerk=
samkeit des gesammten Volkes (der höheren und nie=
deren Stände und selbst des Hofes) so sehr in An=
spruch und brachten eine solche Aufregung hervor, daß
die Bevölkerung sich in zwei Theile spaltete, von denen
die eine für die Bilderverehrung kämpfte, während die
andere die Bilderzerstörung anstrebte. Dieser Kampf
dauerte ungefähr ein Jahrhundert; er hat dem Reiche
großen Schaden und viel Unheil verursacht, zugleich
aber das geistige Leben und die Beurtheilungskraft des
Volkes geweckt.

In dieser und späterer Periode glänzten Johann
der Grammatiker, Leo der Mathematiker, Photius als
Grieche und Johann Damascenus als Syrier.

Viele gelehrte Männer waren zum Hofe des
Khalifen Almamun in Bagdad, als sich die Araber in
der Glanzperiode ihrer Herrschaft und Bildung befan=
den, eingeladen, und besonders Leo der Mathematiker.

In dem darauffolgenden Jahrhunderte waren die
besten und begabtesten Schriftsteller Georg Sinkellus,
Theophanes, der Patriarch Nikephorus und Johann
Malalas in der Geschichte, Johann Damascenus und
Theodor Studita in der Theologie und Photius in der
gesammten Literatur.

Viele griechische literarische Werke waren im
westlichen Europa durch arabische Uebersetzungen be=
kannt, wie sie auch bei den Arabern von Cordova,
Bagdad und Kairo verbreiteter waren, als bei den
Griechen in Constantinopel, welche sich ausschließlich
in der Einsamkeit der Klöster nur mit Abschriften der
Classiker befaßten.

Als berühmter Kirchenlehrer und Gelehrter, wel=
cher sich mit Medicin und Jurisprudenz befaßte, gilt
Photius, ferner zur selben Categorie, jedoch in späterer

Zeit Michael Psellus als Mönch, vielseitiger Gelehrter
und Staatsmann. Kyrill und Methodius haben sich
unter den Slaven durch die Bibelübersetzungen berühmt
gemacht. Der Kaiser Leo VI., der Philosoph genannt,
wirkte als Schriftsteller. Constantin VII. der Porphyrogenetus als Schriftsteller und Künstler, der als
Kaiser bestrebt war, der Beschützer der Wissenschaften
und der Künste im ganzen Reiche zu sein. Ebenso
glänzten Anna Komnenos und Kantakuzenos als historische Schriftsteller, Niketas Khoniat, Phrantzes, Chalkokondilas u. a.

Es verlohnt sich hier einen Blick auf die allgemeine Bildung des Volkes in Constantinopel zu dieser
Zeitperiode zu werfen. Vor Allem ist es jedoch nöthig
zu wissen, daß der Gelehrten- und Künstlerstand im
ganzen Reiche aus Priestern und Mönchen hervorging.
Die bekannteste Academie von Constantinopel war unter
Kaiser Leo III., dem Isaurier, dreizehn Mönchen
anvertraut. — In allen Klöstern wurden die Kennt-
nisse gepflegt und hauptsächlich die Grammatik, Theo-
logie und Rhetorik. Alle hervorragenden und begabten
Männer des Reiches gehörten dem Priesterstande an.
Alle Maler jener Zeit waren Mönche, und die berühmte
Malerschule des Reiches war in einem Kloster von
Thessaloniki.

Im Laufe des IX. Jahrhunderts trat ein vornehmer Armenier in Constantinopel auf, Namens
Bardas (auch Bardanius oder Vardan), welcher sowohl
ein hoher Würdenträger und kaiserlicher Rathgeber als
auch ein Pfleger und Beschützer der Wissenschaften war
und der dem öffentlichen Unterrichte allen Vorschub
leistete, indem er für verschiedene Zweige der Wissenschaften eigene Schulen errichtete und im Palaste von
Magnaura (neben dem Hyppodrom) Lehrstühle gründete,
die er für Mathematik und Philosophie dem Leo dem
Mathematiker und dessen drei Schülern Theodor, Theo-

bèg und Cosmetas übertrug; auf diese Art mengte und vereinigte sich der weltliche Unterricht mit dem der priesterlichen Bildung.

Diese Stiftungen von Barbas hatten hauptsächlich den Zweck, die Wissenschaft des Rechtes, der Mathematik und Philosophie zu fördern. Auch die theologischen Kenntnisse waren nicht ausgeschlossen, weil Photius selbst die Theologie lehrte. Nach dem Zeitgeiste war es nothwendig, theologische Kenntnisse zu haben, weil jeder Beamte des Reiches und selbst der Kaiser die Theologie kennen mußten, um die theologischen Disputationen zu führen, um so mehr, als es auch die politischen Verhältnisse erforderten. Es sind Fälle vorgekommen, daß ein Staatsbeamter zu den höchsten Würden kirchlichen Ranges erhoben wurde, z. B. Tarasios, Niketas, Photius und Nicolaus (der letztere zur Zeit des Kaisers Leo VI.), zum Range eines Patriarchen. Die Gründung der hohen Schule von Barbas hat seinen Zweck erreicht, indem sie viele junge Leute zum Staatsdienste vorbereitet hat; da jedoch ein guter Schulunterricht seinen Wirkungskreis nicht sogleich, sondern erst nach mehreren Jahren entfaltet, so hat auch die hohe Schule von Barbas für die zukünftige Generation des X. Jahrhunderts, zur Regierungszeit von Basilius und der späteren Kaiser, ihre Macht im Reiche bewiesen. Es unterliegt keinem Zweifel, daß das zehnte Jahrhundert für das Kaiserthum zur Zeit der macedonischen oder macedonisch-armenischen Dynastie ein goldenes Zeitalter nach allen Richtungen im Inneren und Aeußeren des Reiches war.

Durch diese Schule wurde ein Fortschritt im Reiche bemerkbar, aber das Constantinopel des Mittelalters hatte im Allgemeinen nur die Erbschaft der Kenntnisse des alten Rom und Athen. Unter der Oberherrschaft der kirchlichen Dogmen und Ceremonien, welche alle Geister des Kaiserthums in Knechtschaft

hielten, erneuerten und erweiterten sich Fortschritte in
der geistigen Production der gesellschaftlichen Stellung
nicht, und deshalb bildete sich nicht auch eine literarische
Schaffung oder neue Geistesproduction, weder in der
Theologie, noch in der Geschichte oder in anderen
Wissenschaften. Mangel an eigener Selbstständigkeit
im Denken, Thun und Walten war das Hauptmerkmal
des Volksgeistes dieses Kaiserthums. Alle hervorragen=
den Denker begnügten sich mit dem, was sie vom Alter=
thum geerbt hatten. Der größte Gelehrte unter allen
im Kaiserthume war Photius, welcher jedoch auch nichts
anderes als ein Sammelschriftsteller und durch seine
Bibliothek „Myriobiblion" berühmt war.

Dasselbe bezieht sich auf die Kunstwerke. Die
größten architektonischen Bauwerke seit Gründung von
Constantinopel bestanden aus einzelnen Theilen, welche
den verschiedenen alten Baudenkmälern entnommen
und hergestellt waren. So z. B. die Sophienkirche und
die anderen Kirchen der Metropole schließen alle merk=
würdigen Bestandtheile berühmter Tempel der alten
Welt in sich. Sehr oft errichtete der Kaiser ein Denk=
mal, das er aus einer anderen Gegend hergeholt hatte,
indem er das Bildniß des Begründers zerstörte und
an dessen Stelle sein eigenes einsetzte.

Noch eine ganz besondere Art der mangelhaften
Geistesproduction des Mittelalters in Constantinopel
war die Vielseitigkeit der Kenntnisse, ohne in die Tiefe
oder in die Einheit des Wissens vorzudringen. Die
Wissenschaften, welche keine Fortschritte machen und
immer nur in einer Stagnation verweilen, brauchen
keine Theilung der Geistesarbeit, entbehren in Folge
dessen vollkommen der Specialität, berühren nur die
Spitzen der Kenntnisse und gehen darum mit Leichtig=
keit von einem Zweige der Wissenschaft zum andern
über. Der größte Gelehrte des neunten Jahrhunderts,
Photius, war nicht nur in allen Theilen der Philo=

sophie, Grammatik und Literatur, geschweige der Theo=
logie, eingeweiht, sondern auch in der Jurisprudenz
bewandert, wovon seine zwei Schriften, Synagogon
und Nomocanon, das beste Zeugniß abgeben. In der
Medicin wurde er dem Hypocrates und Galenus gleich=
gestellt; der Bischof von Khalcedon, Zacharias, nahm
einst einen von Photius selbst entdeckten und bereiteten
Trank zu sich. Die geheimen Kenntnisse, Astrologie und
Dämonologie waren ihm ebensowenig fremd, wie dem
berühmten Gerbert aus der arabischen Schule von
Cordova, der später Papst Sylvester II. wurde. Und
trotz alledem haben die Annalen der Geschichte der
Philosophie, der Jurisprudenz und der Medicin den
Namen Photius nicht in sich aufgenommen.

Nach dem Tode von Bardas, welcher in eine
Hofintrigue verwickelt und ermordet wurde, dauerte
der weltliche Unterricht mit großem Erfolge fort, und
die Wissenschaften, welche bis dahin in Klöstern gepflegt
wurden, fanden nun ihren Wohnsitz im kaiserlichen
Palaste. Der Nachfolger von Kaiser Basilius, Leo VI,
war ein Schüler von Photius, liebte noch auf dem
Throne sehr die Studien und hinterließ mehrere
Schriften. Sein Sohn, Constantin VII. der Porphyro=
genetus, widmete sich mehr den wissenschaftlichen und
künstlerischen Beschäftigungen als den Staatsgeschäften.
Seine Schriften, welche theilweise einen Erziehungs=
zweck für seinen Sohn Roman verfolgten, sind sehr
mannigfaltig und berühren mehr oder weniger alle
Zweige der menschlichen Kenntnisse. Außerdem ließ er
unter seiner Aufsicht viele Arbeiten in Abschriften,
Auszügen und Compilationen aus den verschiedenen
alten Classikern machen. Wenn auch einige von solchen
Schriften bis auf den heutigen Tag aufbewahrt sind,
so sind doch die Namen der Schriftsteller unbekannt
geblieben, oder es sind viele Schriftsteller uns dem Namen
nach bekannt, deren Schriften zu Grunde gegangen sind.

Außer den verschiedenen Kenntnissen widmete sich Constantin der Malerei, der Musik und der Poesie; er verfaßte nach dem Zeitgeiste einige Lobgesänge für die Kirche, beschäftigte sich gern mit der Mosaik, sowie mit der Silber= und Goldarbeiterkunst. Die Technik und der Schiffsbau waren ihm, ähnlich Peter dem Großen, sehr lieb. Seine historischen und geographi= schen Schriften geben die genauesten Auskünfte über die verschiedenen Völker seines Reiches und besonders über jene von Kleinasien.

Die Thätigkeit Constantin VII. war jedoch nicht allein auf die schriftlichen Arbeiten beschränkt, sondern er widmete auch eine besondere Pflege dem Fortschritte des öffentlichen Unterrichts und seine großartigen wis= senschaftlichen und artistischen Unternehmungen waren so maßgebend, daß sie alle seine Fehler in der Politik und Staatsverwaltung deckten.

Die Schulen, welche er ins Leben rief, wurden mit besonderer Pracht ausgeschmückt. Nicht nur daß die Schüler die besten Kenntnisse erhielten, bekleideten auch die Lehrer hohe Aemter im Reiche und waren ein Muster der Pflichttreue und im Besitze der um= fassendsten Kenntnisse.

Seine Schulen haben einen practischen Zweck gehabt und zwar den, um die Schüler für die ver= schiedenen Beamtenstände, zu Generalen, Civilverwalter und Gesandte vorzubereiten und auszubilden. Er hatte eine besondere Sorge um den Studentenstand und em= pfing sie täglich im Palaste und an seinem Tische, gab ihnen das nöthige Geld und munterte sie mit schönen Worten auf. Sobald sie in den höheren Kennt= nissen weit vorgeschritten waren, wählte er unter ihnen die Richter, die Generale und die Bischöfe.

Aehnlich Cosma Medici auf dem Schlosse Fesol= Careggi in der Nähe von Florenz und Friedrich dem Großen auf seinem Schlosse von Sans=Souci, inmitten

der Männer der Wissenschaft und Kunst, war Con=
stantin VII. der Autocrator in seinem goldenen Palaste.
Triclinium mit der wunderbaren Aussicht auf den
Bosporus und das Marmara=Meer, stets umgeben und
unterhalten von den Männern der Wissenschaft und
Kunst seiner Zeit, wie Constantin Protospather der
Philosoph, Nikephor Patricius der Geometer, Gre=
gorius der Astronom, Alexander der Rhetoriker, Sy=
meon Magister und Leo der Armenier, beide Geschichts=
schreiber, Theophanes Nonnus der Gelehrte in der
Medicin, Theodor aus Carien, ein Anhänger von
Photius, Theophilus der größte Jurist seiner Zeit
(jedoch ähnlich dem Tribonian — bestechlich) und den
Künstlern Theodor Belonas, der größte Baumeister
seiner Zeit, Andreas der Maler, Denys von Agrapha
und Manuel Panselinos, beide Maler aus Tessa=
loniki.

Dies war die Zeitepoche, als der Glanz und die
Bedeutung Constantinopels am höchsten stand. Con=
stantinopel war der Centralpunkt der Civilisation des
Mittelalters und mit dem Christenthum eng verflochten;
sein Einfluß war großartig, nicht nur im Orient, son=
dern auch im Westen und im östlichen Theile von Eu=
ropa und nordwärts vom schwarzen Meere, wo jetzt
das russische Reich ausgebreitet ist.

Als Bessarion und Lascaris sich nach den Tür=
keneinfällen nach Italien wandten, um dort der clas=
sischen Bildung von Athen durch ihren Einfluß im
westlichen Theile des römischen Reiches Eingang und
Verbreitung zu verschaffen, ließ der Zar Iwan III.
von Rußland den griechischen Gelehrten und Künstlern
sowie ihren Schriften den Zugang in sein Reich offen.
Zu derselben Zeit, als in Rom der Vatican errichtet
wurde, sind in Moskau der Palast des Kreml, die
Kirchen von Mariä Himmelfahrt und Mariä Ver=
kündigung entstanden und der zweiköpfige Adler des

Kaiserthums von Constantinopel wurde als Symbol des russischen Reiches erklärt.

Vier Menschenracen erhielten von Constantinopel alle Wohlthaten der Geistesbildung. Die Männer der germanischen Race kamen nach dem Falle des Kaiserthums vom Westen her und suchten die Bildung in Constantinopel wie früher in Rom; die Araber, welche sich unter der Aufsicht der Lehrer aus Constantinopel ausbildeten und die griechischen Schriften eifrig studirten, verdankten Constantinopel ihre Glanzperioden der Herrschaft über Bagdad, Cordova und Kahïr; die slavischen Völkerschaften: Bulgaren, Serben, Russen ꝛc. waren die eifrigsten Nachahmer und Anhänger von Allem, was sie in Constantinopel sahen oder was von dort zu ihnen kam; endlich die Türken, welche sich in späteren Jahrhunderten allmälig in Kleinasien niederließen, lernten manches Gute und Schlechte bei den Byzantinern und erlangten auf diese Weise ihre Macht über sie.

Mit demselben Rechte, als zur Zeit Ludwig XIV. bis jetzt Paris, ob mit Recht oder Unrecht als Musterstadt gegolten hat und gegenwärtig Wien und Berlin gelten, mit demselben Recht oder Unrecht galt im Mittelalter Constantinopel dafür. Seine Einrichtungen wurden als musterhaft betrachtet, seine Kaiser von allen Königen und Herrschern Europas, Asiens und Afrikas verehrt und angebetet. Noch vor den deutschen Kaisern hatten die Kaiser von Constantinopel, die Basilei, das Recht gehabt, die Könige zu ernennen.

Das Kaiserthum von Constantinopel wurde als ein Baum, welcher mit seinen Aesten die ganze Welt deckt, betrachtet, für die verschiedenen Völker haben seine Kaiser die Kaiser der Welt bedeutet. Kosmofratores nach Luitprand, das Kaiserthum von Constantinopel als Imperium universale nach Dandolo. Die Kaiser von Constantinopel wurden kurzweg

als Imperator von den Lateinern, Kaïcar von
den Arabern, Zar von den Slaven, Thakavor von
den Armeniern bezeichnet. Nach den Begriffen des da=
maligen Zeitgeistes gab es außerhalb des Kaiserthums
für die Menschheit weder Wohl und Heil, noch Glück
und Freiheit. Die Kaiser pflegten sich als die Väter
des Volkes zu bezeichnen; von den Siegen im Kriege
sagten sie, daß sie keinen Gewinn und Vortheil, son=
dern nur Ruhm und Ehre suchten und pflegten zu
gleicher Zeit zu sagen, daß sie nur die Wohlfahrt, die
Freiheit und das Glück aller jener anstrebten, welche
sich ihnen, den Kaisern von Constantinopel unterwarfen.
Zu derselben Zeit waren die Kaiser von Constan=
tinopel bestrebt, die anstrengenden und erstarrenden
prunkvollen Ceremonien am Hofe vor fremden Fürsten
zu entfalten; die prächtigsten Kaiserkronen, die reich=
geschmücktesten Purpurgewänder und alle Gegenstände
ihres Glanzes und Ruhmes wurden an den Tagen
der Hofceremonien zur Schau getragen; sonst waren
sie jedoch streng aufbewahrt.

Mit großer Sorgfalt wurden alle Geheimnisse
der Kriegskunst bewahrt und besonders das des vom
Griechen Kalinikos erfundenen griechischen Feuers.

Am Ende des zehnten glorreichen Jahrhunderts
war das Reich frei von Invasionen; die barbarischen
Völker hatten feste Sitze und Gegenden im Innern des
Reiches eingenommen und behauptet, die centrale Ver=
waltung und die politischen Einrichtungen nahmen nach
beständigen Ruhestörungen eine feste Grundlage an.

Das ganze Land war in zahlreiche Districte,
sogenannte Themes getheilt, und die Provinzialver=
waltung war in Folge der etnographischen Verschieden=
heiten nicht überall gleichmäßig, aber doch sehr regel=
recht. Statt der früheren Benennung der Provinzen
wie Moesia, Thracia, Dardania, Macedonia, Thessalia,
Epirus, Hellada, Pelopones, hat man jetzt Bulgarien,

Rumelien, Serbien, Slavonien, Zagorien, Morea 2c.;
ebenso waren die geographischen Benennungen der Flüsse
und der Berge um diese Zeit ganz anders und ebenso
verschieden gestaltete sich das Bild in Kleinasien.

Die commerciellen und Unterrichtsbeziehungen
der Griechen hatten eine größere Annäherung mit den
unterworfenen Völkern in den europäischen und den
verschiedenen Volksschichten in den asiatischen Provinzen
zur Folge. Die Griechen bildeten mehr oder weniger
eine herrschende Macht in den Küstenstädten und im
Inneren des Landes, in den Dörfern waren sie jedoch
nicht besonders verbreitet. Kleinasien bewahrte bis zum
Ende des eilften Jahrhunderts besser als alle anderen
Provinzen des Reiches seine hellenisirte Bevölkerung.
Die ersten Volkslieder entstanden in Kleinasien. Die
reichsten und blühendsten Städte, welche sich zum Mit=
telpunkt der Thätigkeit und des Reichthums empor=
schwangen, als: Laodikea, Antiochien, Mamistra,
Adana, Tarsus, Attalia, Strobila, Chios und Phokea,
waren in Kleinasien, und die Venezianer suchten in
diesen Städten Handelshäuser für ihre Verbindungen
zu gründen.

Der größte Theil des Heeres wurde aus Klein=
asien geworben; im achten Jahrhundert entstanden dort
die ersten Reformen, und die Verwaltung des Reiches
galt in Kleinasien bedeutender und wurden die Be=
amten besser besoldet als in den europäischen Pro=
vinzen.

Diese Zustände dauerten bis gegen das elfte
Jahrhundert. Die nördlichen europäischen Provinzen
eigneten sich mehr für Ackerbau und Viehzucht, Grie=
chenland für Industrie und Handel, und Kleinasien
für alle Zweige der menschlichen Thätigkeit.

Constantinopel hatte im zehnten und elften Jahr=
hundert 500.000 Einwohner und war der Mittelpunkt
der ganzen Welt — emporium mundi. Carthago,

Alexandrien und Rom waren in Verfall. Von allen Gegenden strömten die Handelsleute nach Constantinopel, wo sie alle Bequemlichkeiten des Lebens, gute Verwaltung, Gesetze und Tribunale fanden, welche in anderen Ländern nicht zweckentsprechend existirten oder im Verfalle waren. Im zwölften Jahrhundert besuchte ein Israelite Namens Benjamin v. Tudela Constantinopel und schenkte dessen Einnahmsquellen seine Aufmerksamkeit. Er hat berechnet, daß Constantinopel allein Einkünfte von 8,300.000 Goldsous oder 110 Millionen Franken hatte, was nach unserer zeitentsprechenden Berechnung ungefähr 550 Millionen Francs beträgt.

Die jetzigen Einkünfte von Paris mit zwei Millionen Einwohnern sind die Hälfte dieser Summe. Der übrige Theil des Reiches von den Ufern der Donau bis an die Grenze von Armenien und zum Euphratus erzielte Einkünfte von 540 Millionen, so daß sich die gesammten Einkünfte des Reiches auf 650 Millionen Francs und mehr beliefen und also nach unserem heutigen Geldwerthe mehr als 3 Milliarden Francs ausmachten.

Kaiser Theophil und seine Frau Theodora hinterließen nach ihrem Tode 150 Millionen. Nach dem Tode des Kaisers Basilius II. wurden 220 Millionen (1 Milliarde) als kaiserlicher Schatz vorgefunden.

Das Kaiserthum von Constantinopel nahm damals in commercieller Beziehung die erste Stellung in der Welt ein. Alle Luxusartikel aus Holz, Bein, Metall, Crystall und Glas, die Stoffe aus Seide, Purpur, Leinen, Wolle und Baumwolle wurden in Constantinopel und den Provinzen fabricirt, wurden von da nach allen Gegenden der Welt versendet und in Constantinopel flossen die Kaufschillinge in Gold und Silber hiefür ein.

Constantinopel mit seiner Lage am schwarzen

Meere war für den Welthandel sehr wichtig. Schon vor der Verlegung der Residenz nach Constantinopel war dieses der Hauptstapelplatz für den Handel, als Residenz nahm der Handel jedoch erst recht einen kaum geahnten Aufschwung.

Mit Indien wurde der Handel über das Kaspische Meer, Oxus und Indus geführt, wodurch Constantinopel auf diese Weise der Centralpunkt zwischen Westen und Osten ward.

Das Kaiserthum hatte eine gute Verwaltung und ein gutes Finanzsystem eingerichtet, es kämpfte heldenmüthig gegen alle feindlichen Einfälle, besonders gegen den Mohamedanismus. Als die Kaiserlichen sich bestrebten, alle unterworfenen Völker zu gräcisiren, sich mit ihnen zu mischen und mit ihnen in verwandtschaftliche Beziehungen zu treten, ging der ursprüngliche Charakter des griechischen Volkes in Schwäche und Energielosigkeit über, und in dieser Hinsicht werfen wir einen Blick auf die inneren Zustände.

Zur Zeit des Heraclius wurden die Avaren und Perser besiegt; Leo der Isaurier besiegte und warf die Mohamedaner hinter das Taurusgebirge zurück, bevor noch Charles Martel die Araber in Südfrankreich bei Poitiers besiegte. Durch die kriegerische Macht konnten die Kaiser immer die hohe Stellung des Reiches und Constantinopels bewahren und aufrecht erhalten.

Als im elften Jahrhundert das bulgarische Königthum seine Selbstständigkeit einbüßte, wurde die Donau wieder die Grenze des Kaiserthums und erhob sich wieder in Fülle und Macht, trotzdem die äußere Machtstellung schon viele Merkmale der inneren Schwäche zeigte.

Die byzantinischen Kaiser an der Spitze der Verwaltung waren Alleinherrscher und nur gezwungen, sich den Vorschriften der Kirche zu unterwerfen. Es war sozusagen der Kaiser und seine Verwaltung, dem das Volk unterworfen war; die einzige Garantie für das Volk war die Macht des Aufstandes gegen die kaiserliche Bedrückung.

Die Aufgabe der byzantinischen Armee bestand darin, den Thron und das Reich zu vertheidigen. Sie wurde nach den heimatlichen Provinzen vertheilt, als Legionen zu tausend Mann. Die berühmtesten Legionen oder Themen in Europa waren die thracische, macedonische und illirische, deren Reihen aus Wallachen, Slovenen und Albanen gebildet waren. Ein großer Theil der Armee bestand aus fremden Miethlingen. Die letzteren wurden aus dem unbemittelten Stande, welche die Staatssteuern nicht erschwingen konnten, ausgehoben. Die freiwilligen Miethlinge bestanden zu dieser Zeit aus Russen, Franken, Norweger, Dänen, Anglo-Sachsen und Variagen.

Was also die Landesvertheidigung betrifft, so war sie in allen Themen gut eingerichtet und im Falle von Aufständen in den Provinzen konnte man leicht geeignete Maßregeln treffen.

Die Finanzverwaltung, ein sehr wichtiger Zweig der öffentlichen Angelegenheiten, war äußerst complicirt eingerichtet; die Kaiser verwalteten selbst unmittelbar die Finanzen, welche sie besser als alle anderen Zweige der Verwaltung inne hatten.

Seit dem Untergange des westlichen römischen Reiches im Jahre 476 bis zur Eroberung von Constantinopel 1204 durch die Lateiner blieb die Goldmünze des Reiches beständig im gleichen Normalgewicht. Die concave Goldmünze von Isaac II. hatte denselben Werth wie der Solidus Constantins des Großen. Gold war im Reiche ausschließlich im Gebrauche, sowie es auch nach vielen Jahrhunderten durch ganz Europa ging. Wenn es einige Kaiser wagten, das Gold zu verfälschen, wurden sie nicht durch gute Worte geehrt, und ihre Thronfolger trachteten die gefälschten Münzen gleich zu restauriren.

Bis zum Ende des elften Jahrhunderts genoß das Kaiserthum alle Wohlthaten der Glanzperiode, der Größe und des Ruhmes, trotzdem der Thron bis zur Besteigung von Alexius Komnenos im Jahre 1078 von manchen schwachen Kaisern besetzt war.

Noch zur Zeit der Kreuzzüge im elften und zwölften Jahrhundert war die militärische Macht von Constantinopel sehr groß, doch war im Anfange des dreizehnten Jahrhunderts die Seemacht der italienischen Republiken bedeutender als die des Kaiserthums. Da nach dem Tode des Kaisers Manuel I. alle Schätze vergeudet waren, so trug dies und die Unfähigkeit der Kaiser-Brüder Jsaac II. und Alexius III. sehr viel zum Verfalle des Reiches bei. Auch in der Bevölkerung herrschte keine Energie, die zu deren eigener Verbesserung und Machtstellung gefördert hätte. Die verschiedensten Strömungen im Reiche wurden zwar im Gleichgewichte gehalten, doch konnte eine kleine Aenderung der Staatsverhältnisse die Existenz des Staates nur verlängern, aber nicht oder nur wenig das Volk beleben und stärken.

Bei Vernichtung der Municipal-Einrichtungen der Griechen durch die Kaiser im zwölften Jahrhunderte wurden die Municipal-Gelder von den Kaisern eingezogen, um die Kosten des prunkvollen und glänzenden Hofstaates zu decken, in Folge dessen die Sorge für die Erhaltung der Aquäducte, öffentlichen Bauten, Schulen und der Sanitätspolizei vernachlässigt wurde. Das Volk verlor deswegen alle Controlrechte auf jene Institutionen, welche zu seinem Bedürfnisse und Vortheile eingerichtet waren. Die localen Verwalter wurden nicht mehr aus der Mitte des Volkes gewählt, und verloren hiedurch die Bedeutung als Hüter und Bewahrer der Ordnung in der Gesellschaft, sie wurden vielmehr als

knechtische Agenten der höheren Amtsverwaltung oder
als ungünstige Vertreter des aufrührerischen Volkes betrachtet, welche Umstände zur Schwächung und Energielosigkeit des Volkes noch mehr beitragen mußten.

Die Stadtbevölkerung war im Allgemeinen von
Handel und Industrie abhängig, ihre Wohlfahrt und
ihre Zahl stieg oder fiel mit den Zufälligkeiten der
Handelsverhältnisse und den unerwartet eingetretenen
Ereignissen der Kriegszeit. Der Stand der Landbevölkerung blieb jedoch immer in unverändertem Zustande. Eine Generation folgte der anderen, eine
Familie nach der anderen bebaute dieselben Felder und
hatte dieselben Steuerlasten zu tragen, dieselben Producte der Felder consumirend, ohne zu den jährlichen
Einnahmen etwas Neues aufzubringen. Den einzigen
Unterschied in der Bevölkerung bildete der Vermögens-
rang, es gab nur Reiche und Arme; der Mittelstand
war der Zahl seiner Angehörigen nach in stetigem Ab-
nehmen begriffen, da er am meisten der Erdrückung
ausgesetzt war und seine Klagen nicht gehört wurden.

Der Mangel an Wegen, Brücken, Aquäducten,
Häfen und Landungsplätzen verursachte einen außerordentlichen Verlust an Arbeitskraft, hingegen wurde
der Ueberschuß des Arbeitsvortheils im Sinne des Gewinnes durch die kaiserlichen Vorschriften in die Hände
der Reichen geleitet.

Der Bauer war an das Land gebunden, wo er
geboren war, und zahlte an dessen Eigenthümer einen
bestimmten Theil der Erdproduction, und so lange er
regelmäßig zahlte, blieb sein Land auch in gutem Zustande, aber oft wurde er auch ein Gegenstand der
Beutesucht des Eigenthümers. Als der Bauer das
Recht erlangte, frei zu werden, verließ er das Land
und suchte sich eine freie Stätte in der Stadt, wo seine
Arbeit besser bezahlt wurde. Ebenso befand sich für
eine kurze Zeitperiode eine große Zahl von Bauern

bei den Stadtbürgern, wo sie in deren Oliven= und Weingärten arbeiteten.

Dies waren die socialen Verhältnisse des Kaiser=thums von Constantinopel, und sie standen jedenfalls in günstigerem Lichte im Vergleiche zu denen der übrigen Staaten Europas, selbst die der Päpste nicht ausge=nommen, z. B. im westlichen Europa, wo die Be=drückungen der Völker außerordentlich waren, und sich die Aufstände oft und ohne Erfolg wiederholten.

Was die äußere Machtstellung der Monarchie betrifft, schien das Kaiserthum ganz sicher zu sein, da die Araber in Uneinigkeit verfallen und ihre Macht zerstückelt und gebrochen war, so daß sie nun=mehr für das Kaiserthum keinen Gegenstand der Gefahr und Furcht mehr bildeten. Die Russen waren zur Regierungszeit von Zimiskes besiegt, und ihr Land war einige Jahrhunderte hindurch ein Gegenstand der inneren Zerwürfnisse und Schwäche. Von nun an begannen die Kaiser von Constantinopel ihre agressive Thä=tigkeit, welche sich aber zum Unheile des Kaiserthums selbst kehrte.

Als im Anfange des elften Jahrhunderts die Bulgaren nach langen Kriegen gänzlich unterworfen wurden und ihr Königreich mit dem König Samuel zu Grunde ging, und die Grenze des Kaiserthums wieder bis an die Donau reichte, warf der Kaiser Basilius II. trotz seines hohen Alters doch noch seinen Blick auf Armenien, welches an der östlichen Grenze des Kaiser=thums seine Unabhängigkeit bewahrte. Was er jedoch nicht mehr vermochte, das brachte einer seiner Nach=folger, Constantin IX. Monomachos, im Jahre 1045 zu Stande; derselbe verwüstete Armenien, welches in kriegerischer Beziehung eine große Bedeutung in Asien gegen das Andrängen der Mohamedaner hatte, die für das griechisch=orientalische Kaiserthum verhängnißvoll werden sollten. Da die Armenier durch die gebirgige

6*

Lage ihres Landes bisher im Stande waren, sich vor=
theilhaft zu vertheidigen und alle Einfälle der Moha=
medaner wirksam zurückgeschlagen' hatten, so beschützten
sie auf diese Weise zugleich die Grenzen des Kaiser=
thums. Nach Vernichtung der Unabhängigkeit von
Armenien vermochten die Kaiser weder das unterworfene
Armenien, noch ihre eigene östliche Grenze zu verthei=
bigen, und die Mohamedaner zerstörten nicht nur Ar=
menien und seine Hauptstadt Ani (vom Worte Anvani,
d. i. die berühmte Stadt, welche unweit der russisch=
türkischen Grenze in Ruinen liegt und deren architek=
tonische Bauten das Staunen der Reisenden erregen),
sondern machten auch mörderische Einfälle in die grie=
chischen Provinzen von Kleinasien und siedelten sich dort
fest an. Diese Ansiedlungen begannen und bildeten den
Anfang der sich entwickelnden Ereignisse, welche den
gänzlichen Untergang des byzantinischen Reiches herbei=
führten. Darüber bemerkt sehr treffend Finlay Fol=
gendes: „No conquest could have been more unne-
cessary or imprudent, for by the annexation of the
city of Ani, the whole of the Byzantine frontier
was thus thrown open to the invasion of the
Seldjouk-Turks, and when te Christian mountaineers
last their independence they ceased to combat the
Mussulmans with their former energy . . . . . Thus
the oldest Christian kingdom was erased from the
list of independent states by a Chrisian emperor."
Auf diese Weise, ohne es zu ahnen, bereitete einer der
Kaiser von Constantinopel die verhängnißvolle Eroberung
von Kleinasien durch die Türken vor, und während der
Kreuzzüge begleiteten die Armenier die Kreuzfahrer auf
vielen Wegen des Kaiserthums.

Michaud in seiner Histoire des croisades spricht
mit lobenswerther Anerkennung von den Armeniern,
welche als beste Begleiter der Kreuzfahrer denselben im
Oriente überall Beistand und Hilfe leisteten.

So erlitt das Kaiserthum am Ende des elften und während des ganzen zwölften Jahrhunderts die stärksten Schläge in asiatischen, wie auch in den europäischen Gebietstheilen, und im Anfange des dreizehnten Jahrhunderts (1204) wurde es von den eingedrungenen Feinden aus dem Westen gestürzt.

Der Kampf, welcher dies hervorbrachte, nahm seinen Anfang wegen einer heftigen kirchlichen Streitigkeit mit dem päpstlichen Stuhle, an denen es vordem auch nicht fehlte.

Die kirchlichen Oberhäupter von Rom betrachteten sich in jeder Hinsicht als die ersten Verwalter von allen Angelegenheiten und beanspruchten die Suprematie der römischen Kirche, weil sie sich als Nachfolger des ersten Apostels Petri und Rom als Centralpunkt der Kirche Christi bezeichneten, in Folge dessen sie die christliche Lehre von Rom als die reine, unvergleichbare wahre Lehre betrachteten und von aller Welt deren Anerkennung verlangten.

Die essenciellen kirchlichen Beziehungen von Constantinopel zu Rom nahmen allmälig ab, aber die formellen dauerten noch fort, da die Päpste anstrebten, sich immer wieder in die Angelegenheiten der kirchlichen und weltlichen Macht des Kaiserthums von Constantinopel einzumischen und somit gänzlich von ihnen abhängig und ihnen unterworfen zu machen. Indessen dachte man in Constantinopel ganz anders, daß nämlich die weltliche Macht von der kirchlichen Oberhoheit gänzlich unabhängig sein sollte und daß die Kaiser in mancher Hinsicht das Recht hätten, die Angelegenheiten der Kirche in Gemeinschaft mit dem Patriarchen zu verwalten.

Das Papstthum wurde im Westen höher als die weltliche Macht betrachtet, im Oriente war dies jedoch gerade umgekehrt.

Im Westen entstanden nach dem Falle des rö=
mischen Reiches allmälig die kleinen Staaten, welche an
der Spitze der Verwaltung schwache, grobe und un=
wissende Herrscher hatten. Der Einfluß der kirchlichen
Oberhoheit von Rom, des Papstthums, als einer auf=
klärenden Macht in staatlichen Verhältnissen, wurde als
sehr nothwendig und wohlthuend erachtet, die Volks=
aufklärung und der Bücherschatz in dieser dunklen Pe=
riode des Mittelalters wurden in den Klöstern aufbe=
wahrt, so daß, wie sich allegorisch der englische Historiker
Macaulay ausdrückt, daß die Arche Noah's die Menschheit
vor dem Untergange bewahrte, hier die Klöster des
Mittelalters die antike Bildung an uns übertrugen.

Aber seitdem sich im Laufe der Zeiten in den
westlichen Ländern die neue Ordnung und die neuen
Einrichtungen eingeführt haben, wurde die Wirkung und
die Einmischung des päpstlichen Einflusses als über=
flüssig und sogar schädlich gehalten, und die Zwistig=
keiten mit dem Papstthume dauerten bis in das sechs=
zehnte Jahrhundert, als die Reformation in Worms
ihr Haupt erhob, durch welche der Abfall einiger
Staaten vom Papste erfolgte.

In Constantinopel war die Einmischung des
Papstes vom Anfang an nach der principiellen Staats=
ordnung und der inneren Organisation des Reiches
fremd, und suchte man sie dort auch allenthalben zu
vermeiden. Die Kaiser sollten sehr oft die Entscheidung
vieler kirchlicher Fragen auf sich nehmen und gegen die
Heretiker auftreten. Die kirchlichen Oberhäupter des
Orients, die Patriarchen von Constantinopel, machten
gemeinschaftliche Sache mit den Kaisern, sie erfüllten
in jeder Hinsicht ihre kirchlichen Pflichten; wenn jedoch
die Kaiser launig gestimmt waren, widersetzten sie sich
ihren Anordnungen, und nutzte auch dies nichts, so
traten sie von ihren Aemtern zurück.

Nachdem die weltliche Macht des Papstthums nicht anerkannt wurde und seine Einmischung in die Angelegenheiten des Kaiserthums nicht zugelassen wurde, so erfolgte die Trennung beider Kirchen. Die Zuchtlosigkeit der römischen Kirchenoberhäupter war um diese Zeit in solchem Maße gestiegen, daß vom Jahre 882 bis 1049 46 Päpste den päpstlichen Stuhl besetzten, von denen nicht wenige durch Gewaltacte zu Grunde gingen, während in demselben Zeitraume in Constantinopel nur 16 Patriarchen waren. Die Päpste haben demzufolge ihr Ansehen und ihre Achtung bei dem Volke verloren.

Die Gefahr, welche dem Kaiserthume von Constantinopel drohte, kam von Westen und von Osten, von den Normannen einerseits und den Türken-Seldschukiden anderseits. Es wird allgemein behauptet, daß die Kreuzzüge zur Rettung des Christenthums gegen die Gefahr des Mohamedanismus unternommen wurden. Da die Araber im zehnten Jahrhundert im Oriente sehr schwach waren, nahmen die Türken-Seldschukiden eine sehr drohende Haltung in Kleinasien und Syrien ein und behandelten die einheimischen Christen und Pilger im heiligen Lande grausam.

Das normannische Volk, welches sich hauptsächlich mit Seeräubereien befaßte, überschwemmte bald einen großen Theil Europas, besonders Frankreichs (Normandie). Ein Theil unter Führung von Wilhelm dem Eroberer hatte sich in England niedergelassen; ein anderer Theil unter Führung von Robert Guiscard, zur Regierungszeit des Kaisers Basilius II., erschien im südlichen Italien, und siedelte sich dort in Apulien, Calabrien, Sicilien bis zur Grenze des päpstlichen Staates an. Robert Guiscard, welcher festen Fuß in Süd-Italien gefaßt hatte, warf jetzt seinen begehrlichen Blick auf das Kaiserthum in Constantinopel. Zu diesem Zwecke wollte er eine kirchliche Weihung seiner Expe-

bition haben, welche er vom römischen Papste auch er=
hielt. Nun suchte er nach Motiven zu Streitigkeiten
und schickte eine Gesandtschaft nach Constantinopel, welche
jedoch keinen Erfolg hatte, weßhalb er nun einen Kriegszug
gegen Corfu unternahm. Allein Alexius Komnenos I.,
einer der gutgesinnten und tapferen Kaiser von Con=
stantinopel, warf ihn auf die Balkanhalbinsel zurück.
Damit war die Gefahr für das Kaiserreich nicht be=
seitigt. Die Bestrebungen, welche zu dieser Zeit in
Italien und im ganzen westlichen Europa gemacht
wurden, um Jerusalem vom Türkenjoche zu befreien,
fanden in den römischen Päpsten die eifrigsten Förderer,
und ihre fortgesetzten Anregungen und Aufforderungen
veranlaßten viele europäische Fürsten, zu den Kreuz=
zügen zu rüsten. Beinahe alle diese Heere nahmen
ihren Weg durch das griechisch=orientalische Reich, wo
sie zum erstenmale mit den Kaisern von Constantinopel
zusammentrafen.

Der erste Kreuzzug und der Durchzug des
Heeres durch das Reich war im Jahre 1088 unter
Führung von Godefroy de Bouillon. Es verwüstete
alle Länder, durch welche es zog, trotz den Verträgen,
welche die Führer der Kreuzzüge mit dem Kaiser Alexius
abgeschlossen hatten. Unter diesen Führern war auch
eine große Zahl gutgesinnter und rechtsliebender Männer,
aber die Thaten und die schriftlichen Zeugnisse beweisen,
daß sie nur unter dem Vorwande, das Christenthum
zu befreien, nach dem Oriente zogen, während sie in
Wahrheit die Besitzungen des Kaiserthums sich anzu=
eignen suchten. Die edlen Absichten nahmen also im
Laufe des Unternehmens eine andere Richtung, indem
sie nicht den eigentlichen Zweck mehr verfolgten, sondern
in ein gewinnsüchtiges Unternehmen umschlugen.

Godefroy war ein rechtschaffener Fürst, jedoch
sein Bruder bewies durch seine Thaten, daß ihm der
Krieg nur Nebensache war. Die Kreuzfahrer bemäch=

tigten sich Antiochien's, Kilikien's und Pamphilien's
und machten Miene auf Constantinopel vorzugehen.
Der Kaiser Alexius sah sich daher genöthigt, sein Reich
zu vertheidigen, und besiegte die Kreuzfahrer auf dem
Meere unweit von Rhodos. Als die Führer nach
Europa zurückgingen, um neue Streitkräfte gegen Pa=
lästina zu sammeln, fielen sie in Europa ein, wurden
aber hier von Neuem besiegt. Der erste Kreuzzug ha=
kein anderes Resultat gehabt, als des Kaisers Reich zu
schwächen und den Triumph der Türken vorzubereiten.
Kaiser Manuel I., der Enkel des Kaisers Alexius,
schlug die Türken in Kleinasien und warf sie zurück.
Im Jahre 1147 wurde im Westen der zweite Kreuz=
zug vorbereitet. Dieser hatte keine besonderen Erfolge
aufzuweisen, aber das Kaiserthum war bis auf die
Wurzel angegriffen und der Geist des Hellenismus er=
mattet. Die durch die Sparsamkeit mancher früherer
Kaiser erworbenen Schätze waren ausgegeben und ver=
schwendet, und die neuen Reichthumsquellen waren er=
schöpft. Kleinasien war das Hauptarsenal und die
Schatzkammer von Constantinopel während acht Jahr=
hunderten, bis es theilweise durch die Türken erobert
und theilweise durch die Kreuzfahrer besetzt wurde. Die
europäischen Provinzen wurden durch die Kreuzfahrer
größtentheils ausgeplündert und theilweise verwüstet.
Die Bulgaren erklärten sich unabhängig, und Armenien,
Kilikien, Pontus, Paphlagonien und Cyprus gewannen
ihre Unabhängigkeit.

Zu Griechenland haben sich viele neue Dynastien
gegründet. Jerusalem wurde im Jahre 1187 durch den
egyptischen Sultan Salah=eddin erobert. Wie hieraus
ersichtlich, war das große und mächtige Kaiserthum von
Constantinopel am Ende des zwölften Jahrhunderts
nach allen Seiten zerstückelt, bis endlich im Jahre 1202
der vierte Kreuzzug unter Führung von Dandolo statt
in Palästina vor Constantinopel erschien, unter ver=

schiedenen Vorwänden Zwistigkeiten hervorrief, den Kri.g
erklärte und Constantinopel vier Monate lang belagerte.
Nach dessen Eroberung starb der Kaiser Isaac Angelos
und sein Sohn, als Mitkaiser unter dem Namen
Alexius IV. bekannt und Urheber der finanziellen und
kirchlichen Zerwürfnisse, wurde zum Tode verurtheilt.
Als die Kreuzfahrer die Stadt betraten, wurde sie von
ihnen gänzlich ausgeplündert, ja sie öffneten sogar die
Gräber der Kaiser, um sich alle Schmucksachen derselben
anzueignen; die Broncestatuen ließen sie schmelzen und
in Münze verwandeln, und was sie nicht auszuplündern
vermochten, zerstörten sie, ob es nun zum öffentlichen
oder zum Privatvermögen gehörte.

So greuelhaft und schrecklich diese Ereignisse auch
erscheinen mögen, so existirt doch bis jetzt kein end-
giltiges Urtheil über alle Thatsachen jener Zeit. Die
Schriftsteller sind in zwei Parteien getheilt, von denen
einige die Kreuzfahrer, die anderen die Griechen rechtfertigen. Eines nur ist sicher, daß die Zerwürfnisse
und die Rathlosigkeit im Innern des Reiches die sinnlosen Beziehungen nach Außen eingeleitet haben. War
schon das Ende dieses Reiches entsetzlich, so war der
Anfang des kurz dauernden lateinischen Kaiserthums
doch noch entsetzlicher, da das aus den Ruinen hervor-
gegangene Reich in den 57 Jahren seines Bestandes
mit den Fürsten Balduin, Heinrich, Robert, Bonifacius
de Montferrat, Geoffroy de Villeharduin, Joan de
Brienne und Morosini als Oberhaupt der kirchlichen
Angelegenheiten, ohnmächtig war, in Constantinopel zu
herrschen und zu existiren.

Inzwischen hatte sich das griechische Kaiserthum
in Nicea im Jahre 1206 unter Theodor Lascaris
niedergelassen, und am 26. Juni des Jahres 1262
hat einer der Nachfolger von Lascaris, Michael Paleolog von den im Todeskampfe liegenden Lateinern
Constantinopel zurückgewonnen.

Die Kreuzzüge haben keine materiellen Erfolge im Oriente gehabt, da die meisten von den Kriegern zu Grunde gingen; jene, welche in die Heimat zurück- kehrten, brachten große Erfahrungen aus den Begeben- heiten ihrer Reise mit, erweiterten so den Horizont des Denkvermögens und eröffneten eine neue Thätigkeit im Westen.

Während der ersten Kreuzzüge hatten die Vene- tianer, die Genueser und die Pisaner eine Menge Vorrechte und Privilegien, sich zu Handelszwecken in Constantinopel und in den Provinzen niederzulassen, erhalten, und gründeten demnach eigene, von ihren Oberhäuptern verwaltete Gemeinden. Bei der Einfuhr der Waare zahlten sie keine Zolltaxe, oder doch nur eine sehr unbedeutende. Die Genueser gründeten eine sehr reiche und mächtige Vorstadt gegenüber der Haupt- stadt am Goldenen Horn. Die Venetianer unter Ville- harduin und be la Roche ließen sich auf den Inseln von Candien, Eubea und Cyprus nieder, und als die besten Kenner des Orients gewannen sie das Vertrauen der Einheimischen. Jedoch unternahmen diese Venezianer auch Raubzüge auf allen Küstenstrichen, und ihr Pira- tenthum stieg dermaßen, daß selbst Constantinopel von Seite des Meeres schwer zugänglich wurde. Die Inseln und Küsten waren echte Räuberhöhlen; die Verwalter von Eubea waren selbst die kühnsten Seeräuber.

Nach einem venetianischen Schriftstücke waren im Jahre 1278 neunzig verschiedene italienische Seeräuber- banden in Gemeinschaft mit den Insel = Griechen. Das Piratenthum war ein Hinderniß für die Seefahrt und rief Zwistigkeiten und kleinere Kriege hervor. Zu diesen gesellten sich noch die türkischen Einfälle auf den Inseln und Küstenstrichen, welche im Besitze der Venetianer waren, und die Türken plünderten und verwüsteten, was sie fanden. Unter solchen äußeren Umständen nahmen die Paleologen im Jahre 1262 den Thron des Kaiserthums

ein und verwalteten es so, wie sie es vermochten. Aber
was für eine Verwaltung! Keine Finanzen, keine
Armee, keine Ordnung im Innern des Reiches und
kein Ansehen bei den auswärtigen Mächten!

Die Türken setzten sich nicht nur in Kleinasien
fest, sondern sie überschritten sogar den Hellespont und
befestigten sich in Gallipoli. Manche Mitglieder des
Hauses der Paleologen waren schon in Verbindung
und Verwandtschaft mit den Türken und erleichterten
ihnen dadurch den Uebertritt in das zerfallene Reich
von Constantinopel.

Inzwischen benützten die Serben unter Stephan
Duschan die Anarchie und Haltlosigkeit des Reiches in
Asien und Europa, um sich weit in den europäischen
Provinzen auszubreiten, und wollten Duschan als Kaiser
von Serbien und Rhomänien ausrufen, aber nach dessen
Tode im Jahre 1355 zerfiel das Reich der Serben,
und es öffnete sich die Kluft, welche auszufüllen den
Asiaten-Türken in Europa beschieden war.

III

Die Türken und ihre Herrschaft in Constantinopel.

Die Türken jener Zeit, ein verwegener und tapferer
Völkerstamm, forcirten unter Anführung des Orkhan's
Sohn, Suleiman, die Dardanellen, überfielen die europäischen Provinzen und unterwarfen alle christlichen
Völkerschaften bis zur Donau. Diesen Völkern (Bulgaren, Albanesen, Bosniaken, Serben und Wallachen)
eilte jedoch ein christliches Heer, aus Ungarn und
Franken bestehend, zu Hilfe. Bei Nikopolis, am 18. October 1396, kam es zur Schlacht. Trotz ausgezeichneter
Tapferkeit und Heldenmuth der christlichen Streiter
wurden dieselben jedoch von der türkischen Uebermacht
unter Bajazet (Blitz) erdrückt und zur Flucht genöthigt.
Zwei weitere Siege der Türken bei Varna 1444 über
die Ungarn und 1448 bei Cassovo über die Serben
und einige andere slavische Völker befestigten ihre Herrschaft über die südlich der Donau gelegenen Länder
und entschieden das Los des Christenthums in jenen
Gegenden. Nur Constantinopel blieb im Besitze des
Kaisers, der alle christlichen Reiche Europas zu seinem
Schutze aufzubieten versuchte. Die Verhandlungen mit
diesen gelangten zu keinem Resultate; vergebens ver-
pflichtete sich der Kaiser, in den Schoß der katholischen
Kirche zurückzukehren, Niemand rührte sich, um der vom
Türkenheere belagerten Hauptstadt zu Hilfe zu eilen.

Diese war von einem 250.000 Mann starken
Türkenheere unter Mohamed II. umzingelt. Als am
6. April 1453 die Belagerung begann, vertheidigten
sich die in der Stadt befindlichen 5000 Griechen auf's
tapferste. Ihr Kaiser Constantin Paleologos zeigte, wie
der damals in Constantinopel anwesende Geschichtsschreiber Phrantzes versichert, bewunderungswürdigen
Muth und Umsicht. Aus vielen Wunden blutend, wich
er nicht vom Kampfplatze und flößte seinen Kriegern
immer neuen Muth ein, bis er bei dem Sturme des
Feindes auf das Romanosthor zu Tode getroffen niedersank. Die Griechen kämpften, trotzdem das Schicksal
ihnen den Führer geraubt hatte, verzweiflungsvoll und
mit seltenem Heldenmuth; der Wallgraben war mit
getödteten Feinden gefüllt, immer neue Schaaren führte
Mohamed zum Sturm. Der Sultan war damals
sechsundzwanzig Jahre alt und wird von dem Venetianer Jacob Langusto, der ihn persönlich gekannt haben
soll, folgendermaßen geschildert: „Mohamed *) besitzt
einen mehr ernsten Character, man sieht ihn selten
lächeln, obgleich er gegen seine Umgebung freundlich,
freigebig und leutselig ist. Er handelt stets klug und
überlegt; schreitet er zur Ausführung seiner mit Vor-
bedacht ersonnenen Pläne, so handelt er kühn und verfolgt beharrlich sein Ziel. Bei allen seinen Unternehmungen wird er, wie einst Alexander von Macedonien, von unbegrenztem Ehrgeiz geleitet und erstrebt
den Ruhm als höchstes der Güter."

Unter Leitung eines so begabten Führers mußte
es der türkischen Heeresmacht gelingen, die christlichen
Völkerschaften, die selten unter sich einig waren, zu
unterwerfen, wie es auch der Beharrlichkeit des Sultans

---

*) Der Name Mohamet oder Mohamed oder Mahomed
wird verschiedenartig ausgesprochen und geschrieben, als Machomet,
Mahumet, Mahummet, Mehmet, Mehemet.

zugeschrieben werden muß, daß auch Constantinopel am 29. Mai erobert werden konnte.

Es war dies ein Tag des Triumphes für den Sultan, der Tag, an dem die größte Metropole des Mittelalters, welche die antike und die christliche Civilisation in sich vereinigte und welche der damalige Papst Pius II. nach Gibbon „die Stätte der Bildung und den Tempel der Philosophie" nannte, ihm die Thore öffnen mußte. Die Stadt, deren Prachtbauten und Denkmäler ihre Schatten in den silberglänzenden Bosporus warfen, wurde von den Türken geplündert und zum Theile zerstört; die unermeßlichen Reichthümer und die unschätzbaren Kunstwerke vieler Jahrhunderte wurden auf Schiffe gebracht und in alle Weltgegenden entführt, die heldenmüthigen Vertheidiger gefesselt, mit raffinirter Grausamkeit behandelt und in die Gefangenschaft geschleppt.

Das Bild des Heilandes wurde aus der Sophienkirche entfernt und Mohamed trat an seine Stelle; statt des großen schweren Kreuzes wurde der Halbmond auf der Kuppel befestigt; der Al-Koran, die heilige Schrift Mohamed's, wurde als Staatsgesetz proclamirt.

Die Nachkommen der Besitzer der „weißen und schwarzen Hammel" und der asiatischen Hirten waren Herrscher geworden, und die früheren Regenten, die Träger der christlichen Civilisation, mußten die asiatischen Barbaren als Herrscher anerkennen. Obgleich Constantinopel zur vollkommen mohamedanischen Stadt umgewandelt worden war, so zeigte der Sultan persönlich eine gewisse Duldsamkeit gegen die christliche Bevölkerung, er verkehrte sogar in freundschaftlicher Weise mit dem Patriarchen Gennadius und beschenkte ihn mit einem kostbaren Bischofstabe. Auch fühlte er ein reges Interesse für die christliche Religion und ließ sich sogar die Evangelien in das Türkische übersetzen.

Dem Patriarchen wies der Sultan die Residenz neben der Apostelkirche (jetzt Mohamedie), später neben der Kirche Pammakaristos (seit 1595 Fetich Dschamissi) an. Von des Sultans Nachfolger wurde die Wohnung des Patriarchen neben die Georgskirche in Phanar verlegt.

Sultan Mohamed befahl übrigens, vor der Panagia (Gottesmutter) stets eine Oellampe und eine Wachskerze brennen zu lassen, wie er auch den heiligen Reliquien eine gewisse Verehrung zollte, trotzdem er Constantinopel, die Stadt der mittelalterlichen Civilisation, — „Jslampol" nannte. Gleich nach Eroberung der Stadt besuchte der Sultan den genuesischen Herzog von Notaras, um bei demselben Erkundigungen über die Verhältnisse der Stadt einzuziehen, und er gewährleistete ihm sein Leben, sowie das seiner Familie, aber einige Tage später, als Mohamed sich nach einer Festlichkeit in trunkenem Zustande befand, forderte er den Notaras auf, daß er ihm seinen schönen zwölfjährigen Knaben in den Harem schicken sollte. Notaras willfahrte jedoch nicht dem Verlangen des Sultans und wurde nebst allen seinen Söhnen hingerichtet, während seine Frau und Tochter in den Harem geschleppt wurden.

So launenhaft und grausam zeigte sich Mohamed oftmals und legte überhaupt in späteren Jahren widerwärtige Eigenthümlichkeiten an den Tag. Einige Tage nach der Eroberung gab er einen Ferman heraus, laut welchem alle Griechen, sowie auch die übrigen Einwohner der Stadt, die sich noch verborgen hielten, ihre früheren Rechte und Privilegien zurückerhalten sollten; sobald jedoch die früheren Notabeln und Würdenträger mit Certificaten erschienen, um ihre Güter und Besitzthümer zurückzufordern, wurden sie erbarmungslos niedergemetzelt.

In seiner Kanzlei gab es eine Anzahl griechischer Secretäre, welche Decrete und Verfügungen an verschiedene Provinzialgemeinden in griechischer Sprache verfassen und sonstige Documente ausfertigen mußten. Zugleich gab sich der Sultan den griechischen Unterthanen gegenüber den Anschein, als ob er in Constantinopel wiederum das griechische Kaiserthum herzustellen beabsichtigte, während er thatsächlich veranlaßte, daß sich in der Stadt Mohamedaner in großer Anzahl ansässig machten.

Er errichtete einen Patriarchensitz (im Jahre 1461) für die Armenier, welche er aus Kleinasien und der Krim nach Constantinopel berief, und ernannte den Bischof von Brussa, Joakim, zum ersten armenischen Patriarchen von Constantinopel, den er in Bezug auf die armenische Kirche und Gemeinde mit gleichen Rechten wie den griechischen Patriarchen ausstattete.

Im Volke war zu jener Zeit die Meinung verbreitet, daß Mohamed die Absicht hege, die christliche Taufe zu empfangen, um als orthodoxer Sultan das griechische Kaiserthum zu erneuern, worauf der Papst Pius II. ihm einen Brief schrieb, in dem er die Worte gebrauchte: „egli è un poco d'acqua" (es ist ein Tropfen Wasser) ꝛc. Diese tiefsinnige Erwiderung beantwortete Mohamed dahin, er sei an dem Tode Christi unschuldig und gedenke mit Schaudern Jener, die ihn gekreuzigt hätten. Dabei ließ er jedoch die bedeutendsten Kirchen der Hauptstadt in Moscheen umwandeln. Nach Ansicht des schwedischen Schriftstellers Voigt war Mohamed der Religion nach weder Mohamedaner noch Christ, sondern vollständiger Atheist.

Nach der Eroberung Constantinopels plante Mahomed die Eroberung der ganzen Welt und sah sich schon im Geiste — ein zweiter Constantin — als Beherrscher des Orients und Occidents; jedoch die bei der Belagerung der befestigten Städte Belgrad und Rhodus erlittenen vollständigen Niederlagen brachten ihn einigermaßen zur Besinnung. Nach mehreren Kriegs-

zügen und der Eroberung von Griechenland, Trebizond,
Lesbos u. s. w. lebte er sehr zurückgezogen, um sich
mit der Lectüre, Malerei und Agricultur zu beschäf=
tigen. Man erzählt von ihm, daß er auch einen Theil
seiner Mußestunden den verschiedenen Handwerken wid=
mete und besonders der Gärtnerei, und daß er große
orientalische Gurken und Obstbäume höchsteigenhändig
in seinen Gärten pflanzte. So besaß Sultan Moha=
med II., der Eroberer von Constantinopel einen höchst
seltsamen Character, er war gewissermaßen eine Doppel=
natur: arbeitslustig und schwelgerisch=despotisch, gütig und
brutal. Die griechische Sprache wurde in seinem Reiche
zur officiellen erklärt, in ihr wurden Documente und
Berichte abgefaßt, sie wurde als Diplomatensprache im
Verkehre mit den auswärtigen christlichen Nationen
verwendet, der Sultan selbst handhabte sie vollkommen
in Wort und Schrift; seine Münzen trugen folgende
griechische Inschrift: „Der große König (melik) von
Anatolien und Rumelien". Trotzdem er der griechischen
Sprache einen so weitgehenden Einfluß auf den staat=
lichen Verkehr einräumte, dem Christenthume kaum
erklärliche Toleranz bewies, so trennte doch eine un=
überschreitbare Kluft Griechen und Türken, die Besiegten
von den Siegern.

Mohamed II. hatte, wie berichtet wird, schöne
Gesichtszüge, große Nase, einen Adlerblick und war von
sehr starker Constitution. Sein Aeußeres flößte Ehr=
furcht ein. Die Geschichtsschreiber sind über seinen Cha=
rakter nicht einig, einige halten ihn für grausam und
lasterhaft, andere heben seine Tugenden hervor; jedoch
kann man annehmen, daß er bei durchbringendem Ver=
stande dennoch grausamer und gewaltthätiger Natur
war. Außer türkisch, persisch und arabisch verstand er
griechisch, lateinisch und chaldäisch. Voltaire nannte
ihn „le prince le plus poli et le mieux élevé de son
temps" doch wohl nur im Vergleich zu seinen rohen

und unwissenden Nachfolgern. Eton hält ihn für den
größten Krieger unter allen türkischen Sultanen, nennt
ihn aber ein Scheusal auf dem Throne. Uebrigens
steht fest, daß Mohamed, soweit es das Wohl seiner
Türken betraf, sich als weiser Gesetzgeber und Verwalter
auszeichnete.

Die Trennung war so vollständig, daß sogar die
Namen der Monate und die Jahresrechnung auf beiden
Seiten verschieden waren; ebenso wenig stimmten die
beiderseitigen Ruhe- und Arbeitstage überein; die Art
des Familienlebens, überhaupt die socialen Verhältnisse
und Eigenthümlichkeiten auf beiden Seiten zeigten sich
in anderem Lichte. Wohnung, Kleidung, Tracht, Gewohnheiten, Sitten, Verkehr und Nahrungsverhältnisse
beruhten auf durchaus verschiedenen Ansichten und
Principien. Im Allgemeinen erwiesen sich die Mohamedaner als gewaltthätig, stolz und übermüthig; die
Christen dagegen fühlten sich hilflos und wurden in
Folge der Knechtschaft scheu und unterwürfig.

Die Mohamedaner waren von kriegerischem Geiste
beseelt und fühlten den Krieg als ihren ureigentlichen
Beruf, während sie auf die Christen alle Lasten wälzten
und sie zwangen, das zu den Feldzügen nöthige Material, den Proviant und sonst Erforderliche herbei-
zuschaffen.

Die Türken scheuten jede Art bürgerlicher Arbeit,
überließen diese den Besiegten, welche sich, nebenbei
gesagt, arbeitslustig und betriebsam zeigten. In Friedenszeiten waren die Türken von allen Pflichten und
Lasten befreit, die Christen dagegen mußten sämmtliche
Abgaben zahlen. Mit einem Worte, jeder Turbanträger
vom Sultan bis zum letzten Anbeter des Propheten
Mohamed fühlte sich weit erhaben über die christlichen
Bewohner, obgleich diese ihre Bedrücker an Bildung
weit überragten.

Die absolute Knechtung der christlichen Bevöl-

7*

ferung im Laufe von Jahrhunderten führte zu einem thierisch-physiologischen Leben derselben, da kein Christ seine Meinung frei äußern, noch auf Recht und Billigkeit bei den türkischen Behörden rechnen konnte.

Seine „Kanuname" oder Gesetzessammlung diente auch seinen Nachfolgern zur Richtschnur und bildet bis auf den heutigen Tag noch die Grundlage der türkischen Gesetzgebung und Verwaltung. Durch ihn wurde Constantinopel oder Islampol (Stambul) die Hauptstadt des ganzen türkischen Reiches. Doch wurde die gesammte Centralverwaltung erst von seinen Nachfolgern an die Ufer des Bosporus verlegt. Mohamed wie seine Nachfolger behaupteten Constantinopel als Centralpunkt der türkischen Macht, von wo aus sie leicht ihre Herrschaft nach allen Seiten auszudehnen hofften.

Diese türkische Machtentfaltung und die Eroberungsperiode dauerte mit mannigfachen Unterbrechungen ungefähr 200 Jahre. Unter seinen zwölf Nachfolgern befanden sich nur drei (Selim I., Suleiman Kanuni und Murad IV.), welche kriegerische Fähigkeiten besaßen und an den Kriegen Theil zu nehmen pflegten. Alle übrigen blieben in der Hauptstadt und ließen durch ihre Pascha's zu Zeiten Eroberungszüge, meistens ohne bestimmten Plan unternehmen.

Durch die Eroberungszüge, als deren letzter derjenige nach der Insel Candia im Jahre 1669 zu verzeichnen ist, wurde nach und nach die ganze Balkanhalbinsel bis nach Wien hin, ferner die Landschaften nördlich vom Schwarzen und Asow'schen Meere, dann Anatolien, Syrien, Palästina, die Regionen bis zum persischen Meere, ferner die Nordküsten von Afrika dem Sultan in Constantinopel unterworfen und tributpflichtig.

Alle diese großen und umfangreichen Eroberungen verdanken die Türken hauptsächlich ihrer Tapferkeit und der Schnelligkeit und Uebermacht, mit der sie auf ihren Raubzügen auftraten.

Es wurde vorher erwähnt, daß nur einige und wenige Sultane kriegerisch gesinnt waren. Die Kriege führten wieder zu neuen Kriegen, die Kriegsluft blieb immer rege und die Kriege führten zur Anhäufung von Reichthümern. Ansammlung von Kostbarkeiten und Schätzen war der Zweck der türkischen Politik während der ersten zwei Jahrhunderte nach der Eroberung von Constantinopel. Nach dieser Zeit jedoch begann das für jene Periode als musterhaft geltende Militärwesen, welches dem Feinde gegenüber so große Erfolge errungen und zum Ruhme der Sultane und zur Macht des türkischen Reiches viel beigetragen hatte, sich allmälig dem Verfalle zuzuneigen.

Der Sultan Suleiman war unter den Sultanen der Reihe nach der zehnte und dieser Zahl wird bei den Orientalen eine besondere Bedeutung beigelegt. Sein Zeitalter war eines der glänzendsten und wird ebenso gepriesen wie jenes des Augustus und Ludwig XIV. Er begann seine Regierung mit einem Kriege und beendete sein Leben mitten im Kriege. Seine Thätigkeit war sowohl den inneren als auch den äußeren Angelegenheiten gewidmet. Belgrad und Rhodus hatten Mohamed dem Eroberer eine schmachvolle Niederlage und einen zwangsweisen Rückzug bereitet, Suleiman aber eroberte Belgrad und bald darauf stand ihm Ungarn und Croatien offen. Anderseits ermöglichte ihm die Eroberung von Rhodus die Besitzergreifung der Inseln des Archipelagos und bahnte ihm den Weg nach Egypten.

Seine Eroberungen in Europa erstreckten sich bis an die Wälle von Wien, wo sich jetzt zum ersten Male die Länder verschlingende Fluth osmanischer Eroberung in Deutschland brach (Hammer). In Asien reichten seine Eroberungen nach der Bezwingung Armeniens von Van und

Tauris bis Bagdad. Aber außerordentliche Bedrückung und
eine hohe Steuerlast zwangen die Bevölkerung zur Auswanderung und schon zu seiner Zeit begann sich die
Bevölkerung Kleinasiens zu vermindern. Seine weiteren
Eroberungen reichten bis an die Nordküste Afrikas,
Süditalien, Sicilien, welches die Türken unter Führung von Khaireddin Barberussa eroberten.

Im XVI. Jahrhunderte gab es drei Großmächte, deren
Herrscher für das Schicksal Europas entscheidend waren.
Franz, König von Frankreich, Kaiser Karl von Deutschland und Sultan Soliman. Als die ersteren mit einander in Krieg geriethen, war Franz genöthigt, sich
an den Sultan um Hilfe gegen Karl zu wenden, die
Soliman auch zusagte. Franz suchte dadurch die Streitkräfte Karls V. zu zersplittern. König Franz schloß
auch mit Soliman Handelsverträge und Bündnisse zum
Schutze der Christen. Seit dieser Zeit intervenirten
seine Nachfolger stets für die Beschützung der Christen
katholischen Glaubens im Oriente. Außer seinen tüchtigen kriegerischen Leistungen trat Soliman auch als
Gesetzgeber in seinem Reiche auf, ferner als Beschützer
von Wissenschaft und Kunst, Ackerbau, Handel und Industrie und gab für diese Zwecke ansehnliche Summen
aus. Zahlreiche fremde Schiffe füllten zu seiner Zeit
den Bosporus. Er beschützte Dichter und Rechtsgelehrte
und hinterließ Constantinopel viele Baudenkmale, von
denen noch eine durch den Architekten Sinan in einem
Zeitraume von sechs Jahren erbaute Moschee seinen
Namen trägt. Sie kostete 700.000 türkische Lira
(8 Millionen Gulden ö. W.). Die anderen Bauten
sind nach seinen Kindern benannt. Unter ihm wurde
auch in Constantinopel zuerst Kaffee eingeführt (1554)
und zu diesem Zwecke ein Gebäude „Khawekhane" erbaut.
(Die Kaffeepflanze wurde von einem arabischen Scheikh
Namens Scheteli drei Jahrhunderte früher entdeckt.)
Bei Soliman standen statt Gefäße aus Gold und

Silber solche aus Porzellan in Verwendung. In Be=
zug auf seine Unterthanen führte er zuerst verschiedene
Kopfbedeckungen ein, die für jeden Stand und jede
Nationalität von besonderer Farbe waren. Ein Be=
weis seiner Machtstellung ist der Umstand, daß die
Staaten durch Gesandte Freundschaft und gute Be=
ziehungen mit ihm zu unterhalten suchten.

Wir finden österreichische, französische, spanische,
genuesische, portugiesische, polnische, algierische, tunesische
und indische Gesandtschaften am Hofe Solimans, die ihm
reiche Geschenke brachten. Er wird der große Eroberer,
Prächtige und Gesetzgeber genannt. In familiärer Hinsicht
ist manche Schwäche von ihm zu verzeichnen. So ließ
er sich von seiner Frau Khurrem oder Roxelane, welche,
nach Hammer, russischer Abstammung war, in Ränke
verwickeln und auf ihre Veranlassung seinen hoch=
begabten Sohn Mustapha erdrosseln, weshalb Hammer
von ihm sagt, daß er als Mensch nicht groß war,
sondern nur als Herrscher. Die Türken nannten ihn
endlich Kanuni wegen seiner Gesetzgebung im Innern
des Reiches. Er hinterließ bedeutende Schätze, die er
während seiner Regierungszeit gesammelt hatte. Unter
sämmtlichen Sultanen war er am wenigsten aber=
gläubisch und fanatisch, auch hielt er im Allgemeinen
ein einmal gegebenes Versprechen und unterschied sich
hierin von allen seinen Vorgängern und Nachfolgern.

Die übrigen Sultane im Laufe derselben Zeit=
periode waren dem Trunke ergeben und veranstalteten
oft Trinkgelage, welche im Harem stattfanden. Sie
kümmerten sich wenig um Staatsgeschäfte und über=
ließen die Verwaltung des Reiches den Vezieren und
Paschas. Von den Weinsorten waren es besonders
Cyprer Wein und Malvasier, welche den ersten Herr=
schern am Bosporus ganz besonders mundeten. Trotz
des vom Propheten erlassenen Verbotes des Genusses
von Wein und anderen geistigen Getränken, worin es

heißt, daß der Trunk die Ursache aller Laster und
Verbrechen sei, verschmähten die ersten Sultane keineswegs, dem verbotenen Genusse zu fröhnen. Der Nachfolger Sultan Suleiman's, Selim II. (1566) begann
den Krieg mit Cypern, um sich in den Besitz dieser
Insel, ihres Weinreichthumes wegen, zu setzen.

Es ist charakteristisch für die Art und Weise,
wie dieser Sultan des religiösen Gebotes spottete, daß
auf seinen Befehl, so oft er den Becher an die Lippen
setzte, sei es bei Tag oder Nacht, Geschütze abgefeuert
werden mußten. Trunksucht der meisten Sultane bildete
in der ersten Epoche die Hauptursache des vorüber-
gehenden Verfalles und Niederganges der Staatsverwaltung. Dazu kam noch die maßlose Ausschweifung
im Kreise der Haremsodalisken, deren Zahl bei Murad III., dem Nachfolger Selim II. (1574) bis auf
achthundert stieg. Er war Vater von nicht weniger als
hundert und zwei Kindern. Die Kriegführung in
Persien und Ungarn wurde den Pascha's überlassen.
Seine durch maßlose Ausschweifungen verweichlichte
Körperconstitution ward schon frühzeitig untergraben.
Er trank zwar keinen Wein, war jedoch von einer
grenzenlosen Freßsucht, wobei er stets sehr mager blieb.
Er verbrachte seine Zeit beständig im Harem unter
den Frauen, was zur Folge hatte, daß sein Verstand
endlich getrübt wurde.

Der Nachfolger dieses Herrschers, Mehemed III.
lebte gleichfalls nur im Kreise seiner Odalisken, und
hatte das Aussehen eines Greises, als er im 33. Lebensjahre starb.

Unter ihm brachen siebenunddreißig Aufstände
aus und wurden viele Provinzen verloren. Ihm folgte
(1603) sein ältester Sohn Achmet I., dessen ganzes
Leben nur Frauencultus und Hoffeste ausfüllten und
welcher im 28. Lebensjahre ebenfalls an den Folgen
seiner Ausschweifungen starb. Ein einziges Denkmal

ist vorhanden, das seinen Namen trägt, die Moschee Achmedié.

Nachfolger auf dem Throne wurde sein blödsinniger Bruder Mustapha I. (1617), dessen Hauptunterhaltung darin bestand, die Fische in den Palastteichen zu füttern und ihnen oft Goldmünzen zuzuwerfen, welche die getäuschten Thiere statt der sonst erhaltenen Futterbrocken gierig verschlangen, was sehr zur Heiterkeit des erhabenen Weltbeherrschers beitrug. Mustapha wurde übrigens bald entthront. Ihm folgte Osman II. (1618), der erst vierzehn Jahre alt war. Er war ein hoffnungsvoller und begabter Jüngling; er ließ sich verleiten, in Bessarabien einzufallen, wo in kurzer Zeit 80.000 Mann seiner Truppen von den Feinden niedergemacht wurden. Er war eben von einer kindischen Kriegslust entflammt und dabei grausam und thöricht.

Als eine Empörung der Janitscharen ausbrach, wollte er die Residenz nach Kairo verlegen, auch die Janitscharen beseitigen, allein er wurde entthront und bald darauf ermordet.

Dann regierte nochmals kurze Zeit Mustapha I., der Blödsinnige, aber nachdem derselbe wiederum entthront worden war, erhob man den Bruder des ermordeten Osman II., Murad oder Amurat IV. auf den Thron. Er lebte nur dreißig Jahre, von denen achtzehn auf die Regierungszeit entfielen. Dieser Sultan war ein ausgezeichneter, dabei kriegslustiger Herrscher, durch welchen die türkischen Waffen ihren früheren Ruhm und Glanz erreichten; er unterdrückte den Aufstand der Janitscharen, beseitigte alle Mißbräuche der Provinzialverwaltung, füllte durch weise Sparsamkeit den Regierungsschatz, ordnete die Staatsfinanzen, reorganisirte das Heerwesen und die Flotte und förderte Handel und Ackerbau. Er betrieb die Dichtkunst und liebte die Musik. Auf seinen Kriegszügen an der persischen Grenze lernte er die Musik der Perser kennen, welche im Oriente dieselbe Bedeutung hat, wie die italienische in Europa. Er lud den berühmtesten Musiker seiner Zeit, den Perser S ch a k u l i nach Constantinopel ein, und seitdem wurde die persische Musik im Serail der Sultane und im Allgemeinen in Constantinopel sehr beliebt. Trotz seiner kriegerischen, administrativen Begabung und seines Kunstsinnes blieb Sultan Murad einer der grausamsten asiatischen Despoten, welche je am Bosporus herrschten, und der Absolutismus bildete sich unter ihm in unbeschränktem Maße aus. Im Verlaufe seiner achtzehnjährigen Regierung starben auf seinen Befehl über 100.000 der Unterthanen eines gewaltsamen Todes.

Sultan Murad IV. wird mit Recht, theils in Hinsicht seiner geistigen Fähigkeiten, andererseits der von ihm geübten Grausamkeiten als türkischer Nero bezeichnet. Während er zu Kriegszeiten wie ein einfacher Soldat lebte und nur Quellwasser trank, gab er sich dagegen im Serail, von zahlreichen Odalisken umgeben, einer maßlosen Trunksucht hin, die seinem Leben, übrigens zur allgemeinen Freude seiner Unterthanen, ein schnelles Ende bereitete.

Nach seinem Tode glaubten die Bewohner des Reiches eine Besserung der trostlosen Zustände erwarten zu dürfen. Sultan Murad hatte keine männlichen Erben hinterlassen, weshalb ihm sein kränklicher und unfähiger Bruder Ibrahim (1640) auf dem Throne folgte. Unter ihm erreichte die Zuchtlosigkeit eine unerhörte Höhe, der Verfall der türkischen Herrschaft erschien unvermeidlich.

Ibrahim verschwendete seine Zeit in der Unterhaltung mit den Odalisken des Harems, welche auf die Staatsangelegenheiten ungewöhnlichen Einfluß nahmen und die Reichseinkünfte vergeudeten. In ungefähr acht Jahren brachte Ibrahim das Reich durch seine thörichte Verwaltung bis an den Abgrund des Verderbens. Im Koran des Propheten werden die Herrscher Gottesschatten auf der Erde genannt, aber im siebzehnten Jahrhundert waren die Sultane nur Schatten jener Schatten, mit welchem allegorischen Ausdrucke einst Mohamed in poesievoller Weise die Majestät seiner Nachfolger hatte bezeichnen wollen.

Von einer geordneten Verwaltung war zu jener Zeit keine Rede mehr. Das Reich blieb den launenhaften Einfällen eines thörichten, grausamen Regenten überantwortet und Würdenträger wie andere Unterthanen wurden gegen Recht und Vernunft hingemordet, bis das Schicksal endlich auch den Lebensfaden Irahims trennte; er wurde entthront und ermordet. Ihm folgte sein ältester Sohn Mohamed IV. (1648), welcher erst sieben Jahre alt war. Am Regierungsruder standen zwei Frauenparteien, von denen eine von der alten Sultanin Mahpeiker Koessem, Ibrahims Mutter geleitet wurde und die den zweiten Sohn Ibrahims, Soliman, auf den Thron zu setzen wünschte, während an der Spitze der anderen Partei die Frau Ibrahims und Mutter des jungen Sultans Mehemed stand. Beide Parteien verfolgten sich mit tödtlichem Hasse, welchem die alte Sultanin Koessem durch gewaltsamen Tod zum Opfer fiel. Der junge Sultan blieb unter dem Schutze seiner Mutter und der Veziere. Als er volljährig wurde, beschäftigte er sich mit Jagden, zog Adrianopel als seinen Sitz Constantinopel vor und überließ alle Regierungsgeschäfte seinen Vezieren und Paschas, von denen sich Koeprilu an der Spitze der Regierung auszeichnete und alle von dem schwachen Sultan begangenen Fehler wieder gut zu machen suchte. Wir werden später auf Koeprilu zurückkommen, dessen Nachkommen während vier Generationen als ausgezeichnete Staatsmänner geschätzt wurden. Zur Regierungszeit Mohameds IV. wurde Candien (die letzte Eroberung der

Türken) durch Achmed Koeprilu unterworfen; dagegen
verursachten Niederlagen in anderen Gegenden sowie
innere Zerwürfnisse eine vollkommene Ohnmacht der
türkischen Macht, welcher Zustand anderthalb Jahrhunderte bis zum Regierungsantritte des Sultans Mahmud's II. währte, der den festen Willen bekundete,
durch entsprechende Neuerungen in der Verwaltung und
im Kriegswesen die türkische Herrschaft wieder zu befestigen und den verblichenen Glanz des Reiches wieder
herzustellen.

Es wäre hier die geeignete Stelle, auf den Unterschied zwischen den europäischen und türkischen Hee-
reseinrichtungen aufmerksam zu machen und die Ursachen des Verfalles der Macht der Sultane näher
ins Auge zu fassen.

Als die Janitscharen die Hauptstütze der militärischen Macht im türkischen Reiche bildeten, konnten
die Streitkräfte der christlichen Staaten Europas jenen
gegenüber nicht als ebenbürtig angesehen werden,
was zur Evidenz durch die Schlachten bei Cassovo,
Nikopolis und Varna erwiesen worden war. Erst im
Anfange des siebzehnten Jahrhunderts hatten die europäischen Fürsten sich von dem Feudalsystem emancipirt
und stehende Heere überwiegend aus Fußtruppen gebildet, eingeführt. Nach und nach wurden diese Truppen
strengerer Disciplin unterworfen, in tactische Einheiten
gegliedert und in ordnungsmäßiger Kampfweise geübt.
Es war nicht mehr die Zahl der Truppen, welche den
Erfolg entschied. Der tapfere Turenne konnte mit
40.000 Mann den Angriffen der 150.000 Mann starken
Feinde erfolgreich die Spitze bieten. Mit einem Worte,
während die europäischen Staaten ihre Militärmacht zu
entfalten begannen, verharrten die Sultane in voll-

ständiger Unthätigkeit, den Fortschritt der Kriegskunst ihrer westlichen Nachbarn mißachtend. So mußte mit zunehmender Schwäche der türkischen Herrscher, welche in ihrer Eigenschaft als obsolute Herren nur durch persönliches Wirken und gutes Beispiel die Kriegs= tüchtigkeit ihrer Heere zu erhalten vermochten, die Mili= tärmacht dem Verfalle zugeführt werden.

Auch wurden im Jahre 1691 nicht mehr christ= liche Knaben für die Janitscharen geworben, sondern ergänzte sich dieses frühere Elitecorps nunmehr aus sich selbst und aus Freiwilligen. Die frühere Disciplin wurde vernachlässigt und viele Janitscharen wohnten außerhalb ihrer Kasernen. Die Exercitien wurden trotz Soliman Kanuni's Bemühungen nach und nach auf ein geringes Maß beschränkt, so daß die Janitscharen zuletzt nur noch den Wache= und Patrouillendienst ver= sahen. Auf diese Weise gingen alle moralischen und physischen Vorzüge dieser Truppen verloren, während ihr Hochmuth wuchs und ihre Forderungen immer an= maßender wurden.

Als diese Janitscharen keine Siege mehr erfochten, ja sogar mehrere vollkommene Niederlagen erlitten, schoben die Tüken im Allgemeinen wie auch die Ulemas (Koranerklärer), die Ursachen der Unglücksfälle verken= nend und von Vorurtheilen befangen, hauptsächlich die Schuld ihrer Niederlagen auf den Neid, gegenseitige Feindschaft und Uneinigkeit der Veziere.

Die Türken besaßen seit dem Ende des drei= zehnten Jahrhunderts eine Kanonengießerei in Tophone, aber die Kanonen waren äußerst schwer und unprak= tisch. Bis zur Mitte des achtzehnten Jahrhunderts hatten die Türken keine Feldgeschütze, dergleichen wurden erst von Baron Tott eingeführt, welcher alle Zweige des Artilleriewesens zu reformiren dachte, jedoch an der Durchführung seiner Absichten durch mancherlei Umstände verhindert wurde. Die Umgestaltung der Ar-

tillerie nach modernen Principien wurde erst in späteren
Jahren und nach französischem Muster durchgeführt.

Eine der Ursachen des Verfalles der Disciplin
bei den Janitscharen und des Reiches bestand darin,
daß nicht mehr wie früher die Thronfolger sich vor
der Thronbesteigung mit Militärangelegenheiten beschäftigten und die Provinzen verwalteten.

Nach der Regierungsperiode Suleimans Kanuni
wurde die Freiheit der Thronfolger und jüngeren Söhne
eingeschränkt, sie waren genöthigt, im Palaste zu bleiben
und wurden alle ihre Handlungen aufs Strengste be-
wacht, so daß sie sich keine Kenntnisse in der Kriegs-
wissenschaft erwerben konnten und nach der Thronbesteigung sich für die Verwaltung des Reiches unfähig
erwiesen. In Folge dessen waren sie genöthigt alle
Staatsgeschäfte den Vezieren und Paschas zu überlassen.

Die Zeitperiode der ausschließlichen Niederlagen
hatte schon hiermit für die türkische Macht begonnen,
der innere Verfall war sichtbar, die Janitscharen und
Ulemas waren die einzigen Triebfedern der Staatsmaschine, in der Hauptstadt beständige Unruhe, in den
Provinzen beständige Neigung zu Aufständen, der
Piaster (vier Francs) sank allmälig im Curse, die
Willkürherrschaft der Janitscharen und Ulemas drängte
die Sultane zur gänzlichen Machtlosigkeit, so daß sie
im eigensten Sinne des Wortes blos die Schatten
ihrer Vorfahren waren. So wechselten nacheinander Suleiman II. (1687), Achmet II. (1691), Mustapha II.
(1695), Achmet III. (1702), der neben der urväterlichen
Gewohnheit, sich in den Kreisen der Odalisken zu bewegen, eine besondere Vorliebe für Blumen und Sti-
ckereien zeigte. Sein Name ist durch die schöne Fon-
taine verewigt. Ihm folgte Mahmud I. (1730), dessen

Regierungszeit nicht ohne Bedeutung war, da er sich
den Bauten und Bibliotheken widmete, er liebte die
Studien, verbot den Weinverkauf, ließ alle Weinkeller
der Stadt zerstören, forderte Anstand und Sittsamkeit
von den Frauen, und hielt die Janitscharen im Zaume.
Seine Regierungszeit war eine gute, aber das Reich
war zu tief und vielseitig erschüttert. Sein Bruder
und Nachfolger Osman II. (1754) besaß zum Regieren
keine Fähigkeiten, er wechselte fünfzehnmal während
seiner kurzen Regierungszeit die Veziere. Ihm folgte
sein Bruder Mustapha III. (1757), dessen Regierung
voll von äußeren und inneren Zerwürfnissen, Kriegen,
und Niederlagen war. Persönlich hielt er sich gut,
ohne auffallende Geistesgaben zu besitzen; ohne krie=
gerische Fähigkeiten war er immer kriegerisch gesinnt
und erlitt große Niederlagen und hatte den Abfall der
Provinzen zu beklagen. Als einzige Tugend kann seine
Kunstliebe bezeichnet werden.

Ihm folgte Abdul Hamid I. (1773), dessen Re=
gierungszeit im Ganzen genommen wegen der Nieder=
lagen im Kriege eine unglückliche genannt werden muß.
Ihm folgte Selim III. (1789), der einzige Sohn von
Mustapha, an den man schon als Knaben große Hoff=
nungen knüpfte.

Mit dem Ende der Regierungszeit des Sultans
Selim bis zum Anfange unseres Jahrhunderts, d. h.
bis zum Regierungsantritte (1808) des Sultans Mah=
mud II., Abil genannt, bleibt das alte Türkenthum
seinem inneren Wesen und dem Anscheine nach in dem=
selben Zustande der Schwäche, und dem Privatleben,
sowie der Verwaltung und dem Heerwesen klebten die=
selben Mängel an.

Sobald früher die Türken unter der Führung
der Sultane umfangreiche Länder erobert hatten, gaben
zugleich die türkischen Befehlshaber die ersten Grund=
lagen der Staatseinrichtung an, welche theilweise auf

der asiatischen Tradition, aber größtentheils auf den Vorschriften der heiligen Schrift, des Propheten Mehemed beruhten.

Wie jeder Asiate, so verhält sich auch der Türke, welcher von den Abhängen und Hochgebirgen des Altai stammt, zu allen Erscheinungen und Phänomenen der Natur passiv, und ohne irgendwie nachzudenken, hält er sich in jeder Hinsicht für unabhängig und beherrscht durch eben dieselben Naturerscheinungen, welche er nicht kennt und die er sich auch nicht erklären kann. Dieses Verhältniß bestimmt sein ganzes Wesen und Treiben, man nennt es kurzwegs Schicksal und den Zustand selbst Fatalismus. Der Türke sagt deshalb immer: Es ist so bestimmt, es ist so im Buche geschrieben, das war ihm auf der Stirne aufgedrückt, das ist der Wille Gottes, des Allah, des Allmächtigen ꝛc., und weiter läßt er keine Erklärung zu. Durch die heilige Schrift, Al-Koran, des Gottespropheten Mohamed läßt er sich in jeder Hinsicht leiten, durch den Gottesschatten auf der Erde, durch seinen Padischah, den Nachfolger der Khalifen und des Propheten, läßt er sich auf der Erde lenken. Der Wille Gottes, des Propheten und des Padischah sind für jeden Türken gleichbedeutend, er als Rechtgläubiger (Musulman) beugt sich tief und ehrfurchtsvoll vor dieser Macht. Der Begründer des Islamismus, welches Wort die Unterwerfung unter diese gewaltige Macht bedeutet, hat alle Nicht-Musulmane, d. h. die Ungläubigen als unreine, ketzerische Völker bezeichnet und ihre Unterwerfung durch Feuer und Schwert oder, was dasselbe ist, durch die Verbreitung des Islam gefördert. Die Oberbefehlshaber der türkischen Race, die Sultane, betrachten sich als gesetzliche Nachfolger der vier ersten Khalifen, und vergleichen sich mit dem Schwerte Gottes, womit sie den Islam der Welt einflößen, und nennen sich selbst: „König der Könige, Spender der Kronen, Fürsten der Welt, Gottesschatten, Herrscher von zwei Welttheilen

und Meeren, Beschützer von Mekka und Medina ꝛc."
Die Sultane prätendiren, die göttliche und weltliche
Macht in ihrer Person zu vereinigen; wie Gott im
Himmel, so ist der einzige Oberherrscher auf Erden der
Sultan, dessen Regierung eine theokratische ist. Die
Türken nennen manchmal ihren Befehlshaber „Sohn
der Sclavin", aber nicht im erniedrigenden Sinne, da
sie doch alle von Sclavinnen abstammen und die Frauen
im Allgemeinen im gesellschaftlichen Leben der türkischen
Welt keine Bedeutung haben. Die Frauen der Sultane
entstammen immer entfernten Ländern, aus dem Tscherkessenlande, Georgien, Armenien, Griechenland, von der
sicilischen, italienischen oder spanischen Küste des Mittelländischen Meeres, werden im zartesten Lebensalter
ihren Eltern geraubt, in mohamedanischer Religion erzogen und ebenso in jugendlichstem Lebensalter dem
Sultan bei Festlichkeiten dargebracht. Solche Opfer
menschlicher Zuchtlosigkeit und roher Gewalt lassen oft,
mit wenigen Ausnahmen, nicht ahnen, woher sie stammen
und was ihre Eltern waren. Infolge dessen sind die
Frauen der Sultane oder jene des Harems aus verschiedenen Nationalitäten, aber alle zum Islam bekehrt,
obschon diese Bekehrungen nicht immer erfolgreich sind.
Es sind Fälle vorgekommen, daß die Frau des Sultans
mit ihrem Sohne aus dem Harem flüchtete und wieder
Christin wurde.

Die Sultane dürfen mit ihren Unterthanen nicht
in verwandtschaftliche Beziehungen treten, es sind nur
die Fälle bekannt, daß der Sultan Ibrahim I. die
Tochter seines Vezirs heiratete und Osman die Tochter
des Großmufti. Beide wurden darauf ermordet. Was
die Schwestern und Töchter der Sultane betrifft, so
können sie mit ihren Unterthanen verheiratet sein, aber
ihre Söhne dürfen nicht leben bleiben, zu welchem
Zwecke denselben nach der Geburt die Nabelschnur
nicht unterbunden wird. Diese durch das Gesetz ge-

botene Maßregel wird bis auf den heutigen Tag streng
beobachtet. Was das Thronerbrecht betrifft, das im
Kanunamé ausführlich vom politischen Standpunkte aus
auseinandergesetzt wurde, so ist der älteste Verwandte
Erbe des verstorbenen regierenden Sultans, wenn der
Sohn als Thronfolger minderjährig oder ein Sohn
überhaupt nicht zurückgeblieben ist. Nach derselben Kanu=
namé wird auch bestimmt, daß der Erbe bei der Thron=
besteigung alle seine Verwandschafts=Mitglieder mit
Ausnahme der directen Erben erbarmungslos und ohne
Zaudern hinmorden läßt. Der Begründer der Dynastie,
Osman, ließ seinen Oheim Dundar, einen hochachtbaren
Greis lediglich aus Rücksichten der Thronfolge und
Befestigung der Dynastie, welche bis heute ohne Unter=
brechung herrscht, niedermachen. Diese Mordthaten in
der nächsten Umgebung der Sultane sind einer asiatischen
Tradition entnommen, wonach in alten Zeiten und in
von uns weit entfernten Ländern, besonders in Persien
es als eine Ruhmesthat galt, über die frischen Leich=
name der Väter und Brüder hinwegzuschreiten und den
Thron zu besteigen. Diese uralte Tradition und Vorschrift
veranlaßte den Eroberer von Constantinopel, sie als poli=
tische Grundlage aufzustellen und die Morde zu recht=
fertigen, um „die Ruhe der Welt zu sichern und die Ordnung
des Thronerbrechtes zu befestigen." Es sind mehrere Fälle
vorgekommen, daß Brüder und Verwandte des Sultans
mit Aussicht auf einigen Erfolg gegen das über sie
verhängte Todesurtheil protestirten, aber ihr Widerstand
blieb fruchtlos. Lautlos wurde von den Vollstreckern
derartiger Urtheile dem Betreffenden eine Schlinge um
den Hals gelegt und sein Leben geendet. Seit dem
Beginne dieses Jahrhunderts, wohl theilweise in Folge
näherer Beziehungen zu den europäischen Culturstaaten,
beginnt dieses Gesetz allmälig außer Uebung zu kommen,
wie sich auch andererseits die Zahl der Geburten in der
Familie der letzten Sultane verminderte.

Der Wille des Sultans ist unanfechtbar und
unbeschränkt; er steht an der Spitze der religiösen,
Militär- und Civilverwaltung, und ist die Macht der
Sultane selbst in den eroberten Ländern ungeschmälert
geblieben. Der Sultan, welcher auch Großherr, Khalif,
Beherrscher der Gläubigen, Padischah genannt wird,
verfügt unbeschränkt über Leben und Vermögen aller
seiner Unterthanen. Jus gladii bildete bis zu den
letzten Zeiten den Hauptmotor für die Ausübung aller
Rechte im Lande. Deshalb müssen sich alle tief vor ihm
beugen, und seine Aussprüche und Entscheidungen besitzen nicht allein menschliche, sondern es wird ihnen
auch göttliche Kraft zugeschrieben. Von ihm sind abhängig der Vezir oder Großvezir, das Oberhaupt der
Verwaltung im Allgemeinen und der Scheich-ul-Jslam,
das Oberhaupt des Ressorts für religiöse Angelegenheiten, welche Würdenträger vom Sultan persönlich
ernannt werden. Diese müssen seinen Befehlen ohne
Widerrede gleich einem gewöhnlichen Bimbaschy oder
Khodscha nachkommen. Unbedingte Verehrung der Macht
hat tiefe Wurzeln in Sitten und Gebräuche der Bevölkerung geschlagen, trotzdem sich die Zeiten geändert
haben und der jetzige Türke so manche Eigenthümlichkeit
sich angeeignet hat und zu Europäern in nähere Beziehung getreten ist. Das türkische Volk dürfte aus dem
Schlafe gerüttelt werden, und es sind Anzeichen vorhanden, daß die Keime moderner Anschauungen bereits
zu sprießen beginnen.

Der einfach ausgesprochene Ausdruck des Willens
eines Sultans heißt Jradé und wurde früher ebenso
wie jetzt durch einen treuen Privatsecretär zu Papier gebracht und dem Vezir behufs Vollstreckung übergeben. Alle
wichtigeren Verordnungen, welche im Inneren des Palastes nach dem Willen des Großherrn verfaßt werden,
heißen Chatti-Sherif oder die heiligen Vorschriften.
Jede Urkunde, Ferman oder Berat genannt und vom

Vezier herausgegeben, ist an der Hauptstelle mit einem eigenthümlichen Monogramm versehen. Dieses Zeichen heißt Thugra. In demselben befinden sich die Namen des Sultans, seines Vaters und ein Gebet vereinigt, und entspricht dieses Zeichen dem Reichswappen europäischer Mächte. Es hat die Form einer Hand, von welcher die drei mittleren Finger aufrecht, während Daumen und kleiner Finger ausgestreckt sind, und wird allen Münzen, Staatsurkunden, Zeugnissen, Pässen ꝛc. aufgedrückt. Die Thugra, mit goldflüssiger Tinte geschrieben und von einem goldenen Rahmen umgeben, findet man in den Conferenzzimmern der Behörden und Gemeindevertretungen.

Es sind beinahe sechs Jahrhunderte (587 Jahre!), daß das Geschlecht und die Dynastie Osmans ununterbrochen das Ruder der Regierung in Händen hält; trotzdem verheerende Stürme über den Staat dahingebraust sind, beherrscht die Dynastie verschiedene Völker, welche sich mehr oder weniger ihrer Machtstellung unterwerfen.

Ungeachtet so mancher Ausnahmen (wie in Marokko, dessen Beherrscher vom türkischen Sultan unabhängig ist und sich Groß-Scherif und Sultan von Marokko nennt, ferner in Persien, wo in Folge der Forderungen der rechtgläubigen Schiiten die Einheit des Islam nicht mehr unbedingt anerkannt wird), wird der Sultan in Constantinopel immer noch als religiöses Oberhaupt der Mohamedaner geachtet.

Von Zeit zu Zeit finden sich die Emire und Khane von Centralasien am Bosporus ein, um den Sultan in seiner Eigenschaft als Stellvertreter des Propheten anzubeten. Seine moralische Macht erstreckt sich nicht blos auf den Scherif von Mekka, dem er alljährlich ein mit kostbaren Geschenken beladenes weißes Kameel (welches nach türkischer Auffassung als heilig bezeichnet

wird) schickt, sondern auch auf die Mohamedaner von
Indien, China, Australien und Südafrika.

Um die Gesetzlichkeit seiner Thronfolge anzuzeigen
und zu bestätigen, sowie um die Staatsgewalt in
Händen zu behalten, ist jeder Sultan nach dem Gesetze
verpflichtet, sich in die am Ufer des Goldenen Horn
befindliche Moschee von Eyub zu begeben und sich mit
dem Schwerte des Osman, dem Begründer der Dynastie
und des Reiches, zu gürten. In früheren Zeiten war
diese Fahrt mit glänzenden Ceremonien verbunden;
sämmtliche Würdenträger, in phantastische und pracht=
volle Gewänder gekleidet, wohnten der Feierlichkeit bei
und eine große Menge von Goldmünzen wurde unter
das Volk geworfen. Diese Festlichkeiten dauerten einige
Tage. In jüngerer Zeit wurde jedoch größerer Auf=
wand vermieden, was wohl mit den zerrütteten Finanz=
verhältnissen im Zusammenhange steht. Bis zum Be=
ginne dieses Jahrhunderts war es üblich, daß die
Lehensträger des Sultans und andere Notablen dem=
selben eine Thronbesteigungs=Steuer darbrachten, welche
in einer großen Menge von Silbermünzen und in
schönen jungen Mädchen für den Harem bestand. Nach
Abschaffung des Lehenssystems ist dieser Brauch jedoch
abgekommen. Diese Umgürtung mit dem Schwerte,
welche in der Eyub=Moschee vom Sultan vollzogen wird,
entspricht der feierlichen Krönung europäischer Fürsten.
Nach Beendigung der Festlichkeiten ernennt der neue
Sultan einen ihm genehmen Vezir behufs Ausführung
seiner Befehle und Vollstreckung seiner Vorschriften.

Die türkische Regierung wird auch Hohe Pforte,
Babi=Devlet oder Babi=Ali genannt, weil im Oriente
alle öffentlichen Staats=Angelegenheiten im Alterthume
an der Pforte des Königspalastes oder der Stadt ver=
handelt wurden. Der Name Divan (Rathsversammlung)
wird den Berathungen der Staatswürdenträger gegeben.

Der Erste unter den Würdenträgern, der alle Staatsangelegenheiten leitet und führt, heißt Vizir oder Vesir
oder Groß-Vizir. Das Wort Vizir wird verschieden
erklärt; die Einen legen ihm die Bedeutung eines
Trägers, des Fahnenträgers des Reiches bei, die Anderen
die des Hirten, weil Allaëddin, der Sohn des Osman
und Orkhan's, des zweiten türkischen Sultans Bruder,
so zuerst genannt wurde, als er die Last der Staatsgeschäfte übernahm. Der Großvizir, welcher auch Sa-
drazam genannt wird, erhält vom Sultan seine Voll-
macht, ist von ihm in jeder Angelegenheit abhängig
und entspricht dem ersten Minister in europäischen
Staaten. Er vertritt überall und in jeder Beziehung
seinen Großherrn; er verwaltet sowohl die inneren, als
auch die äußeren Angelegenheiten des Reiches; sowohl
der Scheich-ul-Islam für die religiösen, als auch
der Sardar-ekrem für die Kriegs- und Heeres-
Angelegenheiten sind von seiner Person abhängig. Er
erklärt den Krieg und schließt Frieden, er ernennt die
Militär- und Civilverwalter der Provinzen, er fällt das
Todesurtheil, überhaupt übt er im Namen des Sultans
dessen Machtbefugnisse in unbeschränkter Weise aus.
Das Abzeichen seiner Macht besteht im Roßschweife und
im Staatssiegel, worauf die Thugrah oder Thurah ein-
gravirt ist. Der Vizir soll niemals, weder bei Tag,
noch bei Nacht das Siegel ablegen, sondern es stets an
einer goldenen Kette am Halse tragen, bis ein Bote
des Sultans es abholen kommt, um zugleich dem in
Ungunst Gefallenen die Verbannung oder das Todesurtheil durch die seit alten Zeiten übliche grüne Seidenschnur anzuzeigen. In vielen Fällen, wenn die Vizire
die Ungunst der Sultane merkten, strebten sie unter
mancherlei Vorwänden, sich von ihrem Amte und ihren
Pflichten loszuwinden. Oftmals wurde in Folge einer
Laune des Sultans einem gewesenen Vizir das Staatssiegel wieder eingehändigt.

Die Großvizire, in ihrer nur von plötzlicher Eingebung und Laune des Sultans abhängigen Stellung, mußten stets für ihr Leben zittern und befanden sich mit wenigen Ausnahmen in keiner beneidenswerthen Lage. Es sind Fälle vorgekommen, wo der zügellose Sultan im Zorne mit seinem eigenen Schwerte den Kopf des Vizirs vom Rumpfe trennte. Trotzdem haben die Vizire eine große Rolle am Hofe der Großherren und im Reiche gespielt, und die Begebenheiten ihres Lebens sind in Manuscripten, welche in den Archiven aufbewahrt werden, der Nachwelt erhalten worden. Die Verfasser derselben haben, wie üblich, oft bedeutende und wichtige Begebenheiten mit unbedeutenden vermischt und verflochten, aber diese Memoiren über die Großvizire bieten ein sehr wichtiges Material für die Geschichte der Türkei, welches leider bis heute keinen Bearbeiter gefunden hat.

Seit der Begründung des Vizirenamtes bis zum Beginne unseres Jahrhunderts sind ungefähr 265 Großvizire in dieser Staatswürde einander gefolgt, von denen mehr als die Hälfte durch Gewaltacte des jeweiligen Sultans um's Leben gebracht oder in's Exil geschickt wurden. Das türkische Reich hat seinen Ruhm und Glanz gar manchem der Großvizire zu verdanken, indem sie es gewesen sind, welche durch weise Verwaltung, Ordnung der Staatscasse, Organisation eines tüchtigen Heeres, Aufstellung einer imposanten Flotte und durch glücklich geführte Kriege und Eroberungszüge die Türkei seiner Zeit zu einer gefürchteten Großmacht erhoben.

Mohamed Köprilu oder Koeprülü, aus Albanien, der Enkel eines nach Kleinasien ausgewanderten Albanesers, hatte seinen Namen Köprilu von dem Geburtsorte, der 12 Stunden von Amasia an dem Gebirge Taschan gelegen ist, erhalten. (Hammer).

Aus einer sehr unbedeutenden Stellung um die Mitte des siebenzehnten Jahrhunderts allmälig zur

Würde eines Großvizirs erhoben, ward er der Begründer einer Familie, aus welcher mehrere Glieder in der Würde eines Vizirs aufeinander folgten. Er selbst erhielt wegen seiner Grausamkeit den Zunamen Képrülü der Grausame. Sein Sohn Achmed Képrülü mit dem Beinamen „der Politiker" hat die Insel Candia erobert. Im Laufe seines fünfzehnjährigen Vizirates brachte er seine großen staatsmännischen Eigenschaften nach jeder Richtung hin zur Geltung; er war gerecht sowohl nach Oben, als auch nach Unten, was zu seiner Zeit sehr ungewöhnlich war, denn das Reich war im Innern bereits verfallen und zerrüttet. Ihm folgte sein Bruder Mustapha Képrülü mit ebenso hohen staatsmännischen Vorzügen, er fiel jedoch in einem Kriege unweit von Peterwardein. Sein ehrender Beiname war „der Tugendhafte". Hussein Képrülü, der Vetter des oberwähnten Achmed, erhielt hierauf das Großvizirat. Mit dem Beinamen „der Weise" ausgezeichnet, erwarb er sich große Verdienste durch die nach der Niederlage bei Carlowitz im Innern durchgeführten zeitgemäßen Reformen. Numman Képrülü, der Reihe nach der fünfte, der Sohn des Tugendhaften, besaß zwar keine so hervorragenden Eigenschaften, wie seine Vorgänger, aber er liebte sein Vaterland, war ergeben seinem Großherrn und verwaltete sein Amt, wenn auch nur kurze Zeit, dergestalt, daß ihn das Volk den „gerechten Mann" nannte.

Unter die Zahl der ausgezeichneten Großvizire gehört auch Raghib Mehemed Pascha, der mit mannigfaltigen Geistesgaben ausgestattet, vor ungefähr 125 Jahren nach unserer Zeitrechnung das Staatswesen lenkte. Er wird als ein vollkommener Mann bezeichnet, nach dem Ausdrucke des türkischen Geschichtschreibers Wassif „insani kamil".

Während seiner sechsjährigen Amtsthätigkeit stellte Raghib die Ruhe im Innern, welche oft von den

Janitscharen gestört wurde, wieder her und hatte ein wachsames Auge auf die politischen Beziehungen zu den anderen Staaten. Sein Wirken fiel in die Regierungszeit des Sultans Mustapha III., dessen Schwester er zur Frau erhielt. Wiewohl ein Mann von kriegerischer Gesinnung, so war er doch darauf bedacht, überall im Reiche den Handel, den Ackerbau zu heben, sowie Kunst und Wissenschaft zu fördern. Außerdem vermehrte er die Flotte, ließ Brücken und Moscheen bauen, legte Wasserleitungen und Brunnen an, sorgte für eine gerechte Steuervertheilung, und es herrschte wirklich eine musterhafte Ordnung in der Finanzverwaltung. Schon am Ende des dritten Jahres seiner Verwaltung wies der Staatsschatz einen Ueberschuß von sechs Millionen Piaster aus, das ist ungefähr achtzehn Millionen Francs. Zu jener Zeit, um die Mitte des achtzehnten Jahrhunderts, hatte sich der Silbergehalt in den Piastern so verschlechtert, daß der Piaster statt vier Francs, wie in früheren Jahren, nur drei Francs werth war, und jetzt in unseren Tagen gilt der Piaster sogar nur 23 Centimes.

Noch nie befand sich das türkische Reich in solchem blühenden und geordneten Zustande als zur Verwaltungszeit des Großvezirs Raghib Pascha. Sein Plan, eine neue Wasserstraße parallel dem Bosporus zwischen dem Schwarzen Meere und der Nikomedischen Bai herzustellen, zeigt uns seinen unternehmenden Geist. Ausgezeichnete Ingenieure Frankreichs und Englands wurden bestellt, man begann zu arbeiten, aber unter der Hand der beim Baue betheiligten unwissenden und dabei anmaßenden türkischen Ingenieure konnte das Werk nicht gedeihen, es wurde für spätere Zeiten verschoben. Seine diplomatischen Beziehungen zu den auswärtigen Mächten und zu Friedrich dem Großen behandeln wir später. Seine Mußestunden widmete er hauptsächlich der Literatur. Er hinterließ viele Werke in Versen und in

Prosa, welche jedoch bis heute dem europäischen Publicum ganz unbekannt sind. Das beste seiner Werke führt den Titel „Sefinet ol ulum", der Stoff desselben ist arabischen Sagen entnommen. Raghib war einer von den seltenen Männern, welche, dem türkischen Volke entsprossen, besondere Talente und Geistesgaben an den Tag legten. Sein staatsmännisches Wirken erschien wie ein hellleuchtendes Meteor am türkischen Himmel, das einmal verschwunden, nicht wieder zum Vorscheine kommt. Es sind auch mit seinem Tode im Jahre 1763 viele Hoffnungen begraben worden. Er gründete eine reiche Bibliothek und daneben eine Schule „Medresse", ebenso eine öffentliche Küche für die Armen, „Imaret", welche er aus eigenen Mitteln dotirte. Nach seinem Tode begann das türkische Reich sich dem Verfalle zuzuneigen, und in dem Zustande des Verfalles sehen wir es noch heute.

Unter den zahlreichen Großviziren, von denen wir berichteten, war es nur wenigen gegönnt, lange Zeit am Staatsruder zu bleiben. Mögen es noch so tüchtige, gutgesinnte und für das Wohl des Reiches beseelte Männer gewesen sein, sie wurden theils wegen ihrer Aufrichtigkeit und Unerschrockenheit dem Sultan gegenüber, oder theils in Folge von Anfeindungen und Hofintriguen ihrer Stellung enthoben und enthauptet. So z. B. Junus-Pascha, der auf dem Wege von Egypten nach Constantinopel im Gefolge des Sultans Selim I. sich befand, wurde wegen einiger treffenden und aufrichtigen Bemerkungen in Bezug auf Egypten sofort enthauptet. Tarkhundschi, zu dem der elfjährige Sultan Mahomet IV. beim Antritte des Großviziriates sagte: „Wenn Du schlecht verwaltest, werde ich befehlen, Deinen Kopf wegzutragen", ist, trotzdem er ein gerechter und uneigennütziger Mann war, in kurzer Zeit durch Verleumdungen und Hofintriguen zu Grunde gerichtet worden.

Groß ist andererseits auch die Anzahl derjenigen
Vizire, welche den Staatsschatz plünderten und vergeu=
deten, Niederlagen im Kriege erlitten oder durch Kriegs=
beute sich bedeutend bereicherten und den Neid des
Sultans und des Hofes erregten. Ihr Schicksal war
alsdann besiegelt, denn durch Erdrosselung oder Ent=
hauptung wurden sie aus dem Wege geräumt. Der
Schädel des beutelustigen, unwissenden und anmaßenden
Kara Mustapha, wie ihn Johann Sobieski selbst charac=
terisirte, pflegt jetzt den Besuchern des Wiener Arsenals
gezeigt zu werden. Als Großvizir unternahm er im
Jahre 1683 einen Feldzug, um neue Völker dem Islam
zu unterwerfen und seine Beutelust zu befriedigen,
wurde jedoch durch das christliche Entsatzheer bei Wien
auf's Haupt geschlagen. Bei der Einnahme von Bel=
grad durch die Oesterreicher wurde sein Kopf aufge=
funden und als Siegestrophäe nach Wien gebracht.
Sehr oft auch wurden unter schwachen Sultanen auf
Grund des Drängens der Janitscharen die Großvizire
abgesetzt und ermordet.

Was die Herkunft der Großvizire betrifft, so sind
im sechszehnten, zum Theile auch im siebenzehnten
Jahrhundert, als das türkische Reich durch erfolgreiche
Siege nach Außen und durch weise Verwaltung im
Innern seinen Glanzpunkt erreichte, sehr viele Christen
zum Islam übergetreten und gelangten sehr leicht zu
den höchsten Staatsämtern; so stammte Mahomed Sokoli
aus einem altserbischen fürstlichen Geschlechte. Die
größere Hälfte des Staatsrathes zur Zeit von Selim
und Suleiman bestand aus zum Islam bekehrten
Christen, und sehr viele derselben standen an der Spitze
der Verwaltung und der Flotte, oder leiteten die
Verwaltung der Provinzen. In die Reihe derselben
gehörten Ibrahim, Khatim=Suleiman, Ajas, Lutfi,
Achmet, Semiz=Ali, Pertev, Erseg=oglu, Tugakin=oglu,
welche ihrer Abstammung nach Arnauten oder Griechen

waren; Rustem und sein Bruder Sinan, Ferchat, Khaïn=
Achmed, Daud=pascha und ein zweiter Sinan=pascha
waren Kroaten; Kara = Mustapha, Khosrov, Lala=
Mustapha=pascha und viele Andere waren Bosniaken;
Hassan und Dschafar Russen; Chalil=pascha und Andere
waren Armenier.

＊　＊　＊

In den ersten zwei Jahrhunderten, nachdem sich
die Türken in den von ihnen eroberten Ländern fest
niedergelassen hatten, befand sich das gesammte Reich
in einem blühenden Zustande, zu welchem die zum
Islam übergetretenen Christen durch ihren Unterneh=
mungsgeist und ihre Thätigkeit sehr viel beitrugen, und
selbst die Türken ließen sich in früherer Zeit zu grö=
ßerer Selbstständigkeit und Thatkraft nach jeder Rich=
tung hin herbei.

Der Einfluß und die Macht der Großvezire war
bei den Türken stets ein sehr bedeutender und gewal=
tiger. Die Berichte mancher europäischen Gesandten am
Bosporus wissen von ihrer Beutelust und Gewinnsucht
in Kriegszeiten und ihrer Bestechlichkeit zu jeder Zeit
ausführlich zu erzählen. Man darf jedoch auch nicht
vergessen, daß es in der Reihe der Großvizire Männer
des edelsten Charakters gab, deren Gerechtigkeit, Ehr=
lichkeit und Uneigennützigkeit über alle Zweifel erhaben
dastehen. Aber in einem Reiche, wo die Sucht nach
absoluter Gewalt einerseits und der tiefe Knechtssinn
andererseits alle Schichten der Bevölkerung durchdring=
und selbst im alltäglichen Verkehre sich wiederholt, hat
die alte, noch aus dem tiefen Asien stammende Regel:
„Eine Lüge, welche die Geschäfte weiter vorwärts
bringt, ist der Wahrheit, die dieselben nur verwickelt
und verwirrt, stets vorzuziehen", tiefe Wurzeln in dem
gesammten türkischen Leben geschlagen, und selbst der

Großvezir ist sehr selten im Stande, sich dieser Maxime gänzlich zu entäußern. Bis zum Anfange dieses Jahrhunderts hatte der Großvizir folgende Würdenträger in der Verwaltung unter sich: Kadiasker als Oberrichter des Heerwesens, Defterdar als Finanzminister oder Schatzkanzler, Nischandschi als Staatssecretär oder Gehilfe des Ministers, Reiß effendi als Minister der auswärtigen Angelegenheiten, Teskere-dik als Berichterstatter, Kapidschiler-kiayasi als Oberhofmeister und Kammerherr und Tschausch-baschi als Hofceremonienmeister. Der letztere war verpflichtet, die Ordnung bei den Berathungen der Minister oder der Staatswürdenträger zu erhalten.

Vielleicht dürfte es sonderbar erscheinen, daß es auch Großvizire gab, welche weder lesen noch schreiben konnten; aber nach den Launen des Sultans sind oft Männer der niedrigsten Herkunft in große Staatswürden und selbst zu Großviziren eingesetzt worden.

Neben dem Großvizir steht gleich im Range der Scheich-ul-Islam oder großer Mufti. Er ist der mächtigste von allen Würdenträgern und das Oberhaupt in religiösen, gerichtlichen und Unterrichts-Angelegenheiten. Der Koran, der die Grundlage für jeden Bekenner des Mohamet bildet, ist auch die Basis der türkischen Staatseinrichtungen, daher erläßt der Scheich-ul-Islam seine Urtheile und Entscheidungen im Namen des allmächtigen Allah und seines Propheten. Trotzdem daß der Koran die Macht des Sultans nicht beschränkt, kann es in Folge der alltäglichen Staatsverhältnisse manchmal geschehen, daß der Scheich-ul-Islam den Handlungen des Sultans sein Veto entgegensetzt. Keine Angelegenheit im Reiche wird ohne seine Berathung in Ausführung gebracht. Er billigt oder verwirft die Erklärung eines Krieges und bei Friedensverträgen ist sein Urtheil ausschlaggebend. Sein Einfluß ist dann außerordentlich groß, wenn die Sultane oder die Groß-

vezire schwachen, unentschiedenen und kleinmüthigen Cha=
rakters sind; jedoch energische und hochmüthige Sultane
haben oft gegen die Entscheidungen der Scheichs=ul=
Islam gehandelt und dieselben manchmal sogar zum
Tode verurtheilt, was in den unteren Volksschichten
Entsetzen und Murren hervorgerufen hat. Es finden
sich in der Geschichte der Türkei Beispiele, welche be=
weisen, daß kraft des Urtheiles des Scheich=ul=Islam
Sultane entthront und erdrosselt, Großvezire ihres
Amtes entsetzt und enthauptet wurden. Die Entschei=
dungen des Scheich=ul=Islam haben nicht nur in Staatsangelegenheiten, sondern auch im Privatleben einzelner
Individuen große Bedeutung. Die betreffenden Fragen
an den Scheich=ul=Islam müssen kurz verfaßt vorgelegt werden und seine entscheidenden Antworten und
Urtheile lauten ebenso kurz und energisch; manchmal
ganz apodiktisch nur durch ein Wort: olur oder olmaz,
das heißt ja oder nein. Diese letzten entscheidenden
Bescheide des Scheich=ul=Islam werden Fetwa genannt.

Personen, welche die höchsten Aemter des Reiches
bekleiden und dem Scheich=ul=Islam untergeben sind,
tragen bunte Anzüge, der Eine von violetter, der Zweite
von hellgrauer, der Dritte von grüner Farbe u. s. f.,
auf dem Kopfe tragen sie jedoch alle einen weißen, von
einem breiten goldenen Bande umgebenen Turban. Es
muß hier bemerkt werden, daß, wenn diese ehrwür=
digen, im Studium des Koran gealterten Männer mit
ihren langen weißen Bärten, auf arabischen Schimmeln
reitend, die Escorte ihres Oberhauptes bilden, sie stets
die höchste Neugierde aller Zuschauer erregen und der
religiösen Procession einen außerordentlichen Glanz
verleihen.

Es gibt viele Leute, welche diesen höheren reli=
giösen Würdenträgern des Landes besondere Ehrfurcht
zollen, und beim Volke gelten sie als die höchsten Kenner
der irdischen und göttlichen Weisheit, als deren Pflege=

stätte Kair betrachtet wird. Unter den vielen Schulen
hat Gama-el-Azhar von Kairo hohe Bedeutung für die
religiösen Studien und Kenntnisse im Oriente. Sechzig
Gelehrte sind in dieser hohen Schule mit der Ergründung
und Erklärung der heiligen Schrift des Propheten beschäftigt, und ihre Commentarien bilden dann die Richtschnur für alle anderen Erklärer und Glaubenskenner
des Orients. Als Napoleon I. in Egypten und in
Kairo war, lud er die Gelehrten täglich zu sich, um
mit ihnen die mohamedanische Religion und verschiedene
Angelegenheiten des Landes zu besprechen. Eines Tages
richtete Napoleon, als die Gelehrten sich im Kreise um
ihn befanden, an sie die Frage, wohin wohl Mahomed,
wenn er vom Himmel herabstiege, sich begeben würde,
ob nach Mekka? „Dahin keineswegs", entgegneten sie,
„denn Mekka ist nicht das Centrum des muhameda-
nischen Reiches." „Nach Constantinopel vielleicht?"
fragte Napoleon weiter. „Nein", lautete die Antwort,
„denn das ist eine profane Stadt, worin mehr Un-
gläubige als Gläubige sind; dort wäre er ja in der
Mitte seiner Feinde." Da sagte Napoleon: „Es bleibt
nur dieses vom Nil gesegnete Land, wohin er kommen
kann, um das Heiligthum der Gama-el-Azhar zu bewohnen, welche den ersten Schlüssel der heiligen Kaba
bildet." Nun beugten sich die im Studium ergrauten
Männer mit über die Brust gekreuzten Armen vor
Napoleon und sagten: „Tayeh, Tayeh" = „Ja, so
ist es!" Sie fühlten sich sehr geschmeichelt durch solche
Worte des fränkischen Padischah. (Mémoires de Na-
poléon.)

Unter der Leitung des Scheich-ul-Islam steht das
zahlreiche Dienst- und Amtspersonale des Religions-,
Unterrichts- und Gerichtswesens. Der Dienst in der
Moschee erstreckt sich auf die Erhaltung des Gebäudes,
Ausführung der Gebete und der Predigten in derselben.
Mit jeder Moschee ist eine Elementar-Schule (mekteb)

verbunden, worin die Anfangsgründe der türkischen Sprache (Lesen und Schreiben) und die Grundsätze der Religion gelehrt werden. Für den höheren Unterricht gibt es eigene Schulen, welche medresse, d. i. Collège heißen. Die Unterrichts=Gegenstände sind: Die arabische, persische und türkische Sprache, Logik, Metaphysik, Stylistik, Rhetorik, Geometrie, Astronomie, besser gesagt Astrologie und die Geschichte der Türkei. Die gesammten Auslagen für das Unterrichtswesen werden aus dem Staatssäckel bestritten.

Das Gerichtswesen steht ebenfalls unter der obersten Leitung des Scheich=ul=Jslam und führt seinen Namen schariat nach einer Gesetzordnung, welche ausschließlich auf den Vorschriften des Koran basirt und welche für die gesammte christliche Bevölkerung des Reiches ein rechtswidriges Verdammungs= und Vernichtungsurtheil war. Die freie Ausübung des jus gladii seitens eines jeden Mohamedaners im Verein mit schariat vernichtete alle moralischen und intellectuellen Existenzkräfte unter den Christen. Hie und da lehnten sich die Griechen, Slaven oder Armenier gegen solche Barbarei auf, aber es war vergebens. Diese menschenwidrige und entsetzliche Gesetzgebung, welche die christliche Bevölkerung decimirte und auseinander sprengte, hatte noch zu Beginn unseres Jahrhunderts volle Gesetzeskraft, ja in manchen Provinzen sogar bis zum letzten russisch=türkischen Kriege.

Das jus gladii war zweischneidig und führte stets den Erfolg herbei, der zu erwarten war, nämlich daß, wenn die Zahl und die Wohlfahrt der Christen in einem Theile des Reiches bedeutend vermindert und vernichtet wurde, mit einer unmerklichen, aber sicheren Consequenz auch das Reich sich dem Abgrunde näherte, was wir später ausführlich behandeln werden. Heutigen Tages ist das Gerichtswesen der Türkei zum Theile nach europäischen Grundsätzen geordnet, und es wurde ein humaneres Gerichtsverfahren den Christen gegenüber eingeführt.

Diejenigen unter den Türken, welche sich den Studien und der Gelehrsamkeit widmen, werden, so lange sie noch in den Schulen verbleiben, wie in früheren Zeiten auch heute Softa genannt und man kann dieselben mit unserer Studentenschaft vergleichen. Nach Absolvirung der Schulen und Ablegung der mannigfachen Prüfungen treten sie in den Gelehrtenstand ein unter dem von Alters her üblichen Namen Ulema. Sie besitzen eine genaue Kenntniß der Gesetze des Landes auf Grundlage des Koran und der Tradition, beschäftigen sich mit Abfassung scharfsinniger Commentare zu den Vorschriften des Koran und geben zutreffende Ansichten in Bezug auf die Angelegenheiten der Staatsverwaltung. Aus den Ulema's werden die Mollah, d. h. Priester für den Dienst in den Moscheen, die Richter — Kadi und Naïb — der letztere kann den Kadi als dessen Gehilfe vertreten, und ferner die Mudir und Khodsha genommen, welche dem Range eines Professors und Lehrers in den Schulen entsprechen.

Im Allgemeinen halten sich die Türken streng an die Satzungen ihrer Religion, obgleich im Laufe der Zeit der religiöse Eifer allmälig abgenommen und vom vorgeschriebenen Wege abgewichen ist. Nicht jeder Türke verrichtet das fünfmalige Tagesgebet, die vielfachen für heilig gehaltenen Abwaschungen werden unterlassen, man läßt sich den Wein trotz des ausdrücklichen Verbotes sehr gut schmecken und hält sich nicht mehr streng an die Fasttage vor dem Baïramfeste. Im Laufe der Zeiten haben sich die Gebräuche und Sitten bedeutend geändert, besonders in der Hauptstadt — Stambul —, von wo aus sich die Entartung der Sitten und die Nichtbefolgung der Vorschriften des Koran nach allen Theilen der muselmännischen Welt schon verpflanzte.

Was das Unterrichtswesen betrifft, so werden die Schulen durch die Khodscha's geleitet. Der Unterricht beginnt mit dem Lesen des Koran und Auswendiglernen der Verse (Suren) aus demselben, was keine geistige, sondern blos eine Gedächtnißarbeit ist.

Zudem ist das Lesen des Arabischen und Türkischen für den Anfänger und für den nicht Eingeübten sehr schwer, weil in diesen Sprachen die Vocale, die Unterscheidungszeichen und große Buchstaben fehlen. Aber das türkische Lehrsystem entspricht vollkommen dem Geiste und der Auffassung des türkischen Orientalen, für welchen das Studium und die Bildung keine Nothwendigkeit, keinen integrirenden Bestandtheil der Lebensaufgabe des Menschen ausmacht. Jedem Einzelnen bleibt es überlassen, ob er studiren will oder nicht, und nach dem Eifer, den der Einzelne dem Unterrichte entgegenbringt, wird er thalib oder sukte genannt; im Uebrigen kümmert man sich gar nicht darum und jeder Einzelne bleibt seiner Laune und Zügellosigkeit frei überlassen. Man trifft es daher nicht selten, daß der Sohn eines Vezirs, eines Paschas oder sonst eines hohen Würdenträgers ein einfacher Lohndiener, ein Bootführer (kaikdschi), ein Kaffeewirth (kaffedschi) oder ein Limonadenschänker wird.

Einen der Hauptzweige des Unterrichtes bildet die Aneignung einer schönen, eleganten Schrift. Dieselbe zur artistischen Schönheit zu erheben, mit phantastischen Verzierungen auszustatten, einzelne Buchstaben ineinander zu verflechten, wodurch das Lesen noch mehr erschwert wird, worauf man jedoch gar keine Rücksicht nimmt, dies zeichnet den Meister in dieser Kunst aus. Leute, welche das Arabische frei und ohne Anstand lesen können, sind sehr geachtet und heißen Effendi. Diejenigen, welche den Koran auswendig gelernt haben und denselben hersagen, zwar ohne den Inhalt des

Buches zu verstehen, sind sehr verdienstvoll; eine solche
Stufe der Gelehrsamkeit zu erreichen, heißt bei den
Türken die Vervollständigung der Pädagogie.

Auf dem ganzen unter türkischer Botmäßigkeit
stehenden Gebiete gibt es jetzt zweierlei Arten von
gerichtlichen Tribunalen. Das eine M e k e m e genannt,
ist dem Scheich-ul-Islam unterworfen, basirt aus=
schließlich auf religiöser Grundlage, dem Schariat, und
entscheidet bei Streitigkeiten unter den Moslims, fer=
ner in Betreff des immobilen Eigenthums und der
Erbschaft bei den Moslim, den christlichen Unterthanen
und in gleicher Weise auch bei den sich in der Türkei
aufhaltenden Europäern. Die zweite Art heißt N i =
z a m i é (das Wort Nizam bedeutet die Regel), worin
die Christen und die Mohamedaner in ganz gleicher
Weise aufgenommen und behandelt sind. Es ist dies
eine Einrichtung unseres Jahrhunderts, und dieses Ge=
richt untersteht dem Justizminister.

Das ganze Gerichtswesen der Mekeme basirt auf
der Erläuterung der betreffenden, ausgewählten Stelle
aus dem Koran. Dieses Tribunal besteht nur aus
Kennern, Auslegern und Erklärern der Koranstücke,
obgleich es auch unter ihnen Personen gibt, welche die
dunklen Stellen zu erklären nicht im Stande sind.

Bekanntlich litt Mahomed an der Fallsucht (Epi=
lepsie), wobei sich die Anfälle sehr rasch wiederholten
und lange Zeit anhielten. Aus diesem Krankheits=
zustande, welcher die intellectuelle, oder besser gesagt,
die physische Stumpfsinnigkeit verursacht, erklären sich
die zahlreichen dunkeln und widersprechenden Stellen
seiner heiligen Schrift.

Es bereitet daher die größte Schwierigkeit den
Richtern, unter den zahlreichen Widersprüchen den wah=
ren Sinn in Bezug auf das Gerichtswesen auszufinden
und darnach zu entscheiden. In extremen Fällen führen
die oberwähnten, gebieterischen und verhängnißvollen

9*

Worte olur oder olmaz des Scheich-ul-Jslam, der, wie wir sagten, das Oberhaupt dieses Tribunales ist, ohne weitere Umstände zum Abschlusse des Rechtshandels.

Eine der wichtigsten Einrichtungen, worauf sich die politische Oberherrschaft des Türkenthums im ganzen Reiche, hauptsächlich jedoch in Constantinopel gründete, waren die Janitscharen. Diese Institution, die zu den abscheulichsten und furchtbarsten gehört, welche jemals in den Annalen der Geschichte verzeichnet sind, hat durch zahlreiche, ruhmreiche Kriegsthaten dem türkischen Reiche besonderen Glanz verliehen und war zugleich die Hauptursache des Verfalles und der Erniedrigung der politischen Machtstellung des alten Türkenthums. Wenn man zu Anfang unseres Jahrhunderts die Institution der Janitscharen nicht aufgehoben und vernichtet hätte, so hätten sie eine allgemeine Empörung im Reiche verursacht, und das Reich sammt der Oberherrschaft gänzlich zu Grunde gerichtet. So stand es mit der Janitscharen-Einrichtung im türkischen Reiche! —

Osman, der Begründer des türkischen Reiches führte den Krieg nur mit Hilfe der turkomanischen Reiter, welche er bei Beginn des Krieges zu sich berief und nach Beendigung desselben wieder nach Hause entließ. Sein Sohn und Nachfolger Orkhan fügte zu diesen nomadischen Reitern noch das gut besoldete Fußvolk hinzu, welches stets zu seiner Verfügung stand. Aber die Infanterie, welche ausschließlich aus Türken bestand, wurde oft sehr ungestüm in Betreff der Zahlung des Soldes und trieb ihre Forderungen so hoch, daß sie dem Sultan selbst die Bedingungen vorschrieb.

Dieser Umstand brachte die zwei Mitglieder der Familie des Sultans, nämlich Allaëddin, den Bruder und Vezir des Orkhan, und besonders Kara Khalil Tschendereli, den Großvater des Orkhan, auf den Ge-

danken, kleine Kinder den christlichen Eltern zu entreißen, sie mit Gewalt zum Islam zu bekehren, im
Waffengebrauche zu üben und auf diese Weise ein be-
ständiges Heer zum Dienste des Sultan einzurichten.
Auf zwei muselmännischen Grundsätzen basirte dieser
Gedanke; erstens sind die Sieger rechtmäßige Herren
des Vermögens, der Frauen und Kinder der besiegten
Giauren (Ungläubigen) und zweitens haben die Kinder
nach der Auffassung des Koran eine besondere Neigung
zum Islam, weshalb es die Pflicht eines jeden Muselmannes sein muß, die Kinder der Verderbniß des
Christenthums zu entreißen und sie im Glaubensbe-
kenntniß des Mahomed zu erziehen.

Kara Khalil wollte auf diese Weise das Reich
des Kreuzes durch christliche Renegaten selbst stürzen
und folgte in dieser Hinsicht einer Vorschrift des Koran,
worin gesagt ist, daß man die Ungläubigen durch die
Ungläubigen selbst vernichten muß, und die Janitscharen waren es früher, weil sie aus Christen gewaltsam zum Islam bekehrt wurden.

Seit dem Jahre 1327, also nach dem Tode Osmans, ging ein Haufe von Kopf bis zu Fuß stark
bewaffneter Türken in Bythinien auf Raub christlicher
Kinder aus. Unter den zahlreichen Kindern gab es sogar
Säuglinge, die dem Raube anheimfielen. Schrecklich zu
lesen sind die Beschreibungen von den Ausbrüchen der
Verzweiflung und der Angst der Eltern, von denen
viele sogar Hand an sich legten.

In einem Dorfe unweit Amassia in dem alten
Königreiche von Pontus, welches das Vaterland des
Strabon, des Vaters der Geschichte, war, lebte ein
Scheich Muselmann Namens Begtasch, der wegen
seiner Heiligkeit und der Begründung eines religiösen
Ordens weithin bekannt war. Zu diesem Manne führte
nun Orkhan die neubekehrten Muselmänner, die im
Kindesalter Christen waren, und bat denselben um den

Segen, um eine Fahne und einen Namen für die neue
Miliz. Begtasch willfahrte gerne diesem Ansuchen, er=
theilte den Segensspruch, nannte sie jeni-tscheri
(was neue Truppen bezeichnet) und gab ihnen eine
rothe Fahne, worauf der Halbmond und das zwei=
spitzige Schwert genäht war und welche bis auf den
heutigen Tag bei den Türken noch im Gebrauche ist.
In Folge dieser Weihung nannten sich die einzelnen
dieser neu eingerichteten Truppen zade-Begtasch
d. h. die Kinder des Begtasch. Die Nahrung dieser
Truppen war sehr reichlich und gut und der Sold
betrug fast das Doppelte als bei den anderen Truppen=
gattungen.

Dies war der Ursprung und die erste Organi=
sation der Janitscharen während der ersten Hälfte
des vierzehnten Jahrhunderts. Der Nachfolger Orkhan's,
Murad I. hat eine bessere Disciplin eingeführt, und,
im Allgemeinen gesprochen, dauerte das Janitscharen=
corps unter den verschiedenen Sultanen auf derselben
Grundlage bis gegen Ende des siebzehnten Jahrhun=
derts fort.

Unter der Regierung des Sultans Suleiman II.
wurden seit dem Jahre 1691 keine christlichen Kinder
mehr in das Janitscharencorps aufgenommen, sondern
das Corps ergänzte sich durch Söhne aus eigener Mitte
und durch Freiwillige.

Die Janitscharen hatten ganz besondere Sitten
und Gebräuche. Zu Friedenszeiten selbst waren sie
grausam und ungestüm und im Kriege stets uner=
schrocken, äußerst tapfer und hartnäckig in Vertheidi=
gung des Glaubens, der ihnen aufgezwungen wurde.
Die Janitscharen kämpften stets zu Fuß, sie lebten
immer unter den Waffen, waren gut ausgerüstet und
wohl disciplinirt. Diese Abscheu erregende Einführung
des Kara=Khalil, wodurch Christen gegen Christen,
Brüder gegen Brüder kämpften, reifte bald und trug

reichliche Früchte zu Gunsten des Türkenthums. Die
erfolgreichen Eroberungszüge der ersten Sultane Orkhan,
Murad I., Bajazed, Mahomet I., Murad II., Maho=
met II. wurden hauptsächlich durch die wuchtigen Schläge
des Janitscharencorps ausgeführt, und bei der Bela=
gerung von Constantinopel im Jahre 1453 haben die=
selben den Sieg entschieden, so daß man fast sagen
kann, daß das griechisch-orientalische Kaiserthum durch
die hartnäckigen Angriffe seiner eigenen Söhne ge=
fallen ist.

Nach einer Zählung zur Regierungszeit des Sul=
tans Mahomet IV. gab es vierzig Tausend Janit=
scharen, •woraus man den Schluß ziehen kann, daß
jährlich gegen Tausend christliche Kinder zum Islam
gezwungen wurden.

Seit Anbeginn dieser Institution sind also über
eine halbe Million Kinder ihren christlichen Eltern ent=
zogen und dem Islam zugeführt worden.

Außer den Janitscharen besaßen die kriegslustigen
Türken auch andere Truppengattungen. Sipahi hieß
die Reiterei und Azab (Läufer) oder Siligdari
(Waffenträger) hießen die Fußtruppen. Diese letz=
teren, bei Belagerungen vielfach verwendet, waren am
meisten den Angriffen des Feindes ausgesetzt, erst über
ihre Leichen schreitend, begannen die Janitscharen die
Erstürmung, weshalb Mahomt II. die Azaben das
Fleisch zur Füllung der Gräben nannte. Der gleiche
Umstand veranlaßte Napoleon I. die Infanterie im
Centrum „la chair à canon" zu bezeichnen.

Die Türkei besaß, wie wir sehen, im fünfzehnten
Jahrhundert eine gut ausgerüstete, stets schlagfertige,
große Truppenmacht, während die europäischen Staaten
alle insgesammt den Vergleich mit dem Heerwesen der
Türkei nicht aushielten.

Die türkischen Eroberungen jener Zeit verbrei=
teten überall Schrecken in Europa; es kamen daher

Gesandtschaften aus allen Theilen des Westens zu Bajazed II., dem Nachfolger Mohamed's des Eroberers, um friedliche Beziehungen gegenseitig anzuknüpfen.

Während der zweiten Hälfte des fünfzehnten und das ganze sechzehnte Jahrhundert hindurch herrschte die Macht der Türken in Europa vor und ihre kriegerische Machtentfaltung von Constantinopel aus drohte alle Länder Europa's zu erobern und die Völker dem Islam zu unterwerfen.

Wie für alle asiatischen Völkerschaften, so war auch für die Türken jeder Krieg eine Veranlassung zur Plünderung, zum Beutemachen und zur Bereicherung, und überdieß ließen sich die Türken in den eroberten Ländern fest nieder.

Sobald sie Kleinasien erobert hatten, vertheilten sie die Ländereien unter sich und gründeten auf diese Weise ein Lehensystem (Feudalismus). Die ersten Sultane vertheilten gewöhnlich ein Drittel der eroberten Ländereien als Lehensgüter. Die größeren Lehensgüter hießen siamet, die kleineren timar und wurden an die einzelnen tapferen Befehlshaber des Heeres vergeben. Die Lehensbesitzer wurden nach dem Range sandschak-bey d. i. Fürst der Fahne, dere-bey d. i. Herr des Thales, sipahi, d. i. Söhne der Adeligen, siam und timarlu d. i. Besitzer von Siamet und Timar, genannt. Die Bauern, welche den Lehensgütern zugetheilt waren, hießen rayah, d. i. Heerde oder Unterthanen. Dieser Name wurde von der türkischen Verwaltung nach der Eroberung Constantinopels den Griechen, später aber allen Christen gegeben. Nach einer Anordnung des Sultans Murad I. waren die Lehensgüter in männlicher Linie erblich, nach deren Aussterben sie in den Besitz des Staates übergingen.

Gleich nach jeder Eroberung in Europa siedelten

die Türken ihre Landsleute aus Asien auf diesen neuen
Ländereien an. Die christlichen Bewohner blieben in
ihren Ortschaften, blos diejenigen, welche kriegerisch
und rebellisch gesinnt waren, wurden in asiatische Provinzen versetzt.

Jeder Lehensbesitzer war verpflichtet, die Grundsteuer oder den Zehent der Regierung zu zahlen und
für den Fall des Krieges eine wohlausgerüstete Reiterei zu liefern. Diese Cavallerie, ausgezeichnet durch
ihre Tapferkeit, berühmt durch die Schönheit der Pferde
und Waffen, zählte bei der Belagerung von Constantinopel im Jahre 1453 bereits 100.000 Mann.

Die Grundsteuer und die Kopfsteuer waren auf
die gesammte Bevölkerung des Reiches vertheilt und
bildeten neben der Kriegsbeute eine reiche Einnahms-
quelle für den Staatsschatz.

Für die Machtstellung nach Außen und für die
Befestigung und Aufrechthaltung der Gewaltherrschaft
des Türkenthums im Innern des Reiches kamen folgende Kräfte zur Verwendung: Die Person des Sultans
selbst, dann die Veziere, vorzüglich der Großvezier,
ferner die Scheich-ul-Islam, die betreffenden Vorschriften
des Koran, die Moscheen, das türkische Gerichtswesen
nach Schariat, der Stand der Ulema's und die Janitscharen.

Zur Befestigung der Alleinherrschaft des türkischen Oberhauptes kamen noch die sehr concreten Mittel
zur Verwendung, nämlich: der Yatagan zur Ent-
hauptung, die grüne Seidenschnur zur Erdrosselung und
die Gifte zu weiteren Mordthaten.

Dies waren die Hauptelemente, worauf das
Türkenthum sich gründete, aufbaute und mehrere Jahrhunderte lang beruhte.

IV.

Wechselseitige Beziehungen der Türkei und der europäischen Staaten.

In der zweiten Hälfte des fünfzehnten Jahrhunderts und im sechzehnten Jahrhunderte.

Die Schreckensnachricht von der Eroberung Constantinopels durch die Türken verbreitete sich rasch durch ganz Europa; aber kein europäischer Potentat wollte oder konnte Hilfe bringen, denn Jeder war mit seinen eigenen Angelegenheiten vollauf beschäftigt und befürchtete zu sehr politische Verwicklungen mit seinen mißgünstigen Nachbaren, um Lust zu verspüren, für das allgemeine Wohl Europa's seine Streitkräfte zu mobilisiren. Obgleich daher von den christlichen Mächten im Allgemeinen vorerst Nichts zur Rückeroberung der Capitale unternommen wurde, so wollen wir dennoch die vereinzelten Versuche in den Bereich unserer Betrachtungen ziehen.

Die erste Kunde von der Eroberung Constantinopels wurde durch Flüchtlinge aus dieser Stadt nach dem sicilianischen Küstenorte Catana gebracht. Unter diesen befand sich Constantin Lascaris, der, nachdem das Schiff an der Küste gelandet war, seine Stimme erhob und die am Ufer versammelte Menge folgendermaßen anredete: „Wir sind Flüchtlinge aus Constantinopel und suchen Schutz bei Euch, unseren christlichen Glaubensgenossen, denn die Stadt Constantin's des Großen existirt nicht mehr, die Kirche der heiligen Sofia ist von Mahomed besudelt, entheiligt, die kostbaren Schätze der Kunst sind zertrümmert, die unersetzlichen Sammlungen der Wissenschaft ein Raub der Flammen geworden, mit Ausnahme von dem Wenigen, was uns zu retten vergönnt wurde und was wir mit uns führen. Unsere Brüder sind gemordet, unsere Frauen und Töchter der Willkür der Barbaren preisgegeben! Nachdem uns Europa hilflos verlassen, nachdem unsere Heimat eine Beute der Barbaren geworden, flehen wir Euch um eine Freistätte an". Diese Ansprache machte auf die Versammelten einen tiefen und nachhaltigen Eindruck. Viele weinten vor Rührung, viele machten ihrer Entrüstung in Verwünschungen Luft, aber alle versprachen den Ankömmlingen Schutz und Hilfe. Lascaris mußte darauf noch über die näheren Umstände der Belagerung und Erstürmung der Stadt berichten, bei welcher Gelegenheit er nicht unterließ, auf die Wichtigkeit Constantinopels als Hauptfeste der Christenheit, auf den Werth derselben als Hort altgriechischer Kunst und Bildung hinzuweisen und sein Bedauern darüber auszusprechen nicht verfehlte, daß nunmehr die Stätten, an denen Plato, Socrates, Euripides gelehrt und gewirkt, der Willkür asiatischer Horden überantwortet werden sollten.

Die Sicilianer, unter denen sich der Maler Medicis, Sohn des Cosmas Medicis aus Florenz, Bembo, ein vornehmer junger Venetianer, der Maler Alberti und der auf einer Sommerreise begriffene Calderino befanden, waren von diesen Erzählungen auf das Tiefste gerührt. Lascaris und seine Genossen erhielten sodann im Benedictinerkloster Unterkunft. Die jungen Italiener und besonders Medicis erinnerten daran, daß Petrarca einst eine Copie des Homer erhalten und Boccaccio die griechische Sprache erlernt hatte, um Homer übersetzen zu können.

Lascaris und seine Begleiter, unter denen sich Gemistos, Heronymus von Sparta, Argyropulo, ein Anhänger des Aristoteles, Georg von Trepizond, berühmt durch seine Beredsamkeit — später wurde er praefectus gymnasii und secretarius apostolicus in Rom —, Andronikus, der später Lehrer des Laurentius Medicis wurde, Demetrios von Athen, der beste Erklärer von Homer, Theodor Gaza, Michael Apostol, der Schüler des Gemistos befanden, mußte es als ein glücklicher Zufall gelten, daß sie bei ihrer Landung gerade auf Männer trafen, welche für die Bedeutung ihrer Vaterstadt, wie für Bildung und Wissenschaft überhaupt volles Verständniß hatten, denn wir dürfen nicht verschweigen, daß zu jener Zeit in Italien bereits der Sinn für Kunst und Wissenschaft verloren gegangen war und man die Wichtigkeit Constantinopels als Heimstätte der Bildung verkannte oder überhaupt über die dort herrschenden Verhältnisse höchst mangelhaft unterrichtet war.

Lascaris und seine Genossen wurden von Medicis nach Italien berufen und zu seinem Vater Cosmas, der ein Freund von Kunst und Wissenschaft war, und dessen Schiffe von den entferntesten Ländern kostbare Waaren, oft auch Kunstschätze und Erzeugnisse der Literatur brachten, geführt. Zu gleicher Zeit hatte der gelehrte Grieche Bessarion, welcher zum Katholicismus übergetreten war und die Würde eines Cardinals in Rom bekleidete, den Wunsch gehegt, seine aus Byzanz geflüchteten Landsleute in Rom zu sehen, und berief sie mit Genehmigung des Papstes auch dahin.

Ich erwähnte die Namen der aus Byzanz geflüchteten griechischen Gelehrten, weil sie, als weithin strahlende und glänzende Leuchten antiker und mittelalterlicher Bildung, classischem Wissen in Europa Vor-

schub geleistet und durch sie die Werke von Philosophen
und Dichtern aus der hellenischen Welt Eingang und
Verbreitung fanden. Den an sie ergangenen Einla-
dungen Folge leistend, begaben sich die Griechen theils
nach Rom, theils nach Florenz, in welchen Städten
ihnen die ehrenvollste Aufnahme bereitet wurde.

Als Lascaris in Begleitung von Laurentius Medicis das herrliche Thal des Arno, welches in Hinsicht
auf Vegetation und Klima große Aehnlichkeit mit den
Landschaften des Peloponnes aufwies, erblickte, trat ihm die
Erinnerung an sein verlassenes Vaterland vor die
Seele und erfüllte ihn mit Schmerz und Trauer. Im
Palazzo angelangt, wurde er von Cosmas, welcher
daselbst schon anderen Griechen Zuflucht gewährt hatte,
herzlich empfangen. Cosmas Medicis stand damals in
hohem Lebensalter; nach einer stürmischen Laufbahn
an der Spitze der Verwaltung, als er Florenz zu einer
blühenden Handelsstadt und einer bedeutenden Pflegestätte für die Kunst erhoben hatte und den Ehrentitel
eines pater patriae führte, fand er blos in Kreisen
von Künstlern und Gelehrten Befriedigung und brachte
einen großen Theil seiner Zeit in seinen Lustschlößchen
Fesol und Careggi zu. Zu Ehren von Lascaris und
dessen Genossen veranstaltete er große Festlichkeiten,
lud alle begeisterten Anhänger und Kenner des antiken
Hellenismus hiezu ein, eröffnete die platonische Academie, und feierte den platonischen Festtag, wie solcher
zwölf Jahrhunderte vorher in Athen abgehalten zu
werden pflegte. In dem mit feenhafter Pracht ausge-
statteten Lustgarten von Careggi stellte man das Stand-
bild Plato's auf und verlas hier einige seiner Schriften, in erster Linie jene über die „Unsterblichkeit der
Seele" und „die Schönheit der Tugenden". Diese großartige Verherrlichung des Hellenismus rief bei allen
Anwesenden stürmische Begeisterung hervor und die
phantasievollen Griechen vor Allen waren wie wonne-

trunken und glaubten sich an den Fuß der Akropolis
oder des Olympos versetzt. Lascaris allein war tief mit
Gedanken beschäftigt, da er die hehren Gedanken der
griechischen Philosophen den westlichen Machthabern ein=
flößen wollte und dadurch ihren sicheren Beistand gegen
die Türken erhoffte. Der friedliche Cosmas übrigens
befand sich nicht in der Stimmung, trotz seiner Vorliebe
für das Griechenthum, das Schwert zur Befreiung der
Stadt Constantins zu ziehen. Dagegen tauchte das
Gerücht auf, daß der Papst sich an die Spitze eines
Kreuzzuges stellen wolle, infolge dessen viele Griechen
nach Rom eilten. Dort erhielten sie durch Pilger die
Kunde, daß in Frankreich vom mächtigen Herzog von
Burgund ein Kreuzzug gegen die Ungläubigen geplant
würde und die Kriegsrüstungen bereits begonnen und
durch Festlichkeiten inaugurirt worden seien. Die grie=
chischen Patrioten wurden wieder von Hoffnung erfüllt.
In Rom suchten die Griechen durch den Cardinal
Bessarion den Papst zu ihren Gunsten zu stimmen und
machten die schrecklichen Folgen und die Gefahr einer
türkischen Invasion für Italien begreiflich. Inzwischen
war der alte Papst Nicolaus, der ein Zeitgenosse der
Eroberung Constantinopels gewesen, gestorben, und an
dessen Stelle Calixt III. als Papst berufen worden, ein
eifriger Gönner der Künste und aufrichtiger Beschützer
der Christen zur Zeit, da Mahomed seine Eroberungen
an der Donau und in Griechenland durchführte. Der
neue Papst war bemüht, unter den christlichen Macht=
habern des Westens Einmüthigkeit herzustellen und ihre
gegenseitigen Streitigkeiten zu beseitigen, um sie dann
zu einem neuen Kreuzzuge zu animiren und die Türken
aus Europa zu vertreiben. Zu diesem Zwecke wurde
im Jahre 1457 auf sein Anstiften eine Conferenz
in Mantua abgehalten, an welcher sich die Gesandten
Frankreichs und Polens, der italienischen Republiken,
des Königs von Neapel, dann jene der Bretagne und

Burgunds, betheiligten. Der Herzog von Mailand, Franz
von Sforza war persönlich erschienen. Die Delegirten
der Inseln Lesbos, Epirus und Monembasia schilderten
die von den Türken in den eroberten Ländern verübten
Missethaten.

Papst Calixt und der Cardinal Bessarion waren
voll von Mitgefühl für die Griechen und gaben ihrer
Theilnahme auch beredten Ausdruck. Im Principe war
der Krieg beschlossen. Bessarion trat sodann eine Reise
an, um die deutschen Fürsten zur Hilfeleistung anzuregen, worauf der Papst die Vereinigung aller Kreuzfahrer in Ancona anordnete. Waren nun die Hoffnungen einerseits vielversprechend, so gestaltete sich andererseits die Ausführung äußerst schwierig; denn trotz
der gegebenen Versprechungen feindeten sich die christlichen Machthaber des Westens gegenseitig an, so daß
bei solchen traurigen Verhältnissen an eine Einmüthigkeit der Action zur Vertreibung der Türken aus
Europa nicht zu denken war, um so weniger, als an die
Stelle der edlen Ritterlichkeit und des sittlichen Lebens-
wandels bei den westlichen Völkern Verweichlichung und
Indolenz eingetreten waren. Dazu kam noch, daß Al-
phons von Aragonien unterdessen starb und der Herzog
von Burgund durch hohes Alter an persönlicher Theilnahme am Kriege gehindert wurde. Ueberdies fürchtete
er zu jener Zeit den Ehrgeiz Ludwig XI. Deutschland war arm und uneinig, England der Schauplatz
von blutigen Kämpfen zwischen zwei streitenden könig-
lichen Familien. Die italienischen Fürsten waren ebenfalls uneinig und die Opfer gegenseitiger Eifersucht
und Mißgunst.

Die Steuern, welche vom römischen Hofe gefordert wurden, lasteten schwer auf dem gesammten Volke.
Sobald die griechischen Patrioten die Verwirklichung
ihrer Wünsche erhofften, wurden sie plötzlich durch den
Tod ihres großmüthigen Beschützers, des Papstes, ent-

muthigt. Der Papst hatte allerdings auf dem Todten=
bette (in Ancona) die europäischen Fürsten beschworen,
sich der gerechten Sache der Griechen anzunehmen und
die den Christen angethane Schmach zu rächen. Nur
die Venetianer blieben von dem Wunsche eines Krieges
mit den Türken beseelt. da sie als die Nächsten sich
in ihrer Existenz bedroht fühlten, blieben aber, als sie
sich ohne Unterstützung sahen, reservirt. Als die grie=
chischen Patrioten alle ihre Hoffnungen schwinden sahen,
beschränkten sie sich vorläufig darauf, griechische Bil=
dung unter den westlichen Völkern, obgleich von den=
selben schnöde verlassen, zu verbreiten, Schüler um sich
zu sammeln, sie zu unterrichten und zu belehren. Ein
Theil der griechischen Patrioten kehrte wieder nach
Constantinopel, Athen und den griechischen Provinzen
zurück, um ihren Landsleuten Muth einzuflößen und
unter dem heimatlichen, von ihnen so geliebten Himmel
zu leben und zu sterben. Manche von ihnen wurden
jedoch von den Türken festgenommen und gefoltert.
Von den in Italien Zurückgebliebenen verbreiteten sich
zwar einige über Europa, die meisten aber lebten in
Mantua, Florenz und Rom, wo sie die antike Wissen=
schaft und Philosophie lehrten. Lascaris gründete bei
seiner abermaligen Rückkehr nach Sicilien eine Schule
in Messina, die von Schülern aus italienischen Städten
und verschiedenen Gegenden Europa's, ja sogar aus
Britannien, besucht wurde. Er lebte noch dreißig Jahre
nach der Eroberung Constantinopels, während welcher
Zeit er verschiedene Entwürfe der europäischen Macht=
haber zu Gunsten der besiegten Griechen entstehen und
verschwinden sah, bis endlich Mohamed der Eroberer
starb, und mit ihm der Plan, sich Italiens zu bemäch=
tigen „mens erat bellare Rhodum et superare su=
perbam Italiam" vorläufig von den Türken aufgege=
geben wurde. Die griechischen Patrioten selbst hinter=
ließen kein anderes Denkmal zur menschlichen Erinne=

rung und Nachachtung als einige Reste griechischer
Bildung und Künste, darunter die Büchersammlung
des Lascaris, welche heutzutage in der Bibliothek des
Escurial zu Madrid aufbewahrt wird.

Nach der Ansicht einiger Forscher war es der
Einfluß des Hellenismus im Westen, welcher das neue
geistige Leben und die neue Thätigkeit im sechzehnten
Jahrhunderte vorbereitete und die berühmten Männer
auf allen Gebieten menschlicher Geistesproduction hervorbrachte.

Hiezu kam noch, daß zu jener Zeit eine der wichtigsten Erfindungen gemacht wurde, die, obgleich man ihre
gewaltige Bedeutung für die Fortpflanzung der Cultur
damals kaum ahnte, der Verbreitung classischen Wissens,
sowie jeder Art gemeinnütziger Kenntnisse in eminentem
Maße Vorschub leisten sollte.

Es wurde nämlich in Mainz 1440 die Buch-
druckerkunst erfunden, und bald sah man ihre Jünger
nach allen Weltgegenden ziehen, um die neue Kunst aus-
zuüben und in Aufnahme zu bringen. Auch die aus
Constantinopel verbannten, nunmehr im Occident verbreiteten Wissenschaften profitirten von der neuen Erfindung in hervorragender Weise. Um diese Zeit hatten
die Genuesen den Verlust der bisher europäischer
Bildung zugänglichen genuesischen Colonien in Asien
und Osteuropa (darunter Cafa, jetzt Theodosia in der
Krim) zu beklagen. Nachdem so der Handel Venedigs
und Genuas stark geschädigt und beeinträchtigt wurde,
dachten die Venetianer, wie noch später ausgeführt
werden wird, das Mittelmeer mit dem rothen Meere
durch eine Wasserstraße zu verbinden und sich einen
Weg jenseits des Oceans zu bahnen, um nach Indien
gelangen zu können.

In Verfolg derartiger Erörterungen und Erwägungen kann es nicht Wunder nehmen, daß in dem
Kopfe eines Genuesers, Christoforo Colombo, der

Gedanke auftauchte, den Verlust dieser Besitzungen im westlichen Asien durch Gründung von Colonien in Indien auszugleichen. Nachdem jedoch die Schifffahrt Genua's in den der türkischen Herrschaft unterworfenen Meeres=theilen und Küstenländern beschränkt, ja unmöglich geworden war, beabsichtigte Christoforo Colombo (Christoph Columbus) den Seeweg nach Indien in der Richtung gegen Westen aufzufinden. Die Entdeckung Amerika's zeigte den christlichen Völkern noch ein anderes Ziel ihrer Bestrebungen.

Auch nach Ansicht Alexanders von Humboldt war es der Andrang der türkisch=mongolischen Race gegen Westen und Europa, der im Laufe der Zeiten den Gedanken auftauchen ließ, daß die Entdeckung eines neuen Landes jenseits des Oceans nothwendig sei; eine Anschauung, welche aufmunternd und belebend auf die ganze Menschheit in jenem Jahrhunderte einwirkte.

Worin die directen und indirecten Ursachen zu suchen sind, daß zuerst Italien und Europa im sechzehnten Jahrhunderte die Wiege der Kunst und Wissenschaft waren, bleibe hier unbesprochen; es ist jedoch sicher, daß am Schlusse des Mittelalters vor Allem Luther und in zweiter Linie Melanchthon diejenigen Männer waren, die den verderbenden Einfluß, welchen Alleinherrschaft des Papstthums und die Aufrechthaltung der mittelalterlichen Dogmen über die Völker Europas ausübten, erfolgreich bekämpften. Bei seiner offenen Feindschaft gegen das Papstthum vergaß Luther keineswegs, daß die dem Christenthum hauptsächlich drohenden Gefahren von Seite der Türken erwuchsen, während, gleichzeitig und in derselben Meinung, Melanchthon mit den Griechen von Corfu und Byzanz in lebhaftem Briefwechsel stand. In Wort und Schrift trat Luther 1528 begeistert und muthig gegen die Türken auf. Als Shakespeare die im Mittelalter verübten Gräuelthaten in seinen Tragödien beschrieb und öffentlich zur Darstellung bringen ließ, rief er Grauen und Entsetzen bei allen Zeitgenossen hervor.

Nicht minder wußte zur selben Zeit Torquato Tasso, der gleichfalls in seinen Versen die mohamedanischen Missethaten des Orients schilderte, das Mitgefühl für die unterdrückten Christen im Morgenlande hervorzurufen, in Octaven, die heute noch von den Gondolieri der Lagunenstadt gesungen werden. Gleichzeitig mit diesem Kampf gegen die mittelalterlichen Traditionen wurde die Planetentheorie des Ptolemäus, welche durch das ganze Mittelalter einem Evangelienausspruche gleich gehalten wurde, von Kopernikus und Tycho de Brahe umgestürzt und sodann von Keppler, als dem Entdecker der wahren Gesetze der Planetenbewegung und der neuen kosmischen Ideen in seinem „Mysterium cosmographicum", daß die Erde sich drehe, dargestellt. Hiemit war eine neue Bahn menschlicher Geistesforschung, die als eine Befreiung aus dogmatischer knechtischer Umhüllung zu betrachten ist, betreten, auf der dann, aber gänzlich unabhängig von seinen Mitstreitern im Kampfe der Geister, Galilei, dieser merkwürdige Mann südwärts der Alpen weiterschritt, und sein denkwürdiges „e pur si muove!" ausrief. Dafür wurde ihm eine ansehnliche Geldbuße zuerkannt, da seine Behauptung gegen die heilige Schrift verstieß. In diese Kategorie fallen auch die zu gleicher Zeit gemachten Versuche von Fr. Bacon und René Descartes, die zu gleicher Zeit, ohne Verkehr miteinander zu pflegen, in ihrem „novum organon" und „Discours sur la Méthode" der dogmatischen Doctrin und der starren Scholastik des Mittelalters mit Erfolg die Spitze brachen.

Ihre Schriften glänzen durch einen neuen und erquickenden Gedankenreichthum und dienten Jahrhunderte hindurch dem Fortschritte der Wissenschaften, wodurch eben der Sieg menschlichen Geistes über knechtische

Abhängigkeit, über den Glauben an Uebernatürlichkeit und über den Fatalismus glänzend documentirt ist. Während aber unter den Christen Westeuropa's ein solcher Aufschwung der Geistesthätigkeit sich geltend machte, der noch Jahrhunderte lang von wohlthätigstem Einfluß blieb, wurden dagegen im Osten in der berühmten Metropole durch die Eroberung der Türken auch die letzten Keime der Civilisation vernichtet und jede freie Meinungsäußerung unterdrückt. Mahomed der Eroberer war eifrigst bemüht, in allen von ihm eroberten Ländern türkische Ansiedlungen zu errichten und sein Reich mehr und mehr zu consolidiren.

Wie bereits erwähnt, wurden schon 1457 Maßregeln gegen die Verbreitung der Türkenherrschaft eifrigst in Erwägung gezogen; zuerst in Mantua (Villemain), dann 1471 in Regensburg versammelten sich Abgesandte der christlichen Staaten, um über einen Krieg gegen die Mohamedaner, der unvermeidlich schien, Berathung zu pflegen. Sie versuchten, jeder in seinem Reiche, der Bevölkerung eine Vermögenssteuer aufzulegen und brachten wirklich einen günstigen Beschluß zu Wege (Ranke). Trotzdem kam es noch zu keiner Verwirklichung der Pläne. Die Türken hatten nun festen Fuß am Bosporus gefaßt und die christlichen Völker fast unmerklich in den Hintergrund gedrängt. Die gebieterische Macht des Mohamedanismus hatte es verstanden, sich bei den christlichen Westmächten ebenso wie bei den asiatischen Machthabern Ehrerbietung zu verschaffen In seinem Verhältnisse zum Auslande wurde Mohamed durch Gesandtschaften und Geschenke geehrt, besonders seitens der asiatischen Fürsten, und sein Sohn Bajazed II. trat zu den europäischen Mächten sogar in nähere Beziehungen. So schlossen die Bevollmächtigten von Ragusa und Venedig mit dem Sultan einen Handelsvertrag, wodurch ihren Kaufleuten gegen Zahlung einiger Zölle der Handel und Waarentransport im ganzen Reiche

gestattet wurde. Die Genueser legten Factoreien in Ga=
lata an, sowie auch Ragusaner und Venetianer die
ersten Europäer waren, welche einige, wenn auch nur
beschränkte Vorrechte im türkischen Reiche besaßen und
ihre Glaubensceremonien mehr oder weniger frei aus=
üben durften.

Unter der Regierung des Zar Jvan III. (1492)
begannen auch die Russen wegen ihres Handels mit den
Türken in Unterhandlungen zu treten und wurde Mi=
chael Pleschtscheff zu Bajazed gesandt, wobei er jedoch
angewiesen wurde, nicht, wie es sonst üblich war, vor
dem Sultan niederzufallen. Als er im Palaste erschien,
wollte er sich auch nicht mit dem Schlafrocke, wie es
die Sitte erheischte, bekleiden. Trotzdem empfing ihn,
wenn auch nur für kurze Zeit, der Sultan, nannte ihn
aber in einem an den Khan der Krim gerichteten
Briefe einen ungeschliffenen Menschen, vor dem man sich
hüten müsse.

Unter allen auswärtigen Angelegenheiten beschäf=
tigten den Sultan diejenigen jener Fürsten, von denen
das Schicksal seines hochbegabten, aber unglücklichen
Bruders Dschem oder Zizim abhängig war. Letzterer
hatte dem Sultan den Krieg erklärt, wurde aber besiegt
und flüchtete sich nach Europa. Zuletzt wurde er vom
Sultan an den abtrünnigen Papst Alexander VI., bei
dem sich Dschem befand, um den Preis von 300,000
Goldstücken verkauft. Es war eine ganz besondere Zeit,
entsprechend dem Geiste des mittelalterlichen Barba=
rismus, wenn auf dem Stuhle Petri ein christlicher
Khalif und auf dem Throne des großen Constantin
ein mohamedanischer Papst saß, beide bestrebt, Men=
schenseelen um schnödes Gold zu kaufen oder zu ver=
kaufen, Dolch und Gift anzuwenden, wenn nur der
eine Zweck erreicht ward, sich der Feinde zu ent=
ledigen. Als aber die Araber, die doch Glaubensgenossen
des Sultans Bajazed und seit 711 Jahren in Spanien

ansässig waren, im Jahre 1491 in arge Bedrängniß
geriethen und von König Ferdinand vertrieben wurden,
eben deshalb von Bajazed Hilfe erbaten, hatte er nur
taube Ohren für sie und überließ sie ihrem Schicksale.
Der ruheliebende Bajazed kümmerte sich wenig um
Andere, er liebte nur die Astrologie, den Koran und
die Frauen; diese drei Cardinaltugenden eines rechtgläubigen und wahren Muselmannes.

Als unter dem Nachfolger des Sultans Bajazed
die türkischen Eroberungen in Asien, Europa und
Afrika einen regelmäßigen Fortgang nahmen, kam im
Jahre 1517 in Cambrai ein Congreß zu Stande,
an welchem, ohne das Papstthum über die Stellung
des Türkenreiches in Europa zu verständigen, Franz I.,
König von Frankreich, Maximilian, Kaiser von Deutschland und Ferdinand der Katholische von Spanien theil-
nahmen und über die Eroberung, eventuell Theilung
der Türkei zu gleichen Theilen beriethen.

Diese Combination wurde anfänglich ganz geheim
gehalten, später wurde aber der Papst Julius und
nach ihm Leo X., ferner der König von England bei-
gezogen. Seit der Eroberung von Constantinopel war
dies nun der dritte Versuch seitens der europäischen
Staaten, der Türkenmacht entgegenzutreten, der aber
gleich dem geplanten Kreuzzuge eben nur — Versuch
blieb. Obgleich König Franz die Bildung einer Liga
gegen die Türken veranlaßte, so blieben jedoch alle seine An-
strengungen erfolglos, die principiell gutgeheißenen Pläne
zu realisiren, und die Türkei blieb unbelästigt. Ja,
einige Jahre nach dem stattgehabten Congresse von
Cambrai, entsendete sogar derselbe König Franz, als
er sich in spanischer Gefangenschaft befand, den Grafen
Frangipani, einen gewandten Unterhändler, zum Sultan Suleiman, um von Letzterem Hilfe zu erbitten
und ihm zugleich die große Gefahr, die ihm von dem
mächtigen Karl V. drohen dürfte, vor Augen zu stellen.

Soliman benützte diese Gelegenheit und eröffnete mit einem großen Heere den Krieg in Ungarn, und bevor noch Karl V. von Italien aus seinem Bruder Ferdinand zu Hilfe eilen konnte, war Suleiman als ruhmgekrönter Sieger nach Constantinopel zurückgekehrt.

Vergebens suchte auch der Papst Clemens VII. die europäischen Mächte gegen die Türkei zu den Waffen zu rufen. Die Zeiten hatten sich eben geändert. Die Türkenmacht hatte in Europa den Gipfelpunkt erreicht. Wenn dem Menschen die physische Kraft mangelt, wendet er sich dem Uebernatürlichen zu. Man handelte nicht, sondern überließ es dem lieben Herrgott, das Christenthum vor der von Seiten des Mohamedanismus drohenden Gefahr zu schützen.

Im Jahre 1571 erschien endlich eine Escadre, bestehend aus 250 Schiffen mit 40.000 Kriegern, welche, vom Papste, dem König Philipp II. von Spanien, der Republik Venedig, von den Malthesern und von Savoyen ausgerüstet, unter das Commando des Don Juan d'Austria gestellt worden waren, im Meerbusen von Lepanto und in den Gewässern von Morea, wo sie auf die bedeutend zahlreicheren und gut bemannten und armirten Schiffe der Türken stießen. Binnen fünf Stunden war die türkische Flotte in den Grund gebohrt oder zur Flucht gezwungen. Cervantes, der Dichter des „Don Quijote", der sich auf der verbündeten Escadre befand, schreibt: „An diesem merkwürdigen Tage wurde der türkische Hochmuth gebrochen und der Irrthum berichtigt, daß die türkische Flotte unbesiegbar sei." Dies war der erste erfolgreiche Sieg der Europäer über die Türken.

Don Juan, der Oberbefehlshaber der Flotte, war fünfundzwanzig Jahre alt und wurde von der ganzen christlichen Welt mit unbeschreiblichem Jubel begrüßt. Der Papst sagte von ihm: „fuit homo missus a Deo, cui nomen erat Joannes".

In demselben sechzehnten Jahrhunderte, in welchem neue Ideen und Anschauungen bei den verschiedenen Völkern Wurzel zu fassen begannen und der Kampf gegen den mittelalterlichen Aberglauben und die nichtigen Doctrinen mit Erfolg geführt wurde, erhob sich in der politischen Welt Europa's eine mächtige Stimme für die Vernichtung der Türkei, an deren Stelle ein christlicher Staat gegründet werden sollte.

Es war der beste und größte König Frankreichs, Heinrich IV., in dessen Geiste der erhabene Gedanke auftauchte, aus allen christlichen Staaten Europa's eine christliche Republik unter dem Namen „Association ou république très-chretienne“ zu gründen, um dann gemeinschaftlich die Türken aus Europa zu vertreiben. Der Plan zur Bildung dieses allgemeinen Bündnisses beschäftigte seit dem Jahre 1598 den großen König und wurde dann von seinem treuen Minister Max de Bethune, Herzog von Sully in einem Schriftstücke ausführlich klargelegt. Ein Theil dieses Planes enthält die Bedingung, Ungarn starke Hilfe zu Theil werden zu lassen, um aus demselben ein mächtiges Bollwerk für Deutschland und Italien gegen die Einfälle der Türken zu machen (comme un puissant rempart et boulevard à l'Allemange et à l'Italie — — — contre le redoutable empire des Turcs).

Folgende Machthaber sollten zur Bildung dieser christlichen Republik herangezogen werden: Der Papst, der Kaiser von Deutschland, der Doge von Venedig, die Könige von Böhmen, Ungarn, Polen, Frankreich, Spanien, Großbritannien, Schweden, Dänemark und der Lombardei, die helvetische und belgische Republik und der italienische Staatenbund.

Rußland oder der Zar von Moskowien, in Europa damals schlechtweg „Knés Scithien“ genannt, wurde aus mancherlei Gründen nicht herbeigezogen. Jeder Staat war verpflichtet, seiner Machtstellung entsprechend, eine gewisse Zahl von Galeeren, Fußvolk, Reiterei und Feldgeschützen zu stellen, wodurch eine Armee von 117 Kriegsgaleeren, 220.000 Mann Fuß- volk, 53.800 Reitern und 215 Feldgeschützen gegen die Türkei aufgeboten werden konnte. Das war die ganze Kriegsmacht des westlichen Europa in jenem Zeitalter.

Es war kein Wunder, daß sich Europa damals mit der Orientpolitik Heinrichs viel beschäftigte. Er hatte zwar einen sehr eingehenden Actionsplan zur Ein- setzung einer christlichen Monarchie an Stelle der Türkei, es blieb jedoch unbekannt, welche Nationalität deren Nachfolgerin werden sollte. Auch betreffs Constantino- pels hatte Heinrich keinen bestimmten Plan. Ueberhaupt schien ihm die Frage sehr verwickelt, und bildete ebenso wie in unseren Tagen, den Zankapfel zwischen Europa und Asien, zwischen West und Ost. Der große Plan Heinrichs kam überhaupt nicht zur Ausführung, wor- über Paul Sarpi sich treffend äußert: „Der verworfene Dolch eines noch verworfeneren Mörders habe die Tage und Pläne dieses unvergleichlichen Monarchen zerschnitten".

Im engen Zusammenhange mit der orientalischen Politik Heinrich's steht die Wiederherstellung der fran- zösischen Marine, welche nun ihre Macht im Mittel- meere zu entfalten begann. Mit dem Tode Heinrich's trat jedoch ein bedauerlicher Stillstand ein, bis Cardinal Richelieu dessen Politik wieder aufnahm und die Fahne des Vaterlandes wieder lustig auf den orientalischen Gewässern flatterte. Im selben Jahrhundert war Eng- land, das von der Königin Elisabeth regiert wurde, bei Sultan Murad III. durch einen Gesandten, Wil- liam Harebone, vertreten, dessen Bedeutung in poli- tischer und commercieller Beziehung immerhin aner- kannt werden muß. England wandte in Gemeinschaft mit Holland sein Augenmerk mehr dem orientalischen Handel als der Politik zu.

Unter allen europäischen Völkern waren jedoch die Venetianer das größte und reichste Handelsvolk auf den orientalischen Gewässern, welche sich in den Besitz der besten Inseln zu setzen suchten, um auf diese Weise das ganze Mittelmeer zu beherrschen. Noch im sechzehnten Jahrhunderte nahmen sie diesbezüglich eine hervorragende Stellung ein. Die orientalische Politik der Signorie von Venedig bestand lediglich im Seehandel; im Anfange des fünfzehnten Jahrhunderts hatte sie 3000 Segelschiffe mit einer Bemannung von 30.000 Mann. Venedig unterhielt mit dem Osten und Westen bedeutende Handelsbeziehungen und durch seine Lagunen gelangten die Waaren aus dem weiten Osten in die entferntesten Gegenden des Westens. Gewöhnlich liefen acht bis zehn Schiffe von Venedig aus und fuhren nach den verschiedensten Richtungen, nach den Ufern des Bosporus, nach den nördlichen und südlichen Küstenländern des Schwarzen und Azow'schen Meeres, nach Cypern, Armenien und Egypten und andererseits durch die Säulen des Herkules (Gibraltar) zu den Küsten von Spanien, Frankreich, England und Holland.

Die Signorie von Venedig exportirte die eigene Waare und jene aus dem westlichen Europa, die dann für die Ausfuhr in venetianischen Handelshäusern aufgestapelt wurden, importirte und · lieferte dagegen in alle Länder die Erzeugnisse des Ostens.

Die Signorie ermunterte alle Handelsleute, räumte ihnen große Vorrechte und Freibriefe ein und sorgte ausschließlich für materielles Wohlsein und ansehnliche Bereicherung.

Nach der Beschreibung des Dogen Tomaso Mocenigo hatte der Handel Venedigs im Jahre 1421 seine höchste Blüthe erreicht und versetzte die damalige Welt in gerechtes Erstaunen.

Nach der Eroberung von Constantinopel wurden viele Venetianer ermordet oder gefangen genommen, konnten sich jedoch gegen hohe Geldsummen loskaufen. Diese Eroberung, sowie die Eröffnung des Seeweges nach Indien durch Vasco de Gama (1498) brachten dem venetianischen Seehandel tiefe Wunden bei und führten endlich dessen Schwächung herbei.

Vasco de Gama eröffnete seinen portugiesischen Landsleuten durch diesen Weg einen neuen Kreis menschlicher Thätigkeit, welcher dem portugiesischen Volke so nutzbringend war.

Der Blick der mit Unternehmungsgeist begabten Portugiesen richtete sich nach dem weiten Oriente, wo sie nun Handelshäuser anlegten und im Wetteifer mit dem venetianischen Seehandel die verschiedenartigsten Producte Indiens nach Europa brachten. Die Venetianer gaben sich Mühe, sich des portugiesischen Seehandels zu bemächtigen, und im sechzehnten Jahrhundert ersannen sie den kühnen Plan, einen Canal zwischen dem Mittelmeere und dem rothen Meere zu führen, dessen Ausführung aber erst dem Franzosen Lesseps in unserem Jahrhunderte vorbehalten blieb. Aber in Constantinopel wenigstens trachteten die Venetianer, äußerst zähe und mit allen möglichen künstlichen Mitteln ihren Handel zu erhalten und theilweise gelang es ihnen auch, aber am Ende desselben Jahrhunderts, nach dem Verluste der Insel Cypern, gerieth der Handel der Signorie in Verfall und im Anfange des folgenden Jahrhunderts hatte der Handel Venedigs mit seinen 300—400 Schiffen nur geringen Werth.

Die Signorie entschloß sich deshalb, ihre Importwaare zu Lande mittelst Karawanen aus den verschiedenen Theilen des Orientes über Constantinopel nach der Seestadt Spalato, woher man leicht nach Venedig gelangt, kommen zu lassen.

So ging allmälig der einst so mächtige Einfluß der Venetianer auf den Seehandel im Oriente fast gänzlich verloren, und räumten diese schon im Anfange

des siebzehnten Jahrhunderts in allen türkischen Ge=
wässern Frankreich und England den Platz ein. Von
dieser Zeitperiode an datirt bis auf unsere Tage in
jeder Hinsicht der steigende Einfluß dieser beiden Westmächte
in Constantinopel.

Die orientalische Politik der europäischen Staaten
stand schon seit jeher mit der Marine und dem Handel
in engstem Zusammenhange, wozu in dritter Reihe auch
die Glaubenssache kommt. Die katholische Kirche der
westlichen Länder hatte schon eine Freistatt in der
türkischen Residenz gefunden — in Constantinopel und
seinen Vororten befanden sich zehn Kirchen der Domini=
kaner und Franciskaner, und als die Geister in Europa
im sechszehnten Jahrhundert von einer mächtigen reli=
giösen Umwälzung ergriffen wurden und Luther's Be=
kämpfung des Katholicismus eine solche Bewegung
hervorrief, wurde auch in ganz Constantinopel, wo die
Unterschiede in den Glaubensbekenntnissen überhaupt
stark ausgesprochen sind, ein heftiger Widerhall hervor=
gerufen. In den geheimen Sitzungen des türkischen
Divan sprach man mit unverhohlener Freude über die
unter den Christen eingetretenen Zerwürfnisse. Wie aus
den folgenden Abschnitten hervorgehen wird, wurden
diese christlichen Feindseligkeiten auch gerne von den
Türken unterstützt.

Im siebenzehnten Jahrhundert.

Nachdem wir im Allgemeinen die Grundzüge des
Verkehrs zwischen den Staaten des Sultans und den=
jenigen der übrigen europäischen Souveraine marquirt
haben, erübrigt uns noch hinzuzufügen, daß im sieben=
zehnten Jahrhundert die Hafenstadt Marseille begann,
die Bedeutung ihrer trefflichen Lage am Mittelmeere
zu begreifen und die ihr gebotenen Vortheile im weitesten

Maße auszunützen. Marseille (Bastion de France) besaß zu Anfang jenes Säculums eine ansehnliche Anzahl von größeren und kleineren Schiffen, welche den Waarenverkehr mit den verschiedenen Küstenstädten des Orients und hauptsächlich mit Constantinopel, Smyrna und Alexandrien vermittelten. Die ersten Hauptbeförderer dieses lebhaften maritimen Handels waren, wie wir gesehen, Franz I., Heinrich IV. und Cardinal Richelieu, welch' letzterer in vielen Angelegenheiten den Plänen und Grundzügen des Königs Heinrich folgte, so wie gegenwärtig Fürst Bismark sich nach den Plänen Friedrichs des Großen richtet. Aber im Laufe des Jahrhunderts machte der französische Handel im Oriente in Folge der inneren Zerwürfnisse und Zwistigkeiten in Frankreich nur Rückschritte, woran auch das Corsarenwesen an den Meeresküsten keine geringe Schuld trug. Dessenungeachtet war der französische Handel anderweitig im Vortheil, nämlich an dem afrikanischen Küstenstriche (Compagnie d'Afrique) und besonders in Algerien, doch dies gehört nicht zu unserem Untersuchungsobjecte, und wir übergehen zu demjenigen von England.

Seit der Regierungszeit der Königin Elisabeth war man, wie erwähnt wurde, in England bestrebt, dem englischen Handel des Orients Vorschub zu leisten. Es wurde zu diesem Zwecke eine Gesellschaft unter dem Namen Levant=Compagnie gegründet. Die britische Regierung war darauf bedacht, daß allen Handelsleuten englischer Nationalität überall im Oriente die gehörige Achtung entgegengebracht werde. Nach den Grundsätzen der Gesellschaft waren die englischen Handelsleute im Oriente verhalten ehrgeizig und ehrenhaft zu sein, im Gegensatze zum handelspolitischen Triebe der anderen Nationen, welche durch Betrug und Lüge das Ziel verfolgten. Die Consularpersonen waren angewiesen, die Thätigkeit der Compagnie überall zu

unterstützen. So standen also die Dinge noch vor mehr
als zweihundert Jahren nach unserer Zeitrechnung.

Bei solcher Einrichtung und Geschäftsführung
übertraf der englische Handel schon am Ende des sieben=
zehnten Jahrhunderts den venetianischen, machte starke
Concurrenz dem französischen, und trotz alledem erreichte
er nicht das größte Gedeihen. Die Compagnie hatte
ihre guten und schlechten Seiten, welche hier zu berück=
sichtigen nicht am Platze ist.

Das Corsarenwesen, von der türkischen und den
christenfeindlichen Regierungen unterstützt, richtete den
europäischen Handelsschiffen in den orientalischen Ge=
wässern großen Schaden an. England und Frankreich
vereint suchten die Mittel, um der Raub= und Zerstö=
rungssucht des Corsarenthums entgegenzuwirken. Aber
vergebens! Gleichzeitig mit der Handelspolitik des
Westens machte die Kirchenpolitik in Constanti=
nopel einen neuen Schritt.

Noch im Anfange des siebenzehnten Jahrhunderts,
um das Jahr 1603, erhielt der Orden der Jesuiten mit
Bewilligung des französischen Gesandten de Brèves
und mit Genehmigung des Sultans Mohamed III.
die Kirche St. Benedict auf der Pera. Wie wir
gesehen, waren die Franciskaner und Dominikaner schon
im Besitze von zehn Kirchen und diese vermieden jede
Gemeinschaft mit den neu angekommenen Jesuiten. Doch
letztere hatten die Taschen voll Geldes, und so war es
ihnen nicht schwer, zu intriguiren und mit goldenen
Schlüsseln, wo es nöthig war, die Thüren zu öffnen.
Neben der Kirche gründeten sie eine Schule und zogen
junge Griechen und Armenier hin. Ihr Hauptziel war
hauptsächlich gegen das griechische Patriarchat gerichtet,
um es zum Katholicismus zu bekehren und unter den
Schutz des Papstes zu bringen. Sie waren dazu vom
Papste angewiesen und außerdem von der französischen,
spanischen und österreichischen Regierung unterstützt,

während England und Holland als protestantische Staaten für das Patriarchat das Wort führten. Auf dem Patriarchenthron saß damals Kyrillos Lukaris, ein Mann von großer Einsicht und von hoher Bildung. Aber in dieser Zeit, wo man durch Geld Alles zu erwerben und erwirken vermochte, konnten auch die Jesuiten mittelst großer Summen Geldes Kyrillos entthronen und den Patriarchensitz ihrem Günstlinge und Anhänger verleihen. Sie gründeten einen Verein „Congregatio de propaganda fide", dessen Vorsitz der Cardinal Bandini führte. Die Gegenpartei stand unter dem Schutze des englischen Gesandten Thomas Roë und zählte in ihrer Mitte eine große Menge Anhänger des Kyrillos.

Thomas Roë war ein Mann von großer Begabung, kühn und thätig, entfaltete eine außerordentliche Energie, und es gelang ihm nach einiger Zeit, Kyrillos wieder auf den Patriarchenstuhl zu heben, wobei nach dem Zeitgeiste die Geldbestechung nicht unterlassen wurde. Bei solcher Erfolglosigkeit wandten die Jesuiten die unlautersten Mittel an, von welchen die Verläumdung unter dem Schutze der Gesandten des katholischen Glaubens keine geringe Rolle spielte.

Gerade zu dieser Zeit kam nach Constantinopel ein griechischer Mönch Namens Nicodemus Metaxas, brachte die typographischen Schriften mit und wurde das Object des Angriffes, der Verläumdung und Hinterlist von Seite der Jesuiten, welche Kyrillos beträchtliche Geldbeträge anboten, im Falle er der Union der griechischen Kirche mit der römischen keine Opposition machen würde.

Diese Angelegenheit wurde von Roë in einem Briefe an den Bischof von Canterbury beschrieben und „the popish faction" bezeichnet. Solche Umtriebe hatten noch immer keinen Erfolg und wurden sogar die Jejuiten durch den Einfluß von Roë aus Constantinopel verwiesen.

Als im Jahre 1628 Thomas Roë Constantinopel verließ, erschienen die Jesuiten wieder und reizten und hetzten die türkische Regierung gegen Kyrillos auf, der beschuldigt wurde, sich mit den Moskowiten und Kosaken — die vordem im Bosporus einfielen — verbunden zu haben. Als der Sultan Murad IV. von dieser Beschuldigung Kenntniß erhielt, ließ er Kyrillos ohne Verhör in die Festung Jedi-Kulé einschließen, woselbst er erdrosselt (1638) und dann in's Meer geworfen wurde. Eine der schrecklichsten Grausamkeiten der türkischen Barbarei!

Aber im Vatican wurde gejubelt und der Großvezier erhielt ein päpstliches Geschenk von 40.000 Scudi, und nun ward Carfilla, der Anhänger der Jesuiten, auf den Patriarchensitz erhoben (per la quale mutazione anche di Roma furono pagati 40.000 Scudi). — So heißt es in der Geschichte der Päpste!

Sowie einst Bajazed vom Papste die Seele seines Bruders kaufte, ebenso raubte der Papst mittelst Geldes die Seele seines Bruders in Christo!

Dessenungeachtet, daß Rom, Spanien, Frankreich und Oesterreich (Venedig wollte sich nicht betheiligen) die Jesuiten außerordentlich unterstützten, konnte ein katholischer Patriarch in Constantinopel keinen Platz finden.

Die Erinnerung an die räuberischen Einfälle der Kosaken, welche bereits während der Kaiserzeit in Constantinopel und während der Türkenzeit auch an der nördlichen Küste Kleinasiens begonnen haben, erzeugte in der Phantasie der Bewohner von Constantinopel und vor allem bei den Türken wahre Schreckensbilder, und diesen Umstand benützte die erbärmliche Intrigue der Jesuiten, um Kyrillos aus dem Wege zu räumen. Es möge daher gestattet sein, noch Einiges über diese Kosaken zu erwähnen.

Das Erscheinen der Kosaken an den Mündungen des Bosporus fällt in das erste Viertel des siebenzehnten Jahrhunderts. Ihre Boote waren kleine Schnellsegler von ungemein solider, leichter und zweckmäßiger Bauart, ähnlich denjenigen im Alterthum. Auf beiden Seiten zehn Ruder, gleichmäßig spitz auslaufend, so eingerichtet, daß je nach Bedürfniß das Steuerruder überall angebracht werden konnte. Die Bemannung bestand durchschnittlich aus 45 bis 50 Mann, welche den Ruderdienst versahen, aber zugleich zu Kampf und Abwehr gerüstet waren. Von den Waffen führten sie ein leichtes Feuergewehr und ein kurzes Schlachtschwert. Sie waren überaus kühn und den türkischen Schiffen fast niemals erreichbar. Sie suchten ihr Asyl immer im Asow'schen Meere. Ihre vereinzelten Raub- und Beutezüge bestanden aus 30—50 Booten, zuweilen auch aus mehreren hunderten.

Ein solches Kosakengeschwader, 70 bis 80 Segel stark, erschien im Sommer des Jahres 1624 an den Mündungen des Bosporus, plünderte mit Feuer und Schwert, verheerte namentlich Bujuk-dere, Yeni-koi 2c. In Constantinopel waren Alle bei dieser Nachricht bestürzt und man beeilte sich, alle Waffenfähigen gegen die Seeräuber zu schicken. Auch schleppte man jene große Eisenkette hervor, welche früher schon zur Schließung des goldenen Horns beim Herannahen des Feindes gedient, hatte um die Einfahrt den feindlichen Schiffen zu versperren. Nach einem Tage zogen sich die Kosaken mit ihrer Beute zurück, die Türken wagten es nicht, ihnen nachzusetzen.

Nach vierzehn Tagen erschien wieder ein neues Kosakengeschwader an 150 Segel stark, welches ebenfalls mit großer Beute wieder abzog.

Solche Kosakenangriffe wurden vom Khan der

Krim, in Folge der Zwistigkeiten zwischen ihm und der Türkei, angestiftet.

Die Kosaken waren ein freies Volk an den Mündungen des Don und waren bereit, einmal dem Khan von Krim, das andermal dem Könige von Polen, oder dem Zaren von Moskowien verschiedene Dienste zu leisten.

Vergebens suchten die Türken das räuberische Volk zu züchtigen, aber umsonst, sie herrschten ganz und gar im Azow'schen Meere. An der Mündung vom Don befand sich eine türkische Stadt Azow oder Tana, vor Zeiten eine der blühendsten Colonien der Venetianer, ein wichtiger Stapelplatz für den Tauschhandel zwischen Persien, Rußland, dem türkischen Reiche und der Tatarei.

Im Jahre 1637, zur Regierungszeit des Michael Feodorowitsch, griffen die Kosaken Azow an und nach viermonatlicher Belagerung nahmen sie die Stadt ein und herrschten daselbst mehr als fünf Jahre, während welcher Zeit die Türken mit anderweitigen Kriegen beschäftigt waren.

Als die Türken von inneren Verwicklungen befreit waren, wandten sie sich mit großen Streitkräften gegen Azow und belagerten die Stadt, doch trotz dreimonatlicher Belagerung ohne Erfolg. Nur auf Befehl des Zaren von Moskau räumten die Kosaken Azow, da sie befürchteten, daß sie aus dieser Stadt mittelst Waffengewalt von den Moskowiten vertrieben würden.

Der Zar von Moskau lieferte selbst die Stadt den Türken aus. Im Spiele waren dabei das türkische Gold, die Freundschaft der Türken mit den Moskowiten gegen Polen, und das Bestreben des Zaren, die Zuneigung des Sultans zu gewinnen, weil der Zar sich den Titel: „Kaiser und Großfürst von ganz Rußland" beizulegen wünschte. Es darf nicht übersehen werden, daß damals Azow, als einziger Hafen, von weittragendster

Bedeutung für das moskowitische Reich war und in der Machtentwicklung Rußlands eine bedeutende Rolle, besonders durch Peter den Großen, zu spielen berufen wurde.

Damals existirte noch keine orientalische Politik für Rußland, eine solche entstand erst später im Principe zur Zeit seines Nachfolgers, des Zaren Alexis, als Venedig mit den Türken wegen Candia Krieg führte. Die Venetianer suchten Hilfe gegen ihre Feinde bei den Russen, doch langte die Antwort des Zaren zu spät in Venedig ein. Die durch eine Gesandtschaft von 38 Personen übermittelte Antwort an die venetianische Regierung lautete, daß der Zar nicht nur die donischen Kosaken gegen die Türken streiten lassen, sondern auch fernerhin seine ganze Macht zum Heile der Christenheit verwenden (havrebbe impiegata tutta la sua potenza a sollievo della Christianita) und durch die zahlreichen Bekenner seines Glaubens den Sultan im Herzen seines Reiches vernichten werde, und somit kann dieser Bescheid des Zaren im Jahre 1657 in Venedig als die erste principielle Kundgebung der orientalischen Politik Rußlands betrachtet werden.

Die venetianischen Staatsmänner hielten aber Rußland für eine nicht genügend starke Macht, um auf dessen Hilfe im Orient sich stützen zu können, und so führten sie den Krieg, welcher mehrere Jahre dauerte, heldenmüthig allein, denn der Papst, Spanien, Frankreich (Mazarin) und Oesterreich waren blos mit im Spiele, ohne mit besonderer Thätigkeit hervorzutreten.

Der Verlust Candia's von Seite der Venetianer brachte bei den übrigen Mächten Europa's den peinlichsten Eindruck hervor, und besonders der Papst Clemens IX. war sehr darüber entmuthigt. Aber die Interessen der Großmächte waren in ihren Beziehungen zur Türkei zu sehr getheilt, als daß sie zur Wieder-

eroberung von Candia für die Signorie von Venedig
Schritte machen sollten.

Ungefähr um diese Zeit wurde die kleine silberne
Scheidemünze im Werthe von 5 Sous, welche seit
geraumer Zeit von Franzosen, Holländern und Italienern im Oriente unter dem Namen Luigini oder
Ottavi und in Constantinopel von den Türken Timins
genannt, und für den Orienthandel von sehr großer
Bequemlichkeit war, in Folge der langdauernden Kriege
im Osten und Westen gefälscht. Sie bestand nun mehr
aus Kupfer und war mit einem dünnen Silberplättchen
belegt.

Solche Münzen wurden in den Fabriken Avignon,
Genua, Florenz rc. verfertigt und ganze Schiffsladun-
gen hievon nach Constantinopel und dem Inneren des
Orientes geschickt, wo die meisten Waaren damit bezahlt
wurden. Der schändliche Betrug wurde Jahre lang mit
Erfolg betrieben, bis er endlich nicht mehr verheimlicht
werden konnte. Viele sind im Anfang sehr reich geworden, aber im Allgemeinen hat jener Betrug viel zum
Ruine des europäischen Handels und besonders zum
Verfall des englischen Handels mit dem Oriente beigetragen, weil die Engländer, welche mit ihrem schweren
Gelde zahlten, an dem Schwindel keinen Antheil genommen haben. Nachdem die Türken sich die Augen geöffnet hatten, ließen sie Schiffe mit solchen Geldladungen
in ihren Hafen einlaufen. Uebrigens waren die Türken
bei einer Geldnoth in Münzenfälschung auch nicht gar
zu scrupulös und übertrafen zuweilen in dieser Hinsicht
sogar den negativen Erfindungsgeist der Europäer. Das
war im Jahre 1669, zur Zeit der Eroberung von
Candia durch die Türken, welche den letzteren außerordentliche Schwierigkeiten bot. Der Krieg der Türken
mit Venedig wegen der Insel Candia dauerte ungefähr
dreiundzwanzig Jahre und kostete beiderseits viel Geld
und Menschen.

Die Venetianer erfochten so manchen Sieg, erlitten aber auch so manche Niederlage, ihre Finanzen
und diejenigen der Türken waren gänzlich ruinirt.
Candia war für Venedig verloren. Constantinopel befand sich in Geldnoth trotz der großen Contribution der
Venetianer und die Marcuskirche war in Trauer. Das
war im Jahre 1669.

Die Eroberung von Candia hob den Muth der
Türken zum höchsten Grade; ihre alte religiöse Tradition, die Welt zu erobern und die Völker zu unterwerfen und zum Islam zu bekehren, stieg Ihnen auf's
Neue in den Kopf. Veranlassung hiezu bot der Kosaken-
hetman Doroschenko, und dies führte zum Kriege, zuerst
mit Polen im Jahre 1676, wo Sobieski sein Vaterland vom Türkenjoche befreite, dann zum Kriege mit
Rußland 1677—1679, und das sind die ersten Jahre
der Differenzen zwischen Rußland und der Türkei,
wobei letztere ihre Besitzungen jenseits vom Dniester
verlor. —

Einige Jahre später, kaum von den erlittenen
Niederlagen hergestellt, ereignete sich ein ähnlicher Fall,
wie der von Doroschenko, und erscheint jetzt im Spiele
der Ungar Emerich Tököly, auf dessen Veranlassung
der Großvezier Kara Mustapha, ein eitler und ehrgeiziger Mann, an der Spitze von dreihunderttausend
Mann gegen die Stadt Wien vorrückte, dieselbe belagerte und sie schon voraus als zweite Hauptstadt des
Türkenreiches sich dachte.

Wien hatte eine kleine Besatzung unter dem Befehle des Grafen Starhemberg und des Herzogs Carl
von Lothringen; Bürger und Studenten, sie alle waren
bewaffnet, um das Herz Oesterreichs gegen den Feind
zu vertheidigen, und erwarteten unter den Glockenklängen
des Stephansthurmes die Hilfe von der Vorsehung, und
diese Hilfe sollte auch nicht ausbleiben.

Salvatorem expectamus! Mit diesen Worten wurde Johann Sobieski, König der Polen und der Verkündete von Leopold I. mit seinen zwanzig Tausend Polen am Kahlenberge empfangen in einer Zeit, als alle Vertheidigungs- und Lebensmittel der Stadt erschöpft waren. Ohne Sobieski's Hilfe wäre die Stadt sicher in die Hände der Türken gefallen. Von der Höhe des Kahlenberg besichtigte Sobieski als wahrer Feldherr die schlechten Vorbereitungen und die noch schlimmere Schlacht-Ordnung des Lagers von Kara Mustapha und sagte jubelnd: „Wir besiegen ihn, das ist sicher!" Der Kampf dauerte nur drei Stunden und der hochmüthige Feind zog sich rasch zurück, ergriff endlich die Flucht, zehn Tausend Leichen und einen kolossalen Reichthum an Gold, Edelsteinen und Schmucksachen auf dem Schlachtfelde zurücklassend. Der edle Sobieski sandte dem Papste Innocentius XI., welcher Hauptvermittler des Bündnisses zwischen dem deutschen Kaiser und dem König von Polen war, folgende inhaltsreiche Worte Cäsar's: Veni, vidi, Deus vincit. Sobieski, von den Wienern in einer unbeschreiblichen Weise bejubelt, ward in die Augustinerkirche geleitet, von deren Kanzel der Erzbischof den Erretter Wiens mit denselben Worten ansprach, wie vor mehr als einem Jahrhundert Pius V. den Sieger von Lepanto Don Juan d'Austria: Fuit homo missus a Deo, cui nomen erat Joannes.

Die Befreiung Wiens, welche überall in den christlichen Staaten jubelnd aufgenommen wurde, erweckte in Frankreich gerade keine große Freude, worüber der venetianische Gesandte Girolamo Venier berichtet, welcher als Nachfolger Foscarini's in dem Augenblicke in Paris anlangte, als die Nachricht von der Niederlage und der Flucht der Türken dort eintraf.

Trotz dem ungeheueren Erfolge endigte der Krieg nicht, es wurde vielmehr der Feind weiter verfolgt. Diesmal hat der Papst Innocent XI. ein Bündniß

zwischen Oesterreich, Venedig und Polen zu Stande
gebracht, um einen neuen Angriff der Türken zu ver=
hindern und sie gänzlich aus den österreichischen Erb=
ländern zu verdrängen. Der Krieg beiderseits war hart=
näckig und dauerte viele Jahre. Ungarn mit der Haupt=
stadt Ofen, welche 145 Jahre im Besitze der Türken
gewesen, wurde wieder von den kaiserlichen Truppen
unter Leitung des ausgezeichneten Feldherrn Herzog
von Lothringen, zurückerobert. Nach diesem Erfolge
waren die Eroberungspläne auf Siebenbürgen und
Slavonien gerichtet.

Die Niederlage der Türken war der Hauptgrund,
daß die anderen Mächte Entschlossenheit und Muth
gewannen, die Türken zu bekriegen, und besonders die
Signorie von Venedig suchte durchaus Gelegenheit, ihre
frühere Stellung und Macht wieder zu besitzen, und
außer dem König von Polen war es auch der Zar von
Moskowien, welche zusammen einen heiligen Bund
(Lega sacra) bildeten.

Es gelang der venetianischen Republik, unter
Leitung von Francesco Morosini, in Griechenland und
Dalmatien starken Fuß zu fassen, auch der König von
Polen errang einige Erfolge und der Zar dachte an
die Eroberung von Azow und der Tatarei (der Krim).
Die Russen haben um das Jahr 1678, trotz ihrer
großen Streitkräfte keinen Erfolg erzielt, aber diese
Erfolglosigkeit war nicht so sehr von den Türken be=
dingt, als vielmehr von der Distanzweite des Landes,
welche den Russen große Schwierigkeiten auferlegte,
worüber später.

Aber die Oesterreicher näherten sich in demselben
Jahre siegreich der Donau bei Belgrad und Orsova,
und noch weiter gegen Widdin und Nicopolis. Man
war in Wien sehr kriegerisch gestimmt. Die Frage, ob
man die Grenze des Reiches an den Pforten Trajans
oder bei Constantinopel abstecken solle, beschäftigte leb=

haft alle Staatsmänner in Wien; man dachte schon damals (1688) der türkischen Herrschaft in Europa vollends und für immer ein Ende zu machen.

Bei solchen Begebenheiten des Schicksals war kein Heil der Hoffnung gegen die Giauren zu erwarten, so sagte Hassan Bey, Gouverneur von Neuhäusel, und Thränen der Wehmuth flossen über die abgemagerten Wangen des Greises, dessen Namen einst die Christen mit Schrecken erfüllte.

Die Macht Oesterreichs erweiterte sich bedeutend und erregte den Neid Ludwig's XIV., Königs von Frankreich. Der Muth der Türken schien gebrochen zu sein. Die politischen Tendenzen der französischen Könige Franz I. und Heinrich IV. zur Verminderung der furchtbaren Macht des Hauses Oesterreich, erwachte wieder in den politischen Gedanken Ludwig XIV. Der Gesandte von Frankreich, M. de Chateauneuf, ein treuer Vollstrecker der geheimen Ansichten seines Königs, erschien in Constantinopel und reizte von Neuem die Türken gegen Oesterreich. Der Krieg dauerte noch fort in Ungarn, wo Emerich Tököly und seine heldenmüthige Frau Helene, deren Vater und Schwiegervater von der österreichischen Regierung hingerichtet wurden, an der Spitze der Unzufriedenen (des malcontents) in Südungarn und Transylvanien noch kämpften und bei Zernescht eine Schlappe den Oesterreichern beibrachten (1690). Dieser Umstand beschleunigte von Neuem die Kriegsrüstungen der Türken, welche die Spannkraft des ganzen Reiches in Anwendung brachten und unter der Führung des Großveziers Mustapha Köprilu, (der Tugendhafte genannt), den Krieg wieder begannen. Die Engländer und Holländer waren ihrer Handelsverhältnisse wegen bemüht zwischen den kriegführenden Mächten einen Frieden herzustellen.

Die Türken waren nach einigen Erfolgen sehr kampfmuthig geworden, warfen die Oesterreicher nord-

wärts von der Donau zurück und eroberten wieder
Widdin, Belgrad und andere Orte. Das war der letzte
Schimmer des türkischen Eroberungsglanzes vor der
Periode seines Verfalles.

Es tritt nun auf der Kriegsbühne ein junger
Mann auf, dessen militärische Gaben den kaiserlichen
österreichischen Truppen einen hohen Ruhm verliehen
haben, und dessen Name so glorreich im siebzehnten
Jahrhundert erklungen ist. Der Franzose Prinz Eugen
war es, welchem diesmal der Oberbefehl über die österreichische Armee in Ungarn vom Kaiser ertheilt wurde.
Seine Vergangenheit und Begebenheiten sind zu eigenartig, um hier nicht angeführt zu werden. Eugen war
der Sohn des Grafen von Soissons und der Olympia
Mancini, Nichte des Cardinals Mazarin und als Ur-
enkel des Karl Emanuel, Herzogs von Savoyen, hatte
er Zugang am Hofe des Königs Ludwig XIV., woselbst
er als „petit abbé de Savoie" bezeichnet wurde,
da er von Anfang an zum geistlichen Stande bestimmt
war. Er hat beim Könige um ein Kloster nachgesucht,
diese Bitte wurde ihm jedoch abgeschlagen. Er hat sodann seine Absicht Mönch zu werden, aufgegeben, schnallte
einen Degen um und bat den König um das Commando über ein Regiment. Der König gewährte ihm
auch diese zweite Bitte nicht, und so verließ denn dieser
junge, hoffnungsvolle Mann, tief beleidigt Frankreich.

Es war damals eine Zeitperiode, wo viele Italiener, die in ihrem eigenen Lande unzufrieden waren,
in Frankreich eine Freistätte fanden, und viele Franzosen haben aus verschiedenen Gründen außerhalb
Frankreichs in der Mitte der Deutschen festen Fuß
gefaßt. Heute noch lebt eine Colonie gutgesinnter Franzosen seit früherer Zeit ruhig in Deutschland, namentl-
lich in Berlin, und in den österreichischen Städten Wien
und Prag.

Im Jahre 1682, als die Türken Deutsch-Oester-
reich überfielen, ging Prinz Eugen zum Kaiser von
Oesterreich, welcher ihn mit Freude in seinen Dienst
aufnahm und ihm in der Armee eine Stelle gab. Dem
Befehle des Königs Ludwig XIV., nach Frankreich zurückzukehren, gehorchte er nicht. Dieser „petit abbé de
Savoie", welchen man am glänzenden Hofe zu Versailles als geistig zerrüttet betrachtete, und auf den man mit
Verachtung herabsah, wurde später, nachdem er sein
erstes Waffenglück neben dem Könige Sobieski und dem
Herzog von Lothringen vor Wien erfochten hatte, der
heldenmüthigste Kriegsherr seiner Zeit, und der gefährlichste Feind von Ludwig XIV., dessen letzte Regierungsjahre er so stark erschüttert hatte. Durch seinen Sieg
über die Türken bei Zenta (1697), der den Verfall
der türkischen Macht beschleunigt hatte, wurde er der
Erretter Oesterreichs. Das dankbare Oesterreich hat
diesem seinen aus Frankreich stammenden Adoptivsohne
den Zoll der Anerkennung dargebracht, und das prachtvolle Monument des Prinzen Eugen von Savoyen
schmückt einen der schönsten Plätze Wiens.

Seinem Siege und der gänzlichen Vernichtung
des türkischen Heeres unter dem persönlichen Befehle
des hochmüthigen Sultans Mustapha II., welcher in
der Flucht sein Heil suchte, folgte am 7. September
1698 der Carlowitzer Friedensvertrag unter Vermittlung von England und Holland. Es war dies eines
der bedeutendsten Ereignisse in der Geschichte der Diplomatie. Die Vertreter Oesterreichs, Venedigs, Polens und
Rußlands haben da den Türken neue, für das Christenthum günstige Bedingungen auferlegt. Nach diesem
Vertrage wurde ganz Ungarn und Transylvanien mit
Oesterreich vereinigt, Ukrainien und Podolien mit Polen
verbunden, das südliche Griechenland (Morea) und das
ganze Dalmatien von der venetianischen Republik annec-
tirt; die Stadt Azow (über welche wir noch sprechen

werden) mit zehn Meilen Landes in der Umgebung fiel Rußland anheim.

Das waren die glänzenden Ergebnisse des heiligen christlichen Bundes (lega sacra), welcher von einem der gutgesinnten Päpste, wie es Innocentius XI. war, in's Leben gerufen wurde. Durch diesen Bund erfolgte die größte Zerstückelung, welche die türkische Macht jemals erlitten hatte und welche für die Schwächung ihrer politischen Stellung vom großem Belange war.

In der zweiten Hälfte des siebenzehnten Jahrhunderts, als der französische Einfluß in Constantinopel sich gesteigert hatte, fanden die Jesuiten in Feriol, Marquis d'Argental, welcher zuerst von Ludwig XIV. als diplomatischer Agent zum Rebellen Tököly nach Ungarn geschickt und dann nach Constantinopel als Gesandter versetzt, wo er später geisteskrank wurde, eine starke Stütze und dachten unter den einheimischen Christen freie Hand zu haben, um sich in ihre Angelegenheiten zu mischen und wie vor einigen Jahren von den dortigen Christen die Griechen, jetzt besonders die Armenier zum Katholicismus zu bekehren. Es entstanden langdauernde Zwistigkeiten, ohne einen auffallenden Erfolg zu verzeichnen, nur Eines bleibt bemerkenswerth, daß der armenische Partriarch Avedik unter betrügerischem Vorwande auf ein französisches Schiff gebracht, nach Süd=Frankreich geführt wurde, um so, nachdem das Haupthinderniß beseitigt, nach Art der Jesuiten, noch leichter im Trüben fischen zu können. Trotzdem waren ihre Bemühungen fruchtlos. Es ist noch erwähnenswerth, daß mit dem Namen Avedik eine geschichtliche Angelegenheit in Süd=Frankreich verknüpft ist, deren Genauigkeit bis heute sehr angezweifelt wird. Es ist bekannt, daß Avedik in einem Dominicaner=Kloster starb, während manche Geschichtschreiber den Patriarchen Avedik als denjenigen Mann kennen, welcher als l'homme du masque de fer auf der Insel St. Marguerite

eingesperrt war, welche Behauptung jedoch als gänz=
lich unrichtig bezeichnet werden muß.

In der zweiten Hälfte des zu betrachtenden Jahr=
hunderts, verdrängte der englische und französische Handel
vollkommen den Venetianischen, und hauptsächlich in
Constantinopel.

Damit schließen wir alle bedeutenden Ereignisse
des siebenzehnten Jahrhunderts, wo die verschiedensten
Vorgänge und Kriege verhängnißvoll für das türkische
Reich waren, und wo innere und äußere Verluste für
die Türken zu verzeichnen sind.

Ueber die europäischen Gesandten in Con=
stantinopel im siebenzehnten Jahrhundert.

Wir wollen nun einen Blick auf die europäischen
Gesandtschaften in Constantinopel im siebenzehnten Jahr=
hundert werfen und die Stellung derselben zu den
Sultanen und Vezieren beleuchten. Noch zur Zeit
Mohamed's des Eroberers, erschienen verschiedene Ge=
sandtschaften, aber erst unter seinem Nachfolger Bajazed
suchten einige Staaten Handelsverträge und freund=
schaftliche Beziehungen zum Sultan zu knüpfen. Unter
ihm bestanden diplomatische Beziehungen mit Venedig
und anderen italienischen Städten und mit König
Karl VIII. von Frankreich, im Jahre 1580 auch mit
Oesterreich. Alle Souveräne Europas kamen dem Sultan
mit großer Ehrfurcht entgegen. Trotzdem in früherer
Zeit ein Sprichwort: „eltschi zaval yokhter" (dem
Gesandten darf kein Leid zugefügt werden) bestand,
wurde dies mehrmals verletzt und die Gesandten oft
in Kerker geworfen und mißhandelt. Außer den Ver=
tragsabschließungen wurden die Botschafter auch manch=
mal zum Sultan geladen, z. B. zu Beschneidungsfesten
und Thronbesteigungen. Die Pfortendolmetsche wurden
damals den Türken selbst entnommen. Die Veziere

erwarteten immer Geschenke von den Gesandten, und
trotzdem bedienten sie sich manchmal ihnen gegenüber
einer frechen und unanständigen Sprechweise.

Was die Feierlichkeit des Empfanges eines Ge=
sandten durch den Sultan betrifft, so ritt der Gesandte
aus seinem Palaste durch die ganze Stadt auf einem
prächtigen Pferde, von einer glänzenden türkischen Suite
umgeben, die ihm von Seite des Sultans zur Verfü=
gung gestellt wurde, daß sie den Gesandten abhole und
nach Beendigung der Ceremonie wiederum zurückgeleite.
Der Gesandte wurde zuerst vom Großvezier empfangen
und zum Speisen eingeladen, dann mit einem Schlaf=
rocke überkleidet und so zum Sultan geführt. In allen
Gemächern, die der Gesandte passiren mußte, standen
Pagen und glänzend uniformirte Janitscharen mit der
blanken Waffe in der Hand. In das Gemach des Sul=
tans selbst wurde er durch einen Capitschibaschi (Thür=
aufseher) eingeführt und mit der Hand fest unter den
Armen gehalten. Dieser Brauch wurde von Bajazed
deshalb eingeführt, weil einmal ein Fremder, der vor
ihm mit einer Bitte erschien, zugleich eine Waffe her=
vorzog und sie gegen den Sultan zückte, jedoch ohne
Erfolg. Wenn der Gesandte vor dem Sultan erschien,
erhielt er einen festen Druck auf den Nacken, damit er
sich bis zum Fußboden neige, als Zeichen der Begrüßung.
Dann blieb er immer in stehender Stellung, und sprach
einige Empfehlungs=Worte, welche der Vezier dem
Sultan, der auf dem Throne sitzend harrte, überbrachte.
Der Sultan verweist ihn endlich auf den Vezier, und
damit ist die Ceremonie beendet. Manchmal hält der
Gesandte eine große Rede. Es war auch im Gebrauch,
daß die Gesandten die Anrede in ihrer Landessprache
hielten. Der französische Gesandte Mr. de Nouaïlles,
Bischof von Aix, welcher vom König Karl IX. von
Frankreich zu Selim II. entsendet wurde, ließ es nicht
zu, daß er unter den Armen gehalten werde, bot auch

keine Geschenke dar, sondern neigte sich blos, um das
Kleid des Sultans zu küssen. So wurde der englische
Gesandte Graf Vinchilsea und die anderen Gesandten
empfangen. Sie wurden im Allgemeinen immer vom
Sultan auf Staatskosten unterhalten. Zur Zeit einer
Kriegserklärung wurde der betreffende Gesandte in seinem Hause oder im Gefängnisse eingesperrt und als
Gefangener betrachtet, so der Gesandte Venedigs,
Lorenzo Baile, nachdem man seinen Dragoman erdrosselt hatte, wurde jedoch durch eine große Geld-
summe und Geschenke befreit. Ebenso wurde der Gesandte Frankreichs, de Sancy, wegen des Verdachtes,
einem polnischen General, welcher sich nach dem Kriege
bei den Türken in Haft befand, zur Flucht verholfen
zu haben, verhaftet und in's Gefängniß geworfen. Aber
er erhielt in das Gefängniß in einem Kuchen seidene
Stricke und eine Säge, mit welcher er das Fenstergitter
durchsägte und dann aus dem Gefängnisse entfloh,
nachdem er die Wache betäubt hatte. Die Pferde waren
von den Seinigen schon zur Flucht bereit gehalten.
Sein Nachfolger war der Graf von Ceçi, welcher
durch die ungeheuren Geldsummen, die er verschwendete,
nicht nur die Türken in Gehorsam hielt, sondern auch
durch die bestochenen Seraileunuchen die schönsten
Odalisken des Sultans bei sich sehen konnte. Ein anderer französischer Gesandter, de la Haye, bei dem
die Reihe thätlicher Mißhandlungen der diplomatischen
Agenten aus Europa begonnen hatte, wurde wegen der
chiffrirten Briefe, die in die Hände der Türken fielen,
verhaftet. Man wollte ihn vor dem Hofe erscheinen
lassen, da er aber alt und krank war, sandte er seinen
kühnen und unerschrockenen Sohn zu dem Großvezier,
worüber aber die Türken so in Zorn geriethen, daß
der Befehl ertheilt wurde, dem Sohne des französischen
Gesandten einen Faustschlag auf den Mund zu versetzen.
Und dies geschah in der That so heftig, daß ihm zwei

Zähne ausfielen, worauf man ihn in ein kleines, übel=
riechendes Zimmer einsperrte. Dies trug sich zu, nach=
dem de la Haye durch fünfundzwanzig Jahre als
Gesandter im Dienste stand. Nur durch große Geld=
geschenke konnte er sich befreien. Sein Nachfolger war
Nointes.

Die Türken betrachteten die Gesandten damals
als Ueberbringer der Wünsche ihrer Machthaber, zugleich
aber als Geißeln. Als einmal einem holländischen
Schiffe, das mit Kostbarkeiten des Sultans aus Ale=
xandrien beladen war, ein Unglück widerfuhr, wurde
der holländische Gesandte verhaftet (1663) mit der
Forderung, den Werth des auf dem Meere erlittenen
Verlustes zu bezahlen, was nach vier Monaten mit
85.000 ecus bezahlt ward; dann erst befreite man ihn.
Noch folgendes sei angefügt: Es lief eine Klage des
Richters von Smyrna über den dortigen englischen
Consul ein, welcher den Tractaten gemäß begehrt hatte,
daß ein den Betrag von 200000 Aspern übersteigender
Prozeß in Constantinopel verhandelt und entschieden
werden möge. Der Großvezier lehnte die Sache ab
und übertrug sie dem Mufti, welcher den englischen
Gesandten holen ließ. Es entstand ein außerordentlich
heftiger Wortwechsel zwischen Beiden. Britannischer
Standhaftigkeit gemäß entgegnete der Botschafter mit
trockenen Worten. Der Mufti brach oft in Schimpf=
worte aus und wollte ihn einsperren, worauf der Ge=
sandte dem Mufti ein solches Recht entschieden absprach
und sich auf die Machtstellung Englands berief. Als
der Mufti vor Zorn seiner selbst nicht mehr mächtig
war, rief er seine Leute herbei und schrie: „Schafft
diesen Verfluchten weg!" Seine Leute faßten den Bot=
schafter nun beim Kragen, stießen ihn unter Faustschlä=
gen hinaus und sperrten ihn in einen Stall ein. Bald
darauf wurde der Mufti abgesetzt (1651). Diese Fälle
mögen genügen, um ein Bild zu entwerfen, welche

ungünstige Stellung die Gesandten in Constantinopel einnahmen, und solche Zustände bezüglich der Gesandten dauerten bis zum Beginne unseres Jahrhunderts.

Im achtzehnten Jahrhundert.

Im achtzehnten Jahrhundert waren die Vorgänge, die Kriege und Verluste des türkischen Reiches in stürmischem Laufe vorgeschritten. Die Oesterreicher fuhren fort, mit bedeutenden Erfolgen gegen Süden vorzurücken und ein Gleiches thut eine nördliche Macht, welche in den Anfängen ihrer Kraftentwicklung schon am Ende des vorigen Jahrhunderts auf der Kriegsbühne erscheint und sich den Weg, zum Schrecken der Türken, zum schwarzen Meere öffnet. Um den Gang der Betrachtungen nicht zu unterbrechen, gehen wir direct zur weiteren Action der Oesterreicher gegen die Türken über, welcher Umstand in die erste Hälfte des achtzehnten Jahrhunderts fällt.

Nach der Einnahme von Azow und der Schlacht bei Poltava im Jahre 1708, wo Karl XII., König von Schweden, von Peter dem Großen geschlagen wurde, gerieth Letzterer bei Verfolgung der schwedischen Truppen an der türkischen Grenze in Bessarabien in Streitigkeiten mit der Türkei, worauf diese den Krieg den Russen erklärte und am rechten Ufer vom Pruth, in der Ebene von Horsiesti, die ganze russische Armee von 30.000 Mann, unter dem Befehle des Kaisers selbst stehend, umzingelte, und die Russen einen für sie ungünstigen Vertrag, mit Abtretung Azow's, anzunehmen zwang. (1711).

Bald darauf brachen die Türken in ihrem Hochmuth den Carlovitzer Vertrag, indem sie in Morea, das laut Friedenschlusses den Venetianern gehörte, einfielen, es besetzten, mit Feuer und Schwert plünderten, viele Einwohner tödteten und Alles vernichteten, was ihrer Barbarei in den Weg fiel. Das Wehgeschrei der unbarmherzig gemordeten Griechen gelangte bald nach Europa, wo der edle Papst Clementius XI., ähnlich einem Urban, Pius V., Innocentius XI., auf eigene Kosten eine Flotte und bewaffnete Truppen aus Spaniern, Portugiesen, Toscanern, Genuesen zc. bestehend, zur Vertheidigung von Morea gegen die Türken sandte, ohne jedoch einen bedeutenden Erfolg zu erzielen. Ein bei weitem größeres Kriegsglück war an den Donauufern den Waffen des Prinzen Eugen von Savoyen beschieden, welcher vor neunzehn Jahren die Türken besiegte. Dieser Krieg, welcher der österreichischen Armee so viel Ruhm und Glanz verliehen hatte, endigte mit der Einnahme von Peterwardein, Temesvar, Belgrad, Semendria, eines großen Theiles der Walachei und Serbiens. Die Oesterreicher wurden überall mit großer Sehnsucht empfangen, nachdem die Unterdrückung der christlichen Bevölkerung durch die Türken über alle Maaßen gestiegen war und Constantin Brancovano nach sechsundzwanzigjähriger Regierung sammt vier Söhnen in Constantinopel im Jahre 1716, und dann Stephan Cantacuzeno im selben Jahre hingerichtet worden waren. Dem letzteren folgte Niccolo Maurocorbato, ehemals Pfortendolmetsch, als Fürst der Walachei von der Türkei ernannt.

Bei den ersten Nachrichten der österreichischen Siege, war die weitverbreitete Losung in der Walachei: „Gebe Gott, daß nur einmal die Deutsch-Oesterreicher kommen, damit unser armes Land von diesem schweren Joche befreit werde."

Die ruhmreichen Thaten dieses Krieges befähigten den tapferen Prinz Eugen, noch weiter nach Süden gegen Constantinopel die Siege auszudehnen, in dem Sinne, wie es Voltaire schrieb:

et plein d'une ardeur guerrière
foulant aux pieds les turbans,
achevez cette carrière
au serail des Ottomans.

Aber die anderen Großmächte Europa's (Frank=
reich, Holland, England, Rußland), die außerordentliche
Machterweiterung Oesterreichs beneidend und fürchtend,
traten als Friedensvermittler in Passarowitz hervor
(1718), unterbrachen die kriegerischen Pläne des Prin=
zenhelden und retteten so die Türkei, mit Beibehaltung
von Morea, vor einem sicheren Untergange; und eine
solche Gefahr, von welcher die Türkei in dieser Zeit
bedroht wurde, ist bis an unsere Tage zu wiederholten
Malen über ihr Haupt hereingebrochen. Und nur die
Rivalität der Großmächte und das europäische Gleich=
gewicht ist es, das die Türken aus Europa nicht ver=
drängen läßt, und deßwegen spricht man heute noch
ganz bestimmt über die Erhaltung der Integrität des
türkischen Reiches.

Der Friede dauerte ungefähr zwanzig Jahre, dann
entstanden Zwistigkeiten zwischen den Türken, Tataren
der Krim, den Persern und Russen, wobei die Letzteren
Azow und die Krim angriffen. Die Türkei erbat in Folge
dessen die Vermittlung von Oesterreich, um Azow zurück=
zubekommen. Oesterreich wies die Bitte der Türken
zurück, worauf der Krieg zwischen den Türken einer=
seits und den Oesterreichern und Russen anderseits
entstand. An der Spitze der österreichischen Armee stan=
den nicht mehr solche Feldherren wie Sobieski, Herzog
Karl von Lothringen und der Prinz Eugen von Sa=
voyen; es waren diesmal die Generale, durch deren
Unfähigkeit und kriegerische Unerfahrenheit die erlittene
Niederlage herbeigeführt wurde. Die Russen gingen
daraus mit einigem Erfolge hervor, und endigte der
Krieg mit dem Belgrader Frieden (1739), wonach
Belgrad, Azow und die Küstenortschaften der Donau=
fürstenthümer der Türkei zurückgegeben wurden.

Der Hauptvermittler dieses Vertrages war der französische Gesandte Marquis de Villeneuve, welcher im Auftrage seines Königs Ludwig XV. auf Verminderung der Macht Oesterreichs arbeitete und mit dem Sultan die aufrichtigste Freundschaft unterhielt.

In dieser Zeit, um die erste Hälfte des achtzehnten Jahrhunderts, stand Frankreichs Einfluß in Constantinopel am höchsten Gipfel; alles wurde durch ihn ausgeführt, wenigstens geschah nichts ohne seine Hilfe; ohne den moralischen Einfluß Frankreichs hätte die Türkei keinen Erfolg im Kriege errungen, ohne seine Unterstützung wäre der Belgrader Vertrag nicht zu Gunsten der Türkei ausgefallen. Unter den zahlreichen Gesandten, diplomatischen Agenten, welche um diese Zeit die Großmächte und kleinen Staaten vertraten, waren es besonders die von Frankreich, namentlich Villeneuve, Castellane, Desalleurs thätig, um die früheren Handelsverträge mit großem Vortheil zu erneuern, und französische Handelsschiffe waren es hauptsächlich, welche man in den Gewässern des Orient in beträchtlicher Anzahl bemerken konnte.

Frankreich unterstützte die Christen des Orients und besonders die Maroniten; durch seinen Einfluß übergingen die heiligen Orte von Jerusalem wieder in den Besitz der lateinischen Väter. Aeußerst kostbare Geschenke wurden mehrmals zwischen dem Sultan Mahmud I. und dem König Ludwig XV. gewechselt.

Es ist bemerkenswerth hier anzudeuten, daß um diese Zeit ein Franzose Namens le comte Bonneval, ein Freund Voltaire's, wegen Zerwürfnisse mit seiner Regierung Frankreich verließ, um in den Dienst des Kaisers von Oesterreich zu treten. Als tüchtiger Krieger kämpfte er tapfer bei Peterwardein und Belgrad, nachher hatte er Differenzen mit der österreichischen Regierung und dem Prinzen Eugen, verließ auch Oesterreich und ging zu den Türken. Als seine Auslieferung gefordert wurde, trat Bonneval zum Jslam über, nannte sich Osman und wurde auf Anordnung des Sultans Pascha und General des Bombardiercorps (1729). Die Pfortenbeamten in Constantinopel betrachteten ihn mit Verachtung, den höheren Würdenträgern war er aber sehr nützlich, da sie durch ihn alle Geheimnisse der europäischen Politik, die er gründlich kannte, ermitteln konnten. Die guten Erfolge der türkischen Feldzüge in den Jahren 1737, 1738, 1739 verdanken sie theilweise den einsichtsvollen Rathschlägen von Bonneval, welcher bald darauf die Verwaltung einer kleinasiatischen Provinz erhielt.

Dieser Umstand zog noch andere Franzosen nach Constantinopel. Saint Simon sagt, daß Bonneval bis zum Ende seines Lebens „fort débauché, fort gueux et fort pillard" war, aber Voltaire will hinzufügen: „on lui passera tout, parce-qu'il était un homme aimable". Dessenungeachtet muß das Urtheil der Geschichte streng auf sein verrätherisches Haupt fallen. Seine Ueberreste ruhen seit dem Jahre 1747 in einem Derwischen Bethause in Galata von Constantinopel.

In der Uebergangsperiode vom siebzehnten zum achtzehnten Jahrhundert erscheint auf der weltgeschichtlichen Bühne ein Mann, dessen großer Name und schaffender Geist das Schicksal zweier Reiche entschieden und die Richtung der Angelegenheiten des Orientes vorbereitet und im steten Kampfe gegen Norden und Süden, Westen und Osten neue Bahnen gebrochen, die Grenzen seines Reiches bestimmt und endlich auf die Schwächung seiner europäischen Nachbarn und besonders auf die Vernichtung des mohamedanischen Reiches abgezielt hat.

Dieser strebsame Arbeiter und außerordentliche Mann auf dem Throne, das erkennt schon jeder Gebildete, war Peter der Große.

Das Reich Peter's war damals auf eine sehr
große Distanz von den Ufern des schwarzen Meeres
entfernt, Azow an der Mündung vom Don, eines
Flusses, welcher die mittleren Regionen Rußlands durch-
strömt, war der einzige nächste Stapelplatz und Opera-
tionsbasis von Wichtigkeit für die zukünftigen Pläne
des Zaren von Moskau. Nach mehrmaliger langer Belagerung war Peter im Jahre 1697 im Besitze von
Azow, das er stark befestigte. Sodann dachte er an die
Hafenanlegung von Taganrog unweit von Azow, an
der Küste des Azow'schen Meeres. Er errichtete eine
Werft zum Schiffbau in Woronesch, zu welchem Zwecke
er die geschickten Venetianer nach der Werfte in Woronesch einlud. Azow und Taganrog waren für Peter
als erste Fenster nach dem Süden geöffnet. Nach den
ersten Hafenanlagen in Taganrog hatte Peter im Sinne,
seine Residenz dahin zu verlegen.

In seiner Sorgfalt für die junge Marine dachte
Peter im Geiste das Schwarze Meer zu beherrschen.
Jetzt erst beginnt in der That die orientalische Politik
Rußlands.

Inzwischen machte Peter, nach der Einnahme von
Azow im Jahre 1697, eine Reise nach Deutschland,
wo ihn damals Leibnitz sah, aber noch nicht in ein
näheres Verhältniß zu ihm getreten war.

Aus dem von Leibnitz an seinen Freund Burnet
am 24. August 1697 gerichteten Schreiben stellt folgende Stelle den Gedankengang und Wirkungskreis
Peters dar:

„Der Zar, welcher ein wenig holländisch und
„deutsch spricht, hat den Frau-Kurfürstinnen von
„Brandenburg und Braunschweig, welche mit ihm in
„dem Schlosse von Koppenbruck zu Abend aßen, gesagt,
„daß er fünfundsiebzig Kriegsschiffe bauen lasse, welche
„er auf dem Schwarzen Meere gebrauchen will. Er
„denkt jetzt nur daran, die Türken zu beunruhigen;

„sein großes Vergnügen macht das Seewesen aus, das
„er gelernt hat und aus dem Grunde noch lernt, da
„er die Absicht hat, sich zum Herren des Schwarzen
„Meeres zu machen."

Nach zweijährigem Waffenstillstande kehrte Peter
im Jahre 1699 nach Abschluß des Carlowitzer Friedens
nach Rußland zurück und schickte seinen Gesandten auf
dem ersten Kriegsschiffe nach Constantinopel, dessen
Erscheinen etwas ganz Unerwartetes für die Türken
war, welche, aus ihrer Apathie erwachend, die Gefahr
erkannten und sich somit genöthigt sahen, alle ihre Festungen an den Ufern des Schwarzen Meeres in guten
Stand zu setzen und zu befestigen. Und was das für
eine Befestigung war, welche den Feind nicht aufzuhalten vermochte!

Im Laufe der zwei Jahrhunderte hat die Türkei
mit ihren Festungen das Eindringen der Europäer in
ihre Besitzthümer nicht zu verhindern vermocht, und
jetzt, im Herzen ihres Reiches, sind es Europäer, welche
dem Staate eine neue Richtung zu geben bemüht sind.

Kehren wir zu unserem Gegenstande zurück. Nachdem die Grundsteine zum Residenzbaue in Taganrog
gelegt wurden, befand sich Peter im Schwanken, ob die
Residenz nach Taganrog oder nach Petersburg am baltischen Meere zu verlegen sei. Darüber sagt die große
Kaiserin Katharina Folgendes: „il choisit Taganrock.
Ce port fut construit .... Ensuite, il balança
longtemps s'il batirait Petersbourg sur la Baltique, ou une ville à Taganrock. Enfin, les circon-
stances le decidèrent pour la Baltique". (Voltaire
Correspondance particulière t. XII.)

Was zur Gründung von Petersburg veranlaßte,
war, um die Bewegungen der Schweden von der Nähe
zu beobachten und ihnen aufzulauern.

Nachdem Petersburg gegründet und der letzte Schlag
den Schweden unter Leitung ihres Königs Karls XII. bei

Poltawa verſetzt wurde und der beſiegte König in Bender in türkiſchem Lande ſeinen Aufenthalt nahm, entſtanden Zwiſtigkeiten zwiſchen den Türken und Peter, wie wir es ſchon einmal erwähnten, und im Jahre 1711 erfolgte die förmliche Bekanntmachung der Kriegserklärung gegen die Türkei.

Der Zar Peter ging ſicherlich mit der feſten Hoffnung des vollſtändigen Sieges in dieſen Kampf, bei welchem ihm, in Hinblick auf die Stimmung und den Beiſtand der griechiſch-chriſtlichen Bevölkerung des türkiſchen Reiches, ſelbſt die Eroberung von Conſtantinopel und die Wiederherſtellung des griechiſchen Kaiſerthums damals ſchon als ein erreichbares Ziel vorgeſchwebt haben mag. Wenigſtens ſoll er geäußert haben, daß er dort ſeine letzte Ruheſtätte zu finden wünſche . . . . „qu'il disoit, qu'il vouloit être enterré à Constantinople“. (Remarques, etcetera de Poniatowski.)

Die Hoffnungen jedoch auf den Kriegserfolg waren ganz und gar trügeriſch und vergeblich. Als die Türken am rechten Ufer vom Pruth bei Kuſch die ganze Armee Peters umzingelten und den Zar, den die Türken ak bigh (weißen Schnurbart) nannten, durch Uebermacht ihrer Streitkräfte in eine ſolche Bedrängniß verſetzten, daß er weiter zu kämpfen nicht im Stande war, rief derſelbe unwillkürlich aus: „Mir iſt's zu Muthe wie meinem Bruder Karl bei Poltawa!“ Peter ließ ſodann alle Vorbereitungen zum Kampfe beim nächſten Tagesanbruche treffen und gab ſich darauf den ſchauderhafteſten Gedanken, tiefer Qual und peinigendem Kummer hin, ſchloß ſich einſam in ſein Zelt ein und mit gebrochenem Muthe ſeiner vollbrachten Thaten und all des Vielen, das für ſein Volk und Vaterland noch zu thun ſei, gedenkend, ſchrieb er mit zitternder Hand dem Senate Folgendes:

„Ich ſehe nichts vor mir als völligen Untergang oder Gefangenſchaft bei den Türken ꝛc.“

Inzwischen faßt im Nebenzelte des Zaren seine edel=
müthige Gattin, welche nach historischen Angaben eine
Bauerstochter aus Littauen war, die Zarin Katharina, sowie
einst die Kaiserin Theodora, den Entschluß, durch Kühn=
heit und Entschlossenheit ihren Gatten und dessen Thron
zu retten. Sie entledigte sich all ihrer Kostbarkeiten und
Schmucksachen, und nachdem sie dasselbe zu thun von
den Generalen gefordert hatte, versuchte sie mit einem
Stück Papier in der Hand, worauf die Bitte an die
Türken um Einstellung der Feindseligkeiten geschrieben
stand, in das Zelt des Zaren zu bringen, das für Nie=
mand zugänglich war.

Es fehlte nur die Unterschrift des Zaren; sie bittet
ihn auf den Knien, das Sendschreiben zu bestätigen.
Peter bedenkt, überlegt, die Zarin bringt, bittet, weint
und endlich ist die Unterschrift erfolgt.

Bei Tagesanbruch gingen der General Schere=
meteff und der Reichskanzler Schaffiroff ins Lager der
Türken und übergaben die im russischen Lager gesam=
melten Kostbarkeiten und Goldmünzen und den Brief
an Osman agha, Minister des Innern, welcher einen
großen Einfluß auf den Armeebefehlshaber, den Vezir
Baltadschi, hatte. Der Schein der prunkenden Kostbar=
keiten und glitzernden Edelsteine, welche kaum einige
tausend Rubel werth waren, befriedigte die Habgier
des Osman agha, der in den Vezir bringt, den Frieden
mit den Russen zu schließen.

Baltadschi, ein Mann von schwacher Einsicht und
ohne kriegerische Gesinnung, schloß mit Peter Frieden
und damit, daß er Azow zurückforderte, dachte er viel
für den Sultan gethan zu haben, während er in Wirk=
lichkeit alle Pläne Peters im Keime zu vernichten und
Rußlands Entwickelung und Fortschritt auf eine lang
au ernde Zeit aufzuhalten vermocht hätte.

Allah Kerim, Maschallah! sagen die Türken, was

ein Ausruf zu Gott ist, fühlen sich psychologisch be=
friedigt und glauben damit alles gethan zu haben.

Als Karl von Schweden die Nachricht von dem
Treffen der Türken mit den Russen erfuhr, kam er von
Bender in großer Eile ins türkische Lager und war
sehr überrascht, die Russen nach geschlossenem Frieden
weit am Rückzuge zu finden. Er trat direct ins Zelt
des Vezirs ein und sagte mit Zorn: „Warum hast Du
den Zar nicht gefangen genommen und ihn nach Con=
stantinopel gebracht? Eine solche Gelegenheit dürfte sich
kaum mehr bieten!" „Wer hätte dann", antwortete
Baltabschi mit großer Apathie, „sein Reich während
seiner Abwesenheit verwaltet?" Karl äußerte seinen
Verdruß durch beleidigende Handlungen und Worte und
ging wieder seines Weges nach Bender. „Diese Leute
(die Türken) werden nie zu irgend etwas fähig sein!"
sagte Karl bei seiner Abreise.

Die türkische Regierung verweigerte aber die Ra=
tification des Friedens, welche jedoch nach mehreren
Monaten erfolgte, verbannte Baltabschi, ließ die drei
Friedensunterhändler Osman=agha, Omer und Abdul=
Bakir, welche die Geschenke der Zarin empfangen hatten,
enthaupten. In einem Koffer von Osman=agha wurden
der Fingerring der Zarin und viele Goldmünzen säch=
sischer und russischer Prägung vorgefunden. So endigte
dieser Krieg, welcher für die Russen lehrreich und für
die Türken trotz ihres scheinbaren Erfolges verhäng=
nißvoll wurde.

Dieser Krieg diente nur zum Prolog der orien=
talischen Politik Rußlands, und nach einigen Jahren
(1717) war Peter sehr bemüht, eine stete Gesandt=
schaft in Constantinopel zu errichten, welche nach dem
Kriege am Pruthufer dort abgeschafft war.

In einer anderen Beziehung ist es wichtig, die
Orientpolitik Peters zu berücksichtigen. Im Anfange des
achtzehnten Jahrhunderts, als die Moldavaner und Wa=

lachen wegen des drückenden türkischen Joches ihre Blicke
einerseits auf Oesterreich, andererseits auf Rußland
richteten, schloß der Zar im ersten Zehntel des Jahrhunderts mit der Walachei und Moldau ein Bündniß,
das aber für Peter und für die Christen der europäischen Türkei damals ohne besondere Bedeutung blieb.

Um dieselbe Zeit bildete sich in den Gebirgen von
Kharabagh unweit Ararat im nördlichen Theile von
Armenien, wo fünf christliche armenische Fürstenthümer,
zusammen die sogenannte Khamsa-Melik von der persischen Herrschaft unterdrückt wurden, ein Aufstand, um
sich von der persischen Gewalt zu befreien. Diese fünf
Fürsten oder Meliken trafen Vorbereitungen, um eine
große Miliz auf eigene Kosten zu bilden, und als der
Name Peters in die Gebirgsthäler von Armenien gelangte,
suchten sie zugleich die Unterstützung und den Beistand des
Zaren Peter für sich zu gewinnen. Der Zar hegte eine große
Neigung für die Armenier, deren commercielle und
kriegerische Eigenschaften er in hohem Grade schätzte.

Im Jahre 1701 erschien beim Zaren in Smolensk eine armenische Deputation, an deren Spitze Israel Ori, ein Armenier aus Indien, Minas Verdapet
und noch andere standen.

Der Zar empfing sie auf's herzlichste und erfuhr
nun, daß die Armenier sich unter seinen Schutz zu
stellen gewillt seien, den Krieg den Persern zu erklären
wünschen und, wenn die russische Armee zu ihrer Hilfe
komme, sie bereit seien, dieselbe auf ihre eigenen Kosten
zu unterhalten.

Israel Ori war ein sehr erfahrener Kenner des
Orientes und als geschickter Vermittler setzte er dem
Zaren alle Vortheile auseinander, welche durch Errichtung der autonomischen Verwaltung in Armenien als
eine Mittelstation zwischen Indien und Rußland mittelst der Armenier gewonnen und durch den Einfluß
der Armenier im Oriente im Allgemeinen erzielt werden

könnten. Peter acceptirte den Vorschlag und versprach
den Armeniern seinen Beistand zur Bewerkstelligung
ihrer Wünsche, nur mit der Bedingung, nicht sogleich
an das Werk zu schreiten, sondern erst eine günstige
Zeit und Gelegenheit abzuwarten. Der Zar war nach
Empfang der armenischen Deputation äußerst neugierig,
den inneren Zustand und die politische Machtstellung
Persiens zu kennen, er faßte daher den Beschluß, eine
Gesandtschaft nach Persien zu schicken, zu deren Oberhaupt er Israel Ori selbst ernannte und ihm die ver=
schiedensten Instructionen ertheilte, um den Zaren über
Persien bestens zu informiren.

Es ist höchst bemerkenswerth, daß nach den glänzenden Siegen des Prinzen Eugen an der Donau gegen
die Türken, also bevor sich die armenische Deputation
an den Zaren wendete, derselbe Israel Ori beim Kaiser
von Oesterreich und Herzog von Bayern um Beistand
und Unterstützung für die Armenier ansuchte, oder aber
den Vorschlag machte, ihre Streitkräfte mit den russi=
schen vereinigt, für die Armenier zu verwenden.

Inzwischen tagte eine armenische Versammlung
unter dem Vorsitze des Patriarchen Katholikos Isaias
in dem Kloster Ganzassar in Nord=Armenien, wohin
Israel Ori sich zuerst begab und dann erst an der Spitze
der russischen Gesandtschaft im Jahre 1707 nach Persien.

Minas Barbapet blieb in Rußland und beschäf=
tigte sich ausschließlich mit den politischen Angelegen=
heiten seines Vaterlandes, welchem der Zar seine Auf=
merksamkeit schenkte.

In jener Zeit war Persien den Europäern wenig
bekannt und schwer zugänglich, weßhalb es mit großen
Schwierigkeiten verbunden war, Ori mit der persischen
Regierung in irgend welche Beziehungen zu bringen;
trotz allem gelang es ihm, Dank seiner diplomatischen
Geschicklichkeit festen Fuß in Ispahan, der Residenz des
regierenden Schah, Sultan Hussein, zu fassen, dessen

Neigung zu gewinnen und alle nöthigen Auskünfte für
Peter zu sammeln und zugleich ein freundschaftliches
Verhältniß zwischen dem Zaren und dem Schah anzuknüpfen. Ori blieb mehrere Jahre in Persien und, mit
allen Auskünften versehen und von Seite des Schah
mit kostbaren Geschenken für Peter ausgestattet, kehrte
er nach Rußland zurück.

Der Zar Peter war mit dem von Ori erzielten
Erfolge außerordentlich zufrieden und versprach ihm
40.000 Mann, um sie mit der Miliz der armenischen
Fürsten zu vereinigen und die Befreiung Armenien's
zu bewerkstelligen. Die Geschenke aber, welche Ori dem
Zaren brachte, wurden von Peter zum Nutzen der
Kriegsangelegenheiten der armenischen Fürsten über-
wiesen. Ori, als edler und großmüthiger Mann, antwortete dem Zaren, wie später der Führer der griechischen Deputation Lambros Katzones der Kaiserin
Katharina II., daß die Armenier weder Soldaten noch
Geld bedürfen, da sie beides zur Genüge hätten, sie
wünschen nur den Schutz und den Beistand des russischen Zaren, welcher dies auch zusagte. Voll Hoffnungen und mit großem Eifer trat nun Ori eine Reise
nach Süden an, erkrankte aber in Astrachan an der
Wolgamündung und starb. Dessenungeachtet nahmen
die Dinge ihren Verlauf.

Die Georgier, welche den Türken unterjocht
waren, nahmen an der armenischen Bewegung Antheil.
Durch Sendschreiben ertheilte Peter den Rathschlag,
daß die Georgier und Armenier ihre Streitkräfte vereinigen und verkündete, daß er persönlich an der Spitze
seiner Armee erscheinen werde. Wie gesagt, so gethan.
Die Armenier unter Führung des tapferen David=beg,
ungefähr 60.000 an der Zahl und die Georgier unter
Führung des Wachtang, fast ebensoviel an Zahl, waren
im Jahre 1722 zum Kriege gerüstet. Peter der Große
an der Spitze von 30.000 Mann eroberte einige Küsten.

striche (Petrowsk) am Kaspischen Meere und erschien am 23. August desselben Jahres in Derbent. In der Erwartung, den Zaren*) in ihrer Mitte zu sehen, jubelte die vereinigte Miliz der Armenier und Georgier, aber die inneren Staatsangelegenheiten nöthigten den Zaren nach Rußland zurückzukehren. Im Jahre 1725 verschied er in Petersburg. Viele seiner Pläne blieben deshalb unausgeführt. Wir haben das nur mit Absicht angeführt, um zu zeigen, wie umfangreich die Pläne Peters des Großen waren, der sein ganzes Leben hindurch bemüht war, die Grenzen seines Reiches gegen das Weiße, Baltische, Azow'sche, Schwarze und Kaspische Meer auszudehnen. Was er nicht ausführen konnte, vermachte er seinen Nachfolgern, und ein wichtiges Vermächtniß seiner Politik bezieht sich auf den Orient. Nach einem Schriftstücke (Palzow, Actenstücke der russischen Diplomatie. IX. Artikel, Berlin 1854) hieß es, daß die Angel, um welche sich die orientalische Politik Peters des Großen drehte, folgende ist: „Constantinopel und „Indien muß man sich so viel wie möglich nähern, „denn wer dort herrscht, ist der wahre „Herrscher der Welt. Also sind der Türkei fortwährend Kriege zu schaffen, wie auch Persien. Am „Schwarzen Meere sind große Depots zu errichten, um „sich desselben allmälig zu bemächtigen, so wie des „Baltischen, dieser beiden zum Gelingen des Vorhabens „unentbehrlichen Punkte u. s. w."

Wie Julius Cäsar's Vorbild sich in Napoleon dem Ersten wiederholte, ebenso hatte Peter der Große in mancher Beziehung Aehnlichkeit mit der mächtigen Erscheinung Constantin des Großen. Um sich von der alten Tradition, welche auf diesen beiden Herrschern

---

*) Wir führen die Orientpolitik Peters des Großen am Kaspischen Meere mit der Bemerkung an, daß darüber noch sehr wenig geschrieben wurde, und gehört sie zur dunkelsten Partie der Geschichte des Orients.

lastete, zu befreien, verlegte der Eine seine Residenz nach Constantinopel, der Andere nach Petersburg, in der aussichtsvollen Absicht, mit der übrigen Welt in einen raschen Verkehr zu treten und auch deshalb, um von der neuen Residenz aus die Bewegungen der Feinde besser und näher zu beobachten. Der Eine stellte sich als Beschützer des Christenthums aus dem Oriente (was im Mittelalter als identisch mit der Civilisation betrachtet wurde), der Andere als Beschützer der Civilisation aus dem Westen Europas hin. Beide waren ausgezeichnete Krieger und bis an ihr Lebensende für das Wohl der Völker und die Staatsorganisation thätig. Durch das tragische Hinscheiden der Söhne und Erben beider Herrscher wurde das letzte Siegel der Aehnlichkeit aufgedrückt. Seitdem wird Constantinopolis als Centralort des umfangreichen Orients und Petropolis als Centralpunct des breiten und weiten Rußland, dessen Grenzen im Augenblicke noch nicht geschlossen sind, bezeichnet.

Der Druck, unter welchem die Türkei im Laufe des achtzehnten Jahrhunderts stand, war so groß, daß die allgemeine Meinung offenkundig über den Verfall des Türkenreiches sprach, und im Jahre 1736 wurde sogar von Spanien aus, seitens des Ministers Cardinal Alberoni ein Vorschlag behufs Theilung der Türkei in Europa, Asien und Afrika gemacht, der eine Zeit hindurch einige Aufmerksamkeit erregte. Nach dem Belgrader Friedensvertrage (1739) wurde, was wir schon erwähnten, den Russen Azow wieder weggenommen und bis auf Weiteres verboten, Schiffe auf dem Schwarzen Meere zu halten. Das war der letzte Schimmer des türkischen Kriegsglanzes, der letzte Strahl der untergehenden asiatischen Sonne auf dem Throne Constantins des Großen, einer Sonne, welche die ganze Welt durch den Islam zu beleuchten dachte!

Als die Türkei in dem von uns betrachteten

Jahrhundert durch starke Schläge dem Abgrunde sich zu
nahen schien, erschien im Jahre 1718 nach dem Frieden
von Passarowitz ein Sendbote des König Wilhelm I.
von Preußen, um ein freundschaftliches Bündniß zwi=
schen der Türkei und Preußen anzubahnen. Preußen
war der Türkei ein nur wenig bekanntes Land. Die
Türkei stand aber, wie schon erwähnt, in einem freund=
schaftlichen Verhältnisse zu Frankreich, eine solche preu=
ßische Anerbietung wurde daher mißbilligt und verachtet.
Aber einige Jahre später war es dem Könige Friedrich II.
vorbehalten, unter dem Vorwande, Pferde in der Türkei
einzukaufen, eine Botschaft nach Constantinopel zu ent=
senden und zugleich ein Bündniß mit der Türkei gegen
die furchtbare Macht Oesterreichs zu schließen. Es blieb
ebenso ohne Erfolg, aber später unter dem steten
Drängen und mit Zustimmung und Unterstützung der
fremden Gesandten in Constantinopel, gelang es endlich
im Jahre 1761, definitiv den ersten Freundschafts= und
Handelsvertrag zwischen der Türkei und Preußen zu
unterzeichnen.

Es ist sehr bemerkenswerth, die Beziehungen Friedrich
des Großen zu der Türkei hier kurz zu verzeichnen.
Friedrich als großer Feldherr und Staatsmann, als
Schriftsteller und Dichter, fand die Muße sich mit den
Angelegenheiten des Orientes zu beschäftigen. Im Lande
der „reinen Vernunft", wo Kant, Hegel wirkten, hat
er eine Militärmacht gegründet, aus welcher das ver=
einigte Deutschland des Naturalismus, Positivismus
und Materialismus unserer Tage hervorgehen sollte.
Durch seinen staatsmännischen Blick war er bestrebt,
ähnlich Franz I, Heinrich IV. und Ludwig XIV. von
Frankreich die furchtbare Macht Oesterreichs zu schwächen.
Dies war eigentlich der Hauptzweck seiner Staatskunst,
wozu der „Freundschaftsvertrag" mit der Türkei ihm
so dringend nothwendig schien. Von seinem Schlosse
Sans=souci aus, wo er die „Histoire de mon temps"

schrieb und seine französischen Verse seinen Freunden Voltaire und Algarotti vorlas, in der Einsamkeit seine Lieblingsflöte blies und neue staatsmännische Aufgaben plante und löste, unterhandelte er mit einem Nachfolger des Mekkapropheten, mit dem Sultan Mustapha III., den Voltaire sarkastisch monsieur mamouchi, porceau d'Epicure, gros boeuf nannte.

Als schon die Freundschaft zwischen Friedrich und Mustapha gesichert war, bat der Sultan um das Geheimniß der Verwaltung Preußens und die Ursachen seines Wohlstandes, welchen er den Astrologen zuschrieb. Zu diesem Zwecke bat er Friedrich. ihm drei Astrologen zu schicken. Die Antwort Friedrichs, welche dahin lautete, daß das beste für die Zukunft Preußens und die Begründung seines Glückes, drei Dinge, nämlich: die Regierungskunst, ein wohlgerüstetes Herr und ein stets gefüllter Staatsschatz seien, versetzte den Sultan in das höchste Staunen, zugleich aber in eine gedrückte Stimmung, weil ihm die Attribute von diesen drei Dingen fehlten; er äußerte sich mit einem tiefen Seufzer, daß er noch mehr den Verstand, als die Kriegsmacht dieses Königs von Preußen fürchte.

Seitdem ist es mehr als ein Jahrhundert, daß die Türkei sich mehr und mehr dem Abgrunde nähert, und heute ebenso wie vor Jahrhunderten werden zu allen wichtigsten Staatsangelegenheiten der Hofastrologe, der Oberennuche (d. i. der Verwalter der Haremodalisken) und der große Mufti (als Erklärer des Korans) zu Rathe gezogen, welche die Zukunft der Türkei in den regenbogenfarbigen Sprachkunst des Türkismus zur Freude der russischen Aspiration darstellen. Bis auf unsere Tage blieben diese drei Dinge der Staatskunst und der Verwaltung des Reiches in der Bezeichnung der türkischen Wirthschaft aufrecht.

Seit der Regierung Ludwig XIV. ist die Türkei

unter dem starken Einfluße des Europäismus, und trotzdem klärt sich der türkische Verstand nicht auf.

Weitere Verhältnisse Friedrich des Großen und seiner Nachfolger zu der Türkei waren immer rein diplomatischer Natur, und der Antheil des großen Königs an der türkischen Machtstellung und Staatsangelegenheiten selbst war äußerst lebhaft, und wir werden sie weiter in diesen Blättern noch besprechen.

In der zweiten Hälfte des achtzehnten Jahrhundertes stürzte in der Mitte Europas ein viel geprüftes Königreich, dessen innere Wirrnisse und äußere Begebenheiten sehr tragisch verliefen und in welches sich drei benachbarte Staaten theilten. Im Jahre 1764 nach dem Tode des Königs August III. von Polen, entstand eine allgemeine Anarchie, welche zur Folge hatte, daß die Kaiserin Katharina II. von Rußland — vordem eine deutsche Fürstin von Holstein-Gottorp — ihren Günstling Stanislaus Poniatowski, den früheren Gesandten des Königs August III. am Petersburger Hofe, als König von Polen auf den erledigten Thron erhob, trotzdem daß es Frankreich, der Türkei und dem Nationalgefühl der Mehrzahl der Polen widrig erschien. Stanislaus Poniatowski, jung, schön, geistreich und leichtsinnig, fand zwar eine starke Stütze in der Kaiserin Katharina von Rußland, aber wenig Anhänger unter den Polen, von denen die meisten für ihre Unabhängigkeit unter Kosciuszko kämpften. Unter den Staatsmännern Europas war es kein Geheimniß, daß die Kaiserin Katharina das Schicksal Polens einige Jahre vorher ausgesprochen hatte. Preußen, Oesterreich und England waren mit Rußland bezüglich der Theilung Polens einig, Frankreich dagegen war sehr bestrebt, die Unabhängigkeit Polens aufrecht zu erhalten, konnte jedoch allein nichts thun und hetzte die Türkei gegen Rußland, da ihre Grenzen gleichfalls bedroht waren. Die Türken wollten nicht, daß die Russen mit bewaff-

neter Macht in Polen herrschten, weil ein Theil der
Polen die Hilfe der Türken gegen die Russen ange=
rufen hatte. Sobald die Theilung Polens unter den
drei Mächten beschlossene Thatsache war, machte der
Sultan Mustapha dem Kaiser Josef II. einen ähnlichen
Vorschlag, um aus Polen eine gute Beute zu erhalten.
Es war Thugut, der geschickteste Diplomat, welchen
Oesterreich jemals in Constantinopel gehabt hatte und
der auch die Verhandlungen leitete. Es war ein
doppeltes Spiel, dessen Consequenzen der Türkei tiefe
Wunden geschlagen hatten. Es entbrannte ein Krieg,
welcher fünf Jahre dauerte (1769—1774). Während
dieser Zeit hatte die Türkei hie und da vorübergehende
Erfolge, allein im Großen und Ganzen wurde sie
sowohl zu Wasser als zu Lande total geschlagen. Die
Russen verdrängten überall die Türken und besetzten
alle Ländereien bis an die Küste des Azow'schen und
Schwarzen Meeres, die Moldau, die Walachei und
Nordbulgarien bis ungefähr an die Balkanberge. Auf
dem See bei Tschesme, im Alterthum Cyssus genannt,
wo einst die Römer die Seemacht des Antiochus zu
Grunde richteten, wurde auch die türkische Flotte gänz=
lich, wie vor zwei Jahrhunderten von Don Juan bei
Lepanto, von der russischen unter der Führung des
Orloff zerstört und verbrannt.

Das Vermächtniß Peters des Großen, die Gren=
zen Rußlands dem Schwarzen Meere zu nähern, ging
in Erfüllung, die türkische See= und Kriegsmacht war
fast gänzlich untergegangen. Hierin lag die große
Hoffnung, welche die Griechen auf die Russen setzten.
Die Kaiserin Katharina, diese „Semiramis du Nord, —
c'est du Nord que nous vient la lumière, — te
Catharinam laudamus, — te dominam confitemur‟,
wie Voltaire sie mannigfach besang, und Rußlands
Dichter Derschawin sie als Königin des Glücks „Feliza‟
bezeichnete und in vielen Versen eben so besang, stand

am Gipfel des höchsten Ruhmes und Glanzes, schwärmte
um diese Zeit für die Herstellung des „griechischen
Kaiserthums." Die Kaiserin hatte einen Enkel Namens
Constantin, welcher der Gegenstand allgemeiner Schwär=
merei ward. Für ihn ließ die Kaiserin sechs Ammen
aus den Inseln des Archipel holen, ließ für ihn ein
griechisches ABC. verfassen und gestattete ihm nur mit
griechischen Jünglingen zu spielen. Nach der Zerstörung
der türkischen Flotte bei Tschesmé schrieb die Kaiserin
im September des Jahres 1770 einen Brief an Vol=
taire, in welchem es hieß: „pour ce qui est de la
„prise de Constantinople, je ne le crois pas si
„prochaine, cependant il ne faut, dit on, désespérer
„de rien" und fast zur selben Zeit ließ die Kaiserin
dem Kaiser Josef II., dem berühmten Sohne der glor=
reichen Maria Theresia, einen Vorschlag der Theilung
der europäischen Türkei vorlegen. Der großmüthige
Kaiser Josef soll herzlich gelacht haben, als er zugleich
eine Anfrage vom Sultan Mustapha bezüglich der
Theilung Polens erhielt. Der Sultan in der Sorg=
losigkeit seines Stambuler Perlmutter=Serails beharrte
hartnäckig auf seinen Wunsch der Theilung Polens,
dessen Beschützer er sich zu nennen pflegte, ohne von
dem Vorschlage Katharinas eine Ahnung und von dem
inneren Zustande seines Reiches einen Begriff zu haben.

In einer Fabel von Aesopos heißt es: „Als
die Katze am Sterben zu sein schien, traten alle Mäuse
aus ihren Löchern heraus und tanzten um die Katze
herum." Während der Zeit des Krieges herrschte in
Europa allgemein die Meinung über den Untergang der
Türkei. Die Moldawaner, die Walachen, die Griechen
und Montenegriner in Europa, die Mingrelier, Imerelier,
Georgier, Armenier südwärts von der Kaukasusgebirgs=
kette, die Bevölkerung von Mesopotamien, Syrien,
Palästina, Arabien und Egypten befanden sich im Zu=
stande des offenen Aufruhres und begünstigten beim

gänzlichen Verfalle der türkischen Finanzen und Streit=
kräfte, die militärischen Befehle der jubelnden Kaiserin
an der Newa „stupai vperiod" (weiter vorwärts). Als
während des Krieges die Theilung der Türkei ein
beliebter Gegenstand allgemeiner Unterhaltung in Europa
war, schrieb der Philosoph von Ferney im Jahre 1772
an den König Friedrich II.: „Vous pourriez encore
vous accomoder chemin faisant, de quelque province
pour vous arrondir, c'est parceque les Turcs ont
de très bon blés, et point de beaux-arts, que je
voulais vous voir partager la Turquie avec vos
deux associés". Unter Anderem wurde dem Könige
von der Besitznahme des Hafens von Piräus geschrieben.
Darauf antwortete der Einsiedler von Sans=Souci ein
Jahr später, daß er sein Danzig allen Häfen der Welt
vorziehe, und weiter heißt es : .... „les Grecs, pour
lesquels vous vous interessez si vivement, sont, dit-
on, si avilis qu'ils ne meritent pas d'êtres libres".
Die Meinungen über die Christen der Türkei waren
in Europa sehr getheilt. Wenn die einen von Platon,
Lykurg und Solon schwärmten, verachteten die anderen
die zeitgenössischen Griechen, ohne die Jahrhunderte lang
andauernde asiatische Knechtschaft in Betracht zu ziehen
und das niederträchtige Joch, unter dessen Druck die
Christen mehr als die Hälfte ihrer tugendhaften Eigen=
schaften verloren. Endlich als alle Mittel des Wider=
standes seitens der Türken erschöpft waren, war es
dringend geboten, zu den Friedensverhandlungen über=
zugehen und in Kaïnardschi oder Kutschuk=Kaïnardschi,
unweit von Silistria, wo der General Weißmann durch
eine türkische Bombe seinen Heldentod fand, wurde am
21. Juli 1774 der Vertrag geschlossen, nach welchem
die Tataren von der Krim, von Bessarabien und dem
Kubangebiete von der Türkei unabhängig wurden, alle
Striche an dem Azow'schen Meere und nördlich vom
Schwarzen Meere, alle Städte an den Mündungen der

Flüsse Don, Dnieper mit Rußland vereinigt wurden, die freie Schifffahrt für Rußland zu jeder Zeit im Schwarzen und Egeischen Meere gestattet und endlich die Christen des orientalischen Glaubens sich ausschließlich unter den Schutz Rußlands begeben mußten. Wenn die Moldau und Walachei der Türkei übergeben wurden, stellte Rußland die Forderung, die Einwohner dieser Länder mit Milde und Gerechtigkeit zu behandeln; und noch zwei geheime Artikel bezüglich der Contribution u. s. w. — Das war ein Vertrag, durch welchen Rußland der Türkei den Todesstoß versetzte und die Gefahr heraufbeschwor, als Damoklesschwert über dem Haupte des Herrschers des Reiches von Erthogrul, Osmans und Mohameds des Eroberers zu schweben, sich beständig in die Angelegenheit der christlichen Unterthanen der Türkei einzumischen oder wie Friedrich der Große sagte: „Im Trüben zu fischen." Unter den Diplomaten und Staatsmännern herrschte vor mehr als einem Jahrhundert betreffs des Vertrages von Kaïnardschi die Meinung, daß Rußland durch einen plötzlichen Ueberfall Constantinopel erobern könne. Der scharfblickendste Diplomat seiner Zeit, Thugut, richtete an das Wiener Cabinet folgenden bemerkenswerthen Bericht aus Constantinopel: „la conquête de Constantinople par les Russes pourra se faire à l'improviste, et avant même que la nouvelle en soit parvenue aux autres puissances chrétiennes. . . ." Das war der Eindruck und die Schlußfolgerung der größten russischen Siege um das Schwarze Meer, der diplomatischen Geschicklichkeit von Obreskoff und Orloff und der glänzenden Machtentfaltung in der Regierungszeit der Kaiserin Katharina II., worüber derselbe Thugut schrieb: „le traité de Kaïnardschi est un modèle d'habileté de la part des diplomates russes et un rare exemple d'imbécilleté de la part des negociateurs turcs". Der so geschlossene Friede schien einem Waffenstillstande ähnlichen Zustand herbeigeführt zu haben, den Friedrich der Große sehr treffend als „nothdürftig zusammengeleimten und übertünchten Frieden (paix platrée)" bezeichnete.

Als dieser verhängnißvolle Krieg auf Frankreichs Andrängen zur Rettung Polens begonnen wurde, wandte sich die Türkei nach dem Kriege abermals an Frankreich, von dem sie diesmal Offiziere als Militär=Instructoren und geschickte Ingenieure erhielt. Baron von Tott, ein in französischen Diensten stehender Ungar, befand sich schon da in voller Thätigkeit. Von Neuem wurden in Constantinopel großartige Vorbereitungen zur Ausrüstung der Land= und Seemacht getroffen.

Die Kaiserin Katharina hielt an ihren Gedanken der Herstellung des orientalischen Kaiserthumes fest, welcher Umstand mit der Theilung der Türkei zusammenhing. Im Frühjahre 1780 erfolgte die erste Zusammenkunft des Kaisers Josef II. mit der Kaiserin Katharina zu Mohilew am Dnieper. Den Hauptgegenstand der Besprechung bildete das griechische Project der Kaiserin bezüglich der Türkei. Das projectirte orientalische Kaiserthum sollte eine Art republikanischer Verfassungsform nach dem Muster der englischen Constitution (la forme republicaine modelée sur le gouvernement d'Angleterre) erhalten. Eine solche Begebenheit konnte nicht unbemerkt vor sich gehen, es waren Staaten in Europa, welche eine solche Regelung der türkischen Angelegenheiten nicht zulassen wollten. Vor Allem war Friedrich der Große bestrebt, einer Allianz zwischen Oesterreich und Rußland entgegenzutreten. Zu diesem Zwecke entsandte Friedrich einen Prinzen seines Hauses nach Petersburg, um als Neutralisirungsmittel das österreichisch=russische Bündniß zu vereiteln und aus politischen Rücksichten eine Tripelallianz zwischen Preußen, Rußland und der Türkei zu bewerkstelligen.

Das orientalische Project der Kaiserin schien

Friedrich dem Großen immer mehr lächerlich und roman=
haft, was Friedrich in einem Briefe an den Grafen
von Finkenstein vom 13. Februar 1781, als weibliche
Einbildungskraft zu bezeichnen, nicht unterließ. Er stellte
zur selben Zeit den österreichischen Staatsmännern vor,
daß die schwachen Nachbarn, wie die Türken, weit mehr
vorzuziehen seien, als die furchtbare Macht von Ruß=
land. Die Zustimmung des Kaisers von Oesterreich zu der
Ausführung des genannten Projectes blieb unentschieden
und wurde als Etikettefrage betrachtet. In demselben Jahre
schrieb Friedrich der Große sarkastisch: „L'empire grec
est un projet chimérique et difficile" und sandte
einige preußische Offiziere zur Instruction der türkischen
Truppen nach Constantinopel.

Die Geschichte wiederholt sich nach hundert Jah=
ren. Friedrich ruht in Potsdam, aber sein Schatten,
seine Gedanken und sein Wirkungskreis wiederholen sich
in unserer Zeit, und der mächtige Kanzler Herr von
Bismarck schloß vor einigen Jahren eine Defensiv= und
Offensiv=Allianz mit seinem Nachbarlande und unter=
stützte moralisch mit Rathschlägen die Türken.

Zu gleicher Zeit sandte man aus Berlin die
militärischen Instructoren zur Reorganisation der tür=
tischen Truppen. Ebenso jetzt wie damals, ist man
immer gegen die bewaffnete Macht der Griechen gegen=
über der Türkei.

Kein europäischer Staat vermag die Orientpolitik
mit solch' logischer Consequenz zu leiten, wie jetzt das
vereinigte Deutschland seit einem Jahrhunderte, als vor
dem die Staatskunst des kleinen Königreiches vor
Preußen, Friedrich der Große, inne hatte. Trotzdem
Frankreich während des achtzehnten Jahrhundertes in
Europa, Asien und Amerika verwickelt war, verlor es
die Orientpolitik nicht aus den Augen, weshalb es in
Gemeinschaft mit Spanien sich bemühte, Oesterreich zu
bewegen, von der Allianz mit der Kaiserin Katharina

bezüglich ihres griechischen Projectes abzustehen. — Frankreich und Spanien dachten offenbar den Paß von Gibraltar für die Durchfahrt von russischen Schiffen zu verschließen und wollten nicht dulden, daß die der türkischen Seemacht überlegene russische Flotte sich im Mittelmeere bewege. Und das scheint die Kaiserin Katharina selbst in der That ebenso wohl gefühlt zu haben.

Bis zu dieser Zeit war England immer bemüht, Spanien aus dem Levantehandel zu verdrängen und die Ernennung eines spanischen Gesandten in Constantinopel zu vereiteln, aber England war in Folge der amerikanischen Kriege ziemlich geschwächt, wollte sich nicht direkt in die Angelegenheiten des Orients einmischen und unterstützte anscheinend Rußland. — In der Zwischenzeit entstanden Zwistigkeiten unter den unabhängigen Tataren der Krim, wo Rußland und die Türkei unter- und nebeneinander das Feuer schürten und Oel in dasselbe gossen, bis zuletzt die Ermordung einiger hundert Russen der Kaiserin Katharina Veranlassung gab, unter Leitung des Fürsten Potiemkin eine Armee in die Krim einrücken zu lassen und sie gänzlich in Besitz zu nehmen. Bald darauf erfolgte die erzwungene Ratification der Vereinigung der Halbinseln Krim, Taman und des Kubangebietes nordwärts vom Kaukasusgebirge seitens der Türkei (1784).

Diesen glänzenden Erfolgen der russischen Waffen folgte bald ein neues Project, welches der mächtigen Kaiserin vorgelegt und vom Grafen Potiemkin verfaßt und ausgearbeitet wurde, nämlich ein Project in Bezug auf die autonomische Verwaltung Armeniens, welches mit dem griechischen, vielbesprochenen Projecte eine Ergänzung der russischen Machtsphäre im Süden bilden sollte. —

Die ganze Zeit war Frankreich bemüht, die Besitzergreifung der Krim durch Rußland zu verhindern, um aber Candia zu bekommen, war Frankreich bereit,

an der Seite Rußlands sich gegen die Türkei zu stellen.
Frankreich war also in seiner Politik nicht von höheren
Principien geleitet, welche durch Ludwig XIV. so erfolgreich begonnen und von seinen Nachfolgern im Laufe
des achtzehnten Jahrhunderts so verhängnißvoll befolgt wurde.

Die inneren Zustände der Türkei waren in solchem
Grade verwickelt, daß es fast unmöglich schien, sie in
richtige Bahnen zu lenken und die Staatsgeschäfte ge-
wissenhaft zu führen; die Türkei dachte immer die so
zahlreichen Niederlagen zu rächen und die Krim wieder-
zuerobern.

Durch Bestechungen und Versprechungen der fremden Mächte beständig aufgewiegelt, deren politische Interessen sich in Constantinopel kreuzten, bereitete sich
die Türkei zu Wasser und zu Lande zu einem neuen
Kriege vor. Müde, sich in die politischen Angelegenheiten der Türkei einzumengen, äußerte sich Friedrich
der Große, welcher die inneren Umtriebe am Bosporus
sehr genau kannte, im vorletzten Jahre seines Lebens
folgendermaßen: „Das heillose Bestechungswesen war
immer ein Grundübel der osmanischen Staatsverwaltung und ein Haupthinderniß einer aufrichtigen und conse-
quenten orientalischen Politik..... rein unmöglich, sich
mit Leuten einzulassen, welche im Stande seien für Geld
Vater, Mutter und selbst ihren großen Propheten zu
verkaufen."

Einige Jahre später, als Friedrich der Große
seine Augen schloß, ging der Wunsch der Kaiserin Katharina, die Krim zu besuchen in Erfüllung. Die Reise
von Petersburg aus wurde in außerordentlich feier-
licher Weise unternommen.

Sie war von dem Prinzen de Ligne, einem bel-
gischen General und ausgezeichneten Schriftsteller, welcher
selbst diese Reise beschrieb und von den höchsten Feldherren und Großwürdenträgern, wie Potiemkin, Ru-

mianzoff und Suworoff u. A., welche den Ruhm der russischen Celebritäten ausmachen, begleitet. Daselbst erschien der König von Polen, Stanislaus Ponia=towski, welcher als Vasall der Kaiserin betrachtet wurde; in Kaydak am Dnieper erfolgte am 13. Mai 1787 die Zusammenkunft Kaisers Josef II. mit der Kaiserin Katharina.

Ein Bündniß zwischen ihnen betreffs der defini=tiven Theilung der Türkei bildete den Gegenstand ihrer Besprechung. Darüber schrieb der geistvolle Prinz de Ligne Folgendes: „Leurs Majestés se tâtaient quel-que fois sur ces pauvres diables de Turcs: on je-tait quelques propos en se regardant. Comme ama-teur de la belle antiquité et d'un peu de nou-veautés, Potiemkin parlait de rétablir les Grecs; Catherine, de faire renaître les Lycurques et les Solons; moi, je parlais d'Alcibiade; mais Joseph, qui était plus pour l'avenir que pour le passé, plus pour le positif que pour la chimère, disait: que diable faire de Constantinople?" (Was Teufel sollen wir denn mit Constantinopel machen?)

Alle Fragen, welche sich auf die Theilung bezogen, ergaben eine Uebereinstimmung, nur bezüglich Constan=tinopels konnten die beiden mächtigsten Souveräne Eu=ropa's nichts beschließen. Alle Erwartungen und Hoff=nungen der glorreichen Kaiserin des Nordens waren vernichtet. Es entstand also dieselbe Schwierigkeit, welche Heinrich IV., der berühmte König von Frankreich, bei Bildung seiner „Republique très-chrétienne" zur Austreibung der Türken aus Europa in Betreffs Con=stantinopels vor zwei Jahrhunderten empfand.

Die Kaiserin setzte die Reise fort. In Kherson an der Mündung des Dnieper angelangt, las sie auf dem Giebel der Ehrenpforte, welche gegen Südwesten gewendet war, in großen Buchstaben die Worte: „Der Weg nach Byzans", was der Ehrsucht Katharinas

außerordentlich schmeichelte. An der Spitze einer zahl=
reichen Truppe von äußerst schön und glänzend aus=
sehenden Kriegern hielt sie endlich ihren Einzug in der
Krim. Von Festlichkeiten berauscht, kehrte sie bald nach
Petersburg zurück.

Kaiser Joseph, nach Wien zurückgekehrt, sprach
sich darüber gegen Ségur deutlich genug aus: „Con=
stantinopel wird ein Gegenstand der Eifersucht und der
Zwietracht bleiben, welche eine Uebereinstimmung der
Großmächte über eine Theilung der Türkei immer un=
möglich machen wird." Dann fügte Joseph II. noch
hinzu, daß er die Krim Rußland überlassen habe: „ich
werde nie dulden, daß die Russen sich in Constantinopel
festsetzen, denn die Nachbarschaft des Turbans wird
für Wien immer weniger gefährlich sein, als die
der Hüte".

In der Zwischenzeit war die Türkei wieder zur
See und zu Land kriegsbereit und überzog unter ver=
schiedenen Vorwänden auf Anstiftung von Preußen und
England die Donauländer nordwärts und Südrußland
mit Krieg, um die Krim zurück zu erobern. Die Russen
standen mit den Oesterreichern im Bündniß, welch'
letztere unter dem Befehle des damals kränklichen Kaisers
Joseph eine Schlappe erlitten. Als Laudon aber den
Oberbefehl übernahm, siegte die Armee und vertrieb
die Türken aus Ungarn.

Die Russen siegten unter dem Befehle des alten
Grafen Rumianzoff; besonders siegreich aber waren sie
unter der Führung des tapferen Suworoff bei Kilburn
und Otschakow im Jahre 1788. Durch den Tod des
Sultans Abdul=Hamid I. ward der Krieg unterbrochen,
um bald wieder nach der Thronbesteigung des Sultans
Selim III. von Neuem aufgenommen zu werden.

Die vereinigten Streitkräfte der Russen und
Oesterreicher unter dem Befehle Suworoffs und des
Prinzen von Sachsen=Coburg schlugen die Türken überall

aufs Haupt. Bei Rimnik und Jsmaïla zeichnete sich Suworoff durch seltenen Heldenmuth aus, wofür er den Beinamen des Grafen von Rimnik erhielt.

Potiemkin besetzte Bessarabien, der Prinz von Coburg die Walachei und der Marschall Laudon Bel= grad. Nach diesen Siegen verwendeten sich Preußen und England als Friedensunterhändler.

Durch Vermittlung von Preußen schloß der Kaiser von Oesterreich, Leopold II. in Sistowo Frieden mit der Türkei (1791).

Das ist der Grund, warum in einem geheimen diplomatischen Schriftstücke ausdrücklich steht: „que l'existence de l'empire turc en Europe dépend uniquement de son alliance avec la Prusse". Das Gleiche wiederholt sich in der neueren Zeit. Nachdem die Kaiserin Katharina die griechische Deputation unter der Führung von Lambros Katzones in Petersburg em= pfangen hatte, setzte sie den Kampf noch fort, beendigte aber ein Jahr später (1792) in Folge Englands Ver= mittlung den Krieg und schloß den Frieden von Jassy*). Es war dringend nothwendig, dem äußeren Kriege ein Ende zu machen, da die Aufstände im Innern des Reiches, in Syrien durch Dschezar=Pascha, in Egypten durch Mameluken, in Widdin an der Donau durch Paßwan=oglu schon angestiftet waren und nicht nur für die Ruhe des Reiches, sondern auch für die Aufrecht= haltung der Macht bedrohlich waren.

Paßwan=oglu aus Widdin war ein reicher Guts= besitzer aus einer der angesehensten bosnischen Familien,

---

*) In diese Zeit fällt auch die Gründung der Stadt Odessa an der Stelle eines armenischen Dorfes Namens Khad= schibey. Im Laufe von sechzig Jahren gelangte Odessa zu solcher Blüthe, daß es jetzt den Verkehr mit allen Küstenstädten der Welt unterhält, gleich Triest und Marseille, welche schon seit dem Alterthume bekannt sind. Man nennt Odessa die Königin des Schwarzen Meeres, wie einst Venedig die Königin des Adria= tischen Meeres.

welche zur Zeit der Unterwerfung des Landes durch
die Türken zum Islam übertrat. Auf die Anstiftung
Frankreichs, welches die Türkei an seiner Seite und
frei vom Einflusse Preußens und Oesterreichs haben
wollte, fand Paßwan-oglu unter verschiedenen Vorwänden die Mittel, um der türkischen Macht den Gehorsam zu versagen, und leistete ihr starken Widerstand.
Mehrmals versuchte die Türkei, Widdin mit außerordentlich
großer Uebermacht einzunehmen (1798) und Paßwan zu
unterwerfen. Alles war vergebens, bis die türkische Regierung endlich seine Unabhängigkeit anerkannte und
Paßwan dann als Verbündeter der Türkei und des
Sultans anerkannt wurde. Bei einigem Muthe und
einiger Entschlossenheit wäre er im Stande gewesen,
der Türkei harte Schläge zu versetzen und als Sieger
in Constantinopel einzurücken, da die Türkei in ihrer
Macht durch Niederlagen in den auswärtigen Kriegen
geschwächt und durch die Rebellen in Stücke zer-
rissen war.

„Allah kerim", Gott ist allmächtig, sagt der
Türke, fällt in's Knie und verrichtet sein Gebet. Damit ist Alles gethan! —

Das war der elende Zustand, in dem die Türkei
sich befand. Man dachte an die Reorganisation der türkischen Armee, welche durch die Staatsumwälzung nöthig
war. Man wandte sich jedoch nicht mehr an Frankreich, sondern sandte nach dem Friedensschlusse von
Jassy Rahib Effendi nach Wien, um mit Hilfe der
österreichischen Instructoren die türkische Armee umzu-
bilden und das Janitscharencorps abzuschaffen, was
schon früher von Osman II., Mahmud I. und Mu-
stafa III. erfolglos versucht worden war. Als solche
verwickelte Umstände am Ende des achtzehnten Jahrhunderts in der Türkei platzgriffen, erfolgte in Europa
die letzte Theilung Polens im Jahre 1795 und der
endliche Untergang der Republik von Venedig nach dem

Frieden, welcher im Jahre 1797 zu Campoformio zwi=
schen Frankreich und Oesterreich geschlossen wurde.

Damit endigt das achtzehnte Jahrhundert, reich
an bedeutenden geschichtlichen Ereignissen, welche sehr
verhängnißvoll für die Türkei wurden. Die französische
Revolution des Jahres 1789, zu einer Zeit, als die
Türkei mit Oesterreich und Rußland in einen Krieg
verwickelt war, hielt Frankreich von den Angelegen=
heiten der Türkei ferne, aber die proclamirten Prin=
cipien dieser National=Bewegung wirkten auf die Ge=
müther der orientalischen Christen zurück.

Zuerst unter den Serben und Griechen, welch'
Letztere auf Anregung des Volksdichters Rigas, der
die ersten Schritte zur Gründung der Hetärie machte,
aus ihrem Schlummer sich erhoben, begann das auf
National=Unabhängigkeit gerichtete Streben; später be=
gann es auch unter den Bulgaren, die damals dem
griechischen oekumenischen Patriarchen unterstanden und
sich aus ihrem Jahrhunderte langen Schlafe zu rühren
anfingen.

Im neunzehnten Jahrhunderte.

Die Türkei suchte in allen Angelegenheiten die
Vermittlung von Preußen, von welchem sie alles Heil
erwartet zu haben schien.

Die mächtige Kaiserin an der Newa lebte nicht
mehr. Ihr Nachfolger, der Kaiser Paul, war ganz an=
derer Gesinnung und der Türkei gegenüber friedlich
gestimmt. Er ließ dem Sultan schreiben: „Notre amitié
est durable“. Die Astrologen der Türkei hatten dieses
Verhältniß zur Regentschaft des Kaisers Paul auch pro=
phezeit. Mit Oesterreich, dessen Instructoren in Con=
stantinopel thätig waren, herrschte gleichfalls Friede.
Aber im Westen Europas, in dem Lande, welches Julius

Cäsar einst für die Machtstellung Roms erobert hatte, wo die inneren Volksstürme und Wogen zugleich mit jenen des Atlantischen Oceans an die Felsen der Meeres= küste schlugen und dort sich brachen, wo unter dem Schaffot Tausende und Tausende ihr Haupt ließen, wo die heilige Stätte der Civilisation sich in ein Blutmeer verwan= delte, dort erhob ein Corse, welcher sich einen Retter der Menschheit und Gesellschaft zu nennen pflegte, sein Haupt, um nach zwanzig Jahren ganz Europa mit Krieg zu überziehen und die regierenden Fürsten Eu= ropa's zu seinen Füßen zu sehen. Gleich Julius Cäsar und Constantin dachte er als Alleinherrscher des We= stens und Ostens seinen Thronsitz in Constantinopel aufzuschlagen. Ob es ehrenhaft für Cäsar war, mit dreiundzwanzig Wunden bedeckt zu den Füßen des Stand= bildes von Pompejus zu fallen, oder nach vergeblichem Versuche nach der Niederlage bei Waterloo nach Amerika zu flüchten, verhaftet und in die Verbannung nach St. Helena geschickt zu werden, wo er bitter scherzend sich mit Sancho Pança auf der Insel Barataria verglich und seine Memoiren niederschreiben ließ. Ein jeder er= kennt den Namen und die Thaten des Corsen Napoleon Bonaparte, welcher seinem geliebten Volke, in dessen Mitte er ruhen wollte, „parmi ce peuple français que j'ai tant aimé", so schrieb er in seinem Vermächtnisse, — nur Ruhm „une gloire" zurückließ als Ersatz für die großartigen Opfer und als Ersatz für die reiche Rheinprovinz, welche von Frankreich abgerissen wurde.

Nach der Einnahme von Toulon richtete der vier= undzwanzigjährige Buonaparte seinen Blick nach dem Orient und ging allen Ernstes damit um, nach Con= stantinopel zu gehen, um sich dort an die Spitze der Artillerie des Sultans zu stellen. Er sagte ausdrücklich: „la vieille Europe m'ennuie". Am 20. August 1795 trat eine Meinungsänderung ein, und er schrieb seinem Bruder Joseph: „si je demande, j'obtiendrai d'aller

en Turquie comme général d'Artillerie, envoyé
par le gouvernement pour organiser l'artillerie du
Grand Seigneur, avec un beau traitement et un
titre d'envoyé très flatteur" — und am 5. Sep=
tember desselben Jahres schrieb er: „le Comité a pensé
qu'il était impossible que je sortisse de la France
tant que durera la guerre. Je vais être rétabli dans
l'artillerie, et probablement je continuerai à rester
au Comité". Und er blieb, um Frankreich seine Dienste
zu weihen. Nach dem Untergange der Republik von
Venedig wurden die jonischen Inseln, welche Venedig an=
gehörten, auf Wunsch Napoleons von den Franzosen besetzt.

Das war die Einleitung zu der Orientpolitik
Napoleons, welche in folgenden Zeilen, die er nach
dem italienischen Feldzuge von Mailand aus im Jahre
1797 an das Directorium gerichtet hatte, enthalten
sind: „Ich glaube, daß, wenn wir genöthigt wären,
zu wählen, es besser wäre, ganz Italien dem Kaiser
(von Oesterreich) zurückzugeben und die vier Inseln zu
behalten, welche eine Quelle des Reichthums und der
Blüthe für unseren Handel sind. Das Reich der Türken
bricht alle Tage mehr zusammen. Der Besitz dieser In=
seln wird uns in den Stand setzen, es so viel wie
möglich aufrecht zu erhalten oder unseren Theil davon
zu nehmen. Die Zeiten sind nicht mehr ferne, wo wir
einsehen werden, daß wir uns, um England wahrhaft
zu vernichten, Egyptens bemächtigen müssen".

Daß Napoleon von den jonischen Inseln aus
nicht allein an die Besitznahme von Albanien, sondern
auch an jene von Morea dachte, ist eine vollkommen
erwiesene Thatsache. Die Griechen ihrerseits waren
ebenso bereit, eine französische Landung an der grie=
chischen Küste abzuwarten, und sandten zu diesem
Zwecke einen Bericht an Napoleon, in welchem sie um
seine Hilfe ansuchten: „Der Ruf Eurer erstaunlichen
Siege hat diese Völker aus dem lethargischen Schlafe

aufgerüttelt, in welchem sie seit vielen Jahrhunderten
versunken waren; in ihnen haben die Gesinnungen ihrer
Vorfahren neues Leben gewonnen und sie sind bereit,
jedes Opfer zu bringen, um das Joch abzuschütteln.
Aber noch seid Ihr nicht am Ziele Eurer Laufbahn,
Byzanz erwartet Euch. — Eure Gegenwart wird hin=
reichen, die Grenzen der gallo=griechischen Freiheit nach
dem tracischen Bosporus und dem Schwarzen Meere
zu versetzen". — Ebenso existiren noch andere Corres=
pondenzen Napoleons mit den Volksführern von Ar=
menien mit der einfachen Unterschrift: Buonaparte.
Diese ganze Combination Napoleons blieb ohne Erfolg.
Als die türkische Regierung ihre geschwächten Kräfte
anspannte, um Passwan=oglu's Widerstand in Widdin
zu brechen, gelang es dem General Buonaparte an der
Spitze von sechsunddreißigtausend Franzosen sich Egyp=
tens zu bemächtigen. Napoleon wollte aus Egypten
eine französische Colonie machen, um von da den Handel
nach Indien zu verbreiten. Rußland und England
wollten sich mit der Türkei vereinigen, um Frankreichs
Einfluß im Oriente zu schwächen. England unterstützte
Rußland mit großen Subsidien behufs Austreibung der
Franzosen aus der Türkei.

Rußland und die Türkei schlossen im December
des Jahres 1798 eine Defensiv-Allianz, welcher Preußen
anfänglich beigetreten war, später aber trat es zurück.

Die egyptische Expedition Napoleons gab der Türkei
Veranlassung, alle in Constantinopel ansäßigen Fran=
zosen, welche als Jakobiner oder als jakobinisirt bezeich=
net wurden, festzunehmen und ihre Repräsentanten selbst
in Gewahrsam zu bringen.

Zu derselben Zeit waren die vereinigten Flotten
der Türken und Russen bestrebt, unter dem Admiral
Uschakoff und Kadir=beg die Franzosen von den Joni=
schen Inseln zu vertreiben und daselbst eine Republik
nach dem Muster von Ragusa zu errichten (1799)

mit der Bedingung, der Türkei jährlich einen Tribut von 45.000 Piastern auszubezahlen. Beeinflußt von der russischen Diplomatie richtete der griechische Patriarch einen Hirtenbrief an die Bewohner der Inseln. Trotzdem besetzte die französische Armee Egypten, woher Napoleon an das Directorium schrieb: „Was der mögliche Zusammensturz des osmanischen Reiches (l'ecroulement possible de l'Empire ottoman) uns darbieten kann! Wir sind vielleicht bestimmt, dem Oriente eine andere Gestalt zu geben und unsere Namen denen zur Seite zu stellen, welche die Geschichte des Alterthums und des Mittelalters mit dem größten Glanze in unser Andenken zurückruft".

Das menschliche Gedankenreich ist unermeßlich; das Napoleons machte hierin keine Ausnahme, nur daß die Ereignisse des realen Lebens seinem Ideengange den gleichen Schritt nicht hielten.

Nach der Seeschlacht von Abukir, nach dem Siege des Nelson, nach dem Meuchelmorde Klebers am 14. Juni 1800 war die französische Macht in Egypten und die weitblickenden Pläne Napoleons zu Nichte gemacht. Nun erst traten die Engländer in Egypten auf und suchten sich einiger fester Plätze zu bemächtigen. Zu diesem Zwecke besetzten sie am 5. September 1800 die Insel Malta und errichteten daselbst ihre Mittelmeer-Schiffsstation. Die türkische Regierung war sehr erfreut, daß die Franzosen mit Hilfe Englands aus Egypten vertrieben wurden, und beschenkte die englischen Heerführer reichlich. Friedrich Wilhelm III. von Preußen hatte wachsames Auge auf die Umtriebe am Bosporus. Er verwendete sich als Vermittler und Rathgeber des Sultans, „pour balancer ses relations futures entre l'Angleterre et la France". Zu derselben Zeit, als Frankreich sah, daß sein Mißerfolg im Oriente sich erneuerte, sandte es den General Sebastiani als Gesandten, über den sich der König von Preußen an seinen

Gesandten in Constantinopel, Bielefeld, folgendermaßen in einem Schreiben äußerte: „Er ist ein Mann von Geist und Talent, aber zugleich von einem unternehmenden Charakter . . . Man kann sich darauf gefaßt machen, daß seine Ankunft in Constantinopel Aufsehen machen wird". In Constantinopel war Sebastiani bestrebt, die türkische Regierung für Frankreich und Preußen günstig zu stimmen, dagegen von Rußland und Oesterreich abwendig zu machen, „— à veiller sur l'ambition de la Russie et de l'Autriche" und besonders war er bestrebt, die Engländer aus Egypten zu vertreiben, die englischen Handelsfactoreien in Egypten aufzuheben, um dadurch den französischen Handel nach der Levante zu befördern. — Die englische Antwort war in dieser Hinsicht ganz unbestimmt. Rußland verhielt sich neutral.

Preußen unterstützte Frankreich gegen England. Um endlich den offenen Feindseligkeiten zu entgehen, räumte England Egypten, zu dessen Verwaltung die Türkei Mohamed Khosrow-Pascha einsetzte. Es dauerte nicht lange und unter den Mameluken brach ein Aufruhr gegen die türkische Herrschaft aus. Einem reichen Grundbesitzer aus Cavala, welcher damals in Egypten war, gelang es sich an die Spitze der Mameluken zu stellen. Mehemet-Ali — dies sein Name — gelang es durch mannigfache Machinationen, daß er vom Volke und den Ulemas als Befehlshaber ausgerufen und 1806 durch ein Ferman von der türkischen Regierung als solcher bestätigt wurde. Die türkische Regierung nöthigte ihn, Ruhe und Ordnung in Egypten herzustellen und die Mameluken zu beseitigen. Letzteres gelang ihm bald, theils durch List, theils durch die Macht seiner Waffen und sicherte dadurch seinem Stamme das Recht zur Herrschaft.

In dem Anfang des neunzehnten Jahrhunderts (1804) fällt auch die Bewegung der Wahabi oder Wahabiten, welche sich auf ganz Arabien und später auf Mesopotamien und Persien erstreckte; ähnlich dem Imam Mansur, welcher sich in der Krim und dem Kaukasus erhob, mit dem die Wahabi eine auffallende Uebereinstimmung zeigten. Die Wahabiten waren bestrebt, die Dogmen und Gebräuche des Islam in ihrer ursprünglichen Reinheit wieder herzustellen.

In Syrien herrschte Dschezar-Pascha, welchem die Bevölkerung mehr ergeben war als dem Sultan. Nach der Thronbesteigung des Kaisers Alexander I. von Rußland wurde Georgien unter den Schutz der russischen Herrschaft aufgenommen (1801). In Albanien erhob sich Ali-Pascha; um hier seine Herrschaft zu begründen, kämpfte er gegen die Klephten und Sulioten und unterhielt mit den Diplomaten von England und Frankreich und mit den russischen Agenten Verbindungen.

Zu den allgemeinen inneren Stürmen im Reiche des Sultans gesellt sich die nationale Erhebung der Serben. Bis zu dieser Zeit waren die Sipahis oder die Lehensträger des Sultans in jeder Hinsicht absolute Herrscher und unterjochten die Landesangehörigen serbischer Nationalität. Als unter den Janitscharen eine Empörung entstand, wurden die wildesten Rebellen unter diesen nach Bagdad und Belgrad geschickt, welche dem Lande viel Unheil brachten. Dies war nun die Veranlassung der Erhebung unter den Serben. Bis zum Jahre 1665 besaßen die Serben einen eigenen Patriarchen in dem reichen Kloster Detschani, welcher von der serbischen Synode mit Zustimmung der türkischen Regierung ernannt wurde. Durch die harten Bedrückungen des griechischen ökumenischen Patriarchen wanderte der letzte serbische Patriarch Arsenios III. mit 60.000 Familien nach Oesterreich aus. Der zur Regierungszeit Josef II. (1788) seitens Oesterreich geführte Krieg gegen die Türkei kam den Serben sehr gelegen. Nach Beendigung des Krieges wurden die Janitscharen aus Serbien vertrieben, sie kehrten aber wieder zurück und eroberten Stadt und Land. — Es bildeten sich dann die serbischen Haidukenschaaren, welche sich in Wäldern und Felsschluchten aufhielten, von Zeit zu Zeit die von den Türken bewohnten Dörfer überfielen und dann mit reicher Beute beladen abermals in ihren Wäldern und Schluchten Zuflucht fanden. Es war also ein Guerillakrieg, wie er so oft zwischen Bedrückern und Bedrückten in den Gebirgen von Spanien, Italien und der Schweiz, und ebenso in der europäischen Türkei und Kleinasien vorgekommen ist.

Jetzt begann die Erhebung und der Befreiungs= kampf der Serben im Jahre 1804 unter Kara Georg, welcher ein reicher Schweinehändler war. Es gelang zwar den Serben die Oberhand zu erhalten, aber der Sicherheit wegen wollten sie um den Schutz einer Groß= macht, sei es um den Oesterreichs oder Rußlands nach= suchen. Nach reiflicher Ueberlegung zogen die Serben den Schutz Rußlands, auf welches die Blicke aller Be= kenner des orientalischen Glaubens gerichtet waren, vor. In demselben Jahre (1804) erschien auch eine serbische Deputation in Petersburg. In den inneren Kämpfen der serbischen Insurgenten gegen die Türken zeichnete sich besonders Milosch Obrenowitsch aus. Es bildete sich endlich eine nationale Verfassung und Skuptschina, Senat oder Sowet. Kara Georg wurde vermöge seiner persönlichen Eigenschaften als Herrscher oder Volksführer betrachtet. — Da Rußlands Schutz nicht fehlte, so wurde die Türkei fügsamer. Während der Regierungszeit des Sultans Selim III. bestieg Alexander I. den russischen Kaiserthron, welcher die Politik Katharina II. der Türkei gegenüber befolgte. Schon im Jahre 1802 war der Friede mit Frankreich wegen der egyptischen Expedition abgeschlossen, den Sultan Selim mit großer Freude acceptirte, da ihm der Räuberunfug und Aufstände in verschiedenen Pro=

vinzen des Reiches viele Schwierigkeiten bereiteten. — Wir unterbrechen hier die Besprechung der Beziehungen Alexanders, um kurz der Thätigkeit des Sultans Selim Erwähnung zu thun und dann alle wichtigen Ereignisse in der Regierungszeit des Kaisers Alexander ohne Unterbrechung fortzusetzen.

Der Sultan Selim hatte in dem verhängnißvollen Geburtsjahre der französischen Revolution (1789) den Thron bestiegen. Er liebte die Studien und den freien Verkehr ohne im „Prinzenkäfig" eingesperrt zu sein, wie es bei dem türkischen Thronfolger üblich war. Selim benützte seine Jugendjahre, um sich gewisse theoretische Kenntnisse anzueignen, welche er im Interesse seines vermeintlichen reformatorischen Berufes für unentbehrlich erachtete. Er studirte eingehend Mathematik, Geometrie und Mechanik, ja er verfaßte sogar als Kronprinz eine Abhandlung über den Gebrauch der modernen Feuer=waffen. In seiner Vorliebe für europäisches Wissen bestärkten ihn auch die europäischen Aerzte, die er in seiner Jugend häufig consultirte. Er stand mit Ludwig XVI. von Frankreich in Briefwechsel und galt als ein Mann, der mit Begeisterung bestrebt war, sein Reich vor dem gänzlichen Verfalle zu schützen. Auch soll seine Mutter, eine Georgierin, also christliche Sclavin, ihrem Glauben bis an ihr Ende treu geblieben sein, welcher Umstand gleichfalls beigetragen haben mag, seine Gedanken in tolerante Bahnen zu lenken. Es ist unleugbar, daß er mehr positives Wissen besaß, als alle seine Vorgänger und Nachfolger auf dem Throne der Osmaniden. Wie ernst er es mit seinen Lieblingsstudien der Mathematik und Geometrie nahm, beweist die Thatsache, daß er, wie nach seinem Tode festgestellt wurde, während seiner gan=zen Regierungszeit mit dem Director der von ihm orga=nisirten Ingenieurschule correspondirte und die Wahl der Lehrkräfte, sowie den Lehrplan dieses Institutes per=sönlich anordnete. Seine Aufmerksamkeit war auch auf die Finanzen und auf das Heerwesen gerichtet. Im Jahre 1797 schrieb der preußische Gesandte in Constantinopel, Knobelsdorf, von ihm: „le désir de jouer un rôle dans les grandes affaires de l'Europe domine si fort le grand Seigneur, que le Conseil n'ose y resister“. Mit Hilfe des französischen Einflusses dachte er Reformen in seinem Reiche einzuführen und ebenso nach französischem Muster das Heer in Fußvolk, Reiterei und Artillerie einzutheilen. Er wählte aber einen ungünstigen Moment hiefür, da an allen Grenzen des Reiches heller Aufruhr loderte und letzteres selbst auf einem Vulkan zu stehen schien. Im J. 1802 organisirte er eine Miliz nach europäischem Muster und nannte sie Nisamidschedib, auf welche schon Bonneval und Tott ihre Hand gelegt hatten. Drei Jahre später erließ der Sultan einen Hattischerif, um eine allgemeine Aushebung der in der Blüthe ihres Alters stehenden jungen Leute für den Eintritt in die neue Miliz zu erzwingen und auf diese Weise die Janitscharen zu beseitigen. Begreiflicherweise leisteten die Janitscharen — was übrigens vorauszusehen war — energischen Widerstand und sie führten bei Adrianopel und in den Balkanpässen einen harten Vertheidigungskampf gegen die neue Miliz, aus dem sie als Sieger hervorgingen. In dieser Zeit der inneren Verwicklungen Constantinopels, die man in Paris sehr gut kannte, äußerte sich Talleyrand in folgender Weise dem englischen Bevollmächtigten gegenüber: „Dort bereitet sich viel vor und noch ist nichts geschehen“. Es fehlte dem Sultan auch keineswegs an höherer ästhetischer Begabung, er hatte ein feines Gefühl für architektonische Schönheit, trieb außerdem Musik und dichtete unter dem Pseudonym Ilhami, d. h. „Der Inspirirte“.

Was die Herzenseigenschaften Selims III. betrifft, so stimmen alle seine Zeitgenossen darin überein, daß der Sultan freigebig und gutmüthig war. Auch gebrach es ihm nicht an einer gewissen Ausdauer und Zähigkeit, wie es viele seiner Reformpläne beweisen. Dagegen artete seine Herzensgüte nur allzuhäufig in moralische Haltlosigkeit, ja geradezu in männliche Schwäche und Zaghaftigkeit aus, welche auch die Ursache des Scheiterns seiner Reformen und seines Todes war.

Juchereau sagt treffend von ihm: „qu'il aimait les institutions militaires des européens et n'avait aucun des préjugés fanatiques de ses compatriotes".

Der Sultan war genöthigt, die Reformen einzustellen. Die Janitscharen blieben keineswegs ruhig, sondern bildeten allmälig eine Verschwörung gegen das Leben des Sultans, den sie beschuldigten, die Religion des Propheten beschimpft zu haben. Dies verbreitete sich alsbald unter die Masse der Bevölkerung und bildete auch den Grund der Verschwörung.

Der große Mufti verfaßte deshalb ein Fetva und verkündete die Entthronung des Sultans im Jahre 1807. Bei dieser Nachricht erschien in Constantinopel sein Anhänger und Liebling an der Spitze einer starken Armee, um ihn wieder auf den Thron zu erheben, den Mustapha IV. als Sultan bereits inne hatte.

Dieser Anhänger war Mustapha Bairakthar, der Pascha von Ruftschuk, ein tapferer und aufrichtig gesinnter Mann, aber im Serail des Sultans angelangt, fand er nur den entstellten Leichnam Selims, der kurz vorher auf Befehl des Sultans Mustapha mißhandelt und erdrosselt wurde (1808). Furchtbar ergrimmt über diesen Meuchelmord, läßt Mustapha Bairakthar den Sultan entthronen und auf gleiche Weise wie Selim erdrosseln.

Die Regierungszeit des Sultans Selim war nichts anderes als eine Uebergangsperiode von der Regierungsform des alten Türkenthums zu unbestimmten Neuerungen, je nachdem Reformen für die Türkei als nothwendig erachtet wurden. Die lange Erfahrung lehrte, daß in der Türkei beständig viele Reformen begonnen

und angestrebt, aber niemals zum Abschlusse gebracht
wurden. Das war und bleibt das Hauptprincip der tür=
kischen Verwaltung. Mit der Thronbesteigung Mahmud's
II. beginnt für die Türkei eine neue Periode, die Zeit
der Neuerungen und zahlreiche Verwicklungen inner= und
außerhalb des Reiches.

Wir greifen nun etwas zurück, um die Thron=
besteigung des Kaisers Alexander I. von Rußland, der
die traditionelle Politik der Kaiserin Katharina wieder
inaugurirte und dessen Regierung für die Integrität der
Türkei von so tiefgreifenden Folgen war, in Betracht
zu ziehen.

Zur Charakteristik Alexanders I. mögen hier einige
Worte Thiers (Histoire du Consulat et de l'Empire)
angeführt werden und dies unsomehr, als dieselben in
Beziehung zu Napoleon stehen, mit welchem Alexander I.
so manche Unterhandlung zu pflegen hatte und manche
Angelegenheit zu vereinbaren suchte: „Ce jeune empereur noble d'aspect, gracieux de manières, spirituel,
enthusiaste, mobile, artificieux, difficile à saisir,
était doué d'un charme personnel infini, et destiné
à exercer sur ses contemporains la plus grande
séduction. Il était même appelé à exercer cette
séduction sur l'homme extraordinaire si difficile à
tromper qui dominait alors la France, et avec
lequel il devait avoir, un jour, de si grands et
de si terribles démelés".

Die freundschaftlichen Beziehungen zwischen der
Türkei und dem Kaiser Paul, dessen Nachfolger Alexan=
der I. war, hatten die aggressive Politik Rußlands in
Constantinopel zum Stillschweigen gebracht, während
der steigende Einfluß Frankreichs in Europa im An=
fange dieses Jahrhunderts, und die kühne und unter=
nehmende Gesandtschaft Sebastianis, welcher die Türkei
an seine Seite zu bringen bestrebt war, die ganze Auf=
merksamkeit der türkischen Regierung in Anspruch ge=

nommen hatte. Die langwierigen Verhandlungen be=
züglich des Kaisertitels für Buonaparte brachten die
Türkei in's Schwanken, ob sie ihn Imperator oder
Padischah nennen solle. Rußland erhob mit Energie
Einsprache gegen den Kaisertitel und vereitelte für län=
gere Zeit die Proclamirung. Zu gleicher Zeit entstand
ein diplomatischer Kampf der Großmächte, um ihren
Einfluß in Constantinopel durch Aufstellung eigener
Gesandtschaften aufrecht zu erhalten. Aber der Einfluß
Frankreichs war so mächtig, daß Sebastiani die Ent=
hebung der Fürsten der Moldau und Walachei Muruß
und Ypsilanti, welche Rußland günstig gestimmt waren,
durchsetzte und an deren Stelle die Fürsten Kallimachei
und Sutzo, zwei unbedingte Anhänger Frankreichs, zur
Anerkennung brachte.

Nach dem Friedensvertrage von Jassy (1792),
zur Regierungszeit Katharina's konnte die Türkei ohne
Rußlands Zustimmung die Hospodare der Moldau und
Walachei nicht wechseln. Dies ward als ein Friedens=
bruch betrachtet. Zur selben Zeit forderte Sebastiani
im Auftrage Napoleons den Besitz von Cattaro und
der Mündung von Cattaro am Adriatischen Meere.
England verwendete sich für die Politik Rußlands
gegen Frankreich und forderte von der türkischen Re=
gierung die Wiedereinsetzung der früheren Hospodare
und die Auslieferung der türkischen Flotte an Eng=
land. Dies fiel noch in die Regierungsjahre des Sul=
tans Selim, dessen Reich sich im Aufruhre befand.
Er vermochte diesen Forderungen keinen Widerstand
entgegenzustellen und war genöthigt, die abgesetzten Hos=
podare an ihre frühere Stelle zu berufen. Trotzdem
erfolgte der Einmarsch der russischen Truppen in die
Moldau und Walachei unter dem Befehle des Generals
Michelson, welcher die Forderung stellte, den russischen
Kriegs= und Transportschiffen die Durchfahrt durch
den Bosporus zu gestatten, was auch geschah. Endlich

trieb Sebastiani die Türken zum Kriege gegen Ruß=
land. Jetzt stand er auf dem höchsten Gipfel seiner
Macht. Von ihm äußerte sich damals ein Diplomat:
„Sebastiani exerce sur l'esprit du gouvernement
turc le pouvoir du vice-roi".

Frankreich war schon nach dem Friedensvertrage
zu Preßburg im Jahre 1806 im Besitze Dalmatiens,
wodurch Englands Beunruhigung noch mehr stieg. Eng=
land nahm entschieden Partei für Rußland und for=
derte Sebastiani's Entfernung aus Constantinopel. Die
türkische Regierung that Alles, um dem Conflicte zu
begegnen und befestigte die Dardanellen. England aber
entsandte den Admiral Duckworth an der Spitze von
vierzehn Kriegsschiffen, welche die Dardanellen leicht
passirten (1807) und vor Constantinopel erschienen.
Die Bevölkerung der Stadt sowohl, wie die französische
Colonie begannen nun Constantinopel unter Sebastiani's
Leitung zu befestigen. Die türkische Regierung ließ sich
mit dem Admiral Duckworth in Unterhandlungen ein,
worauf er seine Schiffe aus den Dardanellen zurück=
zog. Die Flotte steuerte hierauf gegen Egypten los und
besetzte Alexandrien, um von hier aus das ganze Land
zu erobern, was jedoch den Engländern nicht gelang.
Die Niederlage bei Rosette zwang die Engländer,
Egypten zu verlassen, wodurch die Herrschaft Mehemet
Ali's dortselbst noch mehr befestigt wurde.

Seitdem sind die Blicke Englands immer auf
Egypten gerichtet, konnten jedoch noch immer keinen festen
Fuß dort fassen. Diese Ereignisse fallen in eine Zeit,
als die Verschwörung gegen das Leben des Sultans
Selim immer mehr um sich griff. Viele Umstände
wirkten zusammen, um eine Reaction gegen den fran=
zösischen Regierungseinfluß in Constantinopel hervor=
zurufen, der nach dem russischen Seesiege bei Tenedos
völlig im Sinken begriffen war. Um der Ausdehnung
des Krieges mit Rußland vorzubeugen, verwendete sich

Preußen für den Frieden zwischen Rußland und der Türkei, wobei Pozzo di Borgo als russischer Friedensunterhändler fungirte. Zu dieser Zeit ließ Napoleon, dem ganz Europa als Kaiser von Frankreich und ruhmgekrönten Sieger huldigte, dem Sultan die Mittheilung machen, daß er die Unabhängigkeit und die Integrität der Türkei zu sichern und zu befestigen bestrebt sein werde. Hier liegt einer jener merkwürdigen psychologischen Charakterzüge Napoleons, welcher seine griechisch-italienische Abstammung und corsische Herkunft beurkundete. Der gegenwärtige Professor der Geschichte in Cambridge, Seeley sagt: Napoleon hätte immer zweierlei Entwürfe zur Erreichung eines und desselben Zieles bereit, um, sollte der eine unausführbar sein, auf dem anderen Wege doch sicher seinen Zweck zu erreichen.

Dieser Satz findet in folgenden Thatsachen seine Erklärung. Als er dem Sultan diese Mittheilung bezüglich der Integrität der Türkei machen ließ, traf er zugleich nach der Schlacht bei Friedland und nach dem siegreichen Einzuge der Franzosen in Königsberg (6. Juni 1807) Vorbereitungen zu einer Zusammenkunft mit dem Kaiser Alexander I. in der Mitte des Niemen zu Tilsit (25. Juni), um hier geheime Verabredungen betreffs der großen Pläne der Kaiserin Katharina wegen der Theilung der Türkei zu führen. Einen anderen Gegenstand der Verabredung bildete die Hilfe oder Unterstützung, welche der Kaiser Alexander dem Kaiser Napoleon gegen das verhaßte England versprach, falls Napoleon ihrer bedürfe. Wie Alexander die Rolle des Vermittlers zwischen England und Frankreich spielen wollte, um dafür Finnland zu erlangen, so wollte Napoleon die Vermittlung zwischen der Türkei und Rußland übernehmen. Falls die Türkei diese Vermittlung zurückweisen möchte, dann sollte sich Napoleon mit Rußland verbinden, um gemein-

schaftlich die Türken zu bekriegen und sich dann in
deren Besitz zu theilen. Nach diesem Theilungsplane
sollte Rußland Bessarabien, die Moldau und Walachei,
sowie Bulgarien bis zum Balkan erhalten, Frankreich
wollte sich mit Albanien und Thessalien bis zum Golfe
von Salonichi, ferner mit Morea und Candia begnügen,
Oesterreich mit einem Theile von Bosnien und Serbien,
Rumelien mit Constantinopel, ferner Kleinasien und
Egypten sollten im Besitze des Sultans verbleiben.

Nach reiflicher Ueberlegung erinnerte sich Alexander, daß der Besitz Constantinopels schon das Ziel der
sehnlichsten Wünsche Peters des Großen und Katharinas
waren, und fühlte sehr wohl, daß er ohne dasselbe zu
erlangen, nur ein schlechter Vollstrecker ihres politischen
Testamentes bleiben würde. Er gab daher Napoleon
wiederholt zu verstehen, daß er gern bereit sein würde,
ihm, außer dem obengenannten Antheile, auch noch die
Inseln des Archipels, Syrien und Egypten zu überlassen, wenn ihm dagegen noch Constantinopel mit
Rumelien zugestanden würde. Napoleon suchte indessen
immer einer bestimmten Erklärung darüber durch aus-
weichende Antworten zu entgehen, bis ihm endlich doch
die Geduld ausging, und er, wie sein Privatsekretär,
Herr Meneval, als Augenzeuge Thiers später selbst
versicherte, indem er den Finger auf der vor ihm
liegenden Landkarte auf Constantinopel setzte, mit sicht-
licher Aufwallung Alexander geradezu in's Gesicht sagte:
„Constantinopel werde ich nie einräumen, denn das ist
die Herrschaft der Welt!"

Alexander war nicht dazu gemacht, nach so bestimmt und mit jener Napoleon eigenthümlich dämoni-
schen Schärfe, welche ihn in solchen Momenten fürchter-
lich erscheinen lassen konnte, ausgesprochenen Worten
noch länger Widerstand zu leisten. Denn er hätte dabei
leicht in Gefahr kommen können, auch das bereits ge-
wonnene Terrain wieder zu verlieren. Nachdem aber

einmal diese Klippe umschifft war, lief man mit leichter Mühe vollends in den Friedenshafen ein.

Es schien dem Ehrgeize Alexanders auch das zu schmeicheln, weil das Zugestandene noch immer eine glänzende Zukunft zu versprechen schien. Darauf übernahm Napoleon selbst die definitive Redaction der auf die obigen Verabredungen gegründeten Verträge und nahm sogleich Corfu und die Mündung von Cattaro in seinen Besitz. Der Schwerpunkt der ganzen Verhandlung, soweit sie die Türken betraf, lag aber in dem 8. Artikel des geheimen Allianzvertrages zwischen beiden Mächten, welcher wörtlich also lautete: „Sollte die Pforte, infolge der Veränderungen, welche soeben in Constantinopel eingetreten sind, die Vermittlung Frankreichs nicht annehmen, oder, wenn sie dieselbe angenommen hat, nach drei Monaten von Beginn der Verhandlungen an, ein genügendes Resultat nicht erlangt werden, so würde Frankreich mit Rußland gegen die osmanische Pforte gemeinschaftliche Sache machen und die beiden hohen contrahirenden Mächte werden sich darüber verständigen, alle Provinzen des osmanischen Reiches mit Ausnahme der Stadt Constantinopel und der Provinz Rumelien, dem Joche und den Plackereien der Türken zu entziehen (pour soustraire .... au joug et aux vexations des Turcs)."

Weitere positive Bestimmungen über die Theilungsfrage waren also darin nicht enthalten; sie sollte zunächst noch eine offene bleiben, aber Napoleon meinte es damit ernst genug und schickte den General Marmont, Auskünfte über verschiedene Dinge in Macedonien, Thracien und Albanien zu sammeln.

Die geheime Verabredung in Tilsit wurde, wie es scheint, nicht gut bewahrt, da sie in London und Wien bekannt wurde und hier große Sensation hervorrief. Der englische und österreichische Gesandte, Sir Arthur Paget und Baron Sturmer hatten über den geheimen Vertrag der türkischen Regierung Bericht er= stattet. Sebastian's neu erwachsener Einfluß und ein im drohenden Tone gehaltenes Schreiben Napoleons waren im Stande, die Bestürzung der türkischen Regie= rung in dieser Hinsicht zu beseitigen und letztere von englischen Einflüssen frei zu halten. Den Verträgen zuwiderlaufend, wollte Rußland die Moldau und Walachei nicht räumen und die Ratification nicht annehmen, Napoleon wollte seinerseits das besetzte Preußen nicht räumen. Die Lösung dieses Knotens war von großer Tragweite.

Die Situation war sehr gespannt. England dachte so viel Vortheil wie möglich aus dieser Situation zu ziehen, begann die sieben Inseln (Corfu) zu blokiren und verband sich (1808) mit Ali Pascha von Janina, um für die Franzosen die Zufuhr nach Albanien zu erschweren. Zu gleicher Zeit fand Napoleon die Mög= lichkeit, um mit Oesterreich und Rußland wegen der Türkei eine Tripelallianz zu schließen. Sebastiani hatte in seiner energievollen Thätigkeit zu viel nachgelassen, sah den Einfluß Frankreichs im Sinken und den Eng= lands im Steigen begriffen, zu einer Zeit, als der junge Sultan Mahmud II. auf den Thron erhoben wurde. Sebastiani verließ bald darauf Constantinopel aus Familienrücksichten.

Aus den schon früher erwähnten Ursachen dauerten die Differenzen zwischen Napoleon und Alexander von Rußland fort, so daß eine Zusammenkunft zwischen beiden Kaisern in Erfurt vorgeschlagen wurde. Alexander sprach gegenüber dem französischen Gesandten in Peters= burg Calaincourt wiederholt den Wunsch aus, daß ihm jetzt vornehmlich daran gelegen sei, in den Besitz von Constantinopel mit seiner Bannmeile, langue de chat, wie er sich scherzhaft auszudrücken pflegte, zu gelangen. Diese Forderung müsse die Grundlage und den Ausgangspunkt der ferneren Verhandlungen bilden.

Calaincourt, von den Absichten seiner Regierung
gut unterrichtet, erklärte sich im Auftrage Napoleons
sogleich entschieden dagegen und sagte unumwunden, daß
er Constantinopel und die Dardanellen niemals Rußland zugestehen werde, weil Rußland dann Alleinherrscher des Orienthandels und des Weges nach Indien
werden würde. — Frankreich müsse unter solchen Bedingungen wenigstens die Dardanellen für sich in Anspruch nehmen, welche man ihm aber in Petersburg in
keinem Falle überlassen wollte. — Für Rußland,
meinte Alexander, sei Constantinopel durch seine Lage
schon zugewiesen, — es sei „der Schlüssel zur Thüre
seines Hauses; wenn ein Anderer ihn besitzen würde,
werde er bei sich nicht mehr Herr sein". Uebrigens
könne man noch die Dardanellen und den Bosporus für
die Schiffe aller Nationen offen lassen. Man beschloß
darüber in Erfurt zu entscheiden. Inzwischen hatte sich
zur Zeit der Zusammenkunft Napoleons mit Kaiser
Alexander in Erfurt eine Revolution in Constantinopel
vollzogen; der Sultan Mustapha ward ermordet und
Mahmud auf den Osmaniden-Thron erhoben. Die
Zusammenkunft der beiden Kaiser in Erfurt, wo alle
deutschen Könige und Fürsten versammelt waren, fiel
sehr pomphaft und glänzend aus.

Aber Napoleon war in dieser Periode mit europäischen Kriegen und Verwicklungen so in Anspruch
genommen, daß eine Theilung der Türkei, wie sie
Alexander in's Auge gefaßt hatte, für Napoleon als
eine unerreichbare Chimäre galt. Die freundschaftlichen
Beziehungen, welche Alexander gepflegt hatte, dauerten
immer fort. Beide Kaiser sahen ihre Hoffnungen bezüglich der Theilung des Orients vereitelt. Es gibt auch
Napoleon zu einer anderen Zeit seinem Unmuthe über
die großartigen Pläne betreffs des Orients in einem
Schreiben an Alexander freien Lauf; in demselben
heißt es nämlich: „Da unsere Feinde uns nun einmal

zwingen wollen, groß zu sein, so wollen wir auch groß werden; ich überlasse Ihnen die Türkei, Schweden und den ganzen Orient; — richten Sie sich damit ein, wie Sie wollen; was mich betrifft, so werde ich für den Occident sorgen (je me charge de l'Occident)." So stand es in einem eigenhändigen Schreiben Napoleons an Alexander, welches Admiral Tschitschagow selbst gesehen hatte und an dessen Echtheit kein Zweifel mehr bestehen kann. (Mémoires inédits de l'Amiral Tschitschagow).

Englandwollte damals keinen Frieden mit Frankreich schließen, dagegen mit der Türkei, um sie von Frankreichs Versprechungen abzuwenden, und war zugleich bestrebt, Oesterreich in seine Politik zu ziehen. Die Türkei ihrerseits forderte von England für die während des Krieges fortgeschleppten Schiffe Entschädigung und schloß endlich in den Darbanellen mit England den Frieden ab. Zu gleicher Zeit wollte England Ali-pascha von Janina zu seinem Bundesgenossen gewinnen, um ihn von Frankreichs Einflusse abzuwenden, und schickte ihm reiche Geschenke an Munition und Waffen. Frankreich, als es dies erfuhr, erhob Protest gegen den Frieden von Darbanellen. Aber England ging noch weiter und suchte mit Oesterreich und der Türkei eine Tripelallianz gegen Frankreich zu errichten, aber Rußland stellte sich zwischen England und die Türkei, und störte auf diese Weise die Tripelallianz. Alsdann versuchte England, die Türkei gegen Rußland aufzustacheln, der Versuch gelang vollkommen. Die Beziehungen Rußlands zu der Türkei änderten sich und wurden sehr gespannt.

Die Türkei rüstete sich zum Kriege gegen Rußland und wendete sich in Folge Geldmangels an England. Inzwischen trat der vollständige Bruch der Türkei mit Rußland ein. England hatte, damit noch nicht zufrieden, auch Persien zum Kriege gegen Rußland

aufgestachelt. — Napoleon war um diese Zeit stark in
Kriegsangelegenheiten verwickelt, denn trotzdem, daß er
damals seinen Einzug in Wien gehalten hatte und
Steiermark sammt Kärnten besetzte, so hat der Sieg
der Oesterreicher bei Aspern (1809) unter der Führung
des Erzherzogs Karl den Aufenthalt der Franzosen in
Oesterreich erschwert, und die politischen und kriegerischen
Complicationen bewogen Napoleon im Jahre 1810 in
Friedensverhandlungen mit Oesterreich zu treten.

In Folge des Krieges der Türken mit Rußland
hielt letzteres seine Armee von 80 000 Mann in der
Moldau und Walachei unter dem Oberbefehle des
Fürsten Prosorowski. Die Russen errangen hier keine
besonderen Erfolge, denn wiewohl sie unter der Führung des Fürsten Bagration die Donau überschritten,
so wurden sie jedoch gezwungen, sich wieder zurückzu-
ziehen. Im Kaukasus hingegen haben sie mit großem
Erfolge Anapa und Guelendschik angegriffen.

Bei Fortsetzung des Krieges an der Donau ver-
abredeten sich die Russen mit den Franzosen, welche in
Dalmatien eine Armee stehen hatten, zum gemeinsamen
Vorgehen. — Auf diese Weise würden sich Kaiser
Alexander und Napoleon leicht über das fernere Schicksal des Türkenreiches in Europa verständigen, und
Rußland für den dauernden Besitz der Moldau und
Walachei, Frankreich gewiß gerne auch noch Morea
überlassen. — Die Türkei war bestrebt, alle ihre möglichen Streitkräfte in Bewegung zu setzen, da sie den
franz.-russischen Plan sehr gut wußte. Die Erfolge der
Russen waren zeitweilig vom Siege gekrönt, ehe es aber
dazu kam, den Hauptschlag gegen das befestigte türkische
Lager zu führen, waren auch schon von beiden Seiten
die Versuche erneuert worden, den Frieden zu schließen.

Napoleon war sehr bestrebt, diese Friedensverhandlungen womöglich wieder in seine Hände zu bekommen, um dann in Gemeinschaft mit Kaiser Alexander

gegen Oesterreich alle Streitkräfte zu richten. In diesem
Zeitraume hat Frankreich Alles angeboten, um die
Türken auf seiner Seite zu haben, aber England und
dessen Gesandter Adair in Constantinopel beschworen
die Türkei bei Allem, was ihr theuer und heilig sei,
sich mit England zu vereinigen, um die verrätherischen
Pläne Napoleons zu vereiteln. Die Türkei erneuerte
bei dieser Gelegenheit wieder die Frage an England
bezüglich der Entschädigung. Als Friedensbedingung
forderte Rußland die Abtretung der Moldau und
Walachei. Englands Bevollmächtigter, Adair, empfahl
der Türkei statt der Abtretung dieser Gebiete eine Ent=
schädigung für Rußland in West=Indien oder Süd=
Amerika vorzuschlagen. Rußland dachte gar nicht auf
eine solche Friedensbedingung einzugehen, erklärte Bess=
arabien, Moldau und Walachei als mit Rußland ver=
einigt und stellte überdies noch andere drückende Bedin=
gungen. Dies nöthigte die Türkei sich zum äußersten
Widerstande zu entschließen; ein großes türkisches Heer
sollte aufgeboten werden, aber es fehlten die Geldmittel.
Oesterreich stand an der Seite der Türkei. England die
Forderungen Rußlands, welche von Frankreich unter=
stützt wurden, wahrnehmend, erhob Anspruch auf Corfu,
das Frankreich besetzt hielt. England besaß zwar schon
Zanto, Kephalonien und Cerigo, hielt aber Corfu wegen
des guten Hafens und der befestigten Citadelle an den
Küsten, die das Adriatische Meer gänzlich beherrschten,
für viel wichtiger. Außerdem suchte England sich mit
Ali=pascha von Janina in Verbindung zu setzen, und der
neue englische Consul Georg Foresti, ein gewandter
Grieche, that Alles um den Ali=pascha in der erwünsch=
ten Abhängigkeit von England erhalten zu können. Dies
waren die letzten Bestrebungen Adair's, der bald darauf
Constantinopel verließ und durch Stratfort Canning
ersetzt wurde.

Während der Kriege der Türkei gegen Rußland,

15*

welche seit 1768 mit wenigen Unterbrechungen fort-
dauerten, und um die Zeit, als die Russen mit ihrer
Waffenmacht in der Moldau, der Walachei und Bulgarien standen, suchten die kriegerisch gesinnten Serben
und andere christliche Völker sich vom türkischen Joche
zu befreien. Die Serben begannen zuerst den Kampf
um ihre Unabhängigkeit. Kara-Georg, der als Führer
des serbischen Volkes stets betrachtet wurde, wandte sich
vergeblich um Hilfe an Oesterreich und Frankreich, dessen
Armee unter dem Commando des General Marmont
in Dalmatien stand. Die Serben nahmen daher später
die Hilfe Rußlands an und blieben unter der Führung
Kara-Georgs gegen die Türken Sieger. Den Serben
wurde eine gewisse Autonomie zugestanden und die
Drina bildete fortan die Grenze zwischen Serbien und
der Türkei. Inzwischen starb zu Bukarest Kaminski, der
Oberbefehlshaber der russischen Armee und an seine
Stelle folgte Kutuzow.

Aber in dieser Zeit nahmen die Beziehungen
zwischen Rußland und Frankreich eine ganz neue Gestalt an. Statt der früheren freundschaftlichen Verhältnisse zwischen Alexander und Napoleon trat jetzt eine
Spannung ein und Alexander erachtete es für nothwendig, im Jahre 1811 einen Theil seiner Armee von
der Donau nach Rußland zurückzurufen. Wenn man
die inneren Verhältnisse der Moldau und der Walachei
zur Zeit der russischen Occupation betrachtet, so erscheinen
dieselben durchaus in keinem günstigen Lichte, denn das
russische Verwaltungssystem in der Moldau und der
Walachei, war so schlecht, daß die Bewohner der beiden
Fürstenthümer ihre Beschwerden in einer Denkschrift
dem Kaiser Alexander vorgelegt hatten, woran der
Kaiser gar nicht dachte und darüber sehr bestürzt war.
Im Jahre 1811 eröffnete der tapfere Kutuzow den
Feldzug mit Erfolg und vernichtete bald darauf das
türkische Lager bei Giurgewo.

Die Ansichten über die Fortsetzung des Krieges waren zu Ende des Jahres 1811 sowohl in Constantinopel als auch in Petersburg sehr getheilt. Inzwischen rückte aber in Folge der außerordentlichen Spannung zwischen Napoleon und Alexander der Sturm von Westen her, immer näher gegen Rußland heran. Kaiser Alexander dachte eine starke Diversion gegen die französischen Besitzungen in Illyrien und Dalmatien auszuführen und rechnete dabei auf die Unterstützung der Serben und Montenegriner, welche die Gleichheit des Glaubens ohnehin Rußland sehr geneigt dazu machte. Zu diesem Zwecke schien der Admiral Tschitschagow der richtige Mann zu sein, den auch Kaiser Alexander mit der schwierigen und delicaten Mission betraute, zu welcher der Admiral erst nach einigem Zögern sich bereit erklärte.

Es galt nicht nur die Operationen im Felde zu führen, sondern auch die Unterhandlungen zum Abschlusse des Friedens mit der Türkei zu leiten und ein Offensiv- und Defensiv-Bündniß mit derselben zu vereinbaren. Ueberdies mußte der Admiral die Verwaltung in der Moldau und der Walachei besser organisiren, sowie auch die Glaubensgenossen Rußlands in der Türkei, die Griechen und andere Völkerschaften auf seine Seite ziehen.

Die englische Flotte sollte im Adriatischen Meere den russischen Operationen Beistand leisten, um auf diese Weise die Machtentwicklung Frankreichs im Oriente bestmöglichst zu verhindern. Tschitschagow wurde zum Oberbefehlshaber der Donauarmee sowie zum General-Gouverneur der Moldau und der Walachei ernannt, und zu diesem Zwecke mit unbeschränkten Vollmachten und allen dazu geeigneten Mitteln versehen. „Das Wichtigste für uns", bemerkte ihm Kaiser Alexander, „ist, den militärischen Geist der Völker slavischen Ursprungs (in Serbien, Bosnien, Dalmatien, Montenegro,

Kroatien und Illyrien) zu unseren Gunsten nützlich zu machen, :c. . . . . . Sie müssen alle nur möglichen Mittel anwenden, um diese slavischen Völker zu begeistern und für unsere Zwecke dienlich zu machen. Sie müssen ihnen die Unabhängigkeit, die Errichtung eines slavischen Königthums versprechen und den einflußreichsten Männern unter denselben Geldspenden, Orden und Titel verleihen und versprechen, wie es der Bedeutung und Ansehen derselben sowie der Zahl ihrer Truppen angemessen erscheint. — Sie müssen überhaupt dazu alle diejenigen Mittel hinzufügen, welche Sie für geeignet halten, um diese Völkerschaften zu gewinnen, und welche den gegenwärtigen Umständen am besten entsprechen dürften." — Ferner lauten die Instructionen dahin, den Ali-pascha von Janina für sich zu gewinnen. Das Offensiv- und Defensiv-Bündniß mit der Türkei sollte nach der Absicht Kaisers Alexander darin bestehen, die Türkei gegen Frankreich zu richten und dieselbe an den Erfolgen der russischen Waffen gegen Napoleon Theil nehmen zu lassen u. s. w.

Oesterreich und Preußen sahen sich durch die mit Napoleon am 24. Februar und dem 14. März 1882 abgeschlossenen Verträge offenbar in ein feindliches Verhältniß zu Rußland versetzt. Diese beiden Mächte wurden durch die Kriege so geschwächt, daß ihnen jeder Widerstand gegen die Pläne Napoleons unmöglich wurde. — Rußland versuchte alle Mittel, um Ungarn im Gegensatze zu Oesterreich für sich zu gewinnen, oder wenigstens einen Neutralitätsvertrag mit Ungarn abzuschließen. Dies waren die Mittel und Bestrebungen des Kaisers Alexander, um Napoleons Pläne in Bezug auf den Orient zu durchkreuzen und zu vereiteln.

Napoleon seinerseits dachte zuerst Rußland zu Boden zu werfen, es zu einem schleunigen Frieden zu zwingen und zugleich ein Hilfscorps von 100.000 Mann von Rußland zu erlangen. Mit seiner so bedeutend verstärkten Armee war er willens, sich zunächst gegen die Türkei zu wenden, um Constantinopel ihr zu entreißen und dort den Thron seines orientalischen Reiches aufzurichten, welches in seiner Person mit dem Occidente vereinigt bleiben sollte. Zu gleicher Zeit würden die in Italien, Illyrien und auf den jonischen Inseln disponiblen Streitkräfte den Befehl erhalten haben, sich nach Egypten einzuschiffen, um dort die ehemals begründete französische Herrschaft wieder herzustellen.

Endlich soll Napoleon den Plan gehabt haben, mit seiner Armee verstärkt durch die zahlreichen Hilfstruppen seiner Bundesgenossen, von Constantinopel aus durch Klein-Asien einen Kriegszug nach den Bengalen in Bewegung zu setzen, um England dort den Todesstoß zu versetzen.

Wiewohl der Plan Napoleons kolossal und fast fabelhaft war, so glaubte doch Kaiser Alexander eine Zeit an die Möglichkeit seiner Ausführung und eben deshalb wollte er einen Offensiv- und Defensiv-Vertrag mit der Türkei schließen und die christliche Bevölkerung der Türkei an dem Kriege Rußlands gegen Frankreich theilnehmen zu lassen. — Tschitschagow war hingegen einer ganz anderen Ansicht und meinte, der ganze Plan sei höchstens der Traum einer gewaltigen Einbildungskraft, welche in das Gebiet des Unmöglichen hinüberschweife, blos das Luftschloß eines Eroberes (le chateau d'Espagne d'un conquérant).

Napoleon seinerseits suchte ebenfalls eine günstige Gelegenheit wahrzunehmen, um ein Schutz- und Trutz-Bündniß mit der Türkei abzuschließen und unter Garantie der Integrität des türkischen Reiches eine Hilfstruppe von ausgerüsteten 100.000 Mann zu erhalten. Aber bevor sein Gesandte Graf Andreossy nach Constantinopel kam, wurde schon der Friede zwischen der Türkei und Rußland zu Bukarest abgeschlossen und ratificirt, wie es heißt, nicht ohne bedeutenden Einfluß

des russischen und englischen Goldes. Zu derselben Zeit
war Sir Stratford Canning, der englische Gesandte
zu Constantinopel, bestrebt, den Sultan dazu zu bewegen: „Er möge in keinem Falle zu der Abtretung einzelner Districte der asiatischen Türkei an Rußland seine
Zustimmung geben." Denn jeder Schritt Rußlands über
den Kaukasus hinüber schien Stratford Canning die
größten und dringendsten Gefahren früher oder später
für die englischen Besitzungen in Indien bringen zu
müssen.

Der Friede zwischen der Türkei und Rußland
wurde zu Bukarest am 28. Mai 1812 von Kutusow
als russischem Bevollmächtigten abgeschlossen; der Admiral Tschitschagow verblieb an der Spitze der Armee
und leitete die Verwaltung der Donaufürstenthümer
mit großem Erfolge. Ihm zur Seite stand Graf Capo
d'Istria aus Corfu, mit der Führung der Kanzlei be-
traut. Der Pruth wurde als die Grenze zwischen
Rußland und der Türkei angesehen. Die Serben blieben
tributpflichtig an die Türkei und hatten ihre eigene
Verwaltung. Nachdem die Feindseligkeiten aufgehört
hatten, bestand Kaiser Alexander auf dem Offensiv- und
Defensiv-Bündniß mit der Türkei, während Tschitschagow
sich mit dem Plane herumtrug, durch eine plötzliche
Diversion sowohl zu Lande als auch zur See Constantinopel in seine Macht zu bekommen. Tschitschagow
gedachte des Vorschlages, welchen Suworow der Kaiserin Katharina II. oft gemacht hatte: „er wolle ihr
mit 30.000 Mann die Schlüssel von Constantinopel
holen", und war überzeugt, daß es gelingen werde,
weil er jetzt über weit bedeutendere Mittel verfügte.
Der Kaiser Alexander faßte den Plan viel ruhiger auf
und meinte: „Der Plan ist zwar sehr großartig und
sehr kühn, wer kann jedoch für sein Gelingen einstehen!"
In Folge der schriftlichen Vorstellungen des Generals
Langeron schrieb Kaiser Alexander an Tschitschagow:

„Die Geschichte mit Constantinopel kann später wieder aufgenommen werden. Wenn nur unsere Sachen gegen Napoleon einmal gut gehen, dann können wir Ihren Plan gegen die Türkei wieder in's Werk setzen." So sah Tschitschagow seinen großartigen Plan gänzlich vereitelt. — Noch unter dem 12. August forderte der Kaiser, welcher endlich zu Smolensk die Ratification des Friedens erhalten hatte, den Admiral abermals auf, den Marsch mit seinen Truppen nach Russisch=Polen möglichst zu beschleunigen. Dem Herrn von Sturdza wurde die Verwaltung von dem neuerworbenen Bessarabien provisorisch anvertraut und die Moldau sammt Walachei von den russischen Truppen geräumt. Das letzte Vermächtniß Tschitschagow's an den Gouverneur Sturdza hieß: „Die Bulgaren, die Moldavaner, die Walachen, die Serben suchen ein Vaterland für sich. Sie können dazu beitragen, daß sie es finden."

In Constantinopel wurde kurz darauf Demetrius Murusi, der bei den Friedensverhandlungen als Dolmetsch seitens der Türkei fungirte und als von Rußland bestochen erwiesen wurde, enthauptet. Der Sultan ernannte alsdann Kalimaki zum Fürsten der Moldau und Karadscha zum Fürsten der Walachei. Beide Fürsten nahmen am 3. October 1812, welcher als Termin für die definitive Zurückgabe der Fürstenthümer an die Türkei festgesetzt wurde, von diesen neuen Würden förmlich und feierlich Besitz, nachdem die Fürstenthümer bereits früher von den russischen Truppen gänzlich geräumt wurden.

Diese russischen Streitkräfte bekamen ihre Position an der Berezina zugewiesen und gaben den Franzosen den letzten Todesstoß, als die glänzende Armee Napoleons aufgelöst und geschlagen, sich auf dem Rückzuge befand.

Was die inneren Angelegenheiten der Türkei betrifft, schickte ein Jahr später der Sultan Mahmud II., den Vetrag brechend, den Vezier Khurschid Pascha an der Spitze von 4000 Mann nach Serbien, um alle Christen niederzumetzeln und deren Häuser zu zerstören. Kara=Georg, der ehemalige so bekannte Volksführer, dachte auch diesmal der Türkei Widerstand leisten zu können, allein er mußte der Uebermacht nachgeben und nach Oesterreich flüchten, wo er auf Befehl des Kaisers Franz II. festgenommen wurde. Dieser Umstand trug dazu bei, daß der österreichische Einfluß bei der christ= lichen Bevölkerung sank, während jener Rußlands im fortwährenden Steigen begriffen war und seit dieser Zeit auch im Oriente vorherrschend ist, aber seit dem russisch=türkischen Kriege änderten sich die Verhältnisse wieder.

Dann erhob sich ein einfacher serbischer Bauer, Milosch Obrenowitsch und begeisterte seine Landsleute, sie zum hartnäckigen Widerstande ermahnend, was auch zur Folge hatte, daß die Macht nach den siegreichen Erfolgen der Aufständischen an Milosch übertragen wurde, welche er bis zum Jahre 1839 behielt, wo ihm Alexander Kara=Georg nachfolgte.

Nach zahlreichen räuberischen Ueberfällen und Plünderungen seitens der griechischen und albanesischen Bevölkerung wurde der Rebell Ali=pascha von Janina durch seine drei Söhne verrathen und 1822 von den Türken enthauptet. Durch den Verfall des Heerwesens waren die Kriege der Türken stets von Mißerfolg begleitet. Sultan Selim hat dies schon zu seiner Zeit wohl erkannt und dachte auch an eine Reorganisation des Heeres, aber er fiel als Opfer sei= nes Kleinmuthes. Wie aus der Darstellung von Dschewdet=pascha, dem gegenwärtigen türkischen Geschichtsschreiber erhellt, hatten die Janitscharen schon am Ende des verflossenen Jahrhunderts aufgehört, ihrer

ursprünglichen Bestimmung eines stehenden Heeres zu
entsprechen. Ja sie verdienten nicht einmal den Namen
eines Militärkörpers, sondern waren eine Art verwil=
derter Nationalgarde oder Landsturmes halb religiösen,
halb kriegerischen Charakters geworden, die nach außen
keinen Nutzen stifteten und daheim nur schadeten. Es
blieb dem Sultan Mahmud II. vorbehalten, mit dem
ihm eigenthümlichen Muthe und Energie die Reform
des Heerwesens wieder in Angriff zu nehmen und mit
glänzendem Erfolge durchzuführen.

Mit diesen inneren Reformen des Reiches stehen
in Verbindung: Eintheilung des Reiches in zwanzig
Paschaliks, Abschaffung der Lehensgüter in Europa und
Asien, Strafbestimmungen bei Auflehnung der feudalen
Machthaber und 1826 die Aufhebung des Janitscharen=
corps. Dieses setzte jedoch der Errichtung der Miliz
nach europäischem Muster allerlei Hindernisse entgegen.
Laut eines Koranausspruches des großen Mufti erfolgte
in wenigen Stunden die Niedermetzlung von mehr als
20.000 Janitscharen auf dem Platze von At=Meidan
(wo früher das Hippodrom stand.) Im Namen Gottes,
des Propheten und des Korans, wurde diese Renegaten=
Miliz in's Leben gerufen und im Namen eben derselben
heiligen Attribute wurde sie aus der Welt geschafft
und auf diese Art die Ruhe in Constantinopel herge=
stellt. Wenn auch nicht sämmtliche Janitscharen nieder=
gemetzelt wurden, so hob man doch diese Institution
für alle Zeiten gesetzlich auf. Was die vielen Sultane
im Laufe der Jahrhunderte nicht vermochten, brachte
ein einziger Sultan durch eiserne Energie, Unerschrocken=
heit und Unbeugsamkeit zu Stande, Sultan Mahmud II.,
welcher im Anfang des Jahrhundertes als Reformator
bezeichnet wird. Im Reiche herrschte noch immer keine
Ruhe und Ordnung. Der Aufstand der Griechen, welcher
anfänglich so unbedeutend schien, bereitete Mahmud II.
große Besorgnisse, dauerte auch viele Jahre und endigte

mit Hilfe der drei Großmächte mit der Unabhängigkeit
Griechenlands. Die Griechen, welche als erstes Volk
des Alterthums Künste und Wissenschaften pflegten, in
Friedenszeiten die ersten Lehrer der Civilisation für
die Völker waren, in Kriegszeiten ihr Vaterland hart=
näckig vertheidigten, aber endlich der Uebermacht der
erobernden Völker weichen mußten, verloren im Laufe
der Zeiten, in Folge der Knechtung jene Eigenschaften,
wodurch deren Vorfahren im Alterthume sich so aus=
zeichneten.

Les Grecs, si fiers jadis aujourd' hui vils esclaves,
Ont appris sans murmure à porter leurs entraves.

Vaterlands= und Freiheitsliebe und die Erinnerung
an den Ruhm und die Größe ihrer Vergangenheit
trieben sie beständig, trotz ihrer schmachvollen Knechtschaft,
zum Kampfe gegen ihre Tyrannen und Bedrücker.

Seitdem sich die Griechen unter türkischem Joche
befanden, sind sie bei erster Gelegenheit den Türken
mit bewaffneter Macht entgegengetreten. In Kleinasien
waren die Griechen gänzlich unterdrückt, in Constanti=
nopel beugten sie sich vor den Türken, aber in Grie=
chenland selbst, wo die Türken in der Minderzahl
waren, waren die Griechen bestrebt, ihre Freiheit best=
möglichst zu behaupten. Dieser Theil des griechischen
Volkes bestand aus Klephten und Armatolen, Kauf=
und Seeleuten.

Noch vor der Einnahme von Constantinopel waren
die Griechen bestrebt, von den Ufern der Donau bis
zum Peloponnes sich in einem Aufstande zu erheben,
der in einer Dichtung: „Wehklagen über die Einnahme
von Constantinopel" beschrieben ist. Nach der Eroberung
Constantinopels leisteten Venedig, Spanien, Neapel und
Frankreich den Griechen bewaffnete Hilfe, welche sich
auch gern unter ihren Fahnen sammelten. Durch die
geographische Lage begünstigt, konnten die Griechen
ohne große Schwierigkeit die Hilfe und den Beistand

der westlichen Völker anrufen. Die folgenden Jahre
sind für die griechischen Aufstände kurz zu bezeichnen:
Im Jahre 1470 waren die Griechen mit den Venetianern gegen die Türken in Chalcis; 1479 beide
Völker in Magne; 1481 in Avlona, Chimära, 1495
die Griechen mit den Franzosen in Durazzo-Scobra;
1499 mit den Venetianern in Pelopones; 1532 Andreas
Doria aus Genua, der Admiral Karls des Fünften
leistete den Griechen in Patras, Antirrhion Hilfe;
1571 Don Juan d'Austria in Lepanto; 1581 die
Griechen allein unter Leitung von Theodor Bua Gri-
vas in Vonitza und Janina; 1606 unter Leitung der
Ritter von Malta in Epiros; 1612 Charles Herzog
von Nevers als der Nachkomme der Palaologen von
der weiblichen Linie versprach den Griechen Hilfe,
welche sich auch zu einem Aufstande in Janina vorbereiteten, aber die Hilfe erschien nicht und die Griechen
blieben allein. Charles de Nevers dachte an die Herstellung des griechisch-orientalischen Kaiserthumes. Außerdem sind folgende Aufstände auf den Inseln zu verzeichnen: 1475 Lemnos, 1538 Corfu, 1570—71 Cypern,
1649—1669 Candia; 1684 mit Hilfe der Venetianer
in Pelopones und Attika; 1716 belagerten die Griechen
Corfu allein. Seit dieser Zeit, welche zur Regierungszeit Peters des Großen fällt, verließen sich die Griechen
nicht mehr auf die Hilfe des Westens. Die großen und
glänzenden Siege des Prinzen Eugen von Savoyen
und die späteren österreichischen Kriege vermochten nicht
direct auf die Griechen einzuwirken. Ihre Wirkung beschränkte sich halbwegs auf die benachbarten Donau-
völker, wie die Serben und die Walacho-Moldawaner.
Oesterreich hatte zu jener Zeit keine bestimmte Politik
betreffs der Christen des Orients. Franz I., König
von Frankreich, beschützte die katholischen Christen des
Orients, während seit Peters und Katharina's Zeiten
Rußland den Schutz über die Christen des orientalischen

Glaubens ausübte und seine Macht und Stellung auf
diese Weise im Oriente angesichts der Millionen türki=
scher christlicher Unterthanen orientalischen Glaubens
ausbreitete. Das griechische Project Katharina's war
zu Gunsten der Griechen, welche deshalb in den Jahren
1769 und 1788 in Gemeinschaft mit Rußland gegen
die türkische Macht vorgingen, und im Jahre 1792
befehligte sogar Lambros Kazones bei einem neuen
Aufstande gegen die Türken eine griechische Flotte im
Archipel. Am bedeutendsten war der Aufstand der
Griechen im Anfange des Jahres 1821, als Alexan=
der Ypsilanti in Gemeinschaft mit Michael Sutzo
und Theodor Vladimiresko die Führung übernahm.

Alexander Ypsilanti, eine so wichtige Persönlich=
keit des griechischen Aufstandes, über dessen Charakter
und Eigenschaften die Meinungen der besten Darsteller
des Orientes weit auseinander gehen, nöthigt uns, ein
Wenig zu verweilen und einige der Ansichten über ihn
anzuführen.

Poujabe und Leake vergleichen ihn mit
Washington: „cet homme de génie eut quelque
chose du génie de Washington", während Ubicini,
nachdem er Constantins Ypsilanti, des Vaters des
Alexanders, der nach dem Friedensvertrage von Tilsit
nach Rußland emigrirte, Erwähnung gethan, sich fol=
gendermaßen über Alexander Ypsilanti vernehmen läßt:
„C'était un jeune homme doué de plus de témérité
que de courage, de plus d'imagination que de force
de caractère, genereux sans grandeur d'âme, moins
occupé du soin de délivrer sa patrie que possédé
du désir de jouer un rôle, cachant, sous une grande
séduction de formes et de langages, un amour de
soi et un dedain des autres, d'autant plus enra-
cinés, qu'ils existaient à l'insu d'eux mêmes:
capable de se jeter tête baissée dans une entre-
prise hasardeuse sans aucune des qualités propres

à en assurer le succès." Aber Rizzo Nerulos aus der Mitte der Griechen selbst, der den Befreiungs= kampf seiner Landsleute beschrieb, sagt von Alexander Ypsilanti, daß derselbe ein Mann von höchsten Geistes= gaben war, jedoch unpraktisch und ohne Kenntniß der Gebrechen und Fehler der Griechen jener Zeit. Hiemit wären die divergirenden Urtheile über den Urheber und Führer des griechischen Aufstandes erschöpft.

Er war es, der aus Bukarest zuerst eine Pro= clamation, die zwar ohne Erfolg blieb, erließ. Dann dachte er ein Mittel ausfindig zu machen, um die tür= kische Regierung in den Augen der griechischen und christlichen Bevölkerung verächtlich zu machen. Zu die= sem Zwecke sollten einige unschuldige Menschen als die ersten Opfer der heiligen Sache des Befreiungskampfes geweiht werden.

Ihr Hauptaugenmerk war darauf gerichtet, um den Aufstand auf der griechischen Halbinsel selbst zu provociren und richteten sie auch in diesem Sinne Briefe an die Griechen des In= und Auslandes. Sie waren bestrebt den oekumenischen Patriarchen von Con= stantinopel Gregorios und verschiedene Metropoliten in Geheimnisse zu verwickeln. Sie richteten offene Briefe an den Patriarchen und Metropoliten, worin sie die großen Vorbereitungen zum Aufstande schilderten, sowie die demnächstige Vernichtung der Türken, und forderten den Patriarchen sowie den Metropoliten nach gegen= seitigem vorherigen Versprechen zur Mitverschwörung auf, — wovon sie nicht die geringste Ahnung hatten — Hilfe und Beistand nach Ankunft der Aufständischen in Constantinopel zu leisten.

Alle diese Briefe gleichlautenden Inhalts wurden zugleich durch einen besonderen Boten nach Constanti= nopel geschickt und dermaßen die Einrichtung getroffen, daß die Briefe in die Hände der türkischen Regierung fallen mußten, welche bekanntlich überall Kundschafter

unterhielt und vom Aufstande Wind bekam. Als man
von dem Inhalte der Briefe Kenntniß erhielt, begann
schon eine Woche nach dem 17. März des genannten
Jahres eine Metzelei aller jener vornehmen Griechen
Constantinopels, welche die Flucht noch nicht ergriffen
hatten. Gleich den Griechen wurden auch andere Christen niedergemetzelt. Am 20. April, dem Ostersonntage
wurde der griechische Patriarch, Gregorios, ein gutgesinnter, tugendhafter und aufgeklärter Mann, als
er nach der Messe sich zur Ruhe begeben wollte, zum
Großvezier Benderli-Ali-Pascha berufen, der ihm die
erwähnten Briefe mit dem Ersuchen vorlegte, dieselben
zu übersetzen. Der Patriarch las den Brief vor und
wurde vor Verzweiflung fast sprachlos. Endlich antwortete er: „Mein Herr, dieser Brief kommt von
Michael-bey Sutzo, dem Fürsten der Moldau, der mich
Parteigenossen und Mitverschwörer nennt. Ich bin
jedoch ganz unschuldig". Der Großvezier beschimpfte
jedoch den Patriarchen, trieb ihn zur Thüre hinaus
und befahl ihn dann an dem Thore des Wohnsitzes
des Patriarchen zu henken, was auch an demselben
Tage geschah. Von demselben Schicksale wurden die
Metropoliten von Ephesus, Adrianopel und Thessaloniki ereilt.

Der Ostersonntag des Jahres 1821 war somit
ein Schreckenstag, welcher Panique und Bestürzung
unter den Griechen hervorrief, zugleich aber den Prolog zu einem allgemeinen Aufstande des griechischen
Volkes bildete.

Durch drei Tage wurde der Leichnam des Patriarchen von Juden und Türken durch die Straßen
von Constantinopel geschleift, worauf er von den Türken
den Juden übergeben wurde, die ihn dann ins Meer
warfen.

Sein Leichnam wurde von russischen Matrosen

geborgen und nach Odessa gebracht, wo er feierlich be=
stattet wurde.

Außer den Phanarioten, welche über Bildung
verfügten, befand sich noch die Masse des griechischen
Volkes in tiefster Unwissenheit und Rohheit und waren
auch jeder höheren Begeisterung für die nationale Sache
bar, aber Eines konnte ihnen nicht abgesprochen wer=
den, sie hielten fest zu ihrer Kirche, welche ihrerseits
die schützende Hand über dem Volke hielt. Die Per=
sönlichkeit des Patriarchen Grigorios bildete den Ge=
genstand höchster Verehrung, weßhalb auch die ihm
zugefügte Schmach nicht ohne Folgen bleiben konnte.
In solchen Fällen handelt das Volk nicht nach kalter
und reiflicher Ueberlegung, sondern folgt der momen=
tanen Eingebung der Sinne. Die schuldlose Ermor=
dung des Patriarchen und der Bischöfe rücksichtlich der
hohen Verehrung, deren sich diese Persönlichkeiten in
allen Schichten der Bevölkerung erfreuten, empörte die
Griechen außerordentlich und entflammte einen solchen
Zorn in ihnen, daß sie blutige Rache für diese Unbill
zu üben beschworen. Durch die zweite Proclamation
Ypsilantis entstand ein Aufruhr, der sich in kurzer Zeit
über ganz Griechenland, Macedonien und die Inseln
des Archipels und des Mittelmeeres verbreitete.

Dies war der Zweck der erdichteten und heim=
tückischen Mittel, welche Alexander Ypsilanti und Mi=
chael Sutzo aus Bukarest in Anwendung brachten. Der
an tragischen Begebenheiten äußerst reiche Aufstand
dauerte sieben Jahre, während welcher Zeit aus der
Asche der griechischen Vorahnen Cimon, Miltiades,
Alkibiades, Themistokles, Perikles, Epaminondas und
Leonidas, Männer wie Marco Botzaris, Colocotrini
Canaris, Miaulis, Kariaskaki, Ypsilanti und Condou=
riotti emporstiegen, ehrwürdige und verdienstliche Nach=
kommen der ruhmreichen Beschützer und Vertheidiger
des Vaterlandes. Am Ende des siebenten Jahres hatten

enblich die Griechen in ungleichem aber heldenmüthigen
Kampfe, wie Colocotrini sich scharfsinnig ausdrückte,
die eisernen Ketten der Knechtschaft auf der Stirne
des tyrannischen Bedrückers zerschlagen. Die europäi=
schen Großmächte konnten nicht länger neutrale Zu=
schauer dieser blutigen Vorgänge bleiben und versam=
melten sich am 6. Juli 1827 in London zur Bera=
thung über die zu ergreifenden Maßregeln. Der Be=
stimmung des Londoner Vertrages, Griechenland die
Unabhängigkeit zu gewähren, setzte der Sultan Mahmud
hartnäckigen Widerstand entgegen, worauf am 26. Oc=
tober 1827 die Seeschlacht bei Navarino erfolgte, wobei
die türkisch=egyptische Flotte von der Flotte der aliirten
Mächte Englands, Frankreichs und Rußlands unter
dem Oberbefehle des Admirals Codrington in Brand
gesteckt und total vernichtet wurde. Die Nachricht von
dieser furchtbaren Niederlage versetzte den Sultan
in Wehmuth und Zorn und stimmte ihn so feindlich
gegen alle Christen, daß er alle Armenier sowie alle
Fremde, ja sogar die europäischen Gesandten aus Con=
stantinopel ausweisen ließ. Zugleich ließ der Sultan
den Bosporus und die Dardanellen sperren und berief
alle waffenfähigen Türken unter die Fahnen. Es war
dies ein denkwürdiger Moment in der türkischen Ge=
schichte, da man in Constantinopel nur Türken fand —
und dies zu einer Zeit, als Sultan Mahmud es sich
zur Hauptaufgabe machte, sein Reich nach europäischem
Muster umzugestalten. Er befand sich in einem merk=
würdigen Zwiespalte mit seiner Reorganisation des
Reiches; einerseits trat er schon als Reformator der
Türkei auf, aber andererseits und thatsächlich aus Rache=
gefühl gegen die Europäer war er gewillt, die asia=
tische wilde Gesinnung des Islam bei den Türken noch
aufrecht zu erhalten.

Wegen der Bedrückungen der Russen und der
Angriffe auf russische Handelsschiffe nach der Schlacht

bei Navarino und auch wegen verschiedener Vertrags=
brüche seitens der Türken war Kaiser Nikolaus, der
schon durch drei Jahre den Thron seines Bruders
inne hatte, im höchsten Grade empört und erklärte im
Jahre 1828 den Türken den Krieg. Letztere wurden
überall geschlagen: an den Ufern der Donau in Bul=
garien und des Araxes in Armenien. In Europa unter
dem Oberbefehle von Diebitsch und in Kleinasien unter
demjenigen von Paskewitsch errangen die Russen die
größten Erfolge. Diebitsch erstieg im Sommer 1829
die Balkanen bei Kulektscha und erschien ganz uner=
wartet in Adrianopel und selbst vor den Thoren Con=
stantinopels, Paskewisch in Begleitung des armenischen
Bischofs Nerses, welcher einen sehr großen Einfluß
unter den Armeniern ausübte, machte ohne Schwierig=
keiten große Eroberungen in Armenien. Zu dieser Zeit
kehrten die europäischen Gesandten auch wieder nach
Constantinopel zurück. Ihrer Intervention gelang es,
den Siegeslauf der Russen zu hemmen und den Ver=
trag von Adrianopel am 14. September 1829 zu
schließen. Die christlichen Unterthanen und die Fremden
kehrten ebenfalls zurück.

Durch den Vertrag von Adrianopel gewann Grie=
chenland seine Unabhängigkeit, unter dem Schutze Ruß=
lands erhielten auch Serbien, die Moldau und Wa=
lachei besondere Vorrechte, wie die freie Durchfahrt
der Handelsschiffe durch den Bosporus und die Dar=
danellen, ferner die Grenzregulirung 2c. Dieser Krieg
zeigte die Ohnmacht der Türkei in ihrer ganzen Größe
und barg eine große Gefahr für deren Existenz über=
haupt. Der Kaiser Nikolaus war mit den bisherigen
Ergebnissen zufrieden.

Trotz des Waffenlärmes, trotz der kriegerischen
Ruhmesthaten der Russen in dem Kampfe gegen die
Türken in Europa und Asien, dauerte der Kampf
zwischen Osten und Westen nur schleichend fort und

16*

der status quo ante bleibt wie vor Jahrhunderten aufrecht erhalten.

Constantinopels Besitznahme ist blos ein Vorwand, in der That ist es ein Kampf um die Civilisation zwischen dem Westen und Osten.

Um dieselbe Zeit, als die Russen an den Donauufern und in Bulgarien Triumphe errangen, segelte die französische Flotte der Restaurationsperiode unter dem Befehle von Lamaison nach Griechenland und besetzte mehrere Punkte der griechischen Halbinsel mit der Absicht, die Türken daraus zu vertreiben und die gänzliche Befreiung Griechenlands durchzuführen. Diese Expedition war von demselben Erfolge begleitet wie die russische. Frankreich folgte hiebei einer traditionellen von Ludwig IX. inaugurirten Politik zur Beschützung der Christen im Oriente, fußend auf den Principien der Gerechtigkeit und Großmüthigkeit. Dieses Verhältniß zwischen Franzosen und Griechen erfüllt Letztere mit Gefühlen der Dankbarkeit für Frankreich, welche sich noch bis auf den heutigen Tag documentiren. Seitdem sind die Augen der Griechen in Zeiten der Bedrängniß auf Frankreich gerichtet. Der einzige Engländer, welcher die Schönheiten des Orients besang, sein Vermögen und sein Leben in Missolunghi der Sache des griechischen Unabhängigkeitskampfes widmete, war Lord Byron, während die Politik Englands selbst eine zweifelhafte und für die Griechen niemals aufrichtige war. Schuld daran trug die geographische Lage Griechenlands, dessen Größe und Machtstellung im Mittelmeere der ersten maritimen Macht der Welt, England, ein Dorn im Auge sein mußte. Es wird darüber noch an anderer Stelle gesprochen.

Der widernatürliche innere Zustand rief solche Aufstände hervor, wie wir sie schon zur Regierungszeit Selims verzeichneten. In Bosnien erhob sich ein Schwärmer Hussein-agha, welcher einen Anschlag gegen Con-

stantinopel beabsichtigte, in Albanien Mustapha Bu=
schatli = pascha von Scutari. In Macedonien, Rume=
lien, Albanien, Armenien, Van, Aleppo, Damascus
und Bagdad machten die Reichsverweser gemeinschaft=
liche Sache mit den Rebellen und schalteten als sou=
veräne Gebieter, und nicht Einer blos unter ihnen dachte
den Sultan zu stürzen. Der Augenblick war sehr kri=
tisch, und dieser wurde von Mehemet Ali, dem Statt=
halter von Egypten auf sehr schlaue Weise ausgenützt.
Kurz darnach kam es (1832) zum Kriege, in welchem
jedoch die Türkei, nach den überstandenen Kämpfen
erschöpft und ermüdet, gänzlich geschlagen wurde. Me=
hemet Ali's Sohn, Ibrahim=pascha schlug die Türken
in Syrien und Kleinasien zurück und bei Koniach, der
alten Selbschukidenresidenz schlug er den Befehlshaber
der türkischen Truppen, Reschid = pascha, gänzlich aufs
Haupt und machte schon Miene gegen den Bosporus
nach Constantinopel vorzurücken.

Solche Niederlagen zwangen den Sultan, auf
diplomatischem Wege die Intervention der Mächte an=
zurufen. Kaiser Nikolaus entsendete über die Bitte des
Sultans am 20. Februar 1833 ein russisches Geschwa=
der nach Bujukdere. Auch die Gesandten Frankreichs
und Englands, Roussin und Ponsonby, verwendeten sich
für die Türkei; hauptsächlich aber war es Murawiew,
welcher die Unterhandlungen mit den Egyptern leitete.
Als es jedoch nicht gelang, die Egypter zu befriedigen,
zwang man es durch Aufstellung von 20.000 Mann
an der asiatischen Seite des Bosporus, welche Con=
stantinopel beschützen sollten, den Rückzug anzutreten.
An der asiatischen Seite des Bosporus in Hunkiar
Skelessi, steht gegenüber von Therapia ein steinernes
Denkmal, auf welchem der kurze damalige Aufenthalt
der Russen verzeichnet ist. Die seitens des Kaisers dem
Sultan Mahmud gewährte uneigennützige Hilfeleistung
hatte für die Russen einige Vortheile, von denen jedoch

damals nichts in die Oeffentlichkeit drang und die heute ohne Bedeutung sind.

Syrien blieb in dem Besitze des egyptischen Statthalters. Als die reformatorischen Bestrebungen des Sultans nicht nur in der Residenz, sondern auch in den Provinzen auf große Schwierigkeiten stießen, und nach einer neuen Empörung in Bosnien auch die vertriebenen Feudalherren von Kleinasien an allen Ecken und Enden des Reiches conspirirten, brach Mehemet Ali im Jahre 1838 wieder los.

Zu Nezib, unweit des Euphrat, brachten die Egypter den Türken eine ungewöhnliche Niederlage bei (24. Juni 1839). Der jetzige Feldmarschall Graf Moltke befand sich damals als Militärinstructor in der Suite des türkischen Commandanten und ertheilte Letzterem den Rath, die Stellung hinter dem Euphratflusse, statt vor demselben einzunehmen, allein dieser Rath wurde nicht befolgt und so mußte das Verhängniß über die Türken hereinbrechen.

Die Vernichtung der türkischen Armee verbreitete panischen Schrecken und bis nach Anatolien drang die Kunde von dem Siege Ibrahim Pascha's. Sultan Mahmud selbst erhielt von dieser Niederlage keine Kunde mehr, da er eine Woche später, am 1. Juli starb und die Nachricht am 8. Juli 1839 nach Constantinopel drang. Mahmud starb in einem Kiosk am Abhange des Berges Tschamlidscha unweit Scutari nach kurzem Aufenthalte daselbst an Delirium tremens im Alter von fünfundvierzig Jahren nach einunddreißigjähriger Regierungszeit. In der Stadt war das Gerücht von einer Vergiftung des Sultans verbreitet und bis auf den heutigen Tag wird noch in einigen Bevölkerungsschichten von Constantinopel daran geglaubt. Es bleibt aber feststehend, daß er zuletzt „fast den reinen Spiritus trank".

Trotz der Siege bei Nezib unternahm Mehemet

Ali's Heer nichts gegen Kleinasien, da es die Russen wie im Jahre 1833 fürchtete. Auf Anstiftung Frankreichs wollte Mehemet Ali Syrien auf herebitärem Wege annectiren, da Frankreich auf diese Weise seinen Einfluß bei den syrischen Katholiken und noch weiter hinaus sichern wollte. Aber durch den Friedensvertrag von London (1840) wurde die Vertreibung der Egypter aus Syrien beschlossen. Mehemet Ali blieb, mit allen Rechten eines solchen, erblicher Verweser Egyptens.

Wir wollen jetzt die Persönlichkeit des Sultans und seine Reformpläne behandeln.

Sultan Mahmud hatte sechsundzwanzig Kinder, von denen ihn Abdul Medschib und Abdul Hazis überlebten. Er war von mittlerem Wuchse und mäßiger Körperfülle. Er erschien wunderschön zu Pferde und zeigte eine große Würde vor dem Volke. Seine Gesichtszüge zeigten keine auffallenden Merkmale, sie waren mehr oder weniger mit Finnen bedeckt und trugen Ermüdung zur Schau. Sein Blick war herrschend und funkelnd. An seinem rothen Fez, welchen er statt eines Turbans trug, glänzte ein großer Diamant. Er trug immer einen Mantel von dunklem Tuche, dessen Kragen auf der rechten Seite mit Edelsteinen bedeckt war. An der Seite trug er ein mit Edelsteinen besäetes Schwert. Sein auffallender Blick war keineswegs tief und forschend. Es spiegelte sich kein hoher Verstand darin. Das Auge blickte jedoch hochmüthig und drohend und zeigte den herrschenden Charakter des Sultans, sowie seine standhafte Energie. Mahmud stand an Geistesgaben seinem Vasallen Mehemet Ali nach. Er wird manchmal mit Peter dem Großen, Richelieu und Friedrich dem Großen, aber mit Unrecht, verglichen.

Viele Türken vergleichen ihn auf Grund des Geschichtschreibers Assad-effendi mit Iskender oder Alexander dem Großen, aber es ist eine vergebliche Mühe.

Seine reformatorischen Bestrebungen fallen auch

nicht mit jenen des Kaisers Alexander II. von Ruß=
land zusammen, welcher die Keime der modernen Ci=
vilisation und des Fortschrittes für sein Volk und sein
Land nach den Principien der Humanität in den Bo=
den gesenkt hatte.

Sein gebieterischer Blick, welcher heute noch manche
Orientforscher beschäftigt, kann mit dem starren Blicke
des Kaisers Nikolaus I. verglichen werden, vor dem
während eines durch die Choleraepidemie in Moskau
entstandenen Volkstumultes, durch seinen Blick und seine
gebieterische Stimme fascinirt, ein mehr als zehntausend
zählender Volkshaufe auf die Knie fiel und das Gebet
verrichtete. Auch Mahmud blickte starr und gebieterisch,
wenn er Befehle ertheilte, also auch dann, als er die
Janitscharen hinrichten ließ. Er wird auch von Manchen
mit einem Messias, der die Türkei regeneriren wollte,
verglichen. Wir werden aber bald seine Regenerirungs=
bestrebungen kennen lernen.

Es bleibt übrigens unbestritten, daß Mahmud
natürliche Geistesanlagen besaß, welche ihn befähigten,
sich ohne Vorurtheile dem Europäismus zu nähern,
aber da er von seiner Kindheit an ohne jegliche Bildung war, konnte er auch nicht den Geist europäischen
Fortschrittes in seinen Entstehungsursachen auffassen.
In Bildung stand er seinem Vetter, dem unglücklichen
Sultan Selim weit nach. Er übertraf ihn aber an
Energie und geistiger Kraft. Wie treffend äußert sich
Göthe über den psychologischen Zustand des mensch=
lichen Geistes, daß die genialste Naturanlage des Men=
schen ohne Cultur und Bildung niemals zum höchsten
Ausdrucke gelangen kann. Bei wiederholten Zusammen=
künften mit Schiller gab der Schöpfer des „Faust"
dem deutschen Volksdichter zu verstehen, daß seine Tra=
gödien gewinnen würden, wenn er sich mehr in die
Geschichte vertiefe. Welch' ein Unterschied zwischen:
„Die Räuber" und „Wilhelm Tell".

Die Kritik der Reformen Mahmuds, wie sie von Orientforschern geübt wird, ist sehr übertrieben. Was konnte man aber auch von einem sonst begabten Türken fordern, welcher nach Koranprincipien erzogen wurde und die Jahre des Unterrichtes und der Geistesentwickelung im Prinzenkäfig zubrachte, ohne das Licht der Civilisation außerhalb Constantinopels und des Harems gesehen zu haben! So standen die Dinge, als Mahmud im Alter von dreiundzwanzig Jahren den stark erschütterten Thron bestieg und im Sinne des Sultans Selim, von welchem er stark beeinflußt wurde, die Reformen der Türkei anzubahnen sich bestrebte. Sein Augenmerk war hauptsächlich auf die Reorganisation des Heerwesens nach europäischem Muster gerichtet. Statt des hohen und breiten Turbans führte er den kleinen rothen Fez, statt der langen bauschigen Kleider die enganliegenden ein. Er errichtete Militärschulen, in denen die Kriegskunst gelehrt wurde (asakiredifé) und ließ zugleich den „Manuel de soldat" aus dem Französischen ins Türkische für jene, welche des Lesens kundig waren, übersetzen. Für die Beamten gründete er französische Sprachschulen. Ebenso gründete er Ingenieur-, Marine- und medicinische Schulen (letztere auf Pera, in Galata Seraï 1838.) Unter seiner Regierungszeit wurde auch die Quarantaine zum ersten Male (1838) in der Türkei eingeführt, zum nicht geringen Entsetzen und Verdrusse der Mohamedaner und Mekkapilger.

Ebenso war Mahmud der erste Sultan, der ein Bild seiner Person anfertigen ließ, um es in allen Kasernen und auf allen Schiffen der türkischen Flotte aufzuhängen. Erst unter seiner Regierung wurden bleibende türkische Gesandtschaften in den europäischen Hauptstädten errichtet. Reschid Mustapha-pascha, dessen Thätigkeit später von großer Bedeutung für das Reich war, wurde zum Gesandten in Paris ernannt.

Außer den hohen Würdenträgern türkischer Abkunft, von denen die Person des Sultans umgeben war, erfreuten sich auch Christen und besonders die Armenier Artin-Peſtſchian und Ohannes bey Dabian ſeiner besonderen Aufmerkſamkeit und Gunſt. Der Letztere wurde im Jahre 1836 auf eine wiſſenſchaftlich-techniſche Reiſe nach Frankreich und England geſchickt, um die europäiſche Manufactur und Induſtrie gründlich kennen zu lernen und ſie dann in der Türkei nutzbringend zu verwenden.

Zu Mahmuds Zeiten erſchien auch die erſte Zeitung in der Türkei „Moniteur Ottoman", welche in türkiſcher und franzöſiſcher Sprache herausgegeben wurde. Er gründete auch in Pera ein Leſecabinet, in welchem europäiſche Zeitungen auflagen. Engländer, Franzoſen, Italiener, Preußen und Polen wurden als Leiter der Schulen und Inſtructoren der Armee nach Conſtantinopel berufen. Junge Leute wurden zu ihrer Ausbildung vom Sultan nach Paris geſchickt.

In Pera wurde ein Theater eingerichtet, in dem franzöſiſche Vaudevilles zur Aufführung gelangten. Im Serail veranstaltete der Sultan Feſte, Bälle und Concerte nach franzöſiſchem Muſter, wobei die Odalisken des Harems nach europäiſcher Tracht gekleidet waren.

Vor Mahmuds Regierung gab es — nach orientaliſchem Brauch — keine Tafelgeräthſchaften, erſt er bediente ſich beim Speiſen der Gabel, des Meſſers und Löffels ſtatt der Finger. Er führte auch das kryſtallene Trinkglas ein.

Als eine weitere Neuerung in der Türkei iſt das öffentliche Erſcheinen der Odalisken gelegentlich der Eröffnung der über dem „Goldenen Horn" zuerſt errichteten hölzernen Brücke, welche Galata und Stambul verband, zu verzeichnen. Sie erſchienen hiebei reich mit Edelsteinen geſchmückt in Begleitung Mahmuds.

Trotz dieser Neuerungen war Mahmud aber-
gläubisch, er behielt den „Munediin baschi" den ersten
Hofastrologen bei sich, der in glücklichen und unglücklichen Tagen zu Rathe gezogen wurde und sich des
höchsten Vertrauens des Sultans erfreute.

Als sich die große Verschwörung zur Ermordung
des Sultans in Constantinopel vorbereitete, wodurch
nach der Ansicht des Volkes der Islam vom Untergange befreit werden konnte, war es aber nicht der
Wahrsager, welcher ihn davon benachrichtigte, sondern
der schlaue Kaïmakam von Stambul, Khosrow Pascha,
der georgischer Abkunft war, dann sich jedoch zum Islam
bekehrte und wegen seiner außerordentlichen Schlauheit
der „Ulysses der Türken" genannt wurde. Sechshun-
dert Türken wurden nach Entdeckung der Verschwörung
in kürzester Zeit erdrosselt. Ob wirklich Alle Mitver-
schorene waren, bleibe dahingestellt; im Oriente wurden
und werden die Unschuldigen gleich den eigentlichen
Verbrechern verurtheilt und gerichtet. Der Grundsatz:
„Justitia fundamentum regnorum" hat sich im Oriente noch nicht eingebürgert. Die Nichteinhaltung von
Versprechen bildet die Ursache der Stagnation des privaten und öffentlichen Lebens in Constantinopel und
noch darüber hinaus.

Zwei Jahre vor seinem Tode faßte Mahmud
den Entschluß, sein Reich zu bereisen. Von Constantinopel ging er nach Varna und Rustschuk und kehrte
über Abrianopel dahin zurück. Die Reise dauerte ungefähr sechs Monate. Den Christen sagte er überall
Gleichstellung mit der mohamedanischen Bevölkerung
zu. Bei der Rückkehr wurde gleichfalls in Abrianopel
eine Verschwörung entdeckt mit der Absicht, den Sultan
zu tödten. Die Verschwörer wurden aber insgesammt
gefangen und enthauptet.

Bekanntlich hat Mahmud seine reformatorische
Hand auf das Finanzwesen gelegt, um besonders die

unter den Beamten eingerissene Bestechlichkeit zu entwurzeln.

Die besten Forscher und Beobachter dieser Dinge wie Juchereau, Slade, Poujoulat u. A. warfen dem Sultan Mahmud vor, daß er durch seine Reformen nur die äußere Seite des Staatslebens berührt habe, ohne die Ursachen des inneren Verfalles des Reiches aufzudecken, daß er sozusagen die Rinde statt der Frucht berührt habe. Dies hat theilweise seine Richtigkeit, aber der Vorwurf ist nicht am Platze. Während seiner Regierung stand das Reich am Rande des Verfalles; nach der bekannten Revolution bei seiner Thronbesteigung sah er den Krieg innerhalb und außerhalb der Grenzen seines Reiches, alle Provinzen in Europa, Asien und Afrika befanden sich im Aufstande, bei den geschwächten, rebellischen Streitkräften herrschte die größte Geldnoth. Unter solchen Umständen sollte sich Mahmud auf den Beistand der zahlreichen Koranerklärer, Ulema's, welche zugleich Geistliche und Gesetzgeber waren, stützen. Die Kritiker warfen Mahmud vor, daß er den Stand der Ulema's nicht vernichtet habe, vergessen aber die geschichtliche Thatsache, daß er ohne die Unterstützung und Hilfe der Ulema's die Janitscharen unmöglich vernichten konnte. Es ist unzweifelhaft, daß dieser Stand der Ulema's, wie sonst auch heute an dem türkischen Staatswesen nagt, aber ihre Vernichtung konnte nicht in der Zeitperiode Mahmud's geschehen, die voll von allgemeinen Aufständen und Kriegen war.

Der Vorwurf, der Mahmud gemacht werden muß, daß er seinen beiden Söhnen Abdul Medschid und Abdul Hazis keine europäische Bildung angedeihen ließ, ist ganz begründet, und vergebens müht sich Juchereau, der zur Regierungszeit Mahmud's als französischer Instructor in Constantinopel thätig war, ihn zu rechtfertigen. Mahmud sollte vor Allem darauf sehen, daß seine Söhne in demselben Geiste das Reformwerk

fortfetzten, und beßwegen hätte er sie unter dem Ein=
fluffe europäifcher Bildung aufziehen laffen follen, um
tüchtige Förderer und Erben feiner reformatorifchen
Thätigkeit zu haben. Es war dies eine fchwerwiegende
Außerachtlaffung, die ihre verhängnißvollen Früchte nur
zu bald zeitigen follte.

Was Mahmud that, war fehr bedeutend für ein
Reich, welches fich feit Jahrhunderten in vollkommen=
fter Stagnation befand; bei den von uns gefchilderten
Umftänden konnte Mahmud nur den Beginn der Eu=
ropäifirung angreifen, und die weitere Fortentwicklung
des Staates follte feinen Nachfolgern vorbehalten blei=
ben, wie es mit dem Reformfortfchritte der anderen
Staaten gefchehen ift. Statt der Fortentwicklung feines
Werkes entftand nach feinem Tode eine Stagnation
und ein Rückfchritt, da fein Sohn Abdul Medfchid
weder die Eigenfchaften noch die Geiftesthätigkeit feines
Vaters befaß.

Mahmud gehört unwiderleglich zu den gefchichtlich
bedeutenden Männern; mit Suleiman dem Prächtigen,
Mohamed dem Eroberer, und Osman dem Begründer
des Reiches und der Dynaftie bildet er eine Säule der
orientalifchen Machthaber, welche das Gebäude des
Türkenthums gegen die über daffelbe hereinbrechenden
Stürme und Wechfelfälle hielten und fchützten.

―――――――――

Zur Zeit der Thronbefteigung ftand Abdul Med=
fchid im Alter von fiebzehn Jahren. Er hatte ein
ruhiges Temperament und war von ausgefprochen gut=
müthiger und wohlwollender Gefinnung gegen feine
Umgebung.

Die äußeren Begebenheiten blieben fortdauernd
diefelben, ebenfo blieb die innere Lage unverändert.
Nach dem am 15. Juli 1840 abgefchloffenen Vertrage

erklärten sich England, Preußen, Oesterreich und Ruß=
land ohne Betheiligung von Frankreich bereit, ener=
gische Maßregeln zu ergreifen, um Mehemet Ali zu
beschwichtigen. Die größte Concession, welche Mehemet
Ali im Einverständnisse mit der Türkei gemacht wurde,
bestand darin, daß die Erblichkeit der Familie in der
Verwaltung Egyptens zugestanden wurde, wogegen
Mehmet Ali alle außerhalb Egyptens in Besitz ge=
habten Länder räumen sollte.

Was die inneren Zustände des Reiches betrifft,
wurde Reschid=pascha aus Paris nach Constantinopel
berufen. Er war unter allen Würdenträgern der am
meisten Aufgeklärte und Gutgesinnte und das damalige
Haupt der Reformpartei. Seinem Einflusse ist es zu
danken, daß der unter dem Namen H a t i = S ch e r i f
v o n G u l h a n e herausgegebene und so viel Lärm
verursachende Reform=Ferman, der eine weltgeschichtliche
Bedeutung erlangt hatte, publicirt wurde.

Die von Mahmud angestrebten Reformen wurden
durch diesen Hat officiell angekündigt und bestätigt
und können als der eigentliche Wendepunkt in der
Geschichte bezeichnet werden. Er war der Ausfluß des
Liberalismus eines Sultans, dessen Urheber aber kei=
neswegs Abbul=Medschid selbst war. Die Inscenirung
dieses Staatsactes wurde äußerst feierlich und mit
vielem Pomp im Kiosk der Rosen (Gulhane), in den
Gärten des Serails, in Anwesenheit des diplomatischen
Corps, der Würdenträger des Reiches und Repräsen=
tanten aller Confessionen durchgeführt. Der Hat wurde
von Reschid=pascha vorgelesen und enthielt unter zahl=
losen schönen Phrasen folgende Hauptbestimmungen:
Gleichheit aller Nationen und Confessionen vor dem
Gesetze, Sicherheit des Eigenthumes, Steuerregulirung,
rationelle Finanzreformen, Abschaffung der so beliebten
Beschlagnahme des Vermögens und des Besitzes und
des bisherigen Mißbrauches, daß Todesurtheile ohne

richterliche Erkenntniß vollzogen werden, u. s. w. Die
Verlesung machte einen sehr guten Eindruck und wurde
mit Jubel aufgenommen. Trotz der guten Absichten
des Sultans und seines ersten Rathgebers Reschid bil=
dete es im Lande des seculären Aberglaubens dennoch
einen Stein des Anstoßes, daß die christliche Gleich=
stellung aller Menschen und die Humanität des Evan=
geliums mit der vom Al-Koran gebotenen Bedrückung
und Knechtschaft der Menschen gemengt wurde. Die
Reformen blieben dennoch kein ganz leerer Buchstabe,
wie sich manche Orientforscher ausdrücken. Allmälig,
im Laufe der Zeit erhielten christliche Bildung und die
Ueberlegenheit der christlichen Unterthanen die Ober=
hand in der Führung der Geschäfte und verschafften
den Christen fast die gleichen Stellungen in den Staats=
ämtern. Es geschah dies aber nicht ohne Kampf und
Schwierigkeiten; trotzdem der Gebrauch des Ausdruckes
„Giaur“ den Mohamedanern verboten war, wurde die
türkische Beamtenwelt mit Entsetzen erfüllt, als sie ver=
nahm, daß die Christen, ohne den Glauben wechseln
zu müssen, mit ihnen gleichgestellt werden sollen. Unter
der Regierung Abdul Meschid's, bis zum Krimkrieg
und während desselben mehrte sich die Zahl der Euro=
päer in Constantinopel von Tag zu Tag, so daß der
Beistand und die Hilfe der christlichen Unterthanen den
Türken unumgänglich nothwendig war. Aber es geschah
dies nicht ohne Kampf, da die Türken die Obermacht
behaupten wollten und nur in den äußersten Fällen
der Nothwendigkeit nachgaben. Die Christen ihrerseits
befließen sich durch ihre Ueberlegenheit in der geistigen
Auffassung und Bildung die Türken zu übertreffen,
was ihnen gelang und auch bis auf unsere Tage ge=
lingt. Die christliche Verwaltung ermöglicht der Türkei
die Existenz und schützt sie vor dem Verfalle. Ohne die
Gleichstellung der Christen mit den Mohamedanern
wäre die Türkei rapid gesunken und ohne die Inter=

vention der Europäer, welche nun nahezu mehr als ein Jahrhundert dauert, wäre sie schon von der Erd= oberfläche verschwunden. Jetzt ist es so weit gekommen, daß in allen Zweigen der Staatsverwaltung und den Actionen des In= und Auslandes neben einem Türken ein Christ als Gehilfe sitzt. Die Christen, die Giauren, welche von den Türken als Schweine, Hunde, unreine Thiere, u. s. w. bezeichnet werden, bilden die Stütze und den Rettungsanker des türkischen Staatswesens, was nur die Türken selbst in ihrer rohen Auffassung nicht anerkennen wollen. Wir werden bald sehen, daß die Türken, als sich während des Krimkrieges die Flotte der aliirten Mächte in den Gewässern des Bosporus aufhielt, der Ansicht waren, die europäischen Mächte seien verpflichtet, als unterthänige Vasallen den Sultan vor den Angriffen Rußlands zu schützen.

In der zweiten Hälfte des neunzehnten Jahrhunderts.

Kirchliche, religiöse Streitigkeiten haben niemals seit der Gründung von Constantinopel bis auf unsere Tage gefehlt. Sie behaupteten sich manchmal in hart= näckiger Weise und nahmen unter der türkischen Herr= schaft der Sultane von Zeit zu Zeit außerordentlich an Heftigkeit zu, so daß der Beitritt der türkischen Macht zu ihrer Beschwichtigung gefordert wurde. Als Mastai Feretti 1846 in Rom als Pius IX. zum Papste ausgerufen wurde, richtete er seine Blicke auf den Orient. Papst Pius, einer der eifrigsten Verthei= diger der katholischen Dogmen und der letzte weltliche Machthaber auf dem Stuhle St. Petri begann einen kirchlichen Kampf im Oriente.

Im Jahre 1848, als die Revolution, welche den
Papst später hinwegfegte, noch nicht ausgebrochen war,
schickte er den Cardinal Ferieri mit kostbaren Geschen=
ken nach Constantinopel, um die griechische und arme=
nische Kirche in der Person ihrer Stellvertreter, der
Patriarchen, zu ermahnen sich zum Katholicismus zu
bekehren. Trotz ausgesuchtester Höflichkeit, dem Aufge=
bote aller Beredsamkeit, der kostbarsten Geschenke und
aller möglichen Versprechungen wurde der Zweck dieser
Mission Ferieri's nicht erreicht. In griechischen und
armenischen Schriftstücken wurden die langweiligsten
mittelalterlichen Debatten über die „natura Christi“,
über „procedere“ des Geistes, über „purgatorium“
der Seele ꝛc. geführt, aber alle Mühe war vergeblich.

Endlich erhoben der griechische und armenische
Patriarch gemeinschaftlich Protest gegen die Aufwieg=
lungen des Cardinals, in Folge dessen die türkische
Regierung in der Person von Reschid=pascha den
christlichen Unterthanen Beistand leistete und den Car=
dinal Ferieri durch den Gesandten Frankreichs auffor=
derte, von weiteren Schritten abzustehen. Der Cardinal
verließ bald darauf Constantinopel, aber unter der
Asche loderte das Feuer noch fort. Der Papst hörte
nicht auf, seinen Eifer an den Tag zu legen.

Um diese Zeit stand Louis Napoleon an der
Spitze von Frankreich, welcher an Wuchs kleiner als
Julius Cäsar und für hohe Bestrebungen weniger be=
geistert als sein Oheim Napoleon Buonaparte war,
aber als Ränkeschmied alle europäischen Staaten in
Bewegung setzte. Er gab sich als Erretter der Gesell=
schaft und der unterdrückten Völker aus, nahm zugleich
die gute Miene gegenüber den europäischen Machthabern
an und unterhielt überall geheime Agenten. Nicht min=
der ehr= und ruhmessüchtig als Cäsar und Napoleon
nahm er sie beim Sturze der französischen Republik
zum Vorbilde und suchte sich als Imperator der mo=

dernen Franzosen durch ruhmreiche Thaten auf dem
Throne zu behaupten und „sein Volk" zu beglücken.
Napoleon und das Oberhaupt der katholischen Kirche
waren auf gegenseitige Unterstützung angewiesen. Die
Gesandten Frankreichs in Constantinopel waren damals
eifrige Katholiken und Papisten. Beide Machthaber
suchten die Motive ihrer Bestrebungen im Oriente auf
verschiedene Art zu bemänteln. Im Jahre 1852 forderten
die katholischen Kaiser von Frankreich und Oesterreich
neue Maßregeln zur Verwaltung des Grabes Christi,
wodurch die Katholiken das Uebergewicht über die
Griechen erhalten sollten. Verschiedene heilige Gegen=
stände, wie der Stern, die Pfeile und die Kuppel am
heiligen Grabe, ferner die Gärten von Bethlehem u. A.,
welche in früheren Zeiten den Katholiken angehörten,
aber später von den Griechen weggenommen wurden,
gaben die Veranlassung zu diplomatischen Verhandlun=
gen. In einer solennen Versammlung der Minister und
der Kronjuristen der türkischen Regierung wurden die
Forderungen discutirt und zu Gunsten der Katholiken
entschieden.

Der Gesandte Rußlands aber, als Beschützer der
griechischen Kirche trat der Entscheidung entgegen, und
der Zwist artete schließlich zu einem Kriege zwischen
Rußland und der Türkei mit den alliirten Mächten
aus. Für den Kaiser von Frankreich war das Grab
Christi nur ein Mittel, aber die traditionelle Politik
Frankreichs im Oriente und der erhoffte Kriegsruhm
war ein neuer Triumph für den Napoleoniden. Ruß=
land voll Erwartungen ließ seine Truppen in der
Moldau und Walachei einmarschiren und betraute den
alten Feldmarschall Paskewitsch mit dem Obercommando,
der es aber nicht gern annahm. Als der Bund zwischen
Frankreich und England geschlossen war, erkannte
Paskewitsch, welcher nicht nur ein ausgezeichneter und
erfahrener Feldherr, sondern auch ein freidenkender und

weitblickender Staatsmann war, gar bald die mißliche
Situation Rußlands und legte seinem Kaiser ein von
ihm verfaßtes Schriftstück vor, welches damals nur
wenigen vertrauten Personen in der Umgebung des
Kaisers bekannt wurde. Dieses Schriftstück enthält
unter Anderem folgende Punkte*), welche wir deutsch
kurz skizziren:

Der Kaiser Nikolaus soll freundschaftliche Bezie=
hungen mit den Höfen von Wien und Berlin unter=
halten, vom Angriffe an der Donau abstehen und die
Donaufürstenthümer räumen. Hingegen möge er seine
Macht nach Asien wenden, wo sich eine so große Menge
von Glaubensgenossen schon im Jahre 1829 unter die
russischen Fahnen willig stellte, die den Kern eines
mächtigen christlichen Staates bilden könnte, es ist

---

*) 1. „L'Empereur de Russie devait avant toutes choses
prendre des mesures de nature à lui concilier de bon vouloir
et le concours amical des cours de Vienne et de Berlin, en
évitant soigneusement de froisser aucun intérêt allemand ou
autrichien. Il devait donc sans hésitation cesser la guerre
offensive sur le Danube, évacuer les Principautés, faire
repasser le Pruth à ses armées, et n'apporter aucune entrave
à la navigation du Danube.

2. Il devait cesser toute guerre offensive en Europe,
et se tenir sur une défensive formidable, mais se préparer
à prendre avec vigueur l'offensive en Asie, ou la Russie
trouverait des millions de coreligionnaires qui avaient accueilli
avec transport ses étendards en 1829 et qui pouvaient former
le noyau d'un Etat chrétien considérable.

3. Il devait fomenter l'insurrection parmi les popula-
tions chretiennes de l'empire ottoman, et soulever la Grèce
au moyen de subsides régulièrement payés par des émissaires
qui se tiendraient en Italie, à Naples, à Livourne, à
Florence.

4. L'empereur Nicolas devait enfin se résoudre à
abandonner le rôle de monarque conservateur qu'il jouait
depuis tant d'années avec éclat, et se servir, pour lutter
contre la coalition, des idées libérales et même des aspirations
populaires."

17 *

hier Armenien gemeint. Es möge Kaiser Nikolaus die
Erhebung der christlichen Völkerschaften in der Türkei
mit Geldsubsidien unterstützen, und endlich möge er
den Weg des Conservatismus verlassen und liberale
Ideen in Anwendung bringen.

Dem Hauptinhalte nach, sprach sich in diesem
Schriftstücke Paskewitsch's Gedanke aus, das auch angenommen wurde, da es die Umstände erheischten.
Rußland räumte bald darauf die Donaufürstenthümer,
zur Freude der türkischen Soldaten, welche kein Brod
mehr hatten und es gegen Tausch von Tabak von den
russischen Soldaten bekamen.

Als die vereinigte französisch-englische Flotte am
Bosporus erschien, öffneten die Türken vor Freude den
breiten Mund und fletschten die Zähne. „Das sind die
Vasallen unseres Großherrn, welche auf seinen Befehl
zum Schutze vor Moscov gekommen sind", riefen die
Türken laut aus, und dieser Umstand trug sehr viel
zur Hebung ihres Muthes bei. Der Kriegsplan war
noch nicht völlig entschieden, da die französischen und
englischen Meinungen auseinander gingen. Nach der
Ansicht von Palmerston und anderer englischer Staatsmänner sollte die Landung an der kaukasischen Küste
erfolgen, während die Franzosen anderer Anschauung
waren.

Inzwischen hatte die österreichische Regierung auf
Anrathen des englischen Gesandten Lord Stratford de
Redcliffe mit der Türkei einen Vertrag wegen Besetzung
der Donaufürstenthümer nach dem Abzuge der Russen
geschlossen, damit nicht Oesterreichs Grenzland der
Schauplatz des Krieges würde.

Dieser Umstand wurde aber den österreichischen
Truppen höchst unheilvoll, da diese in den sumpfigen
Gegenden mehr litten, als wenn sie an dem Kriege
auf der einen oder anderen Seite theilgenommen hätten.

Oesterreich aber dachte durch diese Occupation das Treffen der Russen mit den Türken an der Donau zu verhindern und hat thatsächlich sein Ziel erreicht. Der Krieg, dessen Schauplatz hauptsächlich die Krim war, und in dem die Türkei mit England, Frankreich und Sardinien verbündet war, dauerte zwei Jahre und endigte mit dem Verluste von mehr als einer Million Menschen beiderseits, mit einem ungeheueren Kosten= aufwande, mit dem Ruine blühender Städte und Orte und mit der Vernichtung und dem Untergange der russischen Flotte, deren Trümmer fast bis heute ohne Nutzanwendung für die Russen am Meeresgrunde lagen. *)

Mit dem Ende des Krieges schloß Kaiser Niko= laus seine Augen für immer. Das Resultat des Krim= krieges war die England so erwünschte Vernichtung der russischen Seemacht am Schwarzen Meere, für Frank= reich der Ruhm und der Glanz seiner Waffen, die bei dem Sturme und der Belagerung des heute noch in Ruinen liegenden Sebastopol so glänzende Erfolge er= rangen, für Sardinien, Dank dem genialsten Staats= manne des neunzehnten Jahrhundertes Cavour, eine neue politische Bedeutung und Stelle in der Mitte der europäischen Staaten. Dieser Umstand kann als Pro= log der italienischen Volksunabhängigkeit betrachtet werden und wurde der Grundstein des vereinigten Italien.

Die Folgen des Krimkrieges erheischten, daß Rußland im Inneren eine vollständige Reorganisation durchführe, welche große Aufgabe der Kaiser Alexan= der II. wirklich unternahm.

Der Türkei wurde von den Westmächten die

---

*) Vor mehreren Jahren haben die Engländer durch Taucherapparate, unweit von der Krimküste alles Eisen, welches an den Trümmern der Schiffe haftete, herausgehoben und nach England geschafft.

Integrität garantirt und jede Einmischung einzelner Staaten, die ihr Sonderinteresse verfolgen würden, beseitigt. Die christlichen Völkerschaften der Türkei nahmen die Westmächte in ihren Schutz, damit sich dieselben auf ihrer nationalen Grundlage entwickeln könnten. Ueberdies wurde die Türkei laut demselben Pariser Vertrage als Mitglied des europäischen Concertes aufgenommen und es folgte bald darauf die Uebertragung des kaiserlichen Titels mit dem Prädikate „Majestät" an den Sultan, statt der früheren Bezeichnung „Hoheit."

Seine Majestät der Kaiser des türkischen Reiches stand am Ende des Krimkrieges im Alter von dreiunddreißig Jahren. Er war ein mit den natürlichen Geistesgaben ausgestatteter Mensch, aber in Folge seiner Ausschweifungen und Trunksucht vollkommen gebrochen, abgelebt, greisenhaft, blödsinnig und nur der Schatten eines menschlichen Wesens. So lange er lebte, kümmerte er sich um die Regierungsgeschäfte so gut wie gar nicht.

Abermals griffen die althergebrachte Corruption und Willkürherrschaft in Constantinopel wie in den Provinzen um sich. Eine erfolglose Conspiration der Ulema's gegen sein Leben nahm er ganz apathisch auf. Eine eigenartige Sorglosigkeit trug er den Maronitenschlächtereien im Libanon gegenüber zur Schau, die zu der bekannten Einmengung Napoleons III. führten. Albanien und die Herzegowina wurden bald darauf die Schauplätze blutiger Aufstände, die aber den krankhaften Sultan gar nicht zu berühren schienen. Alle Kräfte seines Lebens waren aufgezehrt und erschöpft . . . und im Alter von achtunddreißig Jahren (am 25. Juni 1861) starb er in seinem Palaste Dolma=bagtsche von Niemandem beweint, da sein Tod vorausgesehen war. Die ganze Regierungszeit Abdul Medschids bedeutete einen allmäligen Rückgang aller inneren Angelegenheiten des Reiches. Er hatte das am Sterbebette seines Vaters

abgelegte Gelöbniß, nichts gegen seinen jungen Bruder
zu unternehmen, wie es vor Mahmud's Zeit üblich
war, niemals gebrochen.

Abdul Hazis oder Abdul Azis hatte seit seiner
Kindheit einen finsteren und jähzornigen Charakter.
Gegen die Verlockungen des Haremlebens zeigte er
sich immer standhaft und zurückhaltend. Dagegen
umgaben ihn die Hodscha's, Mollah's und die Der=
wische, die ihn in seinen Vorurtheilen noch bestärkten
und beeinflußten und dadurch in ihm einen blinden,
unbegründeten Haß gegen alle Christen und Europäer
wachriefen. Nach der Thronbesteigung war Abdul Azis
Gegenstand der Hoffnungen für seine Unterthanen, da
der neue Sultan sich ihnen frisch an Körper und Geist
sowie völlig gesund darstellte.

Außer den Personen seiner Umgebung kannte
noch Niemand seine launenhaften Forderungen, welche
wie wir später sehen werden, dem Staate Millionen
kosteten und ihn auch in seinen Grundfesten erschütter=
ten, denen das Leben des Sultans selbst anheim fiel.
Die erste That nach der Thronbesteigung war die
Organisation des Heerwesens, welche sich aber blos auf
eine Reform der Bekleidung erstreckte, indem der Zuaven=
anzug eingeführt wurde, aber die stark gelockerte Dis=
ciplin wenig tangirte. Die auf die Regierung dieses
Sultans gesetzten Hoffnungen erwiesen sich als trügerisch.
Anfänglich geizig, gab der Sultan sich dann einer
verschwenderischen Lebensweise hin, so daß verschiedene
Anleihen contrahirt werden mußten, von denen jedoch
ein beträchtlicher Theil für die launenhaften Bedürf=
nisse des Sultans vergeudet wurde, die wahrhaft maß=
und grenzlos waren. Er trank allerdings keinen Wein,
aber seine Eßlust kannte keine Schranken. Es wird
versichert, daß der Sultan ein ganzes gebratenes Lamm
auf einmal verzehren konnte und daneben noch andere
Speisen. Der Genuß von zwölf hart gesottenen Eiern

verursachte ihm keinerlei Magenbeschwerden. Gleichen
Schritt mit seiner Freßsucht hielt seine Rohheit, und
es ist nicht nur einmal vorgekommen, daß der Sultan
mit seinem Pfeifenrohre nach dem Kopfe irgend eines
Hofwürdenträgers schlug oder den Personen seiner
Umgebung Fußtritte versetzte, worüber er dann lachte.

So lange die beiden Dioskuren seines Reiches
Fuad und Ali Pascha das Staatsruder lenkten,
war der Sultan in seiner Alleinherrschaft mehr oder
minder beeinträchtigt, da diese beiden erfahrenen Hofwürdenträger (die aber in der Türkei sich keineswegs
zu Staatsmännern heranbilden) die ganze Bürde der
Staatsverwaltung auf sich nahmen und der Sultan
sich ihren Anordnungen fügte. Um den Sultan von
seinen verschiedenen launenhaften Forderungen abzuwenden, waren sie bestrebt, dieselben in andere Bahnen
zu lenken, als es dem Sultan wünschenswerth war.
Manchmal brachten ihm beide, oder der eine und andere,
Geschmack an dem Haremsfreuden und anderen Lust-
barkeiten bei, um auf diese Weise die unsinnigen Launen
des Sultans herabzustimmen. Es steht fest, daß der
Sultan alle Christen haßte, das Wort „Giaur", dessen
Gebrauch unter der Regierung Abdul Medschid's ver-
boten war, wurde seit dem Regierungsantritte Abdul
Azis wieder anstandslos angewendet. Als Fuad Pascha
Großvezier war, sagte er einst dem Sultan: „Daß
Ew. Majestät die Christen nicht lieben, begreife ich
recht wohl, aber dergleichen sagt man nicht!" Wie der
Sultan solch' ein freies Wort eines Unterthanen und
Sklaven aufnahm, weiß man nicht, jedenfalls ist es
sicher, daß Fuad zwar in seinem Amte blieb, der
Sultan aber vorsichtiger wurde. Die Zeiten hatten sich
geändert; früher hätte es ein Großvezier niemals gewagt,
dem Sultan solche Worte frei in's Angesicht zu sagen!

Im Jahre 1867, während des kretensischen Aufstandes, verfaßte Ali Pascha eine Denkschrift, welche

bis zu seinem Tode geheim gehalten und erst zehn
Jahre später von einem „Osmanen" (pseudonym)
in's Deutsche übersetzt wurde.

Diese Denkschrift enthält eine mit rückhaltsloser
Offenheit geschilderte Beschreibung der politischen Lage
des Reiches und gibt mit gleicher Offenheit jene Mittel
an, die zur Rettung des Staates nothwendig wären.
Unter Anderem heißt es darin: „Leider ist es nur zu
wahr, daß wir (die Türken) die Erwerbung von Kennt=
nissen vernachlässigen", und daß wir nicht suchen es den
um uns herum wohnenden civilisirten Nationen gleich
zu machen, und wenn wir keine Chisten hät=
ten, so würden wir dieses Reich gar nicht
verwalten können. Und wollen wir noch ferner
die Nicht=Muhamedaner behandeln, wie vor zweihundert
Jahren, und gelänge es uns auch ihre Augen zu ver=
schließen, so können wir doch nicht ihre Beschützer, die
mächtigen Staaten mit mehr als zweihundert Millionen
freier christlicher Unterthanen beseitigen oder auch nur
ihre Einmengung und ihre Intriguen gänzlich verhin=
dern. Wollten wir einen anderen Weg einschlagen oder
in unserer bisherigen Weise fortfahren, so würde, was
Gott verhüten möge, die Grundlage des islamitischen
Staates geschwächt und erschüttert und die Unabhän=
gigkeit des islamitischen Volkes vernichtet werden, wie
sich aus vielfachen Anzeichen ergibt ....
so würde unser Glaube und unser Volk ganz herren=
los werden, unser Gemeinwesen gänzlich zu Grunde
gehen ꝛc. ...." (Stambul und das moderne Türken=
thum 1877, von einem Osmanen.)

Im Laufe der ersten zehn Regierungsjahre Abdul
Azis beherrschten die beiden Würdenträger Fuad und
Ali den christenhassenden Sultan, dessen Regie=
rungsthätigkeit eigentlich nur der Ausdruck des Wirkens
der genannten Beiden war. Sie waren enge alliirt, so

lange sie lebten, „ein Herz und ein Gedanke, eine Seele und ein Schlag." Der Sultan erwies sich aber andererseits ihnen gegenüber als sehr nachsichtig, er schätzte ihren Pflichteifer und ihre Geistesgaben.

Seit dem Regierungsantritte des Sultans Abdul Azis befand sich der egyptische Prinz Mustapha Fazyl in Constantinopel, welcher als Bruder des Khedive Jsmaël Pascha das Erbrecht auf Egypten hatte und wegen der von Jsmaël Pascha angestrebten Aenderung des Erbfolgerechtes Protest beim Sultan erhob. In kurzer Zeit schloß Mustapha Fazyl mit dem ältesten Sohne Abdul Medschid's Murad innige Freundschaft, welchem derselbe einen Theil seiner Reichthümer frei und anspruchslos überließ. Ihr gegenseitiger Verkehr störte Niemand. Fast zu derselben Zeit bildete sich in Constantinopel eine neue Partei, die sogenannten Jung- türken, welche sich vordem in Paris einige ober- flächliche Kenntnisse angeeignet hatten und nach Con- stantinopel zurückgekehrt Ali Pascha Opposition machen wollten, welcher er aber seitens dieser „Brauseköpfe" — wie er sie nannte — keinerlei Bedeutung beilegte. Die Jungtürken schaarten sich um Mustapha Fazyl und zogen ihn auch in den Kreis ihrer Berathungen. Als im Jahre 1866 eine in Bejkos geplante Verschwörung entdeckt wurde, begann die Regierung ihre Hand auf verschiedene Unzufriedene zu legen, von denen sich einige flüchteten, andere in die Verbannung geschickt wurden. Alle diese Jungtürken versammelten sich 1867 unter Führung von Mustapha Fazyl in Baden=Baden, wur- den aber von ihm nicht moralisch, sondern nur pecuniär unterstützt. Sie hielten hier einige Sitzungen, zerstreuten sich aber theils nach Paris und London, wo sie eine elende Existenz fristeten. Ihre Namen sind wohl bekannt aber= wir ziehen es vor, dieselben mit Stillschweigen zu über= gehen, da einige bereits aus dem Leben geschieden sind.

Trotz dieser inneren Stürme folgte der Sultan

einer Einladung des Kaisers Napoleon zum Besuche
der Pariser Weltausstellung (1867) und entschloß sich
auch nach langem Zögern eine Reise nach Europa anzutreten, wodurch er mit der bisherigen Tradition brach,
da die Sultane bisher nur „Eroberungsreisen" in das
Ausland unternommen hatten, aber noch niemals
fremde Länder zu ihrem Vergnügen besucht hatten.
Zur größeren Sicherheit für seinen Thron nahm er
seinen Neffen Murad mit. Er besichtigte Paris, London
und nannte sich auf einem Rheindampfer dem Könige
Wilhelm gegenüber „suis heureux".

Aber Eines ist sicher, daß er von Allem, was er
auf der Reise sah, nichts verstand und als Naturmensch
zurückkehrte, als welcher er die Reise angetreten. Auf
der Reise war er von Fuad Pascha begleitet, welcher
nach seiner Rückkehr das bekannte Lycée Impe-
rial de Galata-Seraï in Constantinopel gründete und welches zum Unterrichte in der französischen
Sprache, zur Vorbereitung des französischen Einflusses
im Oriente und somit jenes Napoleons, sowie endlich
dem päpstlichen Katholicismus diente. Die Unterrichtsmethode war sehr abnorm, aber das bleibt ja bis auf
den heutigen Tag Nebensache im Oriente, wo nur die
Oberflächlichkeit der Kenntnisse geschätzt und jede moderne
Einrichtung im Schul- und Unterrichtswesen bis auf
unsere Tage als Unfug, als Tollheit betrachtet wird.

Nach glücklich überstandener Reise beabsichtigte
der Sultan, seine Residenz in der Weise wie Napoleon
zu verschönern und errichtete neben dem Dolma-
Bagdsche einen ganz neuen Palast aus Marmor mit
fünfundzwanzig Frontfenstern in jedem Stockwerke und
dessen Façade vierzig prachtvolle Marmorsäulen zieren.
Dieser neue Palast, Tscheraghan, hat ungeheure Summen verschlungen. In ihm löschte auch das Lebenslicht
(Tscherag) des Sultans nach dessen Entthronung aus.
Bauwuth und Verschwendungssucht ergriffen den Sultan

in hohem Grade; ihr verdanken unnütze Paläste und
Kioske ihre Entstehung, woran aber schier ungezählte
Summen vergeudet wurden. Er beabsichtigte dann
eine Wundermoschee, die „Azisie" zu errichten, zu welcher
auch schon der Grundstein gelegt war; allein Geld=
mangel verhinderte den gänzlichen Ausbau.

Zu dieser Bauwuth gesellte sich noch eine mit
großen Ausgaben verbundene Leidenschaft für Musik.
Der Sultan gründete eine aus Damen bestehende
Musikkapelle, welche aus mehr als hundert Mitgliedern
bestand und während des Aufenthaltes der Kaiserin
Eugenie in Constantinopel (1869) mit vielem Beifall
ausgezeichnet wurde. Als Eugenie die Gemächer der
Sultanin Valide betrat, vernahm sie plötzlich die Töne
des „partant pour la Syrie" eine zarte Aufmerksam=
keit seitens des Sultans, die nur einen Uebelstand
hatte, daß sie tactlos verlief. — Auch an kostspieligen
Ballets, die in den Gemächern seines Palastes zur
Aufführung gebracht wurden, fand der Sultan viel
Geschmack. Ob sein Geschmack und seine Belustigungen
nobler Art waren, bleibt zweifelhaft und erklärt sich
aus Folgendem: Der Sultan Abdul Azis war ein
eifriger Zuschauer der Hahnenkämpfe und behängte
seinen Lieblingshahn eigenhändig mit dem Großcordon
des Osmanieordens, also dem höchsten Reichsorden.
Ein Gleiches that er mit seinem Leibkutscher und den
— Gesandten. Hierin lag also sein großherrliches Sin=
nen und Trachten!

Was die inneren Zwistigkeiten betrifft, so waren
zwei Parteien bestrebt, den Sultan zu beherrschen:
an der Spitze der einen Partei stand Fuad, Ali; die
andere wurde von Valide, der Mutter des Sultans
geleitet. Nach der Rückkehr Abdul Azis' fiel Fuad in
Ungnade und gab seine Demission. Wegen einer un=
heilbaren Krankheit weilte er in Nizza, wo er im Jahre

1868 starb. Er war einer der seltensten Männer der
Türkei, der lange Zeit in Europa weilte und eine
reiche Erfahrung im politischen Leben besaß. Er kannte
ganz genau die Verhältnisse Constantinopels und des
türkischen Reiches, und er hinterließ schriftlich die Rath=
schläge für die Regierungsmänner seines Landes, welche
wir hier unter dem Namen „Fuad's Vermächtniß"
anführen wollen.

Fuad Paschas Vermächtniß lautete und
drang im Allgemeinen auf Einführung von Reformen
in der Türkei. Es heißt darin wörtlich: „Was speciell
die Errungenschaften der letzten Jahrzehnte anbelange,
seitdem die Völker sich aus der Nacht despotischen
Druckes emporgearbeitet, so sei es für das ottomanische
Reich geradezu ein Gebot der Nothwendigkeit, mit
Europa gleichen Schritt zu halten und jene Institu=
tionen ins Leben zu rufen, ohne die in Europa keine
Macht bestehen kann . . . . und somit sie (die Refor=
men) in keinerlei Weise gegen den Islamismus ver=
stoßen, ja, im Gegentheil derlei Reformen zu dessen
Festigung absolut nothwendig geworden seien . . . ."
Ebenso traten seine Rathschläge für die Reorganisation
des Reiches offen hervor, wo er über die diplomati=
schen Verhältnisse zu den europäischen Staaten spricht.
Er bezeichnete England als den wahren Aliirten der
Türkei und sagte: „Der Verlust seiner Freundschaft
wäre schmerzlicher als der ganzer Provinzen". — Be=
züglich Frankreichs sprach er für und wider. —
Rußland bezeichnete er als „den natürlichen einge=
fleischten Feind" der Türkei. Er war aufrichtig genug
zu sagen, daß Rußland in ähnlichem Sinne handle,
wie seinerzeit die Osmanen gegen das byzantinische
Kaiserreich". — In Bezug auf Deutschland und
Oesterreich war er kurz. Im Falle eines Krieges
mit Rußland wären nach Fuad'scher Politik alle Ba=
jonette Europa's gegen Rußland zu richten, im Noth=

falle rechnete er auf die Tripelallianz von Frank=
reich=England=Oesterreich.

Ali Pascha führte nun die Alleinherrschaft in
der Verwaltung und im Ministerium. Der geheime
Krieg zwischen ihm und Valide dauerte fort, bis er
endlich 1871 seine Augen schloß. Er soll von der Hof=
camarilla vergiftet worden sein .... Nun reißt die
alte Valide die Herrschaft am Hofe sowie im Mini=
sterium, welches nach Ali's Tode Mahmud=Nedim
Pascha übernahm, an sich.

Mahmud=Nedim war aber ein willenloses Werk=
zeug in den Händen der Sultanin Valide, dieser alten
Here aus dem Tscherkessenlande.

Seine Thätigkeit eröffnete er mit der Contra=
hirung einer neuen auswärtigen Anleihe, von der aber
ein guter Theil in die Taschen der Würdenträger, des
Sultans und dessen Mutter floß. Zugleich wurde eine
Anzahl von Panzerschiffen am Bosporus dem Sultan
zur Verfügung gestellt, deren Anschaffung aber enorme
Summen verschlang, die aber trotzdem im letzten russisch=
türkischen Kriege dem Staate keine besonderen Dienste
erwiesen. Noch in demselben Jahre setzte Mahmud
Nedim eine Commission ein, um Ersparnisse im Staats=
haushalte herbeizuführen. Das Resultat war die Entlas=
sung vieler im Staatsdienste ergrauten Beamten, wäh=
rend die Beamtenbestechlichkeit, die Corruption, der
Nepotismus und Servilismus, ihren Gipfelpunkt er=
reichten. Gleichen Schritt mit diesen scheinbaren Erspa=
rungsmaßregeln hielt aber eine Erhöhung der Steuern,
was eine hochgradige Unzufriedenheit im ganzen Lande
hervorrief.

Nach der Höhe der Bestechungssumme richtete
sich die Anstellung; da nun Niemand in dieser sicher
war, vollzog sich ein beständiger Beamtenwechsel in
Constantinopel und in den Provinzen.

Innerhalb der Zeitperiode 1872—1876 erfolgten

zweiunddreißig Ernennungen verschiedener Botschafter und Gesandten, woraus leicht zu ersehen ist, wie gewissenlos und unbarmherzig erst in unansehnlichen Aemtern vorgegangen wurde, wodurch zahlreiche Familien brodlos wurden.

Auf etwaige Proteste erfolgte kurzweg die Antwort, daß „Gesetze keine Giltigkeit mehr haben“. In diesem despotisch regierten Lande mußte sich Jeder in dieses Unglück fügen, bis endlich 'eine allgemeine Verwirrung und Verderbniß entstand, die den Staat und den Sultan in den Abgrund stürzte.

Eine allgemeine Unzufriedenheit herrschte, als Mahmud Nedim aus seiner Stellung zu scheiden genöthigt war. Ihm folgte zwar Midhat Pascha, allein die Laune des Sultans überwog Alles.

Im Laufe von drei Jahren standen nach Midhad Mehmed Ruschdi, Essad, Hussein=Avni, Schirvanzade Mehemed Ruschdi nacheinander als Großveziere am Staatsruder, ohne eigentlich etwas Ersprießliches zu leisten, bis endlich im Jahre 1875 Mahmud Nedim wieder Großvezier wurde — zur Freude Einiger, zum Entsetzen Anderer. In dieser Epoche tritt nun eine Persönlichkeit in den Vordergrund der Ereignisse, welcher eine Hauptrolle zu spielen beschieden war; nämlich Hussein Avni Pascha. Er wurde Kriegsminister, erfreute sich aber bei den Alttürken eines höheren Vertrauens als der Großvezier selbst. Damals hatte der Bevollmächtigte Rußlands General Ignatieff seinen Einfluß in Constantinopel entfaltet und galt ähnlich Sebastiani zu Selims Zeiten als „vice-roi de l'empire ottoman“ und als der einflußreichste Rathgeber des Sultans, der mit dem General manche geheime Verabredung hatte, die aber seitdem schon überall bekannt wurden. Mahmud Nedim, wie der Sultan selbst war ihm ergeben, Hussein Avni dagegen war bestrebt, seinen Collegen Mahmud Nedim vom General Ignatieff abzuwenden. Hussein Avni spielte seine schwierige Rolle ganz merkwürdig; er verwickelte den Großvezier in dunkle Geheimnisse, welche er so hinterlistig gegen das Leben des Sultans vorbereitete; dann denuncirte er seinen Collegen beim Sultan, stürzte ihn von seiner bisherigen Höhe herab und erwirkte am 11. Mai 1876 seine Verbannung. Fast zur selben Zeit fielen als weitere Opfer Hussein Avni's der Großvezier Schirvanzabe Mehemed Ruschdi, der auch im Exile starb, und Essed Pascha, welcher als Todfeind Hussein Avni's galt und erst verbannt, dann vergiftet wurde.

Im zweiten Großvezirat Mahmud Nedim's kamen die aufständischen Bewegungen in Bosnien und der Herzegowina zum Ausbruche und der finanzielle Staatsbankerott ward, nachdem eine Staatsschuld von drei Milliarden angehäuft war, angekündigt. Bulgarien war der Schauplatz von Würgescenen, die Brutalitäten von Salonichi wurden gutgeheißen, die aufrührerischen Bewegungen der Softa's und Ulema's breiteten sich in allen Volksschichten von Constantinopel aus und das Reich stand schon am Abgrunde des Verderbens, bis am Ende die Persönlichkeit des Sultans selbst, der von Niemand mehr als Gottesschatten betrachtet wurde, angetastet ward.

An einem der letzten Tage des Monates Mai 1876 wurde in Auskundschuk in der Villa Hussein Avni's eine geheime Sitzung abgehalten, an welcher außer dem Hausherrn noch Midhat und zwei andere Pascha's Theil nahmen. Auch der Großmufti Hassan Hairullah wurde eingeladen, der Sachverhalt ihm auseinandergesetzt und seine Mithilfe nachgesucht, die er aber von der Gewährung einer bedeutenden Geldentschädigung abhängig machte.

Diese wurde ihm gern bewilligt. Noch am selben Abend (29. Mai) wurden alle Vorbereitungen getroffen, und zur That übergegangen und der Palast von Dolma

Bagdsche umzingelt. Die Nacht war finster, hie und
da ging ein leichter Sprühregen nieder, dennoch mußte
die größte Vorsicht angewendet werden, um die Palast=
wache nicht zu allamiren.

Der tragikomische Vorgang nahm nur eine kurze
Zeit in Anspruch, der entthronte Machthaber wurde
ganz widerspruchslos in ein Boot gesetzt und aus
Dolma=Bagdsche nach dem alten Seraï gebracht.

Fast gleichzeitig mit Tagesanbruch führten Hussein
Avni, Midhat und Hairullah den Prinzen Murad
nach Dolma=Bagdsche, und gegen 4 Uhr Morgens
(30. Mai) verkündeten Geschützsalven den vollzogenen
Thronwechsel. Seit frühem Morgen war nur der
Name des Sultans Murad V. im Munde des Volkes,
durch dessen Reihen er, von frenetischem Jubel begrüßt,
auf einem prächtigen Schimmel nach der Sophien=
Moschee ritt. So lange Murad noch Prinz war, erfreute
er sich wegen seiner Gesinnung und der Milde seines
Charakters einer großen Popularität beim Volke, nach
der Thronbesteigung ließ er zum Entsetzen Hussein
Avnis, welcher sich auf den Dictator spielte, den ent=
thronten Sultan in den Palast Tscheraghan bringen
und sorgte für ihn. Das neue Regime gestaltete sich sehr
glanz= und hoffnungsvoll in jeder Hinsicht, aber es war
doch nur der Anfang vom Ende, wie die an Ereignissen
reiche Geschichte lehrt.

Hussein Avni sah der Zukunft mit banger Sorge
entgegen, der entthronte Sultan Abdul Azis flößte
ihm viel Beunruhigung ein, er brachte es nicht
über sich, Murad darüber Vorstellungen zu machen,
weil Abdul Azis sich im Palaste Tscheraghan frei be=
wegte und hier seine früheren, ihm treu ergebenen
Diener empfing. Für Hussein Avni war dies ein
kritischer Moment, ein großer Seelenkampf, dem er
sich aber nicht lange hingab, vielmehr als ein ent=
schlossener Kriegsmann die Sache rasch erledigte. Er

entschloß sich als kranker Mann einen der Leibärzte
des Sultans zu Rathe zu ziehen. Man bemerkte, daß
diese Consultation äußerst lang dauerte. Dies war am
2. Juni. Am folgenden Tage war schon Alles vorbereitet und die treuen Diener des entthronten Sultans
waren die Rollenträger dieser Tragödie. Treue und
Gerechtigkeit werden im Oriente mit Geld und Geschenken
gekauft und verkauft. In derselben Nacht, eigentlich
schon gegen Tagesanbruch (4. Juni 1876) wurde
Abbul Azis in seinem Zimmer todt aufgefunden. Der
Tod war in Folge von Verblutung eingetreten — die
Pulsadern waren mittels einer kleinen Scheere an jedem
der beiden inneren Armgelenke durchschnitten. — Im
Zimmer, wo die Leiche des Sultans aufgefunden wurde,
verspürte man einen penetranten Chloroformgeruch. Ob
hier ein Selbstmord oder ein Meuchelmord vorlag,
darüber gingen die Meinungen vielfach auseinander.
Gegen einen Selbstmord sprechen sehr viele objective
Momente, wie auch die Verurtheilung vor dem Criminal-
gerichte Midhats, Fachri Bey's und der Genossen keinen
Zweifel bezüglich eines Meuchelmordes zuläßt.

Aber es ist kindisch und naiv, wenn ein deutscher
Schriftsteller, welcher, wenn wir nicht irren, ein
Mecklenburger von Geburt ist, aber lange in Constantinopel seßhaft, sein Haupt in einen grünen Turban
hüllt und unter dem Namen eines „Osman" unter
dem Titel „Stambul und das moderne Türkenthum"
türkische Begebenheiten treffend niederschreibt, betreffs
des Selbstmordes sich auf ein von neunzehn Aerzten
unterschriebenes Protokoll stützt und sagt: „Hier (also
in Constantinopel) glaubt Niemand an einen durch
Meuchelmord herbeigeführten Tod." Der deutsche Osmane
oder der osmanische Deutsche aus Mecklenburg betrachtet
den Sultan Abbul Azis in seinen letzten Lebensjahren
als krank in Folge übermäßiger Tafelfreuden, und daß
er (der Sultan) an Darmblutungen und Hallucinationen

litt, zu deren Behandlung Ricord und Demarquay aus Paris zu einer Consultation eingeladen waren. (1872).

Weiter sagt der Osmane: „Der Verfolgungs= wahnsinn nahm seit dem immer mehr zu und erzeugte schließlich den Anfall, in welchem er sich das Leben nahm." (S. 51). Eine solche Sprache ist sehr gut für junge Gymnasiasten und Mädchen, um ihnen keinen Schrecken einzujagen.

Wenn man aber die Verhältnisse in Constantinopel kennt, so bieten weder das von neunzehn Aerzten mit ihren Unterschriften gezeichnete Gutachten, noch die Erkrankung und der Anfall genügende Anhaltspunkte für die Beurtheilung und Erklärung des Selbstmordes. Die ganze Auseinandersetzung dieses osmanisirten Deutschen über den Selbstmord von Abdul Azis ist nichts anders als ein phrasenreicher Klatsch, und dies umsomehr, als vom allgemeinen Standpunkte der psychologischen Processe des Menschen, ein äußerst hab= süchtiger und von dem Wunsche nach einem langen Leben beseelter Mensch, wie Abdul Azis es war, nie= mals die Waffen gegen die eigene Person kehren wird. Aus der gleichen Ursache sind Selbstmordversuche unter der Krämerwelt Constantinopels äußerst selten.

Ungefähr zehn Tage nach Abdul Azis Tode als Hussein Avni an einem Abende im Hause Midhat's neben der Bajazed Moschee in Constantinopel einer Ministersitzung präsidirte, drang plötzlich ein Tscherkesse mit den Worten „um Jemanden zu rächen" in den Sitzungssaal bis zum Sitze des Kriegsministers vor und feuerte drei Revolverschüsse auf Letzteren ab.

„Stirb, Hund! Abdul Azis ist gerächt!" schrie der Tscherkesse, während die übrigen Minister eiligst die Flucht ergriffen.

Der Tscherkesse wollte auch das Haus Midhat's in Brand stecken, da erschien eine Zaptieh=Abtheilung, die ihn verhaftete und ihm mehrere Bajonetstiche bei=

18 *

brachte. Dieser Tscherkesse hieß Hassan Bey, war Ca=
pitän in der Leibgarde Abdul Azis' und war aus
einem Tscherkessendorfe am Kaukasusgebirge gebürtig,
woselbst auch die Mutter Abdul Azis' das Licht der
Welt erblickt hatte. Während seiner letzten Lebenstage
empfing die Sultanin=Mutter sehr oft die Besuche der
Gattin von Ateich Mehmed Pascha, welche eben
die Schwester des Tscherkessen Hassan war. Er selbst
war in letzterer Zeit sehr oft unter dem Fenster des
Zimmers, in dem der entthronte Sultan eingeschlossen
war, erschienen und hatte seinen früheren Herrn ehrer=
bietigst gegrüßt, erhielt aber auch einen Gegengruß,
was bei Abdul Azis sonst nie vorkam. —

Der Tscherkesse wurde Tags darauf im Hofe des
Kriegsministeriums aufgeknüpft.

Diese tragischen Ereignisse wirkten auf den schwa=
chen Gemüthszustand des Sultans Murad äußerst tief
ein, erzeugten schlimme Nervenzuckungen und verfin=
sterten seinen Gedankenlauf. Seine Popularität beim
Volke sank alsbald. Die Minister waren um seinen
schwachen Geisteszustand sehr besorgt und dachten schon
an die Berufung des zweitgebornen Sohnes Abdul
Medschid's, Abdul Hamid.

Der Groß=Mufti Hassan Hairullah übernahm
die Vermittlerrolle, besuchte Abdul Hamid im Thale
der „süßen Wasser", um ihm die Herrschaft über
sämmtliche Allah=Bekenner in Aussicht zu stellen, allein
trotz des vermeintlichen höchsten Glückes und Glanzes
des Osmanenthrones wies Abdul Hamid das Ansinnen
zurück. Nach wiederholtem Besuche und aller aufgebo=
tenen Ueberredungskunst gelang es dem Großmufti
endlich Abdul Hamid umzustimmen, jedoch unter der
Bedingung, zuerst den Sultan Murad zu beseitigen.

Hassan Hairullah verfaßte am 31. August einen
Absetzungsfetwa und die nur drei Monate dauernde
Regierung Murad's hatte ihr Ende erreicht. Das Be=

dürfniß eines neuen Sultans für das Reich erschien allen Ministern und Würdenträgern äußerst nothwendig. Bescheiden zog Abdul Hamid in Dolma-Bagdsche ein und regiert seitdem als Sultan des türkischen Reiches. Auf diese Weise gelangte Abdul Hamid zur Groß=herrnwürde. Einige Hitzköpfe wollten Murad, den Vor=gänger, welcher ein einsames Privatleben im Schlosse Tscheragan bis heute führt, befreien. Scalieri's, eines Griechen aus Constantinopel, Versuch im Anfange April des Jahres 1877 blieb erfolglos, und nur durch die Flucht rettete er sein Leben. Nächstes Jahr im Monate Mai unternahm Ali Soavi einen ähnlichen Befreiungsversuch des Murad.

Ali Soavi, ein Türke, war politischer Flüchtling, kehrte jedoch kraft der Amnestie nach Constantinopel zurück. Er wurde darauf Director von Galata=Serai, nahm später seine Entlassung und an der Spitze einer zahlreichen, bewaffneten Schaar verschworener Türken drang er in Tscheragan ein, um Murad zu befreien. Im Handgemenge mit der Palastwache und dem her=beigerufenen Militär verlor er sein Leben. Murad selbst verhielt sich diesen Befreiungsversuchen gegen=über sehr reservirt, denn er wollte gar nicht befreit werden.

Zu derselben Zeit befanden sich die Zügel der Verwaltung in den Händen Midhad's Pascha, welcher seit dem Tode Abdul Azis' (5. Juni) als Präsident des Staatsrathes eine Verfassung für die Türkei nach europäischem Muster ausarbeitete, wobei der Einfluß einiger Gesandten maßgebend war. Für den 20. De=cember desselben Jahres wurde die erste Sitzung des türkischen Parlamentes anberaumt. Inzwischen tagte in Constantinopel eine europäische Conferenz, um die Unruhen und Volksgährung unter den Bulgaren bei=zulegen und die schreiendsten Uebelstände abzustellen, jedoch ohne Erfolg. — Rußland als Beschützer der unterbrückten Bulgaren erklärte der Türkei den Krieg, dessen Ausgang bekannt ist.

Nach der Uebersteigung der Balkanpässe mitten im harten Winter, näherten sich siegreich die Russen den Thoren Constantinopels und dictirten der Türkei die Friedensbedingungen zu San Stefano. Da trat die Intervention Europa's, insbesondere Englands zu Gunsten der Türkei ein und der Berliner Congreß 187' hatte die Aufgabe, das gestörte Gleichgewicht auf der Halbinsel durch Gestaltung der neugeschaffenen Balkanstaaten herzustellen.

Abdul Hamid, der zuerst im Palaste Dolma-Bagdsche residirte, verlegte bald seine Residenz in Folge der Aufläufe nach Yildiz-Kiosk, weil er sich in diesem Palaste viel sicherer befand.

Dieses Gebäude steht auf einer Anhöhe, ist von allen Seiten frei, läßt daher jede verdächtige Annäherung schon von Weitem sehen und Maßregeln zur Vertheidigung treffen.

Yildiz-Kiosk als Residenz liegt auf dem Gipfel des Berges oberhalb von Tscheragan und hat zwei Stockwerke mit symetrischer Zimmereintheilung, die ohne Pracht möblirt und jedes Geschmackes entbehren. Die Behausungen der Hofbeamten, in welchen sich vier bis fünf Privatsekretäre des Sultans aufhalten, sind sehr einfach.

Die Türken als Nomadenvolk haben stets Pferde mitgeführt; das Pferd und seine Attribute werden als Symbole von ihnen verwendet und es gibt keinen vornehmen Mohamedaner, der nicht Pferde halten würde.

Unweit davon, nordwärts befindet sich der Marstall des Sultans mit ungefähr 60 Pferden, deren Zahl nicht groß ist im Vergleiche zu der seiner Vorgänger, aber sie genügt aus Sparsamkeitsrücksichten vollkommen den Bedürfnissen des Sultans.

Auch Abdul Hamid gilt als Pferdekenner und ist ein vorzüglicher Reiter. Er fährt nie spazieren, außer bei größeren religiösen Ceremonien. Dem Freitags=gottesdienste in der Nähe des Palastes wohnt er regelmäßig bei. Der Sultan besitzt alle Eigenschaften eines frommen Menschen, schon seit seiner frühesten Jugend hat ihn sein schwärmerischer, zum Mysticismus neigender Sinn für die Einwirkungen der Religion empfänglich gemacht. Mit peinlicher Gewissenhaftigkeit beobachtet er die Vorschriften des Korans und hält die täglichen religiösen Uebungen, Gebete und Wa=schungen ab. Im Fastenmonate enthält er sich tagsüber nicht nur des Genusses der Speisen, sondern beobachtet auch das Verbot des Rauchens.

Ein bei Hofe angestellter Türke sagte einmal: „Innerhalb der Grenzen unseres Reiches ist der Sul=tan vielleicht der gläubigste Moslem."

Er gilt als genauer Kenner des Korans und liebt es mit gelehrten Ulema's theologische Discussionen zu führen. Dies ist auch der Grund, warum der Sultan in vielen Fragen der Regierungsangelegenheiten abergläubische Anschauungen hegt und die Personen seiner Umgebung haben auch daher von den Erfor=dernissen einer modernen Staatsleitung keine Ahnung. Allen Christen und Europäern bringen sie noch jene Verachtung entgegen, wie ihre Vorfahren, die das Land eroberten. Ihre Beurtheilung europäischer Verhältnisse entspricht dem maßlosen Dünkel und der fast lächer=lichen Unkenntniß der heutigen Culturzustände. So lange der Sultan von solchen Rathgebern umgeben ist, wird jeder Versuch, den Wohlstand der unterjochten Völker zu heben, abgewiesen. Der Sultan ist äußerst argwöhnisch und benimmt dadurch das Vertrauen aller Minister und Rathgeber. Wie man erzählt, trägt er nicht selten einen Revolver in seiner Seitentasche.

Durch eine besondere Staatsverwaltung gelangte

er dahin, die Macht und den Einfluß seiner Rathgeber zu verringern und womöglich die einzelnen Würden=träger in Uneinigkeit und gegenseitiger Feindschaft zu erhalten. Seine Staatsverwaltung ist gänzlich system=los, weshalb auch seine Regierungsacte stets nur mo=mentaner Eingebung entspringen.

Bald ist es diese bald jene Großmacht, welche ihm Vertrauen einflößt. Bald ist es der englische, bald der russische Einfluß, bald wieder der Einfluß der gesammten Westmächte, welcher einen maßgebenden Einfluß auf die Staatsverwaltung ausübt.

Der deutsche Einfluß ist und bleibt jedoch stets belangreich für den Sultan. Er dachte vor einigen Jahren einen Panislamismus, ähnlich dem Panger=manismus und dem Panslavismus zu gründen, um seine erobernde Macht wieder unter allen Mohamedanern zur Geltung zu bringen, doch fehlte ihm dazu der materielle und moralische Einfluß.

Was die Verwaltung selbst betrifft, so zeigt der Sultan eine gewisse Arbeitslust und das Bestreben, an den Staatsgeschäften theilzunehmen, wobei er aber weniger von der Sorge um das wahre Staatswohl und dessen Pflege, als vielmehr von argwöhnischen Motiven geleitet ist. Auf seinen speciellen Befehl wurden im Palast eine Staatskanzlei errichtet, durch welche mit Ausschluß der Minister eine Art Nebenregierung geschaffen wurde. Verschiedene Beschwerden, Bittschriften, richterliche Erkenntnisse, Reclamationen auswärtiger Regierungen, polizeiliche Verordnungen sind zu Tausenden in dieser Kanzlei aufgehäuft und harren Monate, oft Jahre lang ihrer Erledigung. Auch für die kleinste Angelegenheit bedarf es eines speciellen Befehles des Sultans. In dieser Kanzlei, wo die Geschäfte die Arbeits=kraft von mehr als fünfzig Beamten erfordern, sind aber nur sechs Personen thätig, wodurch mehr als fünf Sechstel aller eingereichten Schriftstücke unberücksichtigt bleibt.

Was die Palastverwaltung betrifft, so hat Sultan Abdul Hamid die bisherige Verschwendung eines orientalischen Hofes möglichst eingeschränkt. Eine aus drei Mitgliedern bestehende Commission controlirt die Rechnungen der Lieferanten und hat viele der gröblichsten Mißbräuche abgestellt. Die Haremsdamen, welche täglich bei den Waarenmagazinen und Bazars vorfuhren, um hier Einkäufe zu besorgen, verlassen gegenwärtig nicht mehr die Umwallung von Jildiz, und Bestellungen in europäischen Läden kommen nur selten vor. Die Frauen und Prinzen des Hofes erhalten nur ein sehr mäßiges Taschengeld. Der Sultan hat für seine Person ein solches von 200 t. Lira (4600 Frcs.) monatlich aus= gesetzt, was aber nicht immer eingehalten wird. Er ist sehr mäßig im Genusse und bedarf sehr wenig für seine Person. Aber er ist freigiebig mit Geschenken, und die Zahl der Faulenzer, welche am Hofe verpflegt werden, ist immer noch eine sehr beträchtliche. Trotzdem der Sultan für seinen täglichen Gebrauch fünf Gänge statt der früheren neun serviren läßt, werden in der Hofküche täglich zweihundert Hammel im Durchschnitte geschlachtet und gegen tausend Stück Federvieh ver= braucht. Die Kopfzahl der niederen Beamten und Diener, dieses nach orientalischen Begriffen unentbehr= lichen Hofgesindes, kann man immer auf zweitausend veranschlagen. Ihre Besoldung ist nicht hoch, aber die meisten werden unentgeltlich verpflegt.

Auch der Gehalt der höheren Regierungsbeamten ist unter dem jetzigen System tief herabgesetzt worden. Wenn aber der Sultan mit Jemandem zufrieden ist, so theilt er freigiebig Pretiosen oder Geldgeschenke aus, womit er jedoch einen politischen Zweck verbindet, um die Betreffenden durch Freundschaft an sich zu fesseln und sich vor Verschwörungen zu sichern. Um diesbezüglich noch sicherer zu sein, läßt er alle höheren Regierungs= beamten von Spionen überwachen und die Fäden dieser

Geheimspionage laufen in Yildiz zusammen. Der Sultan
überzeugt sich auf diese Weise, daß die Zahl der
Unzufriedenen, außer den Christen, unter seinen
mohamedanischen Beamten nicht gering ist, weshalb
seine Furcht und seine Vorsicht nicht unbegründet sind.

Außer der Kanzlei besteht im Palast des Sultans
ein Uebersetzungsbureau, in welchem für den Sultan
Auszüge aus europäischen Zeitungen in türkischer Sprache
gemacht und auch ganze Werke übersetzt werden. Abdul
Hamid ist auch der erste Sultan, der den Einfluß der
Presse erkennt und für politische Zwecke verwerthet.

Was die deutschen, englischen und französischen
Zeitungen über die Türkei berichten, wird dem Sultan
vorgelegt. Die zwei in türkischer Sprache erscheinenden
Zeitungen „Vakit" und „Terdschemani Hakikat" sowie
das Journal „La Turquie" und die arabische Zeitung
„El Djewaïb" sind vom Palais des Sultans abhängig.
Der Sultan empfängt auch manchmal die Vertreter von
europäischen Journalen, als jene sich noch zahlreicher in
Constantinopel einfanden, wie Blowitz = Opert aus
Paris u. A.

Im täglichen Umgange ist der Sultan in bürger-
liche Tracht, jedoch elegant und sorgfältig gekleidet, bei
Privataudienzen trägt er schwarze Kleidung und liebt
es, hiebei zwanglos zu conversiren. Als Dolmetsch
fungirt einer der Privatsecretäre. Der Sultan versteht
etwas französisch, bedient sich jedoch ausschließlich der
türkischen Sprache. Bei feierlichen Audienzen, der Begrüßung von fürstlichen Personen oder beim Empfange
auswärtiger Vertreter wird das übliche, dem europäischen
ähnliche Hofceremoniell beobachtet. Bei feierlichen An-
lässen trägt der Sultan Uniform, die ihn aber nicht
sonderlich gut kleidet. An eine feierliche Audienz schließt
sich regelmäßig eine Festtafel an. Die Veranstaltung
von größeren Diners am türkischen Hofe, sowie die Einladung europäischer Gäste zur Theilnahme an denselben

ist eine Neuerung, die zwar schon Abdul Azis ein=
führte, von der er aber nur selten Gebrauch machte.
Gastmähler im europäischen Sinne entsprechen über=
haupt nicht dem orientalischen Brauche, allein Abdul
Hamid liebt diese Art von Geselligkeit, und nahezu
wöchentlich findet eine große Tafel in Pildiz=Kiosk statt.
Manchmal werden auch die europäischen Damen zur
Hoftafel geladen, welchem Umstande eine politische
Bedeutung beigemessen wird. Die Tafel zieren zahl=
reiche goldene oder doch vergoldete Aufsätze, Schalen
und Leuchter, von denen die prächtigsten aus Pariser
Fabriken stammen. Menu und Küche sind französisch.
Manchmal werden zwischen die französischen Gerichte
einige türkische Speisen eingeschoben. Die türkischen,
mit Hammelfett zubereiteten Speisen sind widerwärtig,
ebenso die türkischen Süßigkeiten. Der Sultan selbst
genießt nur sehr mäßig. Die alten Pascha's füttern
sich aber ganz tüchtig an der Tafel. Von den an=
wesenden Türken trinkt keiner Wein, den Fremden
jedoch werden die bei Diners üblichen Sorten ein=
geschänkt. Während der Tafel concertirt in einem
Nebenzimmer die Hofcapelle, welche zumeist Potpourris
aus verschiedenen Opern spielt. Sobald sich der Sultan
zurückgezogen hat, begeben sich die Gäste in ein anderes
Zimmer, um zu rauchen und Kaffee zu trinken. Alsdann
entfernen sich die Gäste.

Manchmal werden in Pildiz vor dem Sultan
Clavier=Concerte aufgeführt; der Sultan liebt die Musik,
ohne ein besonderer Kenner zu sein. Was seinen
ästhetischen Sinn im Allgemeinen betrifft, so ist er wie
in der Musik auch in der Malerei ein Dilettant; an
den türkischen Theaterdarstellungen — Kara geuz —
findet er jedoch kein Gefallen.

Sultan Abdul Hamid hat einen müden und
melancholischen Gesichtsausdruck. Die starken, nahe
aneinanderstoßenden Augenbrauen, die sein geschnittene

Nase und der weiche, glänzende Vollbart bekunden die tscherkessische Abkunft mütterlicherseits. Der Kopf Abdul Hamid's zeigt den Typus eines schönen Orientalen semitischer Race, während in Abdul Azis mehr die mongolische Abstammung ausgeprägt war. Der Harem Abdul Hamid's ist gänzlich unzugänglich. Kronprinzessin Stefanie von Oesterreich war die einzige europäische Fürstin, die dort empfangen wurde. Seither findet nur ein weiblicher Dolmetsch als Ehrenfrau, u. z. die Tochter des Staatssecretärs Dadian, eine Armenierin, Zutritt. Geistige Oede, Langeweile, Trägheit, Unwissenheit und Gezänke findet man ausnahmslos in allen Ständen bei der türkischen Frauenwelt. Der Harem des Sultans ist unter die Obhut des manchmal auch eine politische Rolle spielenden Groß-Eunuchen Behramagha gestellt.

Ein Infanteriecorps überwacht die Residenz. Man schätzt die Kopfzahl dieser, den Sicherheitsdienst versehenden Truppen, deren Organisation ein Werk Osman Pascha's ist, auf circa zehntausend Mann. Der „Löwe von Plevna", welcher sein militärisches Prestige durch Vernachlässigung der Armeeverhältnisse längst schon eingebüßt hatte, sagte einst zum Sultan: „Ew. Majestät können ruhig schlafen, denn ein Osman wacht!" Seitdem fühlt sich der Sultan auch in seinem Palaste von Yildiz sicher.

Außerdem daß der Sultan alle Staatsangelegenheiten mit seinen Privatsecretären bespricht, versammelt er in den wichtigsten Fragen auch einen Ministerrath, dessen im Palast abgehaltene Sitzungen des öfteren lange Zeit in Anspruch nehmen. Manchmal versammeln sich unter dem Vorsitze des Sultans selbst an dreißig Pascha's, welche äußerst langweilige und widerspruchsvolle Debatten führen. Selten gelangen sie zu einem Resultate.

Der Hofstaat und die Hofkanzlei besteht im Ganzen aus siebenundvierzig türkischen Beamten, welche

unter den verschiedenartigsten Titeln die mannig=
faltigsten Pflichten erfüllen, zugleich Ueberseßer und
Dolmetsche sind.

Außerdem stehen bei der Person des Sultans
dreißig Pascha's in besonderen Diensten, von denen
wir folgende Europäer hervorheben wollen: Hobart=
pascha, ein Engländer, als Admiral und Obercommandant
der Marine, der vor Kurzem gestorben ist; Dreyse=
pascha, ein Franzose aus dem Elsaß, der bei Abdul
Hamid, als dieser noch Kronprinz war, die Leitung
der Landgüter führte und nach dessen Thronbesteigung
zum Pascha ernannt wurde, er hatte die Absicht, in
letzter Zeit wegzureisen; Vitalis=pascha, der Chef der
Gendarmerie; Drigalsky=pascha, ein Pole, an der Spitze
der Gendarmen; weiters die preußischen Generale: von
der Golz, Hobe, Kamphoevner, Ristow, Schilgen und
Starke, sämmtlich Paschas; letzterer ist Vice=Admiral.

Die preußischen Generale wurden auf Empfehlung
Dreyse's, des Lieblings des Sultans, nach Constantinopel
berufen, um die türkische Armee zu reorganisiren. Sie
verweilen schon sechs Jahre in Constantinopel und
stießen während dieser Zeit auf große Hindernisse.

Nach der Rangordnung folgen nun die Adjutanten
des Sultans, die den verschiedenen Truppenkörpern ent=
nommen und sämmtlich Türken (45 an der Zahl) sind.

Die M i n i s t e r i e n sind nach europäischem Muster
organisirt und eingetheilt.

Der Senat (aïan) besteht aus zweiunddreißig
Mitgliedern, worunter zehn einheimische Christen, näm=
lich Griechen, Armenier und katholische Armenier sich
befinden. Sie erhalten während ihrer ganzen Lebens=
dauer einen hohen Gehalt, erfüllen von Zeit zu Zeit
mancherlei Pflichten, wie die Controle über die Staats=
angelegenheiten.

V.

Topographie.

Wir haben früher dargestellt, wie die an den Ufern des Bosporus seßhaften, so verschiedenartigen Völker den mannigfaltigsten inneren Wirrnissen und äußeren Schicksalsschlägen unterworfen waren und wie dem entsprechend auch der Name der Stadt (Constantinopel) Aenderungen unterlag.

Die Ortschaft, welche zuerst Lygon, dann Byzanz, Antonina u. s. w. genannt wurde, hat endlich den Namen Constantins des Großen beibehalten, welchen die Türken aber ihrerseits änderten und zwar in Islampol, die Stadt des Islams. Im Volksmunde wurde die Stadt später mit Istampol, Stampol oder Stambul bezeichnet, als Ergebniß einer verworrenen Aussprache der griechischen Worte, welche man in Constantinopel nach der Eroberung hören konnte. — Einige Forscher leiten die Bezeichnung Stampol kurzweg von dem Worte Constantinopel her.

Die Stadt Constantin's liegt unter 41⁰ 0′ 16″ nördlicher Breite und unter 26⁰ 38′ 50″ östlicher Länge, an der Mündung des Seecanales Bosporus in das Marmarameer. In Bezug auf die entzückende landschaftliche Lage nimmt die Stadt den ersten Rang auf dem ganzen Erdball ein. Vermöge der Wichtigkeit und Sicherheit des Hafens hat Constantinopel alle Vorzüge einer ersten Stellung in commercieller Beziehung.

und bildet dadurch den Mittelpunkt zwischen dem
Schwarzen und dem Mittelländischen Meere. Endlich
hat die Stadt vermöge ihrer ganz außerordentlichen
eigenthümlichen Lage verschiedenartige Eigenschaften für
Defensivrüstungen, für die Herrschaft auf den Meeren
und dem alten Continente. Das sind die Ursachen,
warum Constantinopel seit dem grauen Alterthum bis
fast auf unsere Tage so viele mächtige Herrscher der
Welt und so viele Eroberer anzog und der Besitzer
von Constantinopel nach allgemeinem Sprachgebrauche
als Herrscher der Welt bezeichnet wurde. Constanti=
nopel war eben deshalb für alle maßgebenden Völker
ein Streitobject und Gegenstand verwickelter Zerwürf=
nisse und Eifersüchteleien der Machthaber.

Constantinopel war zu verschiedenen Zeiten seiner
vielgestaltigen Existenz die erste Stadt und ein Central=
punkt des Christenthums, der Civilisation, der Wis=
senschaften und Künste, einer blühenden Industrie und
eines weitverzweigten Handels, deshalb auch die Stätte
des größten Reichthums auf der ganzen Welt, als das
alte Rom dem Verfalle entgegenging und die übrigen
Staaten sich in einem halbbarbarischen Zustande be=
fanden. Constantinopel hatte durch Unterrichtsanstalten
und Kirchen wissensdurstige Männer aus allen Ge=
genden des Erdtheiles angezogen. Hier wurde Leh=
renden und Lernenden, der Beredtsamkeit und den theo=
logischen Disputationen der weiteste Spielraum gelassen,
die Männer erzogen und gebildet und endlich den Provinzen,
ja dem Auslande die Gedanken der Stadt aufgedrückt.

Constantinopel war die Stadt der zahlreichen
Denkmäler und Kirchen, der Belustigungen, der Circus=
spiele, des raffinirten Lebens, der schönen Frauen, der
Mode, der zierlichsten Redewendungen, die Quelle des
Reichthums für Alle ohne Unterschied der Abstammung,
ob sie nun vom Osten, Westen, Süden oder Norden
anlangten.

Constantinopel, oder vielmehr Stambul, ist seit vier Jahrhunderten die Stadt der menschlichen Willkürherrschaft und der Knechtschaft, beraubt allen Glanzes, Reichthümer, Kirchen und Denkmäler, der Civilisation und des Wohlstandes, und ist jetzt in unseren Tagen eine Stätte höchster Armuth, wo die Reichen ihre angesammelten Schätze verborgen halten und die Armen hoffnungslos und unbemitleidet herumwandeln, wo an Stelle dieser glänzenden Denkmäler, Kirchen, Paläste und von schützenden Mauern umgebenen Wasserreservoirs sich Ruinen und Höhlen gebildet haben, die Dieben, Kopfabschneidern, Dirnen und verhungerten Hunden ein sicheres Obdach gewähren. Das ist Alles, was von der ersten Weltstadt geblieben ist, das ist Alles, was vom alten Constantinopel bewahrt ist, in dem die Türken zumeist hölzerne Häuser bewohnen und das sie in ihrer Art Stambul nennen. Jetzt versteht man unter dem Namen Constantinopel einen sehr umfangreichen Raum vom Dorfe Kaval am Eingange des Bosporus bis zu den Küsten des Marmarameeres und den Prinzeninseln.

Außer dem alten Stadttheile, welcher unter „Stambul" bekannt ist, werden alle übrigen Ortschaften von Constantinopel als Stadtbezirke, richtiger Vorstädte bezeichnet.

Stambul, die eigentliche Stadt, liegt auf einem triangelförmigen Erdstriche, dessen Basis gegen Westen zur europäischen Seite gerichtet ist, der südöstliche Theil ist vom Meere bespült, während der nördliche Theil von der Bucht des „Goldenen Horn" begrenzt wird; die abgerundete Spitze vom Nordosten ist gegen den Canal Bosporus und Scutari gerichtet, im Südosten sind die Schlösser der sieben Thürme gelegen, an der nordwestlichen Ecke sind die pittoresken Ruinen von Pentapyrgion sichtbar. Auf der anderen Seite des „Goldenen Horn" am nördlichen Ufer liegt die Vorstadt

Galata, welche auf einer kegelähnlichen, den genuesischen Thurm tragenden Anhöhe erbaut ist.

Dieser Thurm von Galata wurde im dreizehnten
Jahrhundert, als die genuesische Colonie von den Kaisern von Byzanz für unabhängig erklärt wurde, erbaut. Zum Thurm hin waren vier Mauern in verschiedenen Richtungen aufgebaut, welche den ganzen
Umfang um den Thurm in vier Theile theilten und
mit Feigenbäumen bepflanzt waren, weshalb noch zur
Regierungszeit des Kaisers Justinianus dieser Stadtbezirk ab Sycae genannt wurde.

Alle diese Mauern sind jetzt abgetragen und neue
Straßen wurden hier für die Carossenfahrten angelegt.
Galata ist ausschließlich commercielle Vorstadt, in welcher
verschiedene Waaren in den Handel gelangen.

Oberhalb Galata's auf derselben Anhöhe befindet
sich auf dem Gipfel von Stavrodom die Vorstadt
Pera, welche sich gegen Nordosten erstreckt. Hier auf
Pera ist der Hauptmittelpunkt des Constantinopeler
Lebens; sie wird zwar als Vorstadt bezeichnet, ist aber
zu unserer Zeit eigentlich eine christliche Stadt und der
Mittelpunkt des europäisch-civilisirten oder scheincivili-
sirten Lebens, der Diplomatie, der Mode und des
Handelsbetriebes. Hier befinden sich viele Kirchen der
verschiedensten Confessionen.

Hier befinden sich die Krankenhäuser aller europäischen Völker, die verschiedenen christlichen Gemeinde-
schulen, sowie jene der Colonien, die Vereinslocale, die
Clubs und alle europäischen Modemagazine.

Auch die europäische Diplomatie, welche durch
die Orientfragen in stete Aufregung versetzt wird, hat
hier ihren Sitz, um, wie Graf de Moüy in seinen
Briefen sagt: „d'y rechercher la solution des redou-
tables problèmes qui se posent sur le Bosphore".
Die sogenannte orientalische Frage, dieses dunkle Räthsel,
deren Lösung den Diplomaten nicht so leicht fällt,

lebt, blüht, treibt Knospen und trägt Früchte (manch=
mal allerdings sehr saure!). Vom Standpunkte des
Völkerrechtes unseres Jahrhunderts kreuzen sich hier
alle Interessen der politischen Stellung des Christen=
thumes und verschiedener Völker und lenken beständig
die Aufmerksamkeit der ganzen Welt auf sich, da es
hier niemals einen Frieden gibt, sondern entweder
einen friedlichen Kampf ums Dasein der hier wohnen=
den Völker oder einen blutigen Krieg um die Stellung
der einzelnen Individuen und Völker.

Alle größeren und kleineren Gesandtschaften haben
hier ihre eigenen, von üppigen Anpflanzungen umge=
benen Häuser, von deren Fenstern, Veranden und Te=
rassen man einen wunderschönen Anblick auf den Bos=
porus, das Marmarameer, das goldene Horn und das
aus den spitzen Minarets hervorragende Stambul
genießt.

Am Abhange derselben Anhöhe auf der Bospo=
russeite befindet sich Top=Khané, wo die schönen
Moscheen, die Kanonengießerei und eine große Artil=
leriekaserne gelegen sind; weiterhin erstreckt sich der
türkische Stadtbezirk Fundukli und der Hafen von
Cabatasch und noch weiter am Ufer der schöne
Palast Dolma=Bagdsche. Alle diese Stadtbezirke befinden
sich am Ufer und sind in einer Reihe nebeneinander
gelegen. Westwärts von Galata an den Ufern des
„Goldenen Horn" liegt der Stadtbezirk Kassim=
pascha, weiter Ters=Khane mit dem Seearsenal
und die Bezirke Khaskoei, Piri=pascha und
Haledschi, oberhalb welcher ein flacher Raum Ot=
meiban heißt. Gegenüber den letztgenannten Stadt=
bezirken auf der anderen Seite des „Goldenen Horn"
befinden sich Eyub und die Moschee Eyub, wo das
Schwert von Osman aufbewahrt wird, mit dem sich
die Sultane bei der Thronbesteigung umgürten, und
Ortaktschilar westwärts von den Stadtmauern.

Zwei über dem „Goldenen Horn" errichtete Brücken verbinden Galata mit Stambul. Die alte hölzerne Brücke oder die Brücke von Mahmud im Jahre 1837 erbaut, befindet sich westwärts von Galata und führt gegen den Stadttheil von Stambul Un-kapu. Die andere aus Eisen hergestellte Brücke führt zu dem freien Platz vor der Moschee Jeni-Dschami. — Im Alterthum, zur Regierungszeit des Kaisers Justi-nian existirte eine kleine Brücke, von welcher sich noch einige Trümmer zwischen Eyub und Halebdschi befinden.

Constantinopel ist ebenso wie das alte Rom auf sieben Hügeln gelegen. Der Gründer von Constanti-nopel hat der Zahl „sieben" immer eine magische, übernatürliche Bedeutung gegeben. Er verglich sich mit der von sieben Planeten umgebenen Sonne, wie auch auf dem Denkmal der Apollosonne das Bildniß von Apollo durch das Constantins des Großen ersetzt war, mit dem siebenstrahligen Kranze auf dem Haupte, welche den Nägeln auf dem Kreuze Christi entnommen wurden. Darunter stand die Inschrift: „soli invicto" der un-besiegbaren Sonne.

Er erbaute die sieben Thore in den zum euro-päischen Continente gerichteten dicken Stadtmauern. Er führte aus Rom die sieben Hofwürdenträger ein, deren Namen in der Geschichte aufbewahrt sind. Er errichtete die aus sieben Abtheilungen bestehende Palastwache, welche Hepta Lychnos genannt wurde. Die sieben Hügel von Constantinopel nach zufälliger Combination ent-sprachen vollständig der Absicht Constantins des Großen.

Zu allen Zeiten war es üblich, die Stadt nach der Anzahl der Hügel zu theilen, und noch heute folgt man dieser Ansicht.

Auf dem ersten Hügel befinden sich Seraï oder der frühere Palast der Sultane, die Moschee von Aja-Sophia mit vier Minarets, der Platz, auf dem einst das Hippodrom stand, mit zwei Obelisken und einem

19*

Schlangendenkmal, die Moschee Achmedié mit sechs Minarets; das erste Thal ist mit den westlichen Mauern von Seraï und mit der hohen Pforte (dem Regierungsgebäude, in dem einige Ministerien untergebracht sind) besetzt und hier befindet sich auch die Pferdebahn.

Auf dem zweiten Hügel befindet sich die verbrannte Säule Constantins (von den Türken „Tschemberli-tasch" genannt), die Moschee Nuri-Osmanie mit zwei Minarets; in dem zweiten Thale ziehen sich die Bazarstraßen hin, woselbst ein starker Handelsbetrieb herrscht und sich viele Khanen (d. i. mehrstockhohe Waarenhäuser) befinden und die Moschee Jeni-Tschami mit zwei Minarets gegenüber dem Brückenkopf unweit vom Goldenen Horn, wo die Stambuler Pferdebahn beginnt; auf einem hohen Punkte dieses Thales befindet sich die Moschee Bajazid II. mit zwei Minarets.

Auf dem dritten Hügel befindet sich Eski-seraï (ein alter Palast mit hohem Thurme), in dem später das Kriegsministerium untergebracht wurde (Seraskariat), und die große Moschee Suleimanie mit vier Minarets.

Das dritte Thal durchschneidet den ganzen Triangel, wodurch die Beherrscher von Constantinopel genöthigt waren, die Wasserleitung, welche unter Hadrian's Regierungszeit begonnen und unter Kaiser Valens beendigt wurde, auf einem Schwibbogen zu bauen. — Hierselbst befindet sich Al-bazar oder der Pferdebazar.

Auf dem vierten Hügel ist die Moschee Mohamedie mit zwei Minarets gelegen u. z. an Stelle des früheren Polyandrion oder der Kirche der heiligen Apostel und die Säule des Marcian oder Kiss-tasch.

Auf dem fünften Hügel befindet sich die Moschee Selimié mit zwei Minarets und an dessen

Abhange, am Ufer des Goldenen Horns der griechische Stadttheil **Phanar**, woselbst sich das griechische Patriarchat mit der so alten griechischen St. Georgskirche befindet, in welcher einige seltene Reliquien und Bilder aus St. Sofia nach der Eroberung von Constantinopel übertragen und aufbewahrt wurden. Unweit davon liegt die Moschee Gul-Dschamissi (früher Pantépopti).

Auf dem **sechsten** Hügel befindet sich der alte Stadtbezirk mit dem halbeingestürzten Palaste Hebdomen, von Constantin Porphyrogenetos gebaut, der jetzt Tekir-Seraï heißt. Am Abhange dieses Hügels liegt der von Juden bewohnte Stadtbezirk **Balat** und die Ortschaft **Blacherne** neben der Stadtmauer und Pentapyrgion. Hinter dieser Ortschaft westwärts befindet sich die bereits besprochene Moschee Eyub.

Der **siebente** Hügel ist vollkommen von den anderen getrennt und ist mit den Schlössern der sieben Thürme an der südlichen Ecke des Triangels gelegen.

Das Flüßchen Lykus oder Lygus, welches durch das sogenannte Militairthor Charisius fließt, bespült diesen Hügel gänzlich und mündet, falls es durch die Sommerhitze nicht ausgetrocknet ist, neben Blanga-Bostan in's Meer. In früheren Zeiten war diese Ortschaft besonders häufigen Erdbeben unterworfen. Das Wasser wird in ganz Constantinopel durch Wasserleitungen zugeführt.

Um die schönste Aussicht auf den Bosporus und Constantinopel zu genießen, muß man einen hohen Punkt wählen. Hiefür eignen sich am besten die Thürme von Galata und Rumeli-Hissar, besonders aber der Wachtthurm am Seraskariat, das sich auf jenem Platze befindet, wo einst die historisch berühmte Säule des Kaisers Theodosius I. stand.

Um also die Lage und Configuration der sieben
Hügel gut in Augenschein nehmen zu können, muß man
von der Höhe des Thurmes von Galata herab während des Sonnenauf- und Unterganges seinen Blick
auf die Siebenhügelstadt werfen, wenn die Schatten
über die Thäler sich lagern und die äußeren Linea-
mente der Stadt mit ihren zahlreichen Moscheen, Gebäuden und Gartenhäusern mit besonderem Glanze und
Relief hervortauchen.

Um aber ein Gesammtbild zu erhalten und
auch die feenhafte Aussicht gegen die asiatische
Küste und Scutari zu genießen, muß man sich
bei Sonnenuntergang auf der eisernen Brücke, auf
der Höhe des Seraï, oder auf einem Gartenkiosk po-
stiren. Kein Bild gleicht diesem und jeder Vergleich
kann nicht einmal annähernd das Gesehene wiedergeben.
Wenn die Sonne im Westen sinkt, entsendet sie ihre
Strahlen auf die Höhen von Scutari und erzeugt ein
Bild voll glänzender Farben und verschiedener Reflexe,
hervorgezaubert einerseits durch die Sonnenstrahlen,
andererseits durch den Wiederschein der bunt übertünchten Häuser von Scutari und des prächtigen Co-
lorits seiner Fenster, wie nicht minder der blendend-
weißen Minarets auf den Moscheen und der düsteren
Cypressen auf dem mohamedanischen Friedhofe, voll
geheimer Tiefe und finsterer Traumbilder.

Unweit von Scutari's Küste erhebt sich aus den
lazurblauen Gewässern eine kleine Insel, felsartig und
mit einem kleinen viereckigen Thurme, welcher der my-
thologischen Tradition zur Folge Leander's Thurm —
von Hero und Leander — oder Kiz-Kulessi genannt
wird.

Von dichtem Dampf und Rauch eingehüllt bewegen sich Dampfer nach allen Richtungen, Schiffe mit
weißen Segeln, und gleichmäßig tauchen die Ruder der
spitzgebauten Boote, von denen einige gegen den Bos-

porus, andere gegen das Marmarameer fahren, in die
Meereswellen.

An den grünbepflanzten Ufern des Bosporus
liegen malerisch elegant eingerichtete Villen und Paläste
der Plutokratie und der temporären Machthaber, und
andererseits erheben sich aus den Wellen des Marmarameeres die malerisch und entzückend schön gelegenen, mit vulkanischen Erdschichten vermengten Prinzeninseln, von denen die größeren mit dichten Waldungen
und zahlreichen Villen geschmückt sind.

Von diesen Punkten aus hebt sich das Horizont-
bild mit dem schneebedeckten Gipfel des asiatischen
Olympus vom lazurblauen Himmel und der üppig
grüne Küstenstrich Bithyniens, von zahlreichen, in der
Sonne erglänzenden Strömen durchflossen, ab. Dieser
Anblick wirkt einer Zaubererscheinung gleich auf das
Gemüth des Menschen, da sich in Constantinopel die
Wirklichkeit in ein Traumbild umwandelt. — Das
ist eben die weltberühmte, von Constantin dem Großen
gegründete Stadt.

Byron, welcher die Naturschönheiten im Allgemeinen, besonders aber jene des Orients sehr gut kannte,
sagt: „Ich habe die Heiligthümer von Athen und die
Tempel zu Ephesus gesehen, ich habe Delphi besucht
und Europa von einem Ende zum andern durchreist,
endlich habe ich die schönsten Gegenden Asiens erschaut,
aber nirgends war mein Blick so entzückt von der Aussicht, welche mit jener Constantinopels vergleichbar
wäre!"

In Constantinopel ist aber die Wirklichkeit oft
sehr ähnlich einem Traume — „la réalité si souvent
semblable au rêve" sagt der Graf de Moüy in seinen
Briefen. —

Wenn man besonders zur Zeit der Abenddäm-
merung aus den dumpfen und herzbeengenden Straßen

in's Freie tritt und auf die Umgebung und Horizont
der Stadt blickt, erinnert man sich unwillkürlich der
Worte Dante's:

> Dolce color d'oriental zaffiro
> Che i' accoglieva nel sereno aspetto
> Dell' aer puro, infino al primo giro,
> Agli occhi miei ricomincio diletto;
> Tosto ch'io usci fuor dell' aura morta
> Che m' aven contristati gli occhi e'l petto.

VI

Die Bevölkerung und National-Gemeinden Constantinopels.

Auf dem früher topographisch geschilderten geräumigen Umfange lebt und webt eine sehr zahlreiche Bevölkerung von verschiedenen Racen und Nationen der alten und der neuen Welt, welche sich in mannigfacher gegenseitiger Position und in wechselseitigem Verkehre zu einander darstellt, sich in den eigenthümlichsten Abstufungen menschlicher Hautfarbe und in einem charakteristischen Typus aller möglichen Menschengestalten präsentirt und auf diese Art uns am Bosporus und in Constantinopel vielgestaltige Erscheinungen darbietet. —

Das jetzige Constantinopel, wo das asiatische Element der Bevölkerung mit Europäismus übertüncht und bedeckt ist, wo asiatische Willkür ihren Einzug hält und der Europäismus sich nur langsam und stufenweise entfaltet, gibt ein Bevölkerungsbild, das weder asiatisch, noch europäisch ist, sondern ein ordnungsloses, farbenreiches Bild, auf welchem man schichtenweise Völkergruppirungen bemerkt, welche zur Philosophie der Geschichte ein weites Feld, worauf der Gott Janus mit seiner Gestalt die herrschende Macht ist, darbietet.

Treffend drückt sich Ed. Quinet aus: „la vraie philosophie de l'histoire, c'est Janus aux deux visages,

tournés l'un vers le passé, l'autre vers le futur" —
und das ist die Umgestaltung und die Bewegung der
Völker in Constantinopel. — Constantinopel ist daher
ein Stapelplatz für die verschiedensten Völker und ihre
Bedürfnisse, aber nimmermehr eine organisirte Stadt
mit beständigen Einrichtungen zum Wohlstande und
Gedeihen der Völker, weshalb eine Statistik der Bevölkerung von Constantinopel eine schwierige Aufgabe
ist und deren Durchführung bei der jetzigen türkischen
Herrschaft und Wirthschaft eine reine Unmöglichkeit.

Es ist sehr wichtig zu wissen, daß die Einwohnerzahl dieser Stadt von Jahr zu Jahr, besonders aber
seit dem letzten russisch-türkischen Kriege, in steter Verminderung begriffen ist. Um einen annähernden Begriff
der Bevölkerung Constantinopels zu geben, seien hier
die im Vorjahre türkischerseits zusammengestellten statistischen Daten wiedergegeben:

	Männliches Geschlecht	Weibliches Geschlecht	Gesammt- zahl
1. Mohamedaner . . .	201.339	183.571	384.910
2. Griechen	91.804	60.937	152.741
3. Armenier	83.870	65.720	149.590
4. Bulgaren	3.977	400	4.377
5. Katholiken	3.209	3.233	6.442
6. Israeliten	22.394	21.967	44.361
7. Protestanten	488	331	819
8. Lateiner	528	554	1.082
9. Fremde Unterthanen	101.205	28.038	129.243
	508.814	364.751	873.565

Trotzdem diese Zahlen fehlerhaft sind, weil die
Eruirung der statistischen Daten durch mehrere Monate
dauerte, und in vielen Straßen des Christenviertels
Pera kein einziges Mitglied des statistischen Bureau
erschienen ist, führen sie dennoch eine beredte Sprache
und sind für den kläglichen Zustand aller Verhältnisse

der berühmten Metropole des Orients, wo vor unge=
fähr zehn Jahrhunderten auf dem Raume der „sieben
Hügel allein mehr als eine halbe Million Menschen
sich tummelte, bezeichnend. Unter den Raumverhältnissen
des jetzigen Constantinopel, welches sich vom Schwarzen
Meere bis zur entferntesten Küste des Mamarameeres
erstreckt, findet auch eine Bevölkerung von zehn Millionen
leicht Platz. Aber in Wirklichkeit ist alles eitel Trug
und die Auswanderung aus Constantinopel nimmt
regelmäßig und unaufhaltsam ihren Fortgang!

Vade in pace, tempora si fuerint nubila,
solus eris, — donec eris felix — multos numerabis
amicos! sagte Ovidius in seinem Exil auf der Balkan=
halbinsel.

Nach eigener Auffassung bezeichnen sich die Türken
dem Religionsbekenntnisse nach als islamitisches Volk.
Sie nennen übrigens auch die anderen Völker nach
der Confession, wie z. B. Katholiken, Protestanten und
Lateiner, wie sie in unserer Tabelle verzeichnet sind.

Hierüber sind nun einige Erklärungen nothwendig.
Unter der Bezeichnung „Katholiken" sind die ein=
heimischen Armenier gemeint, im gleichen Sinne sind
als Protestanten Armenier und Griechen protestantischen
Glaubens aufzufassen. Was die Lateiner betrifft, so
sind darunter außer den Franzosen, Italienern 2c.,
unirte Griechen oder Melchiten, Syrier, die katholischen
Griechen von Syrien und unirte Chaldäer, dann
Maroniten, außerdem Alepiner, alle unirten Griechen,
eine Anzahl Albanesen, Bulgaren, Croaten, Bosniaken 2c.
zu verstehen, und ferner sind dies jene Einwohner,
die Mischehen von Europäern mit· Einheimischen ent=
stammen; sie nennen sich auch Levantiner zum Unter=
schiede von den Orientalen, welch' letztere Bezeichnung
sich lediglich auf die Einheimischen ohne fremde
Mischung bezieht.

Diese kurzen Angaben mögen genügen, um die Terminologie der eigenartigen türkischen Statistik zu begreifen.

Was die Beschäftigung und die Profession der verschiedenen Nationalitäten in Constantinopel betrifft, so ergeben sich folgende Daten:

Auf je 1000 Staatsbeamte kommen

Lateiner 53
Katholiken 49
Armenier 6
Griechen 4

In Bezug auf Handel und Industrie, wobei jedoch die Manufactur-Engrossisten, die kleinen Krämer und Trafikanten gar nicht differenzirt werden, sind die einzelnen Nationalitäten folgendermaßen vertheilt:

Auf je 1000 kommen:

Armenier 430
Griechen 368
Türken 254

Es ist höchst bedauerlich, daß bezüglich des Handels von Constantinopel, der doch einen so wichtigen Factor in der Beschäftigung der ganzen Bevölkerung bildet, detaillirte Angaben fehlen.

Bezüglich der Schulen finden wir, daß von je 1000 schulpflichtigen Kindern, bei den

Griechen 410
Armeniern 386
Türken 364

die Schule besuchen.

Die Zahl aller Einheimischen männlichen Geschlechtes beträgt 407.600, worunter sich befinden:

Beamte	24.112, wovon auf 1000		59
Kauf= u. Gewerbsleute	133.297, „ „ „		327
Schüler	153.210, „ „ „		376
Kinder u. Nichtsthuer .	96.981, „ „ „		238
Summe	407.600.		1000

Betreffs des Alters der Einheimischen (Türken, Griechen und Armenier) von Constantinopel ist Folgendes zu bemerken: Bei den Türken ist besonders die Zahl Jener sehr bedeutend, die zwischen dem 20. und 25. Lebensjahre stehen; bei den Griechen, die zwischen dem 20. und 30. Lebensjahre stehen. Bei den Armeniern sind diesbezüglich ganz verschiedene Verhältnisse, sie sind gleichmäßig in allen Altersstufen vom 5. bis zum 50. Lebensjahre vertheilt. Was das erreichte Alter betrifft, so findet man bei den acht verschiedenen einheimischen Nationalitäten *) 2826 Männer und 2269 Frauen, also 5095 über 75 Jahre, worunter nur die Armenier 814 ausmachen, und zwischen dem 95. und 100. Jahre findet man 29 Armenier und 19 Griechen, also erreichen die Armenier von Constantinopel zumeist ein hohes Lebensalter und sind die langlebigsten Einwohner der Metropole des Orients.

Was die in Constantinopel wohnhaften Ausländer betrifft, so haben wir nur approximativ genommene Zahlen und auch diese Statistik ist fehler- und lückenhaft. Nur wenige Consulate beschäftigen sich damit, über ihre Nationalen und Reichsangehörigen Aufzeichnungen zu führen. Es befinden sich nach den auf Ansuchen uns eigens von den Consulaten mitgetheilten Daten in Constantinopel:

Aus Griechenland (wovon 4000 eingetragen
      sind) 40.000
  „   Persien 20.000
  „   Italien (wovon 4210 eingetragen sind) . 10.000
  „   Oesterreich (wovon 4100 eingetragen
      und ungefähr 4000 Croaten nicht
      eingetragen sind, vor dem letzten
      russisch-türkischen Kriege im Ganzen
      13.000) 10.000
                              80.000

*) Siehe Seite 302.

| | | Uebertrag | 8.000 |

Aus Frankreich (vor dem russ.=türk. Kriege
    bedeutend mehr, die Araber und
    Israeliten aus Algier nicht mit=
    gerechnet) 3.000

„ England (alle eingetragen; vor dem
    russisch=türkischen Kriege mehr). .   2.800

„ Deutschland und der Schweiz (vor dem
    russisch=türkischen Krieg 1050, alle
    eingetragen. Die Schweiz allein 68)   1.250

„ Rußland   800

„ Belgien   200

„ Amerika   170

„ Rumänien (vor dem russisch=türkischen
    Kriege 370)   150

„ Spanien (die meisten sind Israeliten
    aus Spanien)   150

„ Dänemark und Skandinavien . . .   120

„ Holland   116

„ Serbien   55

                     Summe 88.711

Wenn eine Uebersicht darüber, wie sich die Sta=
tistik von Constantinopel in den verschiedenen Epochen
dem Auge des Lesers darbietet, gegeben wird, dann
muß hinzugefügt werden, daß nach den Anschauungen
der Mohamedaner eine Kenntniß über die Anzahl der
vorhandenen Menschen aus Rücksicht auf die göttliche
Vorsehung für überflüssig betrachtet wird, weshalb man
sich bis zum Jahre 1840 ungefähr wenig um die Zählung
der Menschen bekümmerte.

Im Jahre 1808 bezifferte man die Einwohner=
zahl von Constantinopel auf 400.000, worunter zur
Hälfte Türken. Ueber diese Einwohnerzahl gibt es
überhaupt verschiedene Ansichten. So schätzen diese
Einige auf 800.000, Andere wieder auf 400.000 Ein=
wohner. Olivier behauptet, Constantinopel habe mit

feinen Vorstädten und Dörfern am Bosporus und den umliegenden Gegenden 500.000, wogegen Eton sie auf nicht 300.000 Einwohner schätzt Diese letztere Angabe erscheint entschieden zu niedrig.

Nach einer Berechnung der Einwohnerzahl von Constantinopel und seiner Vorstädte vom Jahre 1822 beträgt diese Zahl 600.000 Einwohner (la capitale de l'émp. ottom. 1822, ohne Namensangabe des Verfassers).

Nach Slade*) betrug die Bevölkerung von Constantinopel inclusive der Stadt und den Vorstädten an den Ufern des Bosporus im Jahre 1837:

Muselmänner (männl. u. weibl. Bevölkerung)	480.000
Griechen	250.000
Armenier	140.000
„ (Katholiken)	18.000
Israeliten	65.000
	953.000

Nach Ubicini**) betrug die Bevölkerung von Constantinopel im Jahre 1844:

	nicht in Const. anfäffig	männliches Geschlecht	weibliches Geschlecht	Gesammt-zahl
Muselmänner	68.000	194.000	213.000	475.000
Armenier	16.000	93.000	95.000	205.000
Katholiken	8.420	8.000	—	17.000
Griechen	32.000	48.000	42.000	132.000
Israeliten	—	18.000	19.000	37.000
	116.000	361.820	388.180	866.000
Fremde Unterthanen				25.000
				891.000

Nach den Berechnungen von Dr. Riegler, welcher in Constantinopel als Arzt thätig war, hat die

---

*) Turkey, Greece and Malta by Adolphus Slade. 2. Volumes 1837.

**) Ubicini: „Lettres sur la Turquie". 2 Tomes 2me édition 1853.

Bevölkerung von Constantinopel und den Vorstädten an beiden Ufern des Bosporus im Jahre 1846 813.466 Seelen betragen, die sich auf die einzelnen Nationalitäten folgendermaßen vertheilen:

Türken	400.000
Armenier	250.000
Griechen	130.000
Israeliten	20.000
	800.000

Die Ausländer:

Griechen aus Griechenland	6.000
Malthefer und Jonier	1.883
Oesterreicher	1.581
Franzosen	825
Russen	876
Perser	600
Sardinier	805
Neapolitaner	247
Toskaner	211
Engländer	310
Belgier	182
Preußen	144
Spanier	48
Portugiesen	35
Dänen	46
Schweden	22
Holländer	27
Amerikaner	24
	13.466

Inländer	800.000
Gesammt-Summa	813.466

Die Garnison betrug damals 20.000 Mann.[*]

---

[*] Dr. Riegler: „Die Türkei und deren Bewohner". 1852. (2 Bde.)

Für das Jahr 1849 gibt Verollot als Er=
gebniß seiner Forschungen die Einwohnerzahl von Con=
stantinopel auf 750.000 Seelen an.

Der Almanach von Gotha für das Jahr 1873
sagt: „Constantinople n'a d'après une recente éva-
luation que 4 à 500.000 habitants.

Nach einem Constantinopler Kalender vom Jahre
1873 beträgt die Bevölkerungszahl von Constantinopel
700.000 Seelen, nach einer anderen Mittheilung vom
selben Jahre jedoch nur 650.000. Der Consul Sax
schätzt gleichfalls im Jahre 1873 die Einwohnerzahl
von Constantinopel auf 600.000 Seelen und endlich
soll Constantinopel nach einer weiteren Berechnung
des Jahres 1873 796.000 Einwohner haben.

Um einen Begriff davon zu geben, wie der Mo=
hamedaner die Statistik auffaßt, möge Folgendes an=
geführt werden:

Als Layard, der später englischer Gesandter in
Constantinopel zur Zeit des letzten russisch=türkischen
Krieges war, sich behufs archäologischer Forschungen
und Ausgrabungen von Ninive in Mossul befand,
wollte er als ein aufgeklärter Mann wie er war, den
Zustand der Stadt, die Bevölkerung, den Handel und
die historischen Begebenheiten des Landes kennen lernen.
Er wandte sich deshalb an den Kadi, welcher ihm auch
die Antwort in einem längeren Schriftstücke übersandte,
welches folgende Ausdrücke enthielt: „O mein berühmter
Freund! o die Freude der Lebenden! Was Du mich
fragst, das ist gleichzeitig unnütz und schädlich. Wenn
auch meine Tage in dieser Gegend verflossen sind, so
habe ich doch niemals die Häuser gezählt und Erkun=
digungen über die Einwohner angestellt, und was das
Verladen der Waaren auf Maulthiere und Boote an=
belangt, so ist es eine Sache, die mich gar nichts küm=

mert. Was die vergangene Geschichte dieser Gegend
betrifft, Allah allein kann das wissen und er möge
auch sagen, wie viel Irrthümer die Bewohner began=
gen haben, bevor dieses Land vom Islam erobert wurde.
Es ist gefährlich für uns, diese Verhältnisse zu kennen.
O mein Freund! o mein Lamm! . . . . . Es gibt
keine Weisheit als jene des Allah, er hat die Welt er=
schaffen; wollen wir versuchen, uns ihm gleichzustellen
und die Geheimnisse der Schöpfung zu durchdringen . . . .
2c. 2c. (Ernest Renan. La Conférence à la Sor-
bonne, 1883.)

Hierin liegt eigentlich der Kernpunkt der Auffas=
sung des Mohamedaners von der Welt und den Men=
schen und folglich auch von der Statistik, eben des=
halb ist von der türkischen Regierung bezüglich der
Statistik nicht viel zu erwarten.

Die gesammte Bevölkerung Constantinopels theilt
sich in verschiedene Gruppen, deren Grundcharakter auf
Basis des Glaubensunterschiedes die Nationalität aus=
macht. Die Türken bieten in Folge ihrer Einrichtungen
und Stellung, wie wir es früher erwähnten, eine ganz
gesonderte Bevölkerungsgruppe, während die Christen
durch ihre eigenen Gemeindeorganisationen
von einander getrennt sind.

Diesen Gemeinden stehen die Patriarchen, welche
nicht nur in Bezug auf die kirchlichen, sondern auch
auf die national=politischen Verhältnisse den entschei=
denden Einfluß ausüben, als Oberhaupt vor. Dem
Patriarchen zur Seite steht ein Rath, aus Geistlichen
und Laien bestehend, welche von der Gemeinde aus
ihren Mitgliedern gewählt werden. Alle äußeren und
inneren Angelegenheiten jeder National=Gemeinde in
individueller oder öffentlicher Hinsicht leitet der Pa=
triarch und durch seine Vermittlung werden auch die

Angelegenheiten der Gemeinde mit der türkischen Regierung verhandelt.

Diese große Machtvollkommenheit der Patriarchen
basirt auf traditionellen Vorrechten und geschichtlich
nationalen Gewohnheiten sowie auch auf den Privilegien, welche von verschiedenen Sultanen den kirchlichen
Oberhäuptern der Christen zuerkannt wurden.

Die älteste der christlichen Gemeinde-Vertretungen
und Gemeinde-Einrichtungen ist die g r i e c h i s c h e, un-
terstehend dem griechisch-oekumenischen Patriarchen. Derselbe wird durch eine allgemeine Abstimmung des Volkes
gewählt und vom Sultan bestätigt. Ihm stehen zur
Seite zwei Rathsversammlungen, von denen die eine,
die kirchliche, aus zwölf Mitgliedern der höheren Geist-
lichkeit besteht von denen jedes halbe Jahr die Hälfte
ausscheidet; ihre Sitzungen finden wöchentlich dreimal
statt und die Berathungen umfassen allgemein kirchliche
und private Angelegenheiten. Die andere Rathsversammlung setzt sich aus vier Geistlichen und acht Laien
zusammen. Die letzteren werden von den acht Kirchen-
pfarrsprengeln alljährlich gewählt und in den Rath entsendet. Dieser gemischte Rath, in dessen Sitzungen zuweilen der Patriarch selbst den Vorsitz führt, leitet die
Geschäfte der Wohlthätigkeits-Anstalten, der Schulen,
der Kirchengüter und die Angelegenheiten der Testamente
und Dotationen. Er pflegt sich zu diesem Behufe jede
Woche zweimal zu versammeln. Es besteht überdies noch
beim griechischen Patriarchate ein geistlicher Gerichtshof
von sechs Mitgliedern, welcher von der Synode zum
Zwecke der Untersuchung der Eheangelegenheiten gewählt wird.

In den Kanzleien des Patriarchen gibt es zahlreiche geistliche und Civil-Beamte, um die Geschäfte der
ungefähr 300.000 zählenden Gemeinde, welche über 50
Kirchen und Klöster besitzt, zu besorgen und die nothwendigen Schriftstücke zu verfassen.

20*

Die armenische National-Gemeinde und ihre
Vertretung ist auf denselben Principien wie die grie-
chische aufgebaut, nur haben die Armenier in mancher
Hinsicht liberalere Einrichtungen als die Griechen.

Seit dem Jahre 1860 besitzt sie eine eigene National-Versammlung, bestehend aus 20 Geistlichen und
120 Laien, Deputirten, welche aus der Stadt, den
Vorstädten und den Provinzen durch Wahl entsendet
werden. Dieselben berathen die inneren Angelegenheiten der Nation, und zur Verwaltung der einzelnen
Volksangelegenheiten bestehen nachfolgende Sectionen:
für die geistlichen Angelegenheiten bestehend aus 14
Mitgliedern, für die civilen Angelegenheiten, ebenfalls
14 Mitglieder, die Tribunal-Section hat 9 Mitglieder,
die für die armenischen Klöster 5 Mitglieder, für das
Schulwesen 7 Mitglieder, für die wirthschaftliche Sec-
tion, welche die Einkünfte und ferner das Testimonial-
Vermögen verwaltet, sind 7 Mitglieder. Die Mitglieder
der einzelnen Sectionen besorgen die Angelegenheiten
ihrer Abtheilung. Der Patriarch, der von der Gemeinde
gewählt wird, steht an der Spitze aller dieser Sectionen
und hat eine stattliche Anzahl von geistlichen und
Civil-Beamten zur Verfügung. Die armenische National-
Gemeinde besitzt 41 Kirchen in Constantinopel.

An der Spitze der armeno-katholischen
Gemeinde, welche 10 Kirchen in Constantinopel hat,
steht ebenfalls ein eigener, von der Gemeinde gewählter
Patriarch, umgeben von einem Beirathe aus 8 geistlichen Mitgliedern. Zur Besorgung der verschiedenen
Angelegenheiten besitzen dieselben zuerst den rein kirchlichen Beirath von 12 Mitgliedern, dem der Patriarch
präsidirt. Ueber die Angelegenheiten der Kirchendogmen
und des Gottesdienstes, der in nationaler Sprache abgehalten wird, wacht ein Rath von 14 Mitgliedern;
die civile Verwaltung besorgt ganz selbstständig, ohne
den Patriarchen, ein Collegium von 12 civilen Mit-

gliedern, während im gerichtlichen Beirathe es Geistliche und Laien zu Mitgliedern gibt.

Die Anhänger der römisch-katholischen Kirche bilden ebenfalls eine Gemeinde für sich, an deren Spitze der päpstliche Legat steht, der zugleich der officielle Vertreter des Papstes bei der Pforte ist.

Die Bulgaren haben ein eigenes freigewähltes Oberhaupt, welche Exarch heißt. Sein Wirkungskreis ist sehr beschränkt, da er dem oekumenischen Patriarchen unterworfen ist, aber sehr oft wegen nationaler Angelegenheiten im Conflicte mit demselben sich befindet; sie besitzen blos zwei Kirchen in Constantinopel.

Ferner die deutsch-protestantische Gemeinde-Vertretung mit 2 Kirchen, die englisch-protestantische hat 7 Kirchen, die armenisch-protestantische 6 und die griechisch-protestantische 1 Kirche.

Die jüdische Bevölkerung hat 8 Synagogen (Kal-Kados) und steht unter einem Oberrabiner, welcher der Rathsversammlung, die in jeder Hinsicht die inneren Angelegenheiten verwaltet, präsidirt.

Jede dieser National- oder Kirchen-Gemeinden besitzt eigene Krankenhäuser, welche jedoch für die Glaubensgenossen ausschließlich bestimmt sind 2c.

VII

Handelsverhältnisse Constantinopels.

Als merkwürdiger Stapelplatz ist Constantinopel seit seiner Begründung an den Handel angewiesen. Je mehr die Bevölkerung Constantinopels wuchs, desto größere Dimensionen nahm der Handel desselben an.

Zur Zeit des Kaisers Justinian, dessen Bauwuth nach jeder Hinsicht großartige Summen erforderte, griff man zu verschiedenen Maßregeln und neuen Steuern, um die Einkünfte des Staatsschatzes zu vermehren. Diese Maßregeln haben mehr oder weniger ihren Zweck erreicht, aber einen sehr verderblichen Einfluß auf das weitere Schicksal des Handels gehabt. Zahlreiche fremde Schiffe, welche im Bosporus einliefen und diesen strengen Maßregeln und Abgaben unterzogen wurden, erschienen nicht wieder.

Constantinopel war die erste Stadt, wo die Seidenzucht, aus China eingeführt, angefangen hatte, und von da verbreitete sich dieselbe und die Seidenfabrication nach Sicilien und den italienischen Städten, vorzugsweise nach Venedig. — Im neunten und zehnten Jahrhunderte, als Constantinopel den Gipfelpunkt seiner Macht erreichte, waren die Handelsverhältnisse der Metropole großartig und die Einnahmen und der Reichthum in jeder Hinsicht außerordentlich groß*).

---

*) Siehe Seite 82 u. f. d. W.

Zur Zeit der Kommenen begann die industrielle und die Handelsthätigkeit der Griechen nachzulassen und zu sinken, so daß die griechische Handelsflotte nicht mehr das Mittelmeer beherrschte. Die freien Städte Italiens: Amalfi, Pisa, Venedig und Genua mit ihren zahlreichen Schiffen und regem Unternehmungsgeiste vermittelten jetzt den gesammten Verkehr zwischen dem Westen Europas und dem Oriente. Ende des eilften Jahrhunderts war die Seemacht Venedig's bereits so groß, daß Alexis sich der Beihilfe der venetianischen Flotte gegen die Einfälle Robert's Guiscard bediente, wofür er den Venetianern große Handelsprivilegien sowohl in Constantinopel als auch in den Provinzstädten gewährte. Diese Handelsprivilegien wurden durch die Charte des Jahres 1802 bestätigt.

Zur Türkenzeit bildeten Constantinopel und der Orient stets ein weites und lohnendes Gebiet für die europäischen Kaufleute. Jacques Coeur, ein Franzose, versetzte im fünfzehnten Jahrhunderte die ganze Welt in Staunen durch die Größe seiner Reichthümer, welche er sich binnen Kurzem durch den Handel mit dem Oriente erwarb. Wir haben bereits erwähnt, daß sich in England eine eigene Gesellschaft für den Handel nach dem Oriente gebildet hatte.

Baron de Brèves, Gesandter Heinrich's IV. in der Türkei, erhielt bedeutende Zugeständnisse zu Gunsten des französischen Handels, und die französische Flagge galt als die erste im Oriente. Colbert, der die französische Industrie wiederbelebt hatte, verstand es, die Erzeugnisse derselben zum Exporte nach der Türkei zu lenken. Zu jener Zeit genügte es, einige Jahre im Oriente zuzubringen, um durch Unternehmungsgeist und Sparsamkeit sich ein bedeutendes Vermögen zu erwerben.

Zu Beginn des achtzehnten Jahrhunderts zogen sich die Holländer aus dem Oriente zurück, weil Ost-

inbien mit seinen Inseln ihre gesammte Handelsthätig=
keit in Anspruch nahm. Auch die Engländer in Folge
ihrer ausgedehnten Handelsbeziehungen mit Nordamerika,
der afrikanischen Küste und Ostindien verminderten ihre
Factoreien im Oriente. Hingegen wuchs und erstarkte
der Orienthandel Frankreichs im Laufe des achtzehnten
Jahrhunderts, wiewohl er vom Corsarenwesen viel zu
leiden hatte.

Die französische Revolution, die Befreiung der
Griechen und andere Umstände übten hier großen Ein=
fluß aus auf die Verminderung des französischen Han=
dels, hingegen fanden deutsche und österreichische Waaren
durch ihre Billigkeit und den leichten Transport auf
der Donau ein sehr ergiebiges Absatzgebiet in der Türkei.
Vorzüglich war es Nürnberg, welches mit seinen be=
kannten Artikeln einen schwunghaften Handel nach der
Türkei unterhielt. Belgien exportirte Spitzen, Tücher
und Leinenwaaren nach dem Oriente.

Wiewohl Frankreich, Holland, Venedig und Eng=
land ausgedehnten Handel mit dem Oriente trieben,
so hat doch Spanien niemals Handelsbeziehungen
mit dem Oriente angeknüpft und unterhalten. Rußland
war stets in einem regen Handelsverkehre mit der
Türkei, sowohl zu Wasser als zu Lande. Der Handel
der Türkei mit Persien und Indien, ein Carawanen=
handel, wird meistens von Armeniern geführt, welche
sich fast alle dem Handelsgeschäfte zu widmen pflegen.

Im Jahre 1535 schloß Frankreich einen Handels=
vertrag mit Suleiman dem Prächtigen, unter dem
Namen: „Die Capitulationen"; im Jahre 1740 wäh=
rend der Regierungszeit Mahmud's I. wurde derselbe
modificirt und endlich im Jahre 1838 unter dem Sultan
Mahmud II. neuerdings den Zeitverhältnissen entspre=
chend umgestaltet.

Die erste Sorge der localen Bevölkerung war
stets darauf gerichtet, sich ihre materielle Existenz zu
sichern und sich alle Lebensbedürfnisse zu verschaffen.
Wir haben zwar gesehen, daß die Wälder und anlie-
genden Meere voll Wild und Fischen sind, deren Ueberschuß nach dem Auslande zu Markte gebracht wird,
aber diese Producte sind so einförmig, daß sie keineswegs allen Bedürfnissen der Bevölkerung der Stadt
genügen können. Wenn auch die Umgegend Constantinopels fruchtbar ist, so ist dieselbe doch wenig culti-
virt, und der sich in jeder Hinsicht fühlbar machende
Mangel nöthigt die Einwohner, viele zum Leben nothwendige Natur- und Industrieproducte aus der Fremde
und den Nachbarländern einzuführen, weil die locale
Landwirthschaft und Industrie ihre Productionskräfte
noch nicht entwickelt hat und sich in einem unbefrie-
digenden Zustande befindet. Darin liegt auch die Ursache, daß fast die ganze Bevölkerung der Stadt ausschließlich dem Handel ergeben ist und sich damit beschäftigt, Waaren aus den Provinzen nach Constantinopel und nach den fremden Ländern zu transportiren
und umgekehrt aus den fremden Ländern Waaren nach
Constantinopel und den Provinzen einzuführen. Der
Export umfaßt Landesproducte und Industrieerzeug-
nisse, während der Import alle Gegenstände des Lebens
von einfachsten und kleinsten bis zu den luxuriösesten
in sich begreift. An dem Handel betheiligen sich alle
Nationalitäten und Racen gleich stark und in den
gegenseitigen Handelsbeziehungen und Geschäften ist es
ganz gleich, ob der Handelsmann dieser oder jener
Nationalität angehört, denn alles geht darauf aus, sich
Geld und Vermögen zu erwerben und seine Lebensbedürfnisse zu befriedigen. Alle Gedanken, Gesinnungen,
das gesammte Thun und Lassen der Einwohner Constantinopels wird Tag und Nacht ausschließlich auf
den Geldgewinn gerichtet.

Während anderswo auch andere menschliche Thätigkeit und Arbeit lohnend ist und nach amerikanischer Auffassung die Zeit Geldes werth ist, so hat doch beim Constantinopolitaner nur das klingende Metall den Werth des Geldes.

Im Nachfolgenden führen wir alle diejenigen Waaren an, welche aus den türkischen Provinzen über Constantinopel exportirt werden, nämlich: Hornvieh, Leder, Felle, Tabak, Rosinen von Corinth, Mandeln, dürre Feigen, Datteln und andere Südfrüchte; ferner Olivenöl, Honig, Cocons, Rohseide, gesponnene Seide, Teppiche, Safianleder, Galläpfel, Gummi, Schwämme, Alaun, Siegelerde u. A.

Aus Constantinopel selbst und dessen Umgebung exportirt man: Wolle, Seide, Baumwolle, Oliven, Kupfer, Eisen, aus Eichenholz geschnitzte Küchengeräthe, gewöhnliches Olivenöl, Wachs, Hörner vom Rind, Ziegen und Schafen, Ziegen- und Kameelhaare, Krapp, Hasenfelle, Teppiche aus Wolle, Opium, Weihrauch, Gummi, Rosenöl ꝛc. — Die wichtigsten Importartikel nach den türkischen Provinzen über Constantinopel sind folgende: Steinkohle, Braunkohle in großer Quantität, verschiedene Kleidungsstoffe, Wollstoffe, Tuch, Hüte, Pelzwerk, Papier, Bleistifte und Stahlfedern, Spiegel, Glaswaaren, Taschen- und Wanduhren, Porcellanwaaren, Steck- und Nähnadeln, verschiedene Holz- und Metallwaaren, Zucker, Thee, Café, Colonialwaaren, Wein, Spirituosen, Liqueure, Rum und Silbermünzen in bedeutender Menge.

Nach Constantinopel werden eingeführt: Café, Zucker, Thee, Spirituosen, Liqueure, Rum, Weine, Champagner, Bier, Oel, Gewürznelken, Pfeffer, Cochenille, Indigo, Seiden- und Wollstoffe, Modeartikel, Eisenwaaren, Waffen, verschiedene Möbelgattungen, Lederwaaren ꝛc. Außerdem wird nach Constantinopel importirt: Groß= und Kleinvieh, eine große Quantität Weizen, Liqueure von Chios, Kochsalz u. A.

England und Frankreich haben stets im Verlaufe der Zeit den größten Theil des Importes nach der Türkei und Constantinopel in ihrer Macht gehabt, erst viel später fanden italienische Waaren in Constanti= nopel Eingang und in Folge dessen, daß sie billiger waren im Vergleiche zu den französischen und engli= schen Waaren, eroberten sich dieselben ein namhaftes Absatzgebiet. Nichtsdestoweniger bleibt die französische und englische Einfuhr immer bedeutend.

Nach Frankreich exportirt die Türkei mehr als nach England, importirt jedoch viel weniger französische Waaren als englische.

Oesterreich hat im letzten Decennium stark auf dem Markte von Constantinopel concurrirt, und dessen Waaren haben viele andere ausländische, besonders aber die französischen verdrängt. Deutschland ist mit großem Erfolge in den Handelsverkehr mit der Türkei einge= treten und vermöge der Billigkeit seiner Waaren steht es Oesterreich nicht nach.

In allen großen Industrie= und Handelsstädten Europa's sind zahlreiche Agenten für den Handel nach Constantinopel. Sobald dieselben nur avisirt werden, schicken sie sofort die der Zahl und Qualität nach entsprechenden Waaren dahin. Vorzüglich sind es fol-genede Städte: Manchester, Lyon, Marseille, Mailand, Basel, Triest, Wien, Pest, Odessa, welche mit Constan= tinopel sehr lebhafte Handelsbeziehungen unterhalten.

Constantinopels Verhältniß zu den Provinzen in Betreff des Handels ist für einen Fremden fast ganz unverständlich, indem die Waaren, welche aus den tür= kischen Provinzen nach Constantinopel eingeführt werden, einer hohen Abgabe unterworfen sind, welche zwar dem Staate alljährlich 2¹/₂ Millionen Francs abwirft, jedoch

den Handel Constantinopels mit den Provinzen unge=
mein erschwert und vertheuert.

Diesem Uebelstande wollte man dadurch abhelfen,
daß man auf fremde Waaren einen höheren Eingangs=
zoll setzen, und die Producte der Provinzen ohne Ab=
gaben lassen würde, jedoch sind diese Verhandlungen
noch nicht zum Abschlusse gediehen. Deshalb sind die
ausgezeichneten Teppiche von Smyrna und Diarbekir
in Constantinopel außerordentlich theuer.

Zu den ausgezeichneten Producten der Provinzen
gehören die Wollstoffe, welche in Van und Erzerum
von Armenierinnen fabricirt werden. Diese Stoffe be=
sitzen wegen ihrer guten Qualität eine außerordentliche
Haltbarkeit, was von allen Reisenden in Kleinasien
bestätigt wird, sind wasserdicht, werden sehr lange ge=
tragen und stehen höher als englische Maquintosh.
Ebenso hohe Stellung unter der einheimischen Industrie
nehmen die mit Gold und Silber gestickten Gewebe
von Brussa, Damascus, Alepo ein.

Diese Gewebe sind die feinste Handarbeit der
armenischen und griechischen Frauen, weniger der tür=
kischen. Dieselben werden in bedeutenden Mengen nach
Constantinopel gebracht und von hier aus nach ver=
schiedenen Ländern Europa's verkauft.

Nicht minderen Ruf genießen die anderen Erzeug=
nisse von Brussa, unter denen die Leinenwaaren, z. B.
verschiedene Handtücher und Bäderburnusse sehr berühmt
sind und in Europa vielfach nachgeahmt werden.

Auch die Seidenwaaren von Brussa und manchen
anderen Städten sind wegen ihrer glänzenden und
bunten Farben sehr geschätzt. Alle diese Waaren sind
Erzeugnisse der Hausindustrie, sie werden von Frauen
in ihren Gemächern mit Hilfe einfacher Webestühle
verfertigt und zeichnen sich durch den orientalischen Ge=
schmack und Eleganz ihrer lebhaften und bunten Farben
aus. Einige Artikel der Provinzindustrie werden selbst

in Constantinopel erzeugt, jedoch in sehr beschränktem Maße. —

Weil Constantinopel fast ausschließlich eine Handelsstadt ist, so ist der größte und wesentlichste Theil der Bevölkerung dem Handel ergeben. Den gesammten Handelsstand kann man bequem in drei Categorien eintheilen, wobei das Vermögen den Eintheilungsgrund bildet. Zur ersten Categorie, der armen, gehören Handeltreibende, welche keinen festen Marktstand haben, sondern welche nach Art der Wiener Hausirer alle Stadtviertel durchwandern, ihre Waaren den Passanten vorlegen oder dieselben in Kästchen und Koffern auf Mauleseln und Pferden führen und mit einer schrillen Stimme ausrufen und anpreisen. Diese Categorie des Handels erfordert kein besonderes Vermögen und die Leute verbrauchen gewöhnlich das, was sie gewinnen. Die zweite Categorie von Händlern beginnen ihre Geschäfte in kleinen Verkaufsbuden mit geringem Vermögen, und die Bedingungen und Handelsverhältnisse Constantinopels sind für solche kleine Händler sehr günstig. Manchmal beginnen dieselben mit solchen kleinen Geschäften, um nach Verlauf von fünfzehn oder zwanzig Jahren bereits sich ein Vermögen von einer Million Franks erworben zu haben und im Besitze von eigenen Häusern in der Stadt und anmuthigen Villen an den Ufern des Bosporus zu sein.

Die dritte, die oberste Categorie, das sind die Engros=Händler. Viele von ihnen beginnen wohl auch mit beschränkten Mitteln, aber sie führen den Handel en gros begünstigt durch die Handelsbedingungen mit Kleinasien, Syrien, Arabien, Egypten. Die billigen Natur= und Industrieproducte des Landes exportiren sie nach Europa und aus Europa hingegen importiren sie die Industrie= und Luxusgegenstände nach dem Oriente. Dieser so combinirte Export= und Import= handel wirft außerordentlichen Gewinn ab für die Kauf=

leute von Constantinopel, welches, zwischen Europa, Asien und Afrika gelegen, stets den Mittelpunkt dieses regen Austauschhandels bildete, mochten die politischen Verhältnisse der Stadt noch so verschiedenartig gewesen sein. Daraus erklärt sich auch, daß es zu Constantinopel in verschiedenen Zeiten ungemein reiche Leute gab, welche sich ein sehr großes Vermögen erwarben. Ihre zahlreichen Häuser und Villen, die sie sich gebaut, waren durch den Reichthum und Luxus der inneren Ausstattung oft bedeutender, als die Paläste der deutschen Fürsten und Könige zur Zeit des deutschen Bundes. Die meisten dieser vielfachen Millionäre waren arme Ankömmlinge aus der Provinz und begannen nicht selten ihre Laufbahn in der Stadt barfüßig, in ärmlicher Kleidung, den Hunger mit trockenem Brode und Früchten stillend.

Diese Zustände bestanden bis zum letzten russisch-türkischen Kriege und waren sehr hervorstechend. Seitdem begann allmälig eine Umwälzung auch auf diesem Gebiete, wo die allgemeine Geldnoth die Hauptklage der Bevölkerung bildet.

Wenn in Europa die Handelsinstitutionen und Einrichtungen stark auf den Fortschritt des Handels einwirken, so ist in Constantinopel hingegen die natürliche Bedingung, die Lage am Meere, welche auf den Gang und Ausbreitung des Handels einwirkt. Trotzdem, daß der Handel Constantinopels ein weites Gebiet umfaßt und seine Handelsbeziehungen sehr ausgedehnt sind, so trägt er doch den ausschließlichen Charakter eines einfachen Krämerlebens an sich.

Aus Gewinnsucht wird im localen Handel keine Rücksicht genommen auf die Qualität, Dauerhaftigkeit und Werth der Waaren, sondern die ganze Aufmerksamkeit des Verkäufers ist darauf gerichtet, daß die Waaren dem äußeren Aussehen nach dem kaufenden Publikum gefallen möchten. Das Publikum selbst ist

in seinen Anforderungen einfach, gleichförmig, es ver=
steht sich daher von selbst, daß die Händler ausschließlich
darauf sehen, der Anfrage der Käufer gerecht zu wer=
den, und der gesammte Handel besteht demnach auf dem
einfachen Verkaufe im Sinne der Krämerei, denn wie
die Anfrage, ebenso ist auch das Angebot. Bei vielen
Händlern tragen die Waaren den hochtrabenden Titel:
„Aus den Lyoner, Manchester Fabriken", aber in Wirk=
lichkeit sind es die billigen Waaren aus Italien, Bel=
gien, Ungarn, Böhmen, welche das Publikum dadurch,
daß sie billig sind, in jeder Hinsicht zufrieden stellen.
Jedoch der ausgewählte Geschmack des Europäers findet
in Constantinopel nicht alle Gattungen von Waaren,
die man in Europa im täglichen Leben benützt.

Wenn sich die Verhältnisse zwischen dem Händler
und dem kaufenden Publikum in der ausgeführten Art
und Weise gestaltet haben, so tragen die Beziehungen
der Händler untereinander den Charakter eines voll=
ständigen Mangels an Vertrauen und Credit. Jeder
Händler ist auf sich selbst angewiesen, er findet keine
Unterstützung, weder im Publikum, noch bei seinen Ge=
nossen derselben Branche, und wegen einer geringen
Schuld wird er genöthigt, Alles zu verkaufen und sein
Verkaufslocale zu schließen. Den Händlern insgesammt
ist keine Möglichkeit geboten, um gemeinschaftliche In=
teressen zu verfolgen, dagegen sind viele der Händler
bestrebt, mit allen Mitteln ihren Concurrenten zu
schaden, und die kleineren, unerfahrenen Händler sind
am meisten der Gefahr ausgesetzt, von den größeren
und erprobten Händlern unterdrückt zu werden. Selten
ist unter den Händlern eine Verständigung betreffs der
Fragen vom allgemeinen Vortheile möglich und das ist
die Ursache, warum die Einheimischen und ansäßigen
Europäer ihre Handelsinteressen nicht gemeinsam wah=
ren und keine Handlungshäuser auf Grundlage posi=
tiven und reellen Uebereinkommens zur Erweiterung

ihrer Handelsbeziehungen und Vergrößerung ihres Handels begründen können. Der Geist des commerciellen Gemeinwesens geht dem Einheimischen gänzlich ab. einerseits in Folge der Unstabilität der gegenseitigen Beziehungen, andererseits in Folge des Mangels entsprechender Handelsgesetze von Seite des Staates, um die aus dem Handelsverkehre sich ergebenden Streitigkeiten rasch zur Entscheidung zu führen.

Jeder Händler ist daher, ob er will oder nicht, auf einen Krämerladen und den täglichen Gewinn beschränkt und jeder Gedanke an einen gemeinschaftlichen Handel, an eine gemeinsame nationale Handelsunternehmung, welche in civilisirten Ländern so fruchtbringend und heilwirkend sind, ist unter solchen Umständen ausgeschlossen.

In dieser Hinsicht befinden sich jedenfalls die europäischen Kaufleute unter günstigen Umständen, im Vergleiche mit den Einheimischen, denn ihre Capitalien, mit denen sie ihre Unternehmen anfangen, sind viel bedeutender und auf sicherer Grundlage. Sie sind im Stande, sich die besten und erfahrensten Agenten unter den einheimischen und auswärtigen Europäern für ihre Handelszwecke zu wählen. Die exacte Führung aller ihrer Geschäfte und die genaue Verbuchung aller Transactionen sichert sie vor unliebsamen Irrthümern und Widersprüchen, während der Einheimische, der dem Papiere nichts anvertrauen, sondern alles in seinem Gedächtnisse tragen will, vielfach von seinem schwankenden Gedächtnisse verlassen, sich manchem Irrthume und Verluste aussetzt. Die europäischen Kaufleute verstehen sich auch besser darauf, um dem Geschmacke des Publikums und dessen realen Anforderungen gerecht zu werden, während der Einheimische wie in jeder Hinsicht sich auf die Hilfe Gottes verläßt. Die europäischen Händler haben ihre reichen, auf fester Grundlage errichteten Magazine auf Pera, dem Hauptcentrum des

christlichen und europäischen Lebens, aber die einhei=
mischen wie die griechischen, armenischen, türkischen und
anderen Händler sind in Galata und Stambul zer=
streut oder gruppenweise vertheilt.

Auf Pera gibt es zwei große Handelshäuser;
das eine bildet die Succursale des berühmten Pariser
Hauses „Bon Marché" und enthält ausschließlich
Pariser Artikel; das andere Handelshaus unter dem
Namen „Bazar allemand" enthält ausschließlich
Waaren österreichischer Provenienz. Beide Häuser zeichnen
sich durch Reichthum, Eleganz und vorzügliches Sor=
timent der Waaren ihrer Heimat aus und ziehen eine
große Menge kaufenden Publikums an. Auch die ein=
heimischen Händler versuchten ein dem französischen
Bon Marché ähnliches Handelshaus zu begründen,
welches eben dieselben Waaren führen sollte unter
dem Namen „Bon Marché de Stambul"; aber kaum
zwei Jahre dauerte das Unternehmen, es mußte Concurs
anmelden und in Liquidation treten. Dieser Fall be=
weist zur Genüge, daß die einheimischen Kaufleute mit
den europäischen direct nicht concurriren können. Den
europäischen Kaufleuten kommt noch der Beistand der
Consulate zu Statten und besonders, wenn die Con=
sularpersonen erfahrene und gebildete Männer sind
und ihre Landsleute in Schutz nehmen.

Die einheimischen Kaufleute und Händler führen
ihre Geschäfte in Stambul, in den vielfach beschrie=
benen und bekannten Hallen, welche eingedeckt durch
die oben zur Seite angebrachten Fenster in die kreuz
und quer sich hinziehenden Hallengänge, in denen die
Kaufläden untergebracht sind, nur ein schwaches Licht
eindringen lassen. Diese unter dem Namen „Bezistan"
bekannten Verkaufshallen sind sehr ausgedehnt, weil
in denselben alle Waaren, sowohl europäischen als
asiatischen Ursprungs in kleinen Buden aufgestapelt
sind. Die Waaren selbst zeichnen sich durch keine große

Mannigfaltigkeit aus, und beim Einkaufe muß man
mit aller Vorsicht zu Werke gehen, um bei dem Halb-
licht, welches in diesen Verkaufsläden herrscht, die
nöthige und entsprechende Waare auszuwählen. Die
interessanteste und am meisten in die Augen fallende
Abtheilung des Bezistan bilden die Läden der Gold-
und Silberarbeiter und der Juweliere. Ihre Waaren,
nach orientalischem Geschmack gearbeitet, zeigen nicht
selten große Eleganz, ausgebildeten Schönheitssinn und
Formenreichthum. Mit diesem Geschäftszweige befassen
sich fast ausschließlich Armenier.

Der Mangel einer Statistik über den Handel
Constantinopels macht sich für Jeden, der die localen
Verhältnisse näher studiren will, stark fühlbar, vorzüglich empfindet den Mangel einer solchen Statistik
der Culturhistoriker. Die Handelsstatistik könnte über
zahlreiche Fragen Aufschluß geben; über den Gang des
Handels, über sein Steigen oder Fallen und über die
Veränderungen, welche er in neuerer und früherer Zeit
durchgemacht hat. Wir würden aus der Handelsstatistik
genauer das Leben und die Bedürfnisse der Local-
bevölkerung kennen lernen, welche dem äußeren Putz,
Glanze und Stoffen mit buntem Farbenreichthume den
Vorzug gibt. Aus den veränderlichen und mannigfachen
Daten der Handelsstatistik wäre es möglich, sich ein
Urtheil zu bilden, wie sich die Bevölkerung Constantinopels zur europäischen Civilisation verhält, denn der
europäische Handel bringt im Gefolge in die verschiedenen Länder einen gewissen Grad der Civilisation
mit. Im Allgemeinen spiegelt sich in der Waaren-Pro-
duction und Consumtion der verschiedenen Völker der
Grad ihrer Civilisation genau wieder.

Doch die Ausarbeitung einer solchen Handels-
statistik erfordert mehr als die Kraft einer einzelnen
Person; es müßten die Vertreter der europäischen
Mächte gemeinsam fordern, daß im türkischen Mini-

sterium der Finanzen die statistischen Daten betreffs des Importes und Exportes aller Waaren genau gesammelt, unter verschiedenen Gesichtspunkten geordnet und mit erklärenden Bemerkungen publicirt würden.

Aus einer so in's Detail gehenden Handelsstatistik würden manche Staaten und Völker ersehen, welchen Antheil dieselben an dem Gesammthandel mit der Million Einwohner von Constantinopel nehmen und daraus zugleich ermessen können, welche politische Machtstellung in der Zukunft dieser oder jener Staat im öffentlichen oder politischen Leben Constantinopels einnehmen werde. Es ist nämlich eine bekannte Thatsache, daß, wo der Handelsverkehr eines Volkes im Steigen begriffen ist, auch dessen politische Machtstellung daselbst zunimmt.

Spanien z. B. steht mit Constantinopel in keinem besonderen Handelsverkehr, daher auch die politische Stellung Spaniens zu Constantinopel gewöhnlich ganz unberücksichtigt bleibt.

Zum Schlusse dieses Artikels mögen die beiden Tabellen der türkischen Ein- und Ausfuhr während zweier Jahre angeführt werden, um die Neugierde des Lesers zu befriedigen.

Die Einfuhr nach der Türkei im Jahre 1883.

Aus	Waaren im Werthe von Piaster	Einfuhrzoll Piaster
England	911,195.866	66,057.220
Oesterreich-Ungarn . .	319,184.064	22,990.436
Frankreich	290,504.229	20,924.565
Rußland	116,345.091	8,378.161
Rumänien . . , . .	69,249.166	4,985.940
Italien	58,299.053	4,199.626
Persien	51,663.523	7,837.138
Fürtrag .	1.816,440.992	135,373.086

21*

	Uebertrag .	1.816,440.992	135,373.086
Nord=Amerika	. . .	44,618 267	8,212.515
Griechenland	. . . .	31,692.564	2,282,414
Bulgarien	. . . . .	28,333.509	2,040.014
Belgien	. . . . .	15,922 479	1,148.548
Tunis	. . . . . .	5,834.518	410.116
Deutschland	. . . .	2,875.104	208.312
Serbien	. . . . .	1,301.598	136.969
Holland	. . . . .	578.293	43.967
Egypten	. . . . .	538.622	38.812
Dänemark	. . . . .	229.139	16.498
Schweden	. . . . .	170.030	31.610
Samos	. . . . .	60.871	4.383
Montenegro	. . . .	12.029	866
Spanien	. . . . .	903	65
	Insgesammt .	1.948,608.918	144,958.105

Folgende Objecte zahlen keinen Zoll: Waffen und
Ausrüstungsgegenstände, wenn sie für den Staat ein=
geführt werden; alle Sendungen für die Gesandt=
schaften, Heiligenbilder, Objecte für die Kirche, Schule
und Landwirthschaft, sowie alle Materialien zur Er=
bauung von Fabriken und Eisenbahnen.

Die Ausfuhr desselben Jahres betrug:

Nach		Werth der Waare Piaster	Ausfuhrszoll Piaster
Frankreich	. . . . .	396,335.666	3,567.021
England	. . . . . .	372,177.222	3,449.595
Oesterreich=Ungarn	. .	112,052.444	1,008.472
Egypten	. . . . .	98,577 560	6,510.651
Rußland	. . . . .	42,420.111	381.781
Griechenland	. . . .	40,744.777	366.703
Holland	. . . . .	21,802.992	196.227
Italien	. . . . .	21,159.666	190.437
Rumänien	. . . . .	9,001.000	81.009
	Fürtrag .	1.114,271.438	15,751.896

	Uebertrag .	1.114,271.438	15,751.896
Nord=Amerika		8,981.111	80.830
Bulgarien		2,790.271	200.223
Serbien		1,441.030	103.755
Montenegro		688.950	49.078
Persien		620.501	74.460
Samos		327.947	21.508
Spanien		310.777	2.797
Tunis		87.416	6.294
Deutschland . . : . .		5.777	52
Belgien		5.777	52
Schweden		—	—
Dänemark		—	—
Insgesammt .	1.129,531.000	16,190.959

Die Ausfuhr des Tabaks ist nicht inbegriffen in dieser Tabelle, derselbe wird zollfrei ausgeführt und betrug dessen Ausfuhr 9,519.146 Oca (Oca = 3 Pfund).

Die Einfuhr nach der Türkei im Jahre 1884.

Aus	Waaren im Werthe von Piaster	Einfuhrzoll Piaster
England	865,861.594	62,673.538
Oesterreich=Ungarn . . .	384,882.897	27,719.942
Frankreich	273,009.497	19,675.299
Rußland	123,849.061	8,917.147
Italien	66,566.047	4,792.770
Persien	62,882.621	10,539.537
Griechenland	60,026.004	4,368.125
Rumänien	52,167.124	3,756.033
Ver. Staaten	28,948.750	2,084.310
Belgien	18,727.129	1,349.531
Bulgarien	14,694.584	1,058.010
Serbien	8,889.347	640.033
Egypten	4,397.536	1,409.527
Fürtrag .	1,964,902.191	148,983.802

Uebertrag .	1.964,902.191	148,983.802
Tunis	4,218.055	303.700
Deutschland	4,009.472	288.682
Schweden	1,401.736	100.925
Holland'.	690.388	49.708
Montenegro	462.291	33.285
Samos	64.625	4.653
Dänemark	35.277	2.540
Spanien	—	
Insgesammt .	1.975,784.935	149,767.295

Die Ausfuhr in demselben Jahre betrug:

Nach	Werth der Waaren Piaster	Ausfuhrzoll Piaster
Frankreich	469,435.333	4,224.927
England	455,276.777	4,097.491
Oesterreich-Ungarn . .	110,591.888	995.327
Egypten	63,121.569	4,544.753
Rußland	40,118.333	361.065
Griechenland	39,051.000	351.459
Italien	25,151.333	235.362
Rumänien	14,109.111	126.982
Ver. Staaten	11,391.888	102.527
Bulgarien	3,259.305	241.870
Holland	2,394.232	21.548
Persien	1,402.816	137.138
Serbien	1,150.625	82.845
Montenegro	578.055	41.620
Deutschland	458.222	4.124
Spanien	427.888	3.851
Samos	197.277	14.204
Belgien	61.111	550
Tunis	2.375	171
Schweden	—	—
Dänemark	—	—
Insgesammt .	1.239,020.128	15,587.814

VIII.

Unterrichtswesen.

Wenn Constantinopel zur Zeit seiner Gründung das Centrum der administrativen und politischen Verwaltung geworden ist, so wurde es doch allmälig zum Mittelpunkte der Kunst und Wissenschaft im Verlaufe des Mittelalters.

Das Zeitalter des Constantin des Großen verging unter steten Kämpfen des Christenthums mit dem noch mächtigen Heidenthum. Hier finden wir daher die größten und berühmtesten Prediger und Theologen. Justinian suchte durch Schließung der Schulen von Athen, Beschränkung der Rechte der Schule von Alexandrien die gesammte Jugend in die Unterrichtsanstalten von Constantinopel zusammenzuziehen. Die Hauptgegenstände der Unterrichtsanstalten Constantinopels zur Zeit des Kaisers Justinian waren: Grammatik, Rhetorik und Theologie und für diejenigen, welche sich den Staatsdiensten widmeten, Jurisprudenz. Im Allgemeinen ist zu sagen, daß die Aufklärung des Volkes von den Nachfolgern Justinian's nicht sehr begünstigt und gefördert wurde.

Später erst, im achten und neunten Jahrhundert hat der Beschützer und Mecenas der Wissenschaften und Künste, Wardan oder Barbanes, dem auch die

Gründung der Universität zugeschrieben wird, ein reges wissenschaftliches Leben inaugurirt. Dem Aufschwunge derselben waren die Kaiser gewogen und Constantin Porphyrogenetus umgab sich mit den Gelehrten und Künstlern seiner Zeit (s. o.).

Im Verlaufe der zehn Jahrhunderte befaßten sich die Gelehrten größtentheils mit Commentarien theologischer Werke, schrieben lange und spitzfindige Abhandlungen über Kirchendogmen, welche meistens die Stimme und der Wink des Kaisers nach dieser oder jener Seite hin entschied. Zur besonderen Ausbildung gelangte die Architectur in Constantinopel und bildete einen eigenen, den sogenannten byzantinischen Styl. Auch die Mosaik ging Hand in Hand mit der Architectur. Aus diesem ist zu ersehen, daß Constantinopel in der Geschichte des Fortschrittes der Civilisation im Mittelalter den ersten Rang einnahm, während Rom, Athen und Alexandrien sich im Niedergange befanden.

Die türkische Herrschaft machte aus der Bevölkerung Constantinopels und den unterjochten Nationen eine stimmlose Heerde und der vierhundertjährige Druck derselben erstickte das ganze geistige Leben. Die christliche Bevölkerung unterstand zwar dem Patriarchen, aber der Einfluß desselben auf das Unterrichtswesen war unter dem türkischen Regime gering. Die gegenwärtige Generation hat auf dem Gebiete des Unterrichtes von ihren Vorgängern nichts geerbt. Sie selbst war nicht im Stande, neue Bahnen zu betreten. Die tausendjährige ausgeartete Scholastik des Mittelalters fand eine Pflegestätte und Asyl bei der einheimischen Bevölkerung Constantinopels, über dieselbe aber sagt Montaigne in seinen Unterrichtsprincipien: savoir par coeur, ce n'est pas savoir.

Die geistige Aufklärung oder Verfinsterung lag bis in die Mitte unseres Jahrhundertes in den Händen der Mönche und des aus Italien nachrückenden Clerus.

Bis zum Krimkriege und dem Pariser Vertrage nahm man sich in Constantinopel Rom und Italien mehr oder weniger zum Vorbild. Seit diesem Zeitpunkte haben die Franzosen Obergewicht. Französischer Einfluß herrscht vor und französische Gegenstände sind sehr gesucht. Jeder glaubt in diesem Nachäffen der Franzosen sein Glück und Heil zu finden. Sich nach der Pariser Mode zu kleiden, im schlechten Französisch zu parliren und zu klatschen, eine Reise zum kurzen Aufenthalte nach Paris oder Marseille zu machen, darnach strebt und sinnt der heutige Einwohner Constantinopels, dies ist der einzige Wunsch außer der Erwerbung von Geld, den er sein ganzes Leben lang hegt, so wie der Mohamedaner eine Pilgerfahrt nach dem heiligen Mekka.

Um eine getreue Charakteristik der geistigen Bildung des heutigen Constantinopel zu geben, ist es sehr am Platze, den Bildungsgang im Allgemeinen der französischen Schule, besonders der Pariser in Kurzem zu skizziren.

Bis zu Ende des achtzehnten Jahrhunderts leiteten das gesammte Unterrichtswesen die Patres Jesuiten und bildeten die jungen Generationen heran. Ihre Capacität bestand darin, Alles oberflächlich anzurühren, aber nirgends bis in die Tiefe vorzudringen: „ils avaient excellé à faire des sujets brillants qui effleuraient la surface des choses et n'approfondissaient rien“.

Dieses System der trügerischen Bildung, deren Grundsatz in „pour paraître“ bestand, übte auf die leicht empfängliche Einbildungskraft des Volkes eine große Anziehung aus. Das Wesen des Systems bestand im mechanischen Auswendiglernen, ohne auf die Auffassung und das Verständniß des Gegenstandes bei den Schülern Rücksicht zu nehmen. Die wenigen Unterrichtsgegenstände waren: Grammatik, Rhetorik, Geschichte, Griechisch und Latein, aber wenig aus den exacten

Wissenschaften, und alles diente dazu, um das Gedächt=
niß mit Worten, abstracten Regeln und unzusammen=
hängenden Phrasen zu belasten, welche wie schnell ge=
lernt, ebenso schnell vergessen wurden. Die Eleven
traten aus der Schule vollkommen unwissend, was
Mercier zu Anfang unseres Jahrhunderts bestätigt,
indem er schreibt, daß nach sieben oder acht Jahren
des lateinischen Unterrichtes 90 Percent das Lateinische
nicht konnten.

Diese verderbliche und trostlose Richtung des
Schulunterrichtes dauerte lange Zeit und erzeugte in
der Masse des Volkes neben der Unwissenheit Be=
schränktheit und Eigendünkel, Eigenschaften, von welchen
zwei Jahrhunderte früher noch der Cardinal Richelieu
behauptete: „q'une nation est d'autant plus facile
à gouverner qu'elle est plus ignorante".

Aber der Mangel einer Stabilität in der Volks=
bildung und die daraus resultirende Verwirrung waren
mit eine der Ursachen der Gräuel und Unthaten der
revolutionären Bewegung Frankreichs zu Ende des
achtzehnten Jahrhunderts, welche allen freisinnigen Män=
nern und Lehrkräften den Garaus machten.

Als Kaiser Napoleon in den Jahren 1806 und
1808 die Universitätsbildung reorganisiren wollte, fand
er, daß viele Professoren nicht mehr an ihren Posten
waren, weil sie die vorhergehende Revolution nach allen
Richtungen hin vertrieb.

Unter solchen Verhältnissen konnte die Bildung
des Volkes nicht gedeihen, und es legte daher im Jahre
1849 Augustin Cochin der Academie ein Memoire vor,
worin er über das Unterrichtswesen Frankreichs
schrieb: „c'est chose désolante qu'en ce grave sujet
il reste si peu à dire, mais tant à faire." — Nach
einer kurzen Biographie Heinrich Pestalozzi's und der
Auseinandersetzung seiner Methode, schlug Cochin in
seinem Memoire vor, man möge für den Volksunter=

richt die Methode Pestalozzi's acceptiren. Dieses System ist vorzüglich geeignet, die Unwissenheit in den Schü= lern zu verscheuchen und ihren Eigendünkel zu bannen, indem es den Zöglingen vielseitige Kenntnisse beibringt und gleich von Anfang zur Selbstthätigkeit. Bescheiden= benheit und Billigkeit heranzieht; „car l'instruction apprend à se comparer et non point à se con= templer". Aus den früher angeführten Gründen schätzten die Franzosen die anderen Nationen gering, wollten dieselben in ihrem Eigendünkel gar nicht näher kennen lernen und sprachen es auch ganz unumwunden aus, daß sie die erste Nation seien.

Um ein halbes Jahrhundert früher äußerte Lord Brougham, daß nicht mehr die Kanonen, sondern daß der Schullehrer jetzt schaltet und waltet mit der Welt. Als nach den preußischen Siegen im Jahre 1866 die Franzosen den besten General Preußens wissen wollten, erhielten sie die Antwort: „Der beste General ist der Schullehrer." Anderthalb Jahre vor dem Ausbruche des deutsch=französischen Krieges 1870 sagte Claude Bernard, der französische Physiologe, als er zum Senator er= nannt und Napoleon vorgestellt wurde, mit Bedauern: „In Frankreich werden ungeheure Summen Geldes in Kasernenbauten verschwendet, ober ostwärts vom Rhein im Nachbarlande werden mit großem Geldauf= wande Schulanstalten und Laboratorien errichtet."

Während des zweiten Kaiserthums und später wurden verschiedene Projecte zur Reorganisirung der Schulen vorgelegt. Im Jahre 1854 war es Fortoul und im Jahre 1872 Jules Simon, der einen Entwurf zur Reorganisirung der Mittelschulen ausarbeitete und veröffentlichte. In den Mittelschulen nach dem alten System werden die Schüler im Schreiben latei= nischer Verse und lateinischer Prosa gedrillt.*) Man

*) Un rapport de Patin-Moniteur univ. 30. Sept. 1873.

liest Bruchstücke aus lateinischen und griechischen Autoren, von den französischen werden nur die Classiker: Corneille, Boileau, Lafontaine, Racine, Molière gelesen; wenn man noch das Wenige aus der Philosophie, aus der Geschichte, Geographie und Mathematik hinzusetzt, so hat man alles, was den Fundamental=Unterricht der französischen Jugend ausmacht. Dieselbe lernt gar nichts von dem, was außerhalb des Vaterlandes geschieht, und die Namen eines Schiller, Goethe, Herbart, Locke, Shakespeare, Byron 2c. kennt sie nur vom Hörensagen oder gar nicht. Aus einer solchen Jugend sollen dann die Männer hervorgehen, die im freien Staate bei der Verwaltung, Gerichtspflege, Gesetzgebung und anderen Zweigen des öffentlichen Lebens später eine wichtige Rolle zu spielen berufen sind.

Blos die Elemetarschulen von Paris haben in den letzten 10 Jahren einige Fortschritte gemacht und besonders seit 1878, wo der Zwangsunterricht eingeführt wurde (l'enseignement obligatoire). Die Mittelschulen sind, wie wir soeben gesehen, sehr zurück und bedürfen bringend einer Reform, weil sie die Ursach sind, daß das höhere, spezielle Fachstudium in Frankreich vollkommen stagnirt, wie es Du Camp treffend mit folgenden Worten characterisirt: „L'enseignement supérieur s'engourdit de plus en plus, il paraît atteint d'anémie, il meurt de pauvreté."

Es gab eine Zeit, in welcher die ersten wissenschaftlichen Leuchten Europas auf Frankreichs Tribünen saßen, der übrige Theil Europas dagegen in geistige Finsterniß eingehüllt war; aber die politische Unbeständigkeit, die Parteizwistigkeiten, in die sich alle gutgesinnten und freidenkenden Männer stürzten, brachten alle Vertreter des Wortes, der Gedanken und Wissenschaften in gänzlichen Verfall, und es ist erklärlich, daß Frankreich in der letzten Zeit eine außerordentliche Armuth an geistigem und wissenschaftlichem Fort-

schritte empfand. Es wurden Versuche gemacht, diesen
Verfall zu beseitigen und der, durch seine Entdeckungen
vielbekannte und berühmte Gelehrte und Mitglied der
Akademie der Wissenschaften, der Elsässer Würtz, war
zweimal von seiner Regierung beauftragt, sich nach
Deutschland zu begeben, um an Ort und Stelle alle
Bedingungen der Vollkommenheit und des Fortschrittes
auf dem Gebiete der höheren Bildung an den deutschen
Universitäten zu studiren. Auf diesen höheren Unterrichtsanstalten bildet die Lehr- und Lernfreiheit, sowie
die freie Forschung auf dem weiten Gebiete der verschiedensten Specialfächer den soliden Grundstein jedes
menschlichen Fortschrittes, und Würtz legte noch in den
letzten Tagen des zweiten Kaiserreiches in seinem ersten
Berichte eine Beschreibung der deutschen Universitäten
in dem Buche „Les hautes études pratiques dans
les universités allemandes" 1870 nieder. In diesem
Berichte heißt es u. A.: „Il s'agit d'un intérêt de
premier ordre, car la vie intellectuelle d'un peuple
alimente les sources de sa puissance materielle" . . . .
und an einer anderen Stelle am Ende des Berichtes:
„C'est la science qui féconde aujourd'hui le travail
des nations . . . . etc." Diese Berichte von Würtz
eröffneten bei den ersten Denkern und Führern Frankreichs neue Aussichten, deren unmittelbare Folge die
zwingende Nothwendigkeit von Unterrichtsreformen war,
und in den letzten 6—8 Jahren gab die französische
Regierung alle nöthigen Mittel zur Erbauung der
großen, den wissenschaftlichen Forschungen gewidmeten
Anstalten. „Ils (d. i. die Führer Frankreichs) sentent
très-nettement que c'est affaire de vie ou de
mort." Die Einsicht kam zwar spät, aber endlich war
sie da und wurde in die That umgewandelt. Obligato-
rischer Schulunterricht besteht in Frankreich seit 1878,
während er in Deutschland schon vor ungefähr 80
Jahren eingeführt wurde. Die Würdigung des großen

Werthes höherer Unterrichtsanstalten mag durch die geschichtliche Thatsache illustrirt werden, daß Preußen, nach dem Siege der Franzosen bei Jena i. J. 1806, wohl nahezu gänzlich aufgerieben, aber keineswegs gebemüthigt war. Es berief nämlich den berühmten Philosophen Fichte, damit er die Leitung der höheren staatlichen Unterrichtsanstalten übernehme. Von diesem Augenblicke an fühlte sich Preußen gerettet und gieng in Wirklichkeit aus der erniedrigenden und schmachvollen Lage, in welcher es sich befunden hatte, mit großen Plänen für die Zukunft dieses so kleinen Staates hervor, das später auf französischem Boden in Versailles, umgeben von den Vertretern aller deutschen Staaten, die Leitung der Geschicke des vereinigten großen Vaterlandes übernahm. Dies wäre eine Darstellung des französischen Unterrichtssystems, das für die Geistesausbildung des Bewohners von Constantinopel als musterhaft betrachtet wird, der ja Paris als Mittelpunkt der Civilisation und jedes Fortschrittes auf dem ganzen Erdball betrachtet.

Außer den Türken sind unter den einheimischen Einwohnern zu verstehen: die einheimischen Griechen, Armenier, Albanesen, Slaven, Rumänen und nach ihrem langen Aufenthalte in der Türkei, die Europäer und die Amerikaner mit ihren Familien approximativ der Zahl nach mit 150.000 Kindern, welche Schulunterricht bedürfen. Wir ziehen hier nur die einheimischen Christen und europäischen Colonisten in Betracht. Die Constantinopeler Schulen werden ihrer inneren Wesenheit nach in zwei Kategorien eingetheilt: in Volks= oder Elementarschulen und in Mittelschulen, in denen aber nicht nach den allgemein geltenden Grundsätzen des Unterrichtsystems gelehrt wird, in denen vielmehr das Programm ebenso verschieden ist, wie die Zahl der Schulen von Constantinopel, welche eigentlich nur nach dem Gutdünken der einzelnen

Schuldirectoren geleitet werden. In den Elementarschulen werden die Knaben und Mädchen im Lesen,
Schreiben und der Nationalsprache unterrichtet, dagegen
werden Religionslehre, Rechnen, Geographie und Geschichte weniger gepflegt. Nach zwei- oder dreijährigem
Aufenthalte verlassen die meisten Kinder die Schulen,
wo sie mit großer Schwierigkeit nothdürftig Lesen und
Schreiben gelernt haben. Dies beweist zur Genüge,
wie schlecht es mit dem System des primären Unterrichtes bestellt ist, wozu sich noch der Umstand gesellt,
daß man unter Kindern im Alter von 8—10 Jahren
sehr oft Mitschüler im Alter von fünfzehn und auch
zwanzig Jahren findet. Ein Termin, bis zu welchem
Alter die Schule besucht werden soll, ist nicht festgesetzt
und hängt ganz und gar von dem Willen der Eltern
ab, die ihre Kinder nach dem Austritte aus der Schule
in einen Verkaufsladen stecken oder irgend ein Handwerk erlernen lassen. Nur die Kinder armer Eltern
werden in den Elementarschulen aufgenommen. Es gibt
auch Schulen, die unter der Leitung von katholischen
barmherzigen Schwestern aus dem Westen stehen und
in denen eine geistliche (kirchliche) Richtung herrscht.
Hier wird Unterricht im Lesen, Schreiben und Gebeten ertheilt. Die Kinder vornehmer Eltern werden nicht in die
Elementarschulen geschickt, sondern lernen die Anfangsgründe im Elternhause, wo sie ihre Mußestunden ohne
jede Obhut und Aufsicht zubringen, und oft verbleiben
solche Kinder bis zum Alter von zehn Jahren und
auch noch darüber hinaus in Mitte ihrer Eltern oder
gar der Hausdiener. In beiden Fällen macht sich
keineswegs ein guter Einfluß geltend, die Kinder werden
stumpfsinnig, arten aus, verharren auf einer niedrigen
Stufe geistigen Auffassungsvermögens und seelischer Zuneigung. Nicht selten begegnet man in reichen Familien
Kinder mit gewölbtem Bäuchlein, mit gemessenem,
keckem Gange, faulem und phlegmatischem Benehmen

und einer Freßsucht, welche sich oft auf Dinge erstreckt, die nicht zur Ernährung gehören. Die Eltern geben sich betreffs ihrer Kinder der größten Sorglosigkeit hin, sie bringen den ganzen Tag in ihren Verkaufsläden oder Amtslocalen zu, weshalb ihnen jedes Verständniß für häusliche Erziehung abgeht. Die Mütter beschäftigen sich mit der Pflege der eigenen Person, mit der Küche und ihren prächtigen Toiletten, allein niemals mit den Kindern. Andererseits kommen Fälle vor, daß die Kinder aus reichen Familien in Folge der schlechten Erziehung im frühesten Alter magere und blasse Gesichter zeigen, in denen sich mit Erschöpfung verbundene Anämie ausdrückt; nicht selten leiden solche Kinder an Athembeschwerden. Wir sprechen hier keineswegs etwa von vereinzelten Fällen, sondern in zahlreichen Familien werden derartige Erscheinungen angetroffen. Man begegnet auch Uebergangszuständen aus diesen extremen Fällen. Ueberdies existirt auch eine alte, verderbliche Gewohnheit, die Kinder und jungen Leute mit viel „Chocolat de santé" zu füttern, in dem Glauben, daß es sehr gesund sei, während solche Kinder stets kränklich, aufgedunsen aussehen und vielfachen Krankheiten unterworfen sind.

Obgleich viele Eltern in Folge ihrer Unwissenheit und Rohheit nicht die Fähigkeit für die Erziehung ihrer Kinder haben, wollen dieselben dennoch, wohl aus großem Geize, nicht europäische Erzieherinnen oder Bonnen berufen und ihnen die Aufsicht über die Kinder anvertrauen. Die Eltern sind nur von der Leidenschaft erfüllt, ihre Kinder reich und luxuriös zu kleiden, Alles andere ist Nebensache. In dem letzten Lustrum merkt man hie und da eine Neuerung: die allerdings an Zahl nur wenigen Griechen haben eine Art europäischer Bonnen zur Erziehung ihrer Kinder berufen, allein zahlreiche Differenzen in der Auffassung der Erziehung zwischen Gouvernanten und Eltern gewährten

dem Unterrichte selbst nur wenig Spielraum. Es bleibt
eben immer dieselbe Geschichte, daß in der Türkei
Alles ganz eigenartig ist und auch bleibt; man will
sich europäisiren, bleibt aber Asiate, um schließlich
weder als Europäer noch als Asiate aufzutreten.
„Plus ça change, plus c'est la même chose" sagt
Alphonse Karr.

Was die Mittelschulen der Christen betrifft, so
gibt es solche, in welchen der Elementar= und Mittel=
schulunterricht verbunden sind. Der Unterricht ist un=
entgeltlich und die Ausgaben der Anstalten werden auf
Kosten der Gemeinde, der Kirche oder aus Privatmit=
teln bestritten.

Es gibt Schulen, die mit Pension oder Halb=
pension verbunden sind, und in denen man dafür 8,
10 oder 15—30—42 türkische Lira (1 Lira 23 Francs)
bezahlt. In solchen Schulen ist der Unterricht auf die
nothwendigsten Lehrgegenstände beschränkt; anfänglich
Grammatik, Rechnen, Geographie, Geschichte, in den
höheren Jahrgängen Syntax, Rhetorik, Mathematik,
Geographie, Algebra, Physik, Chemie und die natur=
wissenschaftlichen Zweige, von den Sprachen außer der
türkischen die ortsüblichen Nationalsprachen (nach dem
Bedürfnisse die griechische, armenische, bulgarische) und
die französische Sprache, welch' letztere in allen An=
stalten obligatorisch ist, manchmal die englische und die
deutsche. In der amerikanischen Schule, Robert=College,
werden alle Lehrgegenstände in englischer Sprache
unterrichtet, die französische Sprache ist vollkommen
ausgeschlossen.

Es gibt Schulen, in denen außer den obgenann=
ten Lehrgegenständen noch Philosophie, Logik, Psycho=
logie, Anatomie, Physiologie, Hygiene, vergleichende
Grammatik, Volkswirthschaft, Landwirthschaft, Juris=
prudenz, kurz alle möglichen Disciplinen kunterbund
und systemlos durcheinander eingeschaltet werden; wie

in einem Restaurant eine Speisekarte den Gästen zur
Auswahl vorgelegt wird, so werden hier nach dem Gut=
dünken des Schulverwalters die einzelnen Lehrgegen=
stände den Eltern und Schülern zur beliebigen Aus=
wahl und Verfügung gestellt.

Alle diese Lehrgegenstände werden mehr von dem
Standpunkte des **multa** als **multum** gelehrt;
„un peu de chaque chose et rien du tout, à la
française" sagt Montaigne. In den Schulen von
Constantinopel wird, ebenso wie in den französischen
Schulen, der Unterricht bloß „pour paraître", zum
äußeren Scheine, geleitet.

Wenn man die Schulfrage von Constantinopel
betrachtet, bemerkt man zwei bedeutende Umstände, daß
nämlich das Bestreben, ihre Kinder in die Schule zu
schicken, bei den einheimischen Christen, Griechen, Ar=
meniern und Bulgaren größer ist, als bei den Alba=
nesen und Israeliten, und dieses Streben ist so aus=
gebildet, daß jede arme Constantinopeler Familie ihr
Kind in einer gut geleiteten Schule den Unterricht ge=
nießen lassen möchte, andererseits bemerkt man eine
große Passivität der einheimischen Bevölkerung für die
Forderungen der modernen Pädagogik.

Wenn ein Kind fleißig ist, Talent und Willen
zum Lernen hat, wird es schon sogar mit Schwierig=
keiten sich eine Bahn zur weiteren Ausbildung brechen,
jedenfalls aber kann es keinen großen Erfolg erzielen,
da es völlig an einem Unterrichtssysteme mangelt. Die
Eltern sind unwissend und von einem kleinlichen Krämer=
geiste erfüllt, daher ist ihre Ansicht betreffs der Lehr=
gegenstände nichtig. Der Unterricht entbehrt gänzlich
der modernen Lehrmethode, der Lehrer ist keineswegs
bemüht, die Aufmerksamkeit der Schüler wach zu
halten, geschweige zu erhöhen, die Fähigkeiten derselben
zum Vergleichen oder Nachdenken anzuregen, endlich die
Kinder an Arbeit überhaupt oder an die so wichtige

geistige Arbeit zu gewöhnen. Die Beziehungen zwischen Lehrern und Schülern sind nicht besonders humaner Art.

Der Unterricht besteht in einem mechanischen Auswendiglernen Alles dessen, was der Lehrer fordert. Die Lehrer selbst können zumeist gar nicht die pädagogischen Grundsätze auffassen, bei den einheimischen Lehrern fehlen letztere überhaupt gänzlich. Manchmal waren die einheimischen Lehrer Schüler derselben Anstalten, an denen sie jetzt wirken, lehren deshalb nach der alten Auffassung, in der sie selbst erzogen wurden. Wenn jene Lehrer und Erzieher, welche vom Westen kommen, gut gesinnt und ehrlich sind, verdienen sie das höchste Lob. Aber jene einheimischen Lehrer mit guter Vorbereitung und ehrlicher Absicht verdienen das höchste Lob, da sie der Localsprachen mächtig, mit den Landessitten und Gebräuchen wohl vertraut sind, und sich im Umgange mit den Kindern eines humanen und anständigen Benehmens befleißigen. Das locale Unterrichtssystem besteht hauptsächlich im Erlernen der Grammatik, Rhetorik, wenig Philosophie und Muttersprache, mehr oder weniger auch der französischen Sprache.

In den griechischen Schulen werden die Knaben und Mädchen im Erlernen der alten Formen der altgriechischen Sprache gedrillt, im Auswendiglernen der alten griechischen Tragödien von Aeschylos, Sophokles ꝛc.

Die Forderung der Kenntniß der Rhetorik bildet eine große Zahl von Schwätzern, eitlen und phrasenreichen Großsprechern heran, die sich allerlei Redewendungen ohne logischen Sinn und inneren Zusammenhang befleißen, in demselben Sinne, wie Voltaire, seine Landsleute verspottend sagte: „de vrais océans de mots dans des déserts d'idées.“

Eine ebensolche Systemlosigkeit und falsche Richtung herrscht in den armenischen Schulen, ja, eine

22*

beinahe noch ärgere, da die Griechen sich auf die Muttersprache beschränken, während die Armenier auch türkisch und französisch, allein niemals gründlich, lernen. Wenn sie es in der französischen Sprache so weit gebracht haben, daß sie Victor Hugo's lyrische Gedichte mehr oder weniger verstehen, so halten sie sich für vollkommen ausgebildet und verzichten auf alle weiteren Studien; eine höhere Universitätsbildung und eine wissenschaftliche Forschung sind bei den Armeniern von Constantinopel unverständliche und unerhörte Dinge. Uebrigens sind die Griechen hierin nicht viel glücklicher als die Armenier.

Die Griechen besitzen zwei große Mittelschulen, die beide öffentliche griechische Gründungen sind. Das Schulgebäude für Knaben in Phanar kostete 25.000 türkische Lira und wurde von vornehmen Griechen errichtet, die Mädchenschule, Zappion, wurde von Zappa (aus Bukarest) errichtet und kostete 30.000 Lira. Beide Schulen sind neueren Datums, über die sich noch nichts Bestimmtes sagen läßt. Griechische Elementar-Schulen für Knaben und Mädchen gibt es im Ganzen 55, welche von 13 000 Schülern beiderlei Geschlechtes besucht werden und 350 Lehrern und Lehrerinnen anvertraut sind. Der Kostenaufwand für Erhaltung dieser Schulen beträgt 5,000 000 Piaster (100 Piaster 23 Frans) jährlich, die durch freiwillige Spenden aufgebracht werden. Alle diese griechischen Schulen stehen unter Aufsicht des griechischen literarischen Vereines „Syllogos".

Ueberdies besitzen die Griechen für ihre Conationalen eine eigene Handelsschule auf der Insel Halki mit griechischer Unterrichtssprache. Bei den Griechen, welche geschmeidig und unbeständig sind, und welche in der Knechtschaft ihrer Haupttugenden verlustig wurden, merkt man jetzt im Allgemeinen ein großes Streben nach Bildung. Die Dotationen seitens

Privatpersonen für die Schulen sind sehr bedeutend, wodurch neue Bahnen und glänzende Hoffnungen für die Zukunft dieses Volkes eröffnet werden.

Die Armenier von Constantinopel haben bei jeder Kirche eine Elementarschule, gegenwärtig haben sie auch eine Mittelschule ins Leben gerufen, über die jedoch noch wenig Positives vorliegt. Diese Schulen sind das einzige Mittel, um die bei den Armeniern noch herrschende Rohheit, Aberglauben und Unwissenheit zu beseitigen. Wenn die Unterrichtsmethode noch dazu schlecht und nicht modern ist, entstehen große Schwierigkeiten auf dem Wege der Bildung und des Fortschritts der Armenier.

Es gibt 41 armenische Schulen, die von 3500 Schülern und Schülerinnen besucht werden. Der Kostenaufwand im Betrage von 1,051.200 Piastern wird von der Gemeinde bestritten.

Die katholischen Armenier von Constantinopel verfügen im Ganzen über sechs Schulen, von denen zwei unter der Aufsicht von Mechitaristen aus dem Kloster St. Lazar in Venedig stehen, und eine Schule von Wiener Mechitaristen geleitet wird.

Die bulgarische Schule befindet sich neben der bulgarischen Kirche zwischen Phanar und Balat.

Die Israeliten haben insgesammt zwölf Schulen für Knaben und Mädchen.

In der europäischen Colonie haben die Oesterreicher drei Schulen, darunter eine für Mädchen.

Die Deutschen haben zwei Schulen; die deutsch-schweizerische und die deutsch-israelitische.

Die Franzosen verfügen über sieben Schulen für Knaben und Mädchen und über eine, die als Jesuitenschule bekannt ist. Die Engländer haben hier drei Schulen für Knaben und Mädchen, die

Italiener zwei für Knaben und Mädchen und die Amerikaner gleichfalls zwei. Letztere sind gut organisirt und stark besucht. Besonders verdient das „Robert=College" hervorgehoben zu werden, welches nach dem Muster der politechnischen Schulen Amerikas oder jener von Paris, Zürich, Stuttgart, Carlsruhe und ähnlicher Schulen mit mehr praktischer Richtung eingerichtet ist. Sehr viel hängt in einer solchen Schule von der Unterrichtsmethode ab.

Zum Schlusse möge die jüngst von Privaten gegründete Musikschule erwähnt werden, welche sich noch in ihren Anfängen befindet. Classische Musik wird in Constantinopel gar nicht verstanden, und bei Aufführungen classischer Tonstücke nicken die einheimischen Christen ein.

Von Seite der Regierung wurden verschiedene Schulen zur Ausbildung sowohl der türkischen als auch der christlichen Jugend gegründet, von welchen wir hier die nachfolgenden hervorheben wollen. Die Mittelschule von Galata Seraï, in welcher die Unterrichtssprache französisch ist, während in den übrigen von Staatsmitteln erhaltenen Schulen das Türkische die Unterrichtssprache bildet. Der Unterricht selbst besteht in dieser Schule aus wenig complicirten Lehrgegenständen, aus verschiedenen orientalischen und europäischen Sprachen ohne irgend ein bestimmtes Unterrichtsziel oder ausgesprochenes System. Nachher kommt die Bürgerschule, welche über 500 Schüler zählt und hauptsächlich der Ausbildung von Beamten gewidmet ist. Außer den allgemeinen Mittelschulgegenständen, welche eine Nachahmung des europäischen Bildungsganges darstellen, wird den Schülern christlicher Confessionen noch der Koran eingetrichtert, da die Verwaltung des türkischen Reiches in gewisser Beziehung zu den Koranvorschriften steht, was jedoch für die Bildung nur ein Rückschritt ist. Die Staats=Kriegs=

ſchule, welche ausſchließlich für die Türken beſtimmt
iſt, unterſtand längere Zeit der Leitung des preußi=
ſchen Generals von der Golz. Ferner die Bergbau=
ſchule; ſie hat keine beſondere Bedeutung, um hier
darüber zu ſprechen. Die Handelsſchule mit 200
Schülern aller Nationen. Das Schulgeld beträgt monat=
lich eine halbe türkiſche Lira. Die Schule für bil=
dende Künſte iſt neueren Datums und iſt der=
jenigen von Paris nachgeahmt. Die mediciniſche
Schule, welche von der Regierung erhalten wird,
exiſtirt ſchon eine geraume Zeit, aber ſie befindet ſich
im Verfall und Armuth. Ein großes Hinderniß für
den Unterricht bildet der Mangel von techniſchen Aus=
drücken in der türkiſchen Sprache.

Alle dieſe Schulen unterſtehen den betreffenden
Miniſterien. Die Zahl der Lehrgegenſtände iſt ſehr
beſchränkt, die Unterrichtsmethode ohne Bedeutung und
oft wird das Unterrichtsziel gar nicht erreicht. Die
geiſtige Auffaſſung der Frequentanten iſt auch nach ihrem
Austritte aus dieſen Specialſchulen eine ſehr beſchränkte.
Die Art und Weiſe des Sprechens und Denkens dieſer
Schüler verräth gänzlich die ſpeciellen Kenntniſſe, umſo-
mehr, als ihre Vorbereitung zu letzteren ſehr gering=
fügig iſt.

Die Söhne einiger vermögender Eltern begeben
ſich nach Abſolvirung der Mittel= und Fachſchulen
hauptſächlich nach Paris, um hier „ihr Glück zu
machen.“ Für die Jugend Conſtantinopels iſt Paris
der Mittelpunct der Civiliſation. Hier verbleiben ſie
manchmal durch kürzere oder längere Zeit, beſchäftigen
ſich, aber nur oberflächlich, mit allerlei practiſchen
Kenntniſſen und kehren dann nach Conſtantinopel zu=
rück, wo ſie ſich hochmüthig Pariſer Gelehrte nennen.
Einige ſind allerdings in den Pariſer Schulen diplo-
mirt worden, aber in Conſtantinopel genügen ſie auch
ohne Diplom den heimiſchen Forderungen, da doch der

junge Mann in Paris war, womit immerhin der
erste Schritt gethan ist. Wenn sie mit reichlichen
Geldmitteln versehen, sich in Paris bewegen, dann ent-
steht bei ihnen geistige Oede, und oberflächliche Ansicht
über die Welt und die Menschheit, im Falle, daß sie
über wenig Geld verfügen, tummeln sie sich in den
verschiedenen Cabarets de quartier latin herum und
besuchen einige Vorträge der Professoren — dann ist
Alles gethan. Sie waren ja in Paris! Das ist in
Constantinopel das Symbol für Gelehrsamkeit, Wissenschaft, Kunst und Fortschritt dieser jungen Leute. Dem
Europäer ist die Unrichtigkeit solcher Anschauungen
natürlich bald einleuchtend und selbst die gebildeten
Franzosen können solche Bestrebungen der jungen Leute
aus Constantinopel nicht billigen, die letzteren betrachten
alle Kenntnisse nur vom Standpuncte eines Handwerkes,
um Geld zu erwerben. Z. B. auf dem Gebiete der
Jurisprudenz beschäftigt sich der Einheimische nur mit
den formellen Beziehungen der Juristen vor dem Tribunal, mit der technischen Folgerung des Gerichtsver-
fahrens und sonst mit nichts. Die Philologie als
Wissenschaft existirt für den Einheimischen nicht und
hat bis auf den heutigen Tag noch keine Berücksichtigung gefunden, trotzdem Constantinopel mit den Nachbarländern ein klassisches Land ist. Die Kenner von
Constantinopels Vergangenheit sind deshalb keineswegs
in Constantinopel selbst zu suchen. Die Medicin bewegt
sich noch nach der alten empirischen Richtung von
Montpellier und Paris oder der italienischen Schulen
von Padua u. s. w. Die gegenwärtige wissenschaftliche experimentelle Richtung in der Medicin wird hier
gar nicht verstanden und findet auch keine Anhänger.
Die grundlegenden Zweige zur Medicin, wie Chemie,
Physik, Physiologie, pathologische Anatomie und Histologie werden hier als wissenschaftliche Laster und Unfug betrachtet. Der einheimische Mediciner legt das

Hauptgewicht blos auf die practischen Seiten der
Medicin, also auf die Symptome und die Behandlung, da
ihm die Medicin doch nur als Handwerk gilt. Ein einhei-
mischer Arzt, der eine richtige Diagnose und Prognose
der Krankheiten zu stellen vermag, ist eine große Selten-
heit, da doch dazu eine gründliche Kenntniß der Physiologie, Histologie und Pathologie gehört. Es gibt sehr
viele Aerzte in Constantinopel, welche niemals ein
Mikroskop, Laryngoskop oder Uroskop zu Gesicht bekamen.

Wenn die studirende Jugend aus vornehmen
Häusern europäische Schulen aufsucht, und hier mit
ausgezeichnetem Erfolge ihre Studien absolvirt, muß
sie nichtsdestoweniger viel Mühe aufwenden, um sich
eine Laufbahn zu eröffnen. Wenn die jungen Leute
auch von hohen Geistesaufgaben erfüllt und von humanen Principien beseelt sind, müssen sie dennoch nachdenken, was sie eigentlich in Constantinopel thun sollen
Wenn sie über ein Vermögen verfügen, dann können
sie noch durch einen Zufall oder durch Nepotismus
eine Stelle erringen, aber wenn sie nach Absolvirung
ihrer Studien sich in den Lebensstrudel Constantinopels
zu stürzen und hier Geld zu gewinnen gedenken, dann
können sie nur durch Bedrängniß und Trübsal vor-
wärtskommen. Humanität, Nächstenliebe und die hohen
Ideale der Civilisation sind als ein Unfug aus Constantinopel verbannt, Alles hängt dann nur von den
Ortskenntnissen und von der Negation der persönlichen
Menschenwürde ab. — Das ist die Laufbahn der
jüngeren Generation von Constantinopel!

———   ——

Es existiren in Constantinopel verschiedene Gesellschaften und Vereine zur Weckung und Weiterent-
wicklung der fachmännischen und gewerbetreibenden Be-
völkerungskreise, aber sie befinden sich ihrem inneren

Bestande und Organisation nach in einem ebenso trostlosen Zustande, wie nach ihren Vorgängen und Erscheinungen nach Außen hin. Unter allen diesen Vereinen
ist der griechisch-litterarische Verein „Syllogos" oder
„le Syllogue littéraire grec" der hervorragendste. Er
wurde i. J. 1861 gegründet. Seine Sitzungen sind
den verschiedensten Zweigen menschlichen Wissens gewidmet, der Philologie, Philosophie, Medicin und
Naturwissenschaft. „Syllogos" unterstützt alle Schulen
von Constantinopel und der Umgebung. Er hat auch
Unterabtheilungen, welche die Schulen von Thracien,
Macedonien, Epirus, Thessalien und Kleinasien unterstützen. Einmal in der Woche versammeln sich alle
seine Mitglieder im Vereinslocale, um die mitunter mit
Disputationen verbundenen Vorträge anzuhören. Die
besten derselben erscheinen im Druck. „Syllogos" schreibt
auch Namens der betreffenden Wohlthäter acht Con-
cursprämien für die besten Werke aus.

Im Jahre 1870 brannte das Vereinsgebäude
des „Syllogos" vollständig ab, wurde aber bald darauf
auf Kosten der vornehmen griechischen Patrioten im
altgriechischen Style wieder aufgebaut, mit einem großen
Salon, in dem die Vorträge und Concerte abgehalten
werden und einer Abtheilung für die Bibliothek, welche ungefähr 10.000 Bände enthält. (Im Jahre 1877 hatte
sie nur 2370 Werke in 5110 Bänden.) Außerdem befindet sich im „Syllogos" ein Lesecabinet, ein archä-
ologisches Museum und ein physikalisches Cabinet.
Alle Ausgaben zum Baue und Unterhalte dieses Gebäudes wurden von Christaki Zographos bestritten,
welcher sodann den Beinamen des großen Wohlthäters
(megas Evergenys) erhielt. Es waren dann noch:
Zarifi, Valiano, Stephanovitsch, Koronios, Vlastos,
Const. Carapanos, Stephan Skulubis u. A. Im Jahre
1877 zählte „Syllogos" 422 wirkliche, Ehrenmitglieder
und Correspondenten, im Jahre 1885 stieg dann die

Zahl auf 400 wirkliche, 100 Ehrenmitglieder, 80 Correspondenten, also im Ganzen 580.

Die Einnahmen von „Syllogos" betrugen im Jahre 1871 816 türkische Lira (d. i. 18.768 Francs), von welcher Summe ein Theil unter die Schulen von Constantinopel vertheilt wurde. Im Jahre 1885 erreichten die Einnahmen des Vereines seitens der Mitglieder und durch andere Zahlungen die Summe von 1576 türkische Lira. Die Ausgaben desselben Jahres beziffern sich im Ganzen auf 600 türkische Lira, von denen 200 Lira für die Schulen allein und der Rest auf die verschiedenen Vereinsbedürfnisse entfiel.

Als weitere Gesellschafts- und Versammlungslocale mögen folgende Vereine angeführt werden: „British literary and mechanics association", welche eine kleine Bibliothek und ein Lesecabinet besitzt und von dem ehemaligen Consul Francis für Seeleute gegründet wurde, deßhalb heißt sie auch „Francis Memorial". Die „Société imperiale de medecine" wurde im Jahre 1856 gegründet; die Sitzungen finden zweimal monatlich statt und sind ohne weitere Bedeutung für die wissenschaftliche Medicin oder Praxis von Constantinopel und des Orientes. Auch die „Société de pharmacie" hat keine besondere Bedeutung, wiewohl die Zahl der Apotheker außerordentlich groß ist. Außer einigen anderen Fachvereinen gibt es viele philantropische und Wohlthätigkeits-Vereine, welche sich meistens nach Confessionen und Nationalitäten organisiren u. s. w, u. s. w.

IX.

Das sociale Leben und Verhältniß von Constantinopel in der Neuzeit.

Das sociale Leben jeder Stadt ist das nach jeder Hinsicht sich ergebende Endresultat der Aufklärung, welche die individuellen Bestandtheile der Bevölkerung sich erworben haben, wobei Bildung und Industrie, Kunst und Wissenschaft, Vermögen und Amtsstellung u. s. w. alle in Betracht kommen, und in wechselseitigem Verkehre und Meinungsaustausche die Richtung und den Ausschlag der Geistesentfaltung geben.

Wie der wunderbare Anblick der malerischen Ufer vom Bosporus mächtig auf den Fremdling einwirkt, ebenso hat das sociale Leben mit der buntfarbigen Pracht der Einwohner zuerst eine außerordentliche Anziehungskraft für den Besucher von Constantinopel, woraus dann manche schwungvolle Beschreibungen nach dem ersten oberflächlichen Eindrucke entstanden sind. Jedoch bei näherer Betrachtung und Analyse der einzelnen Lebenserscheinungen und zahlreicher Vorgänge ändert sich total der Eindruck des gesammten Bildes, es erfolgt ein Bilderwechsel wie auf der Bühne bei „Oberon" von Weber, und man kommt aus dem Drangsale der hier zusammenwirkenden menschlichen Kräfte zu dem Schlusse, daß das sociale Verhältniß

von Constantinopel das Endresultat einer Geistesöde
und Gefühlsarmuth der menschlichen Existenz sei. Die
Folge davon ist, daß sich zum Zwecke von gesellschaftlichen Beziehungen in Constantinopel keine Vereinigung
oder Société im eigentlichsten Sinne des Wortes bildet,
wie es in Europa üblich ist. Es kommen zwar die
verschiedenartigsten Zusammenkünfte von Personen der
vornehmsten Stände der Stadt vor, welche jedoch insgesammt gar keine Geselligkeit bekunden, sondern ausschließlich auf den ceremoniellen Lebensverkehr sich beschränken und oft zur zeitweiligen arroganten Entfaltung der Pracht und des Luxus in kostbaren Gewän-
dern zur Prahlerei und Selbstüberhebung benützt werden.

Wie die Bevölkerung Constantinopels aus verschiedenen Nationalitäten besteht, eben dieselbe Mannigfaltigkeit, leider auch Disharmonie, zeigt die Farbe
und der Ton der Gesellschaft. Die Türken lassen wir
in dieser Beziehung hier ganz bei Seite, weil ihre
Abgeschlossenheit und ihre Familienverhältnisse eine
ganz besondere Gestaltung haben. Der Grundton und
die Grundfarbe wird unter den Einheimischen hauptsächlich von den Griechen und dann von den Armeniern
gebildet.

Die Europäer für sich oder mit ihren Gesandtschaften halten sich meistens ferne und mischen sich nur
in seltenen Fällen mit den Einheimischen; sie unterhalten sich, wie es ihnen besser paßt, oder sie lang-
weilen sich und bringen das gemüthliche, gesellige Leben
ihrer Heimat in Erinnerung. In dieser Hinsicht sind
das Haus, die Familie und die Frau die maßgebenden
Elemente und Motoren.

Wie Alles im Oriente und in Constantinopel
nur auf äußerem Scheine und prunkendem Glanze
beruht, gründet sich auch das äußere Scheinleben des
vornehmen Einwohners von Constantinopel auf die
luxuriöse, oft geschmacklose Ausstattung einiger Em-

pfangszimmer, während in den Nebenzimmern man oft
die größte Unsauberkeit und Unordnung antreffen kann.
Dieses luxuriöse Scheinleben wiederholt sich an den
Sonn= und Feiertagen. An diesen Tagen erscheinen
der Familienvater, die Hausfrau, die Kinder und die
Dienerschaft rein, geputzt, sehr prachtvoll, buntfarbig
und kostspielig gekleidet, indem aller Gold= und
Diamantenschmuck an diesem Tage angelegt und zur
Schau getragen zu werden pflegt. Nur an solchen
Tagen wird auch gut gegessen und getrunken. Eine
jede der vornehmsten Familien hält sich als die erste
in der Stadt und betrachtet ihren Nachbarn in gleichem
Range mit Herabschätzung und Verachtung. Nur ehr=
geizige und pecuniäre Vortheile und Verhältnisse sind
für die Werthschätzung der Personen maßgebend. Die
Hauptrolle in jeder Hinsicht spielt der erniedrigende
und demüthigende Materialismus; er beherrscht gänz=
lich selbst die besten Familien der Stadt, und bildet
eigentlich die Seele jedes einzelnen Individuums und
der ganzen Gesellschaft. Der Materialismus raubt der
Seele den Verstand und die Urtheilskraft, welche den
Ton und das Wesen der Gesellschaft ausmachen.
Während die Bildung, Wissenschaft und die Künste
die Haupttriebfedern der europäischen Gesellschaft aus=
machen, sind dagegen hier buntfarbige Seidenroben,
zahlreiche goldene Ringe, Halsketten und Armbänder
das einzige Streben und Ziel des Lebens, wodurch jede
Frau die anderen übertreffen und in Schatten stellen
will. Dazu kommt noch die Schminke, kaltes, ceremo=
nielles Wesen im gegenseitigen Verkehre, und dreistes
Vordrängen des Genußlebens ohne jeden seelischen
Rückhalt. Was aber am verabscheuungswürdigsten ist,
das sind einerseits Prahlerei, Neid und blindes Nach=
äffen, andererseits vernunftlose Geschwätzigkeit, Frauen=
ränke und Verleumdung. Die folgenden Dichterworte
charakterisiren klar und nett die südliche Frauenwelt:

„Be thou as chaste as ice, as pure as snow,
Thou shalt not escape calumny".

Die moderne Frau von Pera zeigt im Allge=
meinen ein angebornes, brüskes, choquirendes Wesen,
mit einer absoluten Gefühls= und Urtheilsarmuth ge=
paart, die nicht selten bis in's Kindische geht. Sie
strebt zwar die Französin zu imitiren, verkennt jedoch
ganz und gar den „esprit parisien" oder „esprit
moderne" der gebildeten Frauenwelt, der voll Scharf=
sinn mit wenigen gewählten Ausdrücken die Gedanken
und innersten Gefühle des Frauenherzens mit äußerstem
Anstande wiederzugeben vermag. Durch den bloßen
Ton kann eine europäische Dame in einem noch so kurz
dauernden Gespräche sehr Vieles und Bedeutendes
sagen, ein Umstand, welcher der Perotin vollkommen
unverständlich ist und bleibt. Die Frau von Pera
spricht nur eine europäische Sprache, und zwar die
französische, welche sie manchmal mittelmäßig gut, sehr
oft aber äußerst schlecht und stets mit falschem Accente
spricht. Ihre Sprechweise ist fortwährend unlogisch,
und je länger sie spricht, desto mehr fallen einem die
zahlreichen und oft sehr crassen Widersprüche auf. Nur
wenige Frauen können zwei Zeilen eines Briefes ohne
Fehler niederschreiben, je mehr sie schreiben, desto
größere Verstöße machen sie gegen die grammatikalischen
und orthographischen Regeln. Im Allgemeinen ist ihre
Schreibart ebenso unlogisch und widersprechend wie
ihre Sprechweise.

Sie haben eine besondere Vorliebe für die flachen,
französischen Romane, welche man in den Händen der
Pariser Concierges anzutreffen pflegt. Ihr Benehmen,
Bewegungen und ihre Attitüden verrathen gar keine
Graciosität oder ästhetischen Sinn und Schönheitsliebe.
Keine ihrer Redewendungen verräth Geist, Phantasie
und Witz, von denen die moderne europäische Gesell=

schaft nicht selten übersprudelt und große Anziehungs=
kraft, besonderen Reiz dem geselligen Verkehre verleiht. —
„Wie Seelenschönheit steigert sich die holde Form . . . .
und zieht das Beste meines Innern mit sich fort;"
sagte ausdrucksvoll Goethe, jedoch Constantinopel hat
keine einzige Vertreterin der besten Gattung der Frauen=
welt in dieser Hinsicht. Wenn man Frauenschönheiten
bemerkt, so sind es nur Fleisch mit Heuchelei gespickt
und Blut, das in sich die Süßigkeit der Schmeichelei
aufgelöst enthält, oder wandelnde Götzenbilder. Die
Frauen von Pera sind schon in ihren dreißiger oder
vierziger Jahren meist gealterte, abgelebte Geschöpfe,
zanksüchtig und voll anmaßenden Eigenlobs. — Deß=
wegen sagt man vom geselligen Leben in Constantinopel,
eigentlich von Pera, daß die Gesellschaft dort blos
vegetirt, aber nicht, daß sie lebt; kurzweg es herrscht
dort ein todtes Leben, weil nur der Materialismus einzig
und allein die Bevölkerung umfangen hält, ihre
einzige Triebfeder ausmacht, so daß jedes andere edlere
Motiv und Streben erstickt werden muß. Es kommen
nicht selten befähigte Personen vor, welche bereits im
jugendlichen Alter außerordentliche Geistesgaben be=
kunden, jedoch frühzeitig stagnirt ihr geistiger Fortschritt
in Folge der allgemeinen geistigen Oede, Trägheit und
Unwissenheit. Die gesammte Frauenwelt Pera's ist
von dieser Oede und Trägheit und Unwissenheit um=
fangen, und schon in der Jugend beginnt die Adaptation
an diese allgemeine Geistesträgheit. Obgleich es jetzt
eine Schriftstellerin unter den Einheimischen gibt, so
finden ihre Schriften keine besondere Verbreitung und
solche Personen müssen frühzeitig wie eine tropische
Blume im kalten Klima dahinwelken. Im Allgemeinen
sind die Frauen der besseren Stände Pera's ihrer
Geistesauffassung und ihrem Benehmen nach auf gleiche
Stufe mit den Frauen der mittleren Stände Rumäniens
oder Ungarns zu stellen.

Was die Männer selbst betrifft, so haben sowohl
die Griechen und Armenier als auch die anderen ein=
heimischen Nationalen das besondere Bestreben, sich aus
Eitelkeit in den Vordergrund zu drängen. Die Prahlerei
einerseits und die Heuchelei andererseits sind die zwei
Haupteigenschaften der Einwohner und zwar so charac=
teristisch wie bei den Fischen das Schwimmen im Wasser
und bei den Vögeln das Fliegen in der Luft. Alle
übrigen Laster ihrer Geistescapacität sind schon secundärer
Herkunft aus den beiden Haupteigenschaften. Wenn die
Männer in gegenseitige Beziehungen verwickelt sind, so
sind sie grausam und hinterlistig gegen ihre Feinde
und rücksichtslos und zweideutig gegen ihre Freunde.
Die Einheimischen fassen jede Arbeit als eine Bürde
auf und verlegen sich von Kindesbeinen an auf das
Krämerleben, wo nach ihrem Begriffe wenig zu
arbeiten und viel zu gewinnen ist. Wenn auch die
Einheimischen in Betreff der Gewinnsucht heißblütig
und rasch zum Handeln entschlossen sind, so sind die=
selben nichts desto weniger feige. — Etwaige Geistesar=
beit erscheint dem einheimischen Christen als Last und
Bürde. Der Grieche vom Bosporus scheut es, sich
moderne Kenntnisse zu erwerben und die Fortschritte
der menschlichen Cultur kennen zu lernen, hat er doch
die Funken der antiken Weisheit ererbt, und die Namen
des Sokrates und Plato ersetzen ihm die großartigen
Fortschritte der europäischen Civilisation.. Der Armenier
am goldenen Horn ist seiner Natur nach ebenso flach
wie der Grieche; für den Armenier gibt es nur in
der Welt einen Victor Hugo, welchen er manchmal
nicht richtig versteht und außer dessen lyrischen Gedichten
nichts weiter von ihm kennt. Nach einer allgemeinen
Richtschnur sind die Auffassung und die Ansichten der
Bewohner von Constantinopel über die Welt, die
Menschheit und über philosophische Fragen, welche
daraus resultiren, ungemein flach. So hört man z. B.

in den besten Familien von Constantinopel, daß Paris
die erste Stadt der Welt sei, nachher kommt Constantinopel, während Wien, Berlin, London, Petersburg,
New-York mit Vorstädten Constantinopels verglichen
werden Nach localer Auffassung muß Molière, weil er
die „Fourberie de Scapin" geschrieben hat, selbst ein
Fourbe gewesen sein, ähnlich muß auch Schiller ein
Räuber gewesen sein, weil er „Die Räuber" geschrieben
hat, und Shakespeare ein Mörder und Giftmischer,
denn in seinen Tragödien kommen Mordthaten und
Vergiftungen sehr oft vor. Manchmal veranstaltet
eine wandernde griechische Theatertruppe in Constantinopel Vorstellungen, gewöhnlich Uebersetzungen europäischer Theaterstücke, und aus diesem Anlasse lernen die
Theater besuchenden Einwohner die Namen der Dichter
und ihrer Dramen kennen. Wenn auch die Einwohner
täglich die Zeitung lesen, so geschieht auch dies nur
oberflächlich und in eigenthümlicher Weise; sie lesen nämlich blos die erste und letzte Seite des Journals; die
erste, um sagen zu können, sie haben die Zeitung gelesen, die letzte, um gewinnbringende Annoncen zu
finden und zu verwenden.

Wenn Homer in seinen Dichtungen sagt, daß
in der Knechtschaft die Hälfte der Tugenden des
Volkes verloren geht, und Byron diese Worte während
der Befreiungskämpfe Griechenlands öfters wiederholte,
so kann aus unserer Darstellung der socialen Verhältnisse in Constantinopel mit Sicherheit der
Schluß gezogen werden, daß die psychische Knechtschaft
hier noch immer fortdauert und daß sie nicht nur die
Hälfte der Tugenden der Menschen, sondern sogar die
Menschen ihres besten Theiles, nämlich des menschlichen
Verständnisses beraubt habe.

Die Ehre ist ein vager Begriff in Constantinopel.
Das Ehrenwort, wenn es gehalten wird, so geschieht
es nicht aus Ueberzeugung, sondern nur aus Eitelkeit

und der Hoffnung und Erwartung eines weiteren Vor=
theiles und Gewinnes. Im Allgemeinen war und ist
die Habsucht und Geldgier seit der Gründung Constan=
tinopels bis auf unsere Tage das Hauptmerkmal der
Stadtbevölkerung. Wenn auch der Grieche aus Hellas
oder der Armenier und die anderen Nationalen aus
ihrer Heimat nüchtern, ehrlich und mäßig sind, so
ändern sich beim Aufenthalte in der Hauptstadt diese
löblichen Eigenschaften in das Gegentheil um. Dieselbe
Geisteswandlung bezieht sich, vom allgemeinen Stand=
punkte gesagt, ebenso auch auf die Europäer und
europäischen Vertreter. Es heißt von manchen derselben
in verschiedenen Zeiten, daß sie ihre Würde und Ehre
bei mehreren Angelegenheiten in Constantinopel ver=
gessen lernten oder lernen. . . . Jedenfalls ist damit
nicht gesagt, daß Ehre und Rechtschaffenheit in Con=
stantinopel nicht anzutreffen wären, aber dieselben
treten in den Hintergrund zurück. Aus allem diesem
ist zu ersehen, daß die Habsucht des Constantinopler,
dessen Geldgier, — rapacity, — cupidité — und
wie sie sonst von den Schriftstellern genannt zu werden
pflegen, die Existenz stört und die Entwicklung und
das normale Gedeihen des menschlichen Geistes= und
Gefühllebens niemals aufkommen läßt, wie es H. Heine
vor seiner Uebersiedelung nach Paris in Betreff der
Krämerei von Hamburg einst ausgesprochen hat:

> „Daß ich bequem verbluten kann,
> Gebt mir ein edles, weites Feld!
> O, laßt mich nicht ersticken hier
> In dieser engen Krämerwelt.“

Nur zwei tröstliche Umstände sind bezüglich der
socialen Verhältnisse von Constantinopel hervorzuheben.
Erstens daß viele Schulen, Armen= und Krankenhäuser
und andere Wohlthätigkeitsanstalten mit der Befreiung
Griechenlands ihre Gründung und Erhaltung dem er=

23*

habenen philanthropischen Edelmuthe einiger weniger
vornehmen Griechen verdanken, und zweitens, daß die
Sicherheit, Bewachung und Unantastbarkeit des Privat-
und öffentlichen Vermögens, sei es in Mobilien oder
Immobilien, in Constantinopel von den Armeniern
des niedersten Standes abhängt, welche, in verschiedene
Corporationen nach ihren Geburtsstädten vertheilt, die
Bewachung der Häuser und Magazine übernehmen.
Ebenso werden in allen großen und kleinen Bankhäusern
wie auch in der Banque Ottomane alle Säcke mit
Gold= und Silbergeld zum Austragen und zur Ueber-
führung in die verschiedenen Ministerien ihrer erprobten
außerordentlichen Treue und Biederkeit anvertraut. Zu
gleicher Zeit ist die außerordentliche Muskelkraft dieser
Categorie der Armenier, deren photographisch aufge-
nommene Gruppen nicht selten europäische illustrirte
Zeitungen in Abbildung zeigen, zu berücksichtigen, trotzdem daß diese Arbeiter höchst selten Fleisch sondern
meistens Obstnahrung genießen. Aber sobald ein Armenier aus der Corporation tritt und sich in den Strudel
und Wirniß des Lebens von Constantinopel stürzt,
bleibt er selten vor dem allgemeinen Verderbnisse bewahrt. Der niedere Stand der Griechen ist unverläßlich und liefert die größte Zahl der Verbrecher und
Gefangenen in Constantinopel der allgemeinen Meinung
nach, weil darüber keine statistischen Daten existiren.
Der niedere Stand der Türken von Constantinopel
hält die Mitte zwischen den Armeniern und Griechen.
Zum Schlusse dieses Artikels wiederholen wir die Worte
Seneca's, welcher die römische Gesellschaft zur Zeit
Nero's geschildert hat:

„talis hominibus oratio qualis vita."

———

X

Die politische Umgestaltung der Türkei in der Zukunft vom Standpunkte der Vergangenheit und Gegenwart.

Das complicirte türkische Regierungssystem mit seiner ungeheuern Anzahl von Beamten, welche dazu eingesetzt sind, um die Ordnung aufrecht zu erhalten, das Wohl und Gedeihen der Völker auf der Balkan= und Anatolien=Halbinsel zu fördern 2c..... erreicht seinen Zweck durchaus nicht. Die schönsten und frucht= barsten Strecken des Landes sind in den einzelnen türkischen Provinzen gänzlich vernachläßigt und ent= völkert, es gibt keine Verkehrswege, welche die Küsten mit dem Innern des Landes verbinden und den Reich= thum an Naturproducten bequem dem Handel zuführen würden. Die Flüsse, die waldreichen Bergabhänge blei= ben ihrem Schicksale überlassen und sind ohne jeden Nutzen und Vortheil, weil die Staatsverwaltung fata= listisch Alles dem Zufall überläßt, ohne selbst eine werkthätige Initiative zu ergreifen. Deshalb sind auch die verschiedenen Völkerschaften unter der türkischen Herrschaft sehr verarmt und unzufrieden und ergeben sich der Plünderung und dem Räuberwesen, selbst bis unmittelbar vor den Thoren von Constantinopel.

Die vielfachen Empörungen, Auswanderungen und die Verminderung der Bevölkerung in den Pro=

vinzen und in der Hauptstadt sind **deutliche Zeichen**, daß die türkische Herrschaft und **Paschawirthschaft** am Bosporus einer Katastrophe sich nähert, welche nicht nur alle unter der türkischen Botmäßigkeit stehenden christlichen Völker, sondern auch ganz Europa beschäftigen wird. Die Türken jedoch als herrschende Macht werden die Oberhand behalten, und die Integrität des türkischen Reiches wird, trotzdem daß solche Verhältnisse dort vorherrschen, aus Rücksichten der hohen Politik von ganz Europa aufrecht erhalten werden.

Um die Verhältnisse der Zukunft der Türken auseinanderzusetzen, muß man vor Allem den gegenwärtigen Zustand des türkischen Reiches und die sich daraus ergebenden Folgerungen und Thatsachen berücksichtigen; ferner alle Bedingungen und Kräfte in Erwägung ziehen, die zu Gunsten der Türken, ihrer Selbständigkeit und Macht sprechen, und nicht minder auch diejenigen Verhältnisse und Mittel, welche auf den Ruin und Verfall des Türkenthums und dessen Herrschaft hinarbeiten.

Die Türken in ihrer Gesammtheit werden in zwei Categorien geschieden: in die Land= oder Dorfbewohner und in die Stadtbewohner; den Typus der letzteren finden wir am besten und zahlreichsten in Constantinopel. Die Türken als Stadtbewohner sind die Nachkommen der verschiedenartigsten Racenmischung zwischen christlichen und nichtchristlichen Völkern. In Folge dessen haben dieselben einen schönen Typus mit den regelmäßigen Zügen der Europäer, nachdem die ursprüngliche der mongolisch=tatarischen Race eigenthümliche Schädel=, Stirn= und Gesichtsknochenbildung im Laufe der Zeit gänzlich verwischt wurde. Der Bosporus, welcher Europa von Asien scheidet, bildet eine Scheidewand für die Türken in ethnographischer Hinsicht. Es ist unmöglich in Constantinopel, die Türken mit ihren Ureigenschaften zu sehen.

Auf Pera und in Galata unterscheidet sich der Türke fast gar nicht von einem Europäer, denn außer dem Fez am Kopfe trägt er sich ganz nach europäischer Mode und Sitte.

Im Verkehr mit Europäern zeichnet er sich durch außerordentlich feine Umgangsformen aus; er ist nachgiebig, einschmeichelnd und geschmeidig, aber nicht selten ebenso heuchlerisch wie verdächtig. In Folge dessen bildete sich das Sprichwort bei den Türken: „Die Hand, welche nicht beißen kann, muß man ehrerbietig küssen." Ein offenes und ganz freies Gespräch ist von Seite eines Türken kaum zu erwarten, und es ist höchst eigenartig, daß er dann mehr über die eigenen Glaubensgenossen als über die Christen zu klagen pflegt. In Erwartung bedeutender Vortheile von den Europäern oder Christen beugt der Türke nicht nur den Kopf, sondern auch den Rücken, und in bilderreichen und verschlungenen Phrasen spricht er seine Ergebenheit, Dankbarkeit und Erkenntlichkeit aus. Sobald er jedoch seinen Vortheil erreicht hat, vergißt der Türke seine Versprechungen und sein demüthiges Wesen auf Grund einer anderen Redensart: „Man verliert nicht bei Versprechungen, wenn Allah das Wort zu halten wünscht".

Nach außen zeichnet sich der Haushalt der Türken durch außerordentliche Pracht in den Empfangszimmern aus, ohne welche der mehr oder minder reiche Türke gar nicht existiren könnte, da er die Einfachheit des Europäers ohne äußern Glanz für Erniedrigung und Schwächung seiner Person hält. Man kann daher oft die Türken sagen hören: „Die Klugheit ist den Franken, die Pracht den Söhnen Osmans gegeben". Jedoch die Privatgemächer eines jeden Türken enthalten weder Pracht noch Glanz, sondern nur Unsauberkeit und Unordnung, wo Gegenstände des Reichthums und der Armuth bunt durcheinander geworfen sind. Der

Türke hält sich noch treu an die Traditionen des No-
madenlebens, er hat keinen bestimmten Platz für ein
Nachtlager, und weil Bettgestelle bei den Türken noch
nicht eingebürgert sind, so schläft er nach seinem Gutdünken auf dem oder jenem Theile des Zimmerbodens.
Nicht minder gelten die Traditionen in der Küche;
Hammelfleisch und Fett bilden die Hauptspeisen, wozu
noch eine Menge von Süßigkeiten aller Art, welche für
den europäischen Geschmack ekelhaft sind, kommt.

Bei den Türken gibt es kein gesellschaftliches
Leben, weil dieselben ein verschlossenes, dem Europäer
ganz unzugängliches Haremleben führen. Ein Gespräch
fremder Männer mit den Türkinnen ist strenge verboten, im Hause besitzen die letzteren die am meisten
für die Blicke der Europäer entfernten Gemächer, und
die Fenster in den Frauengemächern sind mit fein-
geschnittenen, dichten hölzernen Gittern geschlossen.

Die Sitten der türkischen Frauen zeichnen sich
in Folge der Einschränkung durch kindische Merkmale
aus, bald sind sie bescheiden, ergeben in ihr Schicksal,
ungemein ängstlich und unruhig; bald zanksüchtig, klein-
lich und neidisch, was Veranlassung zu häuslichen
Zerwürfnissen und Ursache zur Ehescheidung gibt, welche
nach den Korangesetzen zulässig und leicht durchführ-
bar ist.

Die Sitten und Gebräuche der Türken von
Constantinopel zeigen trotz der Tradition, des Fana-
tismus und der Koranvorschriften gar viele Abweichungen
von der ursprünglichen Lehre Mohameds. Es giebt sehr
viele Türken in Constantinopel, bei welchen der religiöse Eifer im Sinken begriffen ist. Sie verrichten
ihre Gebete nicht regelmäßig, beobachten keine Abwaschungen, halten keine Fasten, besuchen selten die
Moscheen, essen und trinken alles ohne Unterschied und
finden einen besonderen Genuß an europäischen moussi-
renden Weinen, an Branntwein, Cognac und Bier.

In Folge der allgemeinen Geldnoth sind die Türken
genöthigt, sich eine Zurückhaltung in Betreff der Zahl
der Kebsweiber aufzuerlegen, und diejenigen Türken,
welche längere Zeit in Europa verblieben sind, haben
immer eine gesetzliche Frau und einen europäischen
Haushalt. Nach dem letzten russisch= türkischen Kriege
begannen die Türkinnen frei ohne Begleiter auszugehen,
manchmal auch mit entschleiertem Gesichte die europä=
ischen Magazine zu besuchen und mit unbekannten
Männern Gespräche zu führen; mit einem Worte, es
begann eine Zeit, wo in der mohamedanischen Welt
die Frauenemancipation ihren Anfang nahm, wiewohl
sie manchmal von der türkischen Polizei überwacht und
nicht geduldet wird. In Stambul, dem Türken=Stadt=
theile, merkt man ganz deutlich den Einfluß dieser
Emancipation, welcher der Türke kein Vertrauen ent=
gegenbringen kann. Er verschließt stark die Thüre und
Fenster seines Hauses und überlegt im Stillen, wie
er sich am besten dem Einfluß dieser Emancipation
entziehen könnte. Das einzigste und sicherste Mittel
erscheint ihm die Auswanderung in das Innere von
Klein=Asien zu sein, wo er ohne jede Gefahr von Außen
sicher und unbekümmert in seinem Hause leben kann.
Seit dem letzten Kriege gibt es sehr viele Türken,
welche lieber auswandern als in Stambul verbleiben
wollen. Dieselbe Erscheinung finden wir in den europä=
ischen Provinzen der Türkei und in den Küstenstädten
Klein-Asiens. Sehr viele der jetzt in Constantinopel
lebenden Türken wissen sehr gut, daß sie im Kampfe
um's Dasein dem Europäismus unterliegen müssen und
daß ihr Bleiben in Europa nur ein temporäres ist.
Sie merken wohl, wie sich die Christen allmälig in
ihren Ländereien ansiedeln, und schon umgürten halb=
kreisförmig die christlichen Wohnhäuser den türkischen
Stadtbezirk und schließen die Türken vollständig vom
Meere ab, nämlich vom goldenen Horne — die Griechen,

und vom Marmarameere — die Armenier. Wenn der
Türke nach dem Innern von Klein=Asien übersiedelt,
so fühlt er sich ganz frei, er ist beruhigt, schläft sorglos
und fürchtet sich nicht wie in Constantinopel, vertrieben
zu werden.

In dem Maße, als der Wohnort des Türken
vom Küstenstriche entlegen ist, erscheint uns der Türke
desto offener mit allen seinen Naturanlagen, Tugenden
und Fehlern. Als gastfreundlicher Haushälter öffnet
der Türke breit die Thüre seines Hauses, um jeden
Besucher zu empfangen, welcher bei aufmerksamer und
unparteiischer Beobachtung bemerkt, daß an dem Türken
im Innern des Landes sich viel mehr vom männlichen
Muthe, Ehrlichkeit, Gerechtigkeit und Mildthätigkeit
zeige und daß diese Natureigenthümlichkeiten glänzend
erstrahlen wie das Licht der Sonne über unserem
Planeten. Dieser Umstand hat die Aufmerksamkeit aller
europäischen Reisenden, welche die inneren Gebiete
Klein=Asiens besucht hatten, auf sich gelenkt und zu
der Folgerung beigetragen, daß der türkische Stamm
am besten und unverletzlich seine Naturanlagen bewahre,
je weniger derselbe mit den Stadtbewohnern und den
Europäern in Berührung komme. Lord Byron sagt in
einer Anmerkung zu seiner Dichtung „Child Harold",
daß die Türken mit ihren eigenthümlichen Fehlern
keineswegs eine Verachtung verdienen; er stellt sie gleich
den Spaniern und höher als die Portugiesen. Dies
Alles, was Byron den Türken zuschreibt, paßt am
besten auf die Türken im Innern des Landes. Diese
Äußerung Byron's ist um so charakteristischer,. weil
derselbe in Missolonghi sein gesammtes Vermögen und
sein Leben der Befreiung und Unabhängigkeit der
Griechen vom türkischen Joche widmete. Ebenso Graf
v. Marcellus, berühmt als ein eifriger Orientforscher,
sagt ausdrücklich in seinen „Souvenirs de l'Orient":
„pourquoi calomnie -t- on ce peuple?" welche Äuße-

rung eher den Eigenschaften der türkischen Landbe=
wohner, welche als gutgesinnte Menschen nie abzu=
stoßen vermögen, zuzuschreiben ist. Wir, wie viele
Andere mit uns, waren mehrmals von der Ehrbar=
keit, Gerechtigkeit und dankbaren Gesinnung der türki=
schen Landbewohner bei unseren verschiedenen Reisen
außerordentlich frappirt. Hingegen ist der türkische
Stadtbewohner im Oriente ohne Lebensprincipien und
seine ganze nur auf Ränke und Cabale gerichtete Ge=
sinnung macht aus ihm einen Abenteurer.

Die familiäre· und sociale Stellung eines jeden
Türken ist durch und durch demokratisch, und die
Lebensbedingungen sind so gestellt, daß der Sohn eines
Pascha's oder eines Ministers ein Barbier oder ein
Bootführer werden kann, wie nicht minder der Diener
eines Caféhauses oder ein Barbier, oder ein Obstver=
käufer eines schönen Tages den hohen Rang eines
Pascha bekleiden kann. Hieraus folgt eigentlich jene
Verdorbenheit in der Staatsverwaltung, welche schon
in früherer Zeit, besonders aber seit dem Sultan
Suleiman d. Großen, wie ein Krebsschaden am Reiche
nagt und dasselbe zum Abgrunde führt.

Von Anfang an wurde das Staatsprincip auf=
gestellt, daß die unter türkischer Botmäßigkeit stehenden
Christen arbeiten müssen, die Türken als Herrscher je=
doch nicht. Dieses Princip wurde aufrecht erhalten,
denn durch die sehr ausgedehnten Eroberungen und
weil der Staat nicht so große Bedürfnisse hatte, wie
in späterer Zeit, ergaben die Steuern stets einen
Ueberschuß.

Während der Glanzperiode der türkischen Herr=
schaft kosteten die Kriege gar nichts, weil sie durch
Plünderungen sehr viel Beute brachten Die eroberten
Länder wurden unter die türkischen Heerführer ver=
theilt und auf diese Weise bildete sich ein Lehenswesen
heraus, welches dem Staate durch aufständische Be=

wegungen in den Provinzen später viel Unheil brachte. Diese Aufstände veranlaßten zahllose Kriege, bald in dieser, bald in jener Provinz und höchst selten trat eine Periode der Ruhe und des inneren Friedens für das Reich ein. Dies war im Allgemeinen die Zeitperiode des Steigens der türkischen Macht, welche tief in das siebzehnte Jahrhundert hinein dauerte. Die letzte Eroberung und die erste große Niederlage der Türken fällt in die zweite Hälfte des siebzehnten Jahrhundertes, nämlich im Jahre 1669 eroberten die Türken Candia und im Jahre 1683 wurden sie vor Wien auf's Haupt geschlagen. Seither ist ein allmäliges Sinken und Verfall des Türkenthums in allen Schichten bemerkbar. Um diese Zeit erstarkten auch die an den Grenzen gelegenen Staaten und deren Heere mit besserer Disciplin waren der türkischen Kriegführung weit überlegen. In dieser Periode ergab sich für die türkische Regierung die Nothwendigkeit, ihr eigenes Land grenz- und aufsichtslos auszubeuten, und es begann die Unterdrückung der Christen, nicht blos aus religiöser Rücksicht, sondern auch zum Zwecke der Aufrechthaltung des asiatischen Despotismus wurden die Erwerbsquellen der Christen ausgesogen.

Weil Ackerbau, Bergbau, Industrie und Handel und andere Erwerbszweige und Quellen des Reichthums und Wohlstandes nicht existirten, da es keine Communicationswege, keine Chausséen, keine Schifffahrt gab und die bestehenden in einem verwahrlosten Zustande sich befanden, so führte dies folgerichtig zur Unproductivität, welche Steuerbedrückungen, Münzfälschungen, willkürliche Erpressungen, Güterconfiscationen der wohlhabenden vornehmsten Türken und Christen veranlaßten und dadurch das Land im Verlaufe weniger als zwei Jahrhunderte wirthschaftlich ruinirten. In Folge der erfolglos geführten Kriege mit Oesterreich und Rußland sah sich das Türkenthum

in seiner Grundlage stark bedroht und fast der Ver-
nichtung anheimgestellt. Es herrschten zwar in Con-
stantinopel die Sultane, aber in Folge ihrer Unfähig-
keit das Reich zu verwalten, wurden sie selbst von den
Veziren beherrscht und oft nahmen sie gar nicht An-
theil an den Regierungs- und Verwaltungsacten. Die
Vezire ihrerseits waren ein Spielzeug zwischen der
Willkür des Sultans und der Unbotmäßigkeit der
Janitscharen, und nicht selten fielen sie als Opfer der
Launen beider.

Von dem keltischen Volke, von welchem Mommsen
auf Grund geschichtlicher Thatsachen erklärt, daß dasselbe alle Staaten erschüttert und keinen gegründet
hat, kann diese Behauptung wohl auch auf die Türken
Bezug nehmen. So wie die Kelten jederzeit kriegslustig und die besten Krieger — aber die schlechtesten
Bürger waren, so trifft dies Urtheil auch vollkommen
auf die türkische Race, die auch von der Beute und
den unterjochten Völkerschaften lebten, und als diese
aufgezehrt und ausgesogen waren, standen sie am Anfang ihres allmäligen aber fortgesetzten Verfalles.

Eine auffällige regenerirende Kraft des Türkenthums, welche bis heute noch besteht, bildet der Stand
der Ulema's und Softa's d. i. der Stand der lehrenden
und lernenden Classe der Bevölkerung, welcher neben
dem Sultan stets einen großen Einfluß auf die Erhaltung des Türkenthums ausübt. Die Ausbeutung
des Landes wurde der Beamten-Hierarchie preisgegeben. Der Beamte erhielt in früherer Zeit kein Gehalt, die Ernennung wurde als eine Gnade des Sultans und des Groß-Vezirs betrachtet, für welche man
durch Geld und kostbare Geschenke die Erkenntlichkeit
zeigen wollte. In Folge dessen sorgte jeder Beamte
bei seinem Amtsantritte zuerst für sich selbst, um seine
Unkosten zu decken, und dann erst für den Staat. Es
kommt noch ferner der organisirte Militärstand hinzu,

zum Schutze des Landes und die einzige Hoffnung
für die temporäre Erhaltung des Türkenreiches.

Vom Standpunkte der gegenwärtigen Verhält-
nisse erhält sich das Türkenthum durch die drei Categorien
von Muselmanen, in deren Händen das genannte Re-
gierungs= und Verwaltungswesen gelegen ist. Es ist
dies zuerst der Stand der türkischen Gelehrten und
Koranerklärer der Ulema's, ferner der Beamten und
der Truppen, an deren Spitze sich der Sultan befindet.

Die erste Categorie, die Ulema's die lehrenden
und die Softa's — die lernenden unter den Türken,
steht durch und durch noch auf der alten asiatischen
Grundlage des Türkenthums, hält sich womöglich fest
an die arabisch=türkischen Traditionen und die Vorschriften des Koran und wirkt hemmend in jeder Beziehung auf die Entwicklung des Staatslebens im
Sinne des Europäismus, für welchen diese Leute
immer verschlossen bleiben. Sie können sich zu jeder
Zeit en masse erheben und mit ihrem Veto den Anordnungen des Sultans entgegentreten. Diese sehr
zahlreiche Classe der Türken wird auf Kosten des
Staates und der Moscheen unterhalten, wodurch der
beste Theil der Staatseinkünfte vergeudet wird. Viele
der Ulema's sind zwar im religiösen Dienste und im
Dienste des Staates, aber gar viele von ihnen sind
ohne wirkliche Beschäftigung und gehen als Faullenzer
herum. Es bedarf nicht besonders hervorgehoben zu
werden, daß ihr Einfluß auf die Erhaltung des Türkenthums außerordentlich groß ist. Im vorigen Jahrhunderte trat aus dem Lande, wo schon zur Zeit des
griechisch=orientalischen Kaiserthums viele Ketzer, Kirchen-
streiter und Gegner der griechischen Constantinopolitaner
Kirche erstanden, ein kühner und weitsehender Mann
Ali=Ben=Abballah, Pascha von Kairo, an den
Sultan Mahmud I. mit dem Vorschlag heran, der damals als Geheimniß betrachtet wurde und nicht

Anderes bezweckte, als die allmälige und gänzliche Vernichtung des Islam und vor Allem der geistlichen Gewalt seiner Diener und Vertreter, der Ulema's. Diese letztere galt dem Pascha als die gefährlichste Beschränkung der weltlichen Macht des Thrones und des Sultans und er erklärte unumwunden: „Der Islam sei lächerlich". Die Versuche diesen Stand des Türkenthums zu vernichten oder aufzuheben, sind noch nicht gemacht worden, und so lange der jetzt regierende Sultan mit seiner Frömmigkeit und Unentschlossenheit am Staatsruder ist, wird der Stand der Ulema's fortdauern. Es bedarf nur der Energie und der rastlosen Thätigkeit eines neuen Sultans, wie es Mahmud II., der Reformator, war, um diese staatshemmende Macht ohne jede Rücksicht zu beseitigen.

Was den inneren Werth und die Organisation des Beamtenthums anbelangt, so ist nur zu erwähnen, daß die oftmaligen Defraudationen von bedeutenden Geldsummen, worüber die localen Zeitungen von Zeit zu Zeit Bericht erstatten, zur Genüge beweisen, wie willkürlich und miserabel das Beamtenthum functionirt. So wurde z. B. bei der Revision des Cassa-Inhaltes des „Malié" vor anderthalb Jahren ein Abgang von 63.000 türk. Lira, ungefähr anderthalb Mill. Francs entdeckt, worüber seinerzeit alle türkischen und französischen Zeitungen Constantinopels viel Lärm erhoben, es sollte eine strenge Untersuchung eingeleitet, die Schuldigen bestraft werden, 2c. 2c. Alljährlich werden 3- oder 4-mal solche Fälle nur in Constantinopel allein aufgedeckt. Diese Vorfälle werfen ein grelles Licht auf das türkische Beamtenthum und wirken zur Aufrechthaltung des Türkenthums und zur Stärkung der türkischen Macht durchaus nicht besonders aufmunternd ein!

Die dritte Categorie, welche für sich schon eine Macht bildet und worauf das Türkenthum am meisten fußt, ist die Armee. Es ist nicht am Platze, für oder gegen die gesammte Armee zu reden, aber der türkische Soldat ist und bleibt nach der allgemeinen Ansicht aller Orientkenner die beste Stütze des türkischen Reiches, und er verdient vollkommen das Lob nach der Schilderung, die wir von ihm entworfen wollen, um von diesem Standpunkte aus einen Blick auf die Armee zu werfen.

Der türkische Soldat hat eine große Aehnlichkeit mit dem afrikanischen Soldaten, dem Turkos (le turco) der französischen Armee, nur mit dem Unterschiede, daß der französische Turkos besser gekleidet und unterhalten ist und daß derselbe nicht für sein Vaterland, aber für dasjenige, welches ihn aufgenommen und beschützt hat, kämpft.

Der türkische Soldat zieht in's Feld ohne Vorbereitung, sorglos und denkt wenig über die Entbehrungen, welche er zu bestehen haben wird. Sobald der Krieg erklärt ist, wovon die Kunde sich schnell in allen Provinzen verbreitet, läßt jede Stadt, jede Familie eine so große Zahl von Rekruten oder Vertheidigern des Landes anwerben, als es ihren Antheil ausmacht. Der Rekrute nimmt stillschweigend seinen Sack und begibt sich in die Hauptstadt, wo ihm der Befehl ertheilt wird, in welcher Richtung er gegen den Feind vorzurücken hat. Sobald er in die Reihen der Armee getreten ist, vergißt er auf seine Eltern, Freunde und auf Alles; er erwartet nur die festgesetzte Stunde, um dem Befehle nachzukommen, von dessen Ausführung ihn Nichts abzuhalten vermag. Er erträgt sehr leicht den Hunger und ist zufrieden mit der kärglichen Nahrung, welche nur aus Abkochen von Gerste oder Mais besteht. Es ist ganz merkwürdig, daß der türkische Soldat sich mit großem Eifer in den Krieg begibt, mag er nun in den Reihen der regulären Armee oder als Freiwilliger den Feldzug mitmachen;

es denkt daher Niemand daran, sie aufzumuntern und die Gefühle des Patriotismus bei ihnen zu wecken, wie es in den europäischen Armeen üblich ist. Keiner der Soldaten weiß, von wem der Krieg provocirt, auf welcher Seite die Sache der Gerechtigkeit vertheidigt wird. Dem türkischen Soldaten genügt es, nur zu wissen, daß der Krieg im Gange ist, um das Uebrige bekümmert er sich gar nicht. Nur sehr wenige Soldaten kennen die kriegerische Tüchtigkeit ihrer Vorgesetzten, Viele kennen nicht einmal den Namen des Officiers, dem sie zu gehorchen haben, und die Wenigsten kennen die Wichtigkeit der Heereslagerung oder die Bedeutung der Beschaffenheit des Terrains für den Ausgang einer Schlacht.

Nach den Begriffen des türkischen Soldaten haben alle diese Sachen für denselben keinen Werth. Er hat nur die Pflicht zu erfüllen, vor dem Feinde nicht zurückzuweichen, sondern mit dem Aufgebot aller seiner Kräfte demselben Stand zu halten. Auf dem Schlachtfelde stürzt sich der türkische Soldat sofort in den Kampf, da er glaubt, daß sein Tod von der Vorsehung des Schicksals abhängt und es hält schwer, ihn zurückzuhalten. Wenn er auf dem Schlachtfelde als Todter fällt, weiß er wohl, was ihm in jener Welt nach dem Koran verheißen wurde, und sollte er den Kampf überleben, so erwartet er keine Auszeichnungen. Sein Fahnendienst verpflichtet ihn, den Glauben und damit in Verbindung, sein Vaterland zu vertheidigen, weßhalb der stets nüchterne und enthaltsame türkische Soldat das beste Mittel zur Vertheidigung seiner Fahne darbietet.

Soldaten solcher Art, gut gekleidet und gut ausgerüstet, werden sich in einem Eroberungskriege wunderbar tapfer halten, aber auch bei Vertheidigung ihres eigenen Landes werden sie sich ebenso auszeichnen und so viele Helden als Kämpfende wird es unter ihnen geben.

Während des letzten serbisch-türkischen Krieges
äußerte sich General Tschernajew, der an der
Spitze der Serben stand und sich zum Rückzuge gezwungen sah, mit lobenswerther Gerechtigkeit über die
Tapferkeit der türkischen Soldaten und fügte hinzu,
daß er an der Spitze von 500.000 türkischer Soldaten
ganz Europa erobern könnte. Es möge hier noch die
Meinung des bekannten französischen Admirals Jurien
de la Gravière über den türkischen Soldaten bei-
gefügt werden, wonach der türkische Soldat, ausgezeichnete kriegerische Eigenschaften besitzt. „Wird derselbe dem Commando von sachkundigen und ehrlichen
Officieren übergeben sein, so wird der türkische Soldat
die Welt noch mehr in Erstaunen versetzen. Was der
türkischen Armee mangelt, sind nicht die Soldaten und
Generale, sondern die Officiere. („La marine d'aujourd'hui".)

Es gab eine Zeitperiode, welche noch in Vieler
Erinnerung ist, wo der Einfluß von Frankreich, England, Oesterreich, Italien in hohem Ansehen an den
Ufern des Bosporus stand und die Männer jener
Reiche, welche sich durch Kenntnisse und durch Erfahrung auszeichneten, als die besten Rathgeber der
türkischen Regierung galten, wofür sie auch durch verschiedene Auszeichnungen und Anstellungen belohnt
wurden. In letzter Zeit haben sich die Verhältnisse
gänzlich geändert und der belebende Strom in den
Organismus der Ministerien, der Administration und
der Armee wird in den letzten Jahren von Berlin aus
dirigirt.

Der Erste in dieser Beziehung war Friedrich
der Große, welcher im vorigen Jahrhunderte Militär-
Instructoren für die türkische Armee nach Constantinopel schickte. In den dreißiger Jahren war es Herr
v. Moltke, der sich der Instruction der türkischen
Armee widmete und dabei die erste richtige Karte des

Bosporus anfertigte. In diesem Augenblicke ist die gesammte türkische Armee mit allen ihren Unterab= theilungen der Pflege und Sorge preußischer Generale anvertraut, welche im Range von Pascha's, in türki= scher Uniform mit dem Fez auf dem Kopfe die ganze Armee nach deutschem Muster organisiren und in den Militär-Schulen das deutsche Heeres=System dociren lassen, wofür sie ein hohes Gehalt beziehen. Nichts= destoweniger müssen sie sich manche Widerwärtigkeit von Seite der türkischen Pascha's gefallen lassen.

Um zu zeigen, welche Stütze das türkische Reich an seiner Armee hat, so mag angeführt werden, daß im Jahre 1880 eine Verordnung bezüglich der Streit= macht der Türkei erlassen wurde, wonach dieselbe in Linientruppen (Nisam), Landwehr (Redif), und Land= sturm (Mustahfi) zerfällt. Der Friedensstand beträgt circa 50.000 Mann. In Kriegszeiten wird die Fußtruppe sammt den Jägern auf 468.000 Mann geschätzt, die Cavallerie 64.000 Mann, Artillerie 57.000 Mann, Pionnier= und Genie=Truppe 10.800 Mann und beim Train 9000 Mann; im Ganzen 610.200 Mann mit 1512 Kanonen. Diese Armee ist in sieben Armee= corps eingetheilt, über verschiedene Provinzen des Reiches dislocirt und untersteht dem Commando von Feldmarschällen (Muschir). Jedoch in letzter Zeit, vor ungefähr zwei Monaten, wurde in einer Berathung türkischer und deutscher Generale beschlossen, die ge= sammte Streitmacht auf 800.000 Mann zu erhöhen.*)

---

*) Nach den letzten Nachrichten aus Constantinopel wurde das Project einer Reorganisation der türkischen Armee in der Ministerraths-Sitzung definitiv angenommen und dem Sultan zur Sanction vorgelegt. Der Plan hat die allgemeine Wehrpflicht aller Muselmanen vom 20. bis 40. Lebensjahre zur Grundlage. Ausgenommen sind nur die Bewohner von Constantinopel. Die Conscription nach der Losreihe ist abgeschafft.

24*

Die Kriegsflotte der Türkei setzt sich zusammen: aus 13 Panzerschiffen und 3 kleinen für die Donau bestimmten Monitoren, 14 ungepanzerten Fregatten und Corvetten, 7 Jachtschiffen, 12 Kreuzern und Avisobooten und endlich aus 13 kleinen Kanonenbooten und Schiffen zur Vertheidigung der Küste. Das Panzerschiff „Messubié" hält 9000 Tonnen, „Hamidié" 8000. Drei andere, welche vor 20 Jahren in England erbaut wurden, je 6200 Tonnen und die „Assari-Tevfik", in Frankreich erbaut, 5700 Tonnen (die Tonne zu 1000 Kilo gerechnet). Alle Panzerschiffe sind mit Armstrong-Kanonen (4—18 Tonnen) älteren Systems armirt.

Dies sind die gesammten Hilfsmittel, auf welche sich die Türkei beim Vertheidigungs- und Erhaltungskampfe um ihre Existenz stützen kann.

Wenn man einen Blick auf die inneren Zustände, in welchen sich die Türkei nach dem letzten Kriege (1877) befand, wirft, so schien dieselbe am Rande der Vernichtung. Die Türkei besaß nach dem Kriege keine Geldmittel, um das Gleichgewicht in den Staatsfinanzen herzustellen; die Bevölkerung der Hauptstadt und in den Provinzen war aller Hilfsmittel entblößt; es gab keinen Credit in und außer dem Lande; die Regierung selbst hatte kein Vertrauen zu sich selbst und befand sich unter einem starken ausländischen diplomatischen Drucke. Es gab daher viele Pessimisten, welche die Existenz der Türkei nur auf wenige Jahre berechneten und an ihre weitere Theilung dachten, und das umsomehr, als viele Bedingungen des Berliner Vertrages nicht zur Ausführung kamen und die Türkei nicht im Stande war, dieselben auszuführen, wenn sie auch den besten Willen dazu

gehabt hätte. Viele Provinzen waren verloren; sowohl
in Europa als auch in Asien waren die Grenz=Pro=
vinzen gänzlich ruinirt, Dörfer und Städte durch den
Krieg zerstört und die Bevölkerung allen Entbehrungen
und dem Hungertode preisgegeben. Die einzige Staats=
einnahme bildeten die Steuern, dieselben konnten jedoch
weder die Regierung noch die Bevölkerung zufrieden
stellen, denn sie waren äußerst drückend und wurden
nach dem alten System eingehoben, so daß in den
Staatsschatz geringe Summen einflossen. Der noch
sehr unerfahrene Sultan hatte in seiner Umgebung
keine Staatsmänner und erprobte Rathgeber, blos
blinde Anhänger des Koran standen ihm zur Seite.
Viele der accreditirten Gesandten waren neu, ver=
standen nicht die Bedürfnisse der Türkei und bereiteten
durch ihre diversen Forderungen nur neue Schwierig=
keiten der ohnehin ohnmächtigen Regierung. Ein er=
fahrener Staatsmann und ein im Finanzwesen ver=
sirter Mann hätten der Türkei in dieser Zeit außer=
ordentliche Dienste leisten können, aber es gab keine
solche geeignete Persönlichkeit am ganzen türkischen Hofe.
Es gab auch Optimisten, die an die Reorgani=
sation des Reiches dachten, trotzdem daß viele Schwierig=
keiten und Hindernisse einer solchen sich in den Weg
stellten; aber alle diese Hindernisse finden, wie wir
es sahen, immer ihre Nahrung in den Geistlichen
„Ulema's", welche jeder Neuerung Widerstand leisteten
und die Hauptstütze des Alttürkenthums bilden. Der
blinde Gehorsam der Bevölkerung einerseits und eine
absolute Herrschaft über dieselbe andererseits bilden
die Grundlage der türkischen Staatseinrichtung, aber
solche Bedingungen können nicht begünstigend auf die
Entwicklung des Staates einwirken. Wenn auch durch
den Berliner Vertrag unter Anderem die Existenz der
Türkei auf Grund des Völkerrechtes garantirt wurde,
so hat dieser Punkt des Vertrages uns oft den Ver=

gleich in Erinnerung gebracht, worin die Türkei mit einer tropischen Pflanze verglichen wird, die im nördlichen Klima nur unter dem schützenden Obdach eines Treibhauses gedeihen mag.

Bekanntlich gibt es über die Herrschaft der Türken in Constantinopel zwei einander diametral entgegenstehende Ansichten. Die Einen behaupten, daß die Herrschaft der Türken unumgänglich nothwendig sei an den Ufern des Bosporus; man nennt sie Turkophilen, doch diese Benennung entspricht weniger dem inneren Sinne des Wortes. Die Anderen dagegen glauben, je schneller die türkische Herrschaft durch eine andere Macht ersetzt wird, desto günstiger und glücklicher wird sich das Schicksal des Orientes und seiner Völker gestalten; sie heißen schlechtweg Turkophoben, aber mehr im uneigentlichen Sinne des Wortes.

Die Frage über die Herrschaft der Türken in Europa unterliegt stets zahlreichen Schwankungen und divergirenden Ansichten, wobei es auch viele zwischen den beiden Extremen vermittelnde Anschauungen gibt. Auch die Bevölkerung der europäischen Türkei spricht sich dafür oder dagegen aus; nicht minder verschiedene Ansichten gibt es unter den hervorragenden Würdenträgern des türkischen Reiches, die sich bald nach dieser oder jener Seite neigen, aber keine politischen Parteien bilden. In der That ist die Orientfrage eine der schwierigsten Fragen in der Geschichte der Politik und Diplomatie. Im Allgemeinen manifestirt sich die Orientfrage und besonders die Frage von Constantinopel als ein weit verzweigtes Labyrinth, worin jeder Denker versinkt und sich in den verschiedenen Räthseln, dunklen Ansichten und widersprechendsten Anschauungen der zahlreichen Diplomaten und Politiker verliert, welche zu verschiedenen Zeiten diese Frage berührt haben und von denen bereits viele desavouirt wurden. Die Orientfrage ist eine hohe Schule, wo sich jeder begabte und

j achkundige Mann vorbereiten und eine glänzende Carriere
eröffnen kann; aber aus dieser Schule sind sehr wenige
mit Lorbeerkränzen geschmückt hervorgegangen, was
Niemanden Wunder nehmen darf, weil es in Europa
sehr wenige Kenner des Orients gibt. Es sind jedoch
viele Diplomaten, welche durch besondere Geschicklichkeit
und Redewendungen sich temporär an den Ufern des
Bosporus ausgezeichnet haben, aber über den Orient
und die vortheilhafte Machtstellung, welche er reprä=
sentirt, konnten sie sich keine richtige Auffassung bilden
und derselben zum Durchbruche verhelfen.

Um den Orient zu kennen, genügt es nicht, einige
Monate, selbst einige Jahre am Bosporus zuzubringen,
man muß vielmehr eine sehr strenge analytische For=
schung im Geiste und eine gründliche Beobachtung ohne
Vorurtheile durchführen und sich nicht mit dem äu=
ßeren Scheine des täglichen Lebens, welcher so trügerisch
ist, begnügen. Man muß die Ursachen dieser oder jener
Erscheinung und verwickelter Fragen aufzufinden trachten
und dies umsomehr, als Constantinopel ein eigenthüm=
liches Chaos der gegenwärtigen und früheren mittel=
alterlichen Anschauungen bildet; der Unterschied ist in
der That außerordentlich groß, wenn man die wirkliche,
aber nicht die scheinbare Lage des Orients kennen
lernen will.

Nachdem England, Frankreich mit besonderem
Eifer versucht hatten, die Türkei auf fortschrittliche
Bahnen zu lenken, hat in letzter Zeit nach dem Berliner
Vertrage Deutschland durch seine Rathschläge und In=
structoren der türkischen Herrschaft und Machtstellung
Beistand geleistet. Deutschland hat nämlich alle günsti=
gen Bedingungen für die Türkei gewürdigt und dachte
durch moralische Unterstützung die Kräfte des Reiches
zur Entfaltung zu bringen, und in diesem Sinne arbei=
teten die Instructoren neben den türkischen Ministern.
Die allgemeine Verderbniß jedoch, welche alle Schichten

der türkischen Staatshierarchie durchdrungen hat, läßt nicht leicht und ohne Kampf die deutschen Rathschläge in jeder Hinsicht befolgen. Die Türkei befindet sich jetzt in einem Uebergangsstadium, und es läßt sich nichts zu deren Gunsten voraussehen, indem alle Maßregeln zur inneren Umgestaltung des Reiches sehr unbestimmten und sogar bis jetzt geringen Werthes für die zukünftige Stellung der Türkei sind. Die türkische Staatshierarchie wird mit einer verrosteten Maschine verglichen, welche trotz Dampfkraft und aller nothwendigen Mittel nicht arbeiten kann. Einer der Hauptübelstände des türkischen Staatsorganismus, welcher die Staatsverwaltung hemmt, ist die Ungleichheit und Unbeständigkeit der Einnahme= quellen. Dieselben sind nicht alljährlich gleich und ver= ursachen jedes Jahr verschiedene Abänderungen, um das Gleichgewicht etwas herzustellen.

Aus dem Gesagten sieht man, daß der türkischen Herrschaft am Bosporus zwei Wege bevorstehen: ent= weder sie bleibt unter diesen Bedingungen in ihrer ungünstigen Stellung, welche für deren Existenz gefahr= drohend ist, bestehen, oder sie soll das System einer Staatsorganisation der civilisirten Völker Europas ohne Schmälerung einführen, aber dies würde viele Decennien erfordern, um einen Erfolg zu erzielen und die Früchte dieser Reorganisation sehen zu können. Sollte die Türkei selbst den Weg zu ihrer Erhaltung anbahnen, so müssen die europäischen Staaten und ihre Vertreter jedenfalls die Türkei unterstützen, daß sie sich an die europäische Civilisation anpaßt, und in einem solchen Falle kann die Türkei in ihrer Gestalt und Grundlage erhalten werden. Um dieses Ziel zu erreichen, muß die Türkei nachfolgende wichtige Factoren zur Verfügung haben: 1. Einen gebildeten Sultan, 2. erfahrene und sachkun= dige Männer, 3. Capitalien zur Erschließung des Bodens und Eröffnung des Mineral= und Waldreich= thums des Landes, 4. Schulen nach dem neuesten

System zur Heranbildung einer neuen Generation, 5. Reformirung des Gerichtswesens bezüglich einer raschen und gesetzlichen Rechtsprechung, 6. Bau der Verkehrsstraßen, Eisenbahnen, Canäle, Brücken und Chausséen, 7. Gründung von Fabriken, 8. Beförderung, Schutz und Aufmunterung zu Gründungen derselben von Seite der Regierung, 9. Errichtung von Hoch= schulen für die Wissenschaften und Entsendung junger Leute zu ihrer weiteren Ausbildung an die europäischen Pflegestätten der Wissenschaft.

Nachdem alle diese Existenzbedingungen für die Türkei aufgezählt sind, muß man vor Allem ins Auge fassen die drei Punkte: sachkundige Leute, Capitalien und die Errichtung von Hochschulen; denn alle übrigen Factoren sind nur Nebensache und stammen von diesen Hauptmotoren. Die Errichtung der Hochschule ist für das Reich unumgänglich nöthig: eine solche auf moder= nen Principien fußende Hochschule wird sachkundige Männer heranziehen, und zu gleicher Zeit wird sie die Quellen des Reichthums im Lande, die Wege und Mittel, wie dieselben zu erreichen sind, aufweisen. Diese Hochschule wird die gründlichen Regeln für die Rechts= pflege ausarbeiten, dieselbe wird auf Grund von posi= tiven Thatsachen der Vergangenheit und Gegenwart neue Bahnen eröffnen und zum Verständnisse der Zu= kunft der Völker beitragen. Beim gegenwärtigen geringen Niveau der geistigen Bildung und Entwicklung aller Völker, welche dieses umfangreiche Reich an den Ufern des Bosporus mit Millionen von Einwohnern bilden, ist es wie eine lebendige Fleischmasse ohne Kopf, ohne Extremitäten und ohne Capacität sich zu bewegen, das einer fremden Hilfe, eines fremden Impulses zum Fortschreiten bedarf.

Wenn die sachkundigen und gelehrten Männer aus dem Auslande berufen werden, so erscheint wieder eine andere schwierige Frage: woher kann die Türkei

die nothwendigen Capitalien hernehmen, wenn im In=
nern des Reiches die Armuth herrscht und der türkische
Staat, nachdem das Reich bereits mit zahlreichen
Schulden belastet ist, im Auslande keinen Credit genießt.
Aber durch die Ausbeutung der Wälder und der Berg=
schätze (Mineralien) kann die Türkei nach den Berech=
nungen mancher fachkundiger Männer nicht nur alle
ihre Schulden tilgen, sondern auch reiche Einnahms=
quellen sich schaffen. Wir könnten noch viele Umstände
hier anführen, doch wir erachten es als hinlänglich,
dieselben nur kurz zu berühren und zu schließen. Um
alle diese Motoren in Gang zu setzen und zu verwirk=
lichen, bedarf die Türkei mehrere Decennien; wer kann
jedoch voraussehen, daß die Türkei während dieser Zeit
in keinen Krieg verwickelt wird, oder keinen kriegerischen
Ueberfall erfahren wird.

Die leitenden Männer von Constantinopel können
die neue Bahn zur Neu=Organisation und Erhaltung
der Türkenmacht einschlagen, wenn sie sich nur bestreben,
auf Grundlage der Moral und der Vernunft zur Wahr=
heit des Lebens vorzubringen, denn im Kampfe der
Civilisation erringt nicht dasjenige Volk den Lorbeer=
kranz, welches durch Vorsehung beschützt ist, sondern
dasjenige, welches mit Geistesarbeit die Wahrheit des
Privat=, des öffentlichen und des Staatslebens erreicht
hat. Und die Zukunft gehört nur denjenigen Völkern,
welche in geistiger Aufklärung, in Erkenntniß der Wahr=
heit am meisten vorgeschritten sind. — Ob nun die
Türkei auf diesem Wege, im Kampfe mit Schwierig=
keiten wirklich ein neues Staats=Princip der Gleichheit,
der Humanität, des Fortschrittes, des Wohlstandes für
die verschiedensten Völker, welche unter dem Scepter
des Sultans stehen, verwirklichen wird, das ist eine
Frage der Zeit. Im Falle, daß die Türkei auf diesem
Wege fortschreiten sollte, wird sich eine Föderation der
Völker herausbilden, welche im Kampfe um's Dasein

und um Fortschritt beim Zusammenwirken die Ent=
wickelung und Erhaltung des Reiches begünstigen
werden; denn die moderne Strömung in einem jeden
Staate geht nicht auf die Zersplitterung der Volks=
kräfte aus, sondern auf Vereinigung, Aussöhnung und
Eintracht der verschiedenen Volksinteressen und Bestre=
bungen zur Festigung des Staatsorganismus, welcher
seine Lebenskraft vom Wohlstande und Gedeihen der
gesammten untergebenen Völker schöpft.

Die Lebensbedingungen und =Verhältnisse sind für
die türkische Stadt= und Landbevölkerung verschieden
und gestalten sich viel günstiger für die Letztere. Unsere
Schilderung bezieht sich hauptsächlich auf die Stadt=
bewohner, deren Stellung als leitende Macht maß=
gebender ist als jede andere. „Ut sit mens sana in
corpore sano“ dazu vermag weder der Islam noch die
Armee, weder die Ulema's noch die europäischen In=
structoren, welche letzteren als Palliativ=Mittel gelten
können, viel beizutragen. Wie alle Geschöpfe der Erde
auf die Sonne als die belebende und leuchtende Kraft
hinaufblicken, ebenso betrachten alle Türken und christ=
lichen Unterthanen ihren Herrscher, den Sultan, als den
Beschützer aller ihrer Rechte und Güter, ihres Glückes
und Wohlgedeihens und der Wohlfahrt der übrigen
untergebenen Völker. Aber, was ist vom Sultan zu
erwarten? — Die Grundlagen, auf welchen der Sultan
seinen Thron errichtet und die Völker regiert, sind die
aus der mittelalterlichen Tradition arabischer Sagen
und Weisheitssprüche herausgezogenen gesetzgebenden
Maßregeln — Kanuname — zu denen noch die Er=
fahrungen Mohamed II. und Suleiman's I. mit dem
Koran in Uebereinstimmung hinzukommen. Der Sultan
kennt nicht sein Land und die darin wohnenden Völker;
die Bedürfnisse seiner Unterthanen sind ihm gänzlich

unbekannt. Es weiß das Volk gar nicht, was der
Sultan will, und die Wünsche des Volkes gelangen
nicht zu den Ohren des Sultans, welchem auch die
Triebfedern der Staatsmaschine und der Verwaltung
unbekannt bleiben.

Beide Umstände, der Islam als Erhalter des
Türkenthums, durch dessen Isolirung vom Europäismus
und die Armee als Beschützerin der Integrität des
Reiches, haben nach allem bis jetzt Erörterten die
Türken als herrschende asiatische Macht am Bosporus
erhalten, und bis zum gewissen Grade auch zur Stärkung derselben beigetragen. — Außer den kriegerischen
Angriffen und anderen unerwarteten Ereignissen . . . .
durch welche der türkischen Herrschaft ein Ende gesetzt
wäre, bergen die Türken seit langer Zeit in sich viele
und mannigfaltige Keime ihrer organischen Zersetzung
und allmäligen Niederganges. In dieser Hinsicht können
weder der Conservatismus des Islam noch die Tapferkeit der Armee irgend welche Abhilfe bringen, denn der
religiöse Conservatismus der Türken ·wirkt hemmend
auf die Staatsentwickelung, indem er keinen gleichen
Schritt mit der Civilisation hält. Ueberdies kommt
noch die Abnahme des türkischen Volksstammes vom
physischen Standpunkte aus in Betracht. In dieser
Hinsicht sind sehr gewichtige Ursachen im Verlaufe der
Zeit namhaft gemacht worden, welche direct die physische und moralische Verderbniß der Türken und ihre
numerische Verminderung bestätigen, nämlich: die Poly-
gamie mit verschiedenen Lastern verbunden, Onanie,
Sodomie, die abscheuliche Sitte der Unterbrechung der
Schwangerschaft, der Kindermord; Mißbrauch des
Tabaks, Caffee's, Branntweins, der warmen Bäder;
ungewöhnliche Zahl der Verdauungsbeschwerden, welche
aus ihren socialen Lebensverhältnissen und Zuständen
stammen, ferner Unterleibskrankheiten, Nervenkrankheiten
mit Händezittern, selbst im jugendlichen Alter, welche

die Türken stark angreifen und sie zur Unthätigkeit oder selbst in's Grab führen. — Die türkische Frauenwelt, welche der directen Beobachtung entrückt ist, enthält in sich alle Keime der Laster und Krankheiten, welche ihre volle Lebensentfaltung stören und sie frühzeitig altern lassen.

Unter solchen Umständen sind keine Bedingungen zur Existenz der türkischen Monarchie denkbar und die christlichen Unterthanen waren und sind schon seit langer Zeit gezwungen, ihre Blicke auf fremde Großmächte zu richten, um sich mit ihrer Hilfe allmälig zu befreien und zu emancipiren. Die Schwäche der Türken ist schon seit langer Zeit bekannt, aber je größere Fortschritte die christlichen Völker der Türkei machen, desto mehr zeigt sich die Schwäche und die Hilflosigkeit der Türkei, wie es in diesem Augenblicke bemerkbar ist, und sie ergreift die Hand der Großmacht, welche zu ihr näher tritt, den Satz der Phylosophie der Geschichte, welchen Corneille in den nachfolgenden Versen:

> „Mais l'exemple souvent n'est qu'un miroir trompeur;
> Et l'ordre du Destin, qui gène nos pensées,
> N'est pas tonjours écrit dans les choses passées.
> *Quelquefois l'un se brise où l'autre s'est sauvé*
> *Et par où l'un périt un autre est conservé:*"

ausgesprochen hat, von Neuem beweisend. Das ist ein Naturgesetz, nach welchem der alte, abgelebte und kranke Mann seine Stelle und sein Erbe im Alter dem Jünglinge übertragen soll.

Die Integrität der Türkei und das Nationalitätenprincip der christlichen Bevölkerung.

Die großen und glänzenden Siege Eugens von Savoyen des XVII. Jahrhunderts und die erfolgreichen Kriegszüge der Russen im XVIII. und XIX. Jahrhunderte fast bis an die Thore Constantinopels haben

Eifersucht und Neid bei den Westmächten hervorgerufen und zwar sowohl bei den Franzosen als bei den Engländern, die alsdann in Verbindung mit anderen Westmächten die Türkei und deren territoriale Integrität in Schutz nahmen und befürworteten. Im Jahre 1856, im Pariser Vertrage, trat die gesammte europäische Diplomatie für die Erhaltung der Türkei ein. Das türkische Reich wurde als eine Großmacht in die Reihe der europäischen Staaten aufgenommen, dessen Integrität garantirt, um dasselbe vor neuen, aus Sonderinteresse unternommenen Angriffen der europäischen Staaten zu bewahren und so zu sagen ein „Interdictum prohibitorum" aufgestellt. Die Türkei sollte dagegen durch legislatorische Maßregeln sich reformiren und europäisiren; Hatti-humajun galt als Grundlage der Gleichheit der Christen mit Muhamedanern und als Schutz deren Rechte und Vermögen. Im Verlaufe der Zeit entwickelte sich jedoch eine unbestimmte Strömung, die zwischen Unterdrückung und Freiheit lavirte. Es war dies theilweise die Folge der Indolenz und Trägheit, theilweise der Gleichgiltigkeit und Indifferenz der maßgebenden Kreise, daß nicht eine Europäisirung sondern eine europäische Amalgamirung in der Führung der Staatsangelegenheiten entstand. Man führte die europäischen Einrichtungen dem äußeren Scheine nach mehr oder weniger ein, aber dem inneren Sinne nach blieben die Türken fast dieselben.

Zur gänzlichen Europäisirung der Türken gibt es zwei Wege, nämlich: Abschaffung oder Umgehung des Islams und die gründliche europäische Bildung. Es haben sich verschiedene Stimmen erhoben, welche behaupten, daß der Islam der Einführung europäischer Einrichtungen hinderlich sein kann, andere hingegen meinen, daß auch bei europäischen Institutionen der Islam gut bestehen kann. Alle Türken, die lange Zeit in Europa, sei es als Repräsentanten der Türkei oder als Private lebten, sind der letzteren Ansicht. In diese

Categorie gehören Ali= und Fuad=pascha, deren Ansichten
wir bereits in ihren Vermächtnissen angeführt haben,
und viele andere noch lebende Paschas, die nament=
lich anzuführen wir unterlassen. Die zweite Ansicht
nähert sich der Verwirklichung, aber in einem sehr un=
gleichmäßigen Tempo, weil deren Ausführung mit vielen
Umständen verbunden ist. Das türkische Regierungs=
princip, in welchem Religiöses und Staatliches vielfach
verwebt und mehr oder weniger untrennbar verbunden
ist, macht nur in Folge des diplomatischen Druckes
allmälig dem europäischen Verwaltungswesen Platz,
wiewohl der gegenwärtige Sultan durch seinen Wankel=
muth und Frömmigkeit eine ganz unbestimmte und
zweideutige Lage hervorruft. Auch die Ungleichheit der
Stellung der Christen mit den Mohamedanern auf
Grund der Koran-Vorschriften, schwindet ebenso allmälig.

Als wir einmal einen hohen türkischen Würden=
träger, der zu unseren Bekannten zählte und der Sohn
eines berühmten Ministers ist, um dessen Ansicht über
Reformen des Türkenreiches fragten, gab er uns zur
Antwort: „Wir sind Türken, bei uns besteht der Islam
aufrecht; wir kennen keine Reformen, der Islam macht
bei uns Alles aus, 2c.." Derselbe Hochwürdenträger
hat zehn Monate nach diesem Gespräche dem Sultan
einen Plan der Reformirung seines Ministeriums
vorgelegt. Man ersieht leicht daraus, wie die Ansicht,
Ueberzeugung und selbst eine langjährige Erfahrung
bei den türkischen Würdenträgern einer Wandlung
unterworfen sind, da die Türken in Constantinopel
nicht mehr allein und selbständig, sondern unter starkem
Einfluß dieser oder jener Großmacht stehen, welche
mit Nachdruck das Wort führt.

Die Reformirung des Türkenreiches bezieht sich
nicht direct auf den Islam, sondern sie muß auf die
Beseitigung der zahlreichen Uebelstände gerichtet sein,
welche als Folgen der Unwissenheit, Roheit, des Aber=

glaubens und der Ungerechtigkeit zu betrachten sind und welche die Staatsverwaltung bedeutend beeinträchtigen und hemmen. Um jedoch seculäre Unwissenheit und Aberglauben zu beseitigen, braucht man einer nach jeder Hinsicht gründlichen europäischen Bildung und Einrichtungen, zu welchem Zwecke die existirenden Staats-Einrichtungen und Schulanstalten nicht geeignet sind.

Eine andere Folge des Pariser Vertrages, worin die Integrität der Türkei garantirt wurde, war, daß zahlreiche europäische Orient-Forscher und -Reisende das Land am Balkan und Kleinasien nach allen Richtungen durchzogen, und vorzüglich waren es Franzosen, die auf Staatskosten zahlreiche wissenschaftliche Expeditionen unternahmen. — Inzwischen war auch für die christlichen Unterthanen des Sultans eine neue Periode eingetreten. Nach dem Krimkriege richteten sich die Blicke aller Christen der europäischen und asiatischen Türkei auf den Kaiser von Frankreich, und zahlreiche Delegirte dieser christlichen Völker harrten oft in den Vorzimmern des Tuillerienpalastes auf eine Audienz bei Napoleon. Eine allgemeine Gährung bemächtigte sich aller Gemüther der christlichen Unterthanen des Sultans und in vereinzelten Umständen erhoben sie ihre Stimme und Forderungen.

Wenn man die Frage der christlichen Nationalitäten der Türkei in Betrachtung zieht, so war es vor allem Franz I., König von Frankreich, der die katholischen Christen des Orients in seinen Schutz nahm, und erst viel später, zur Zeit Peters des Großen, ließ Rußland seinen Glaubensgenossen, den Christen des Orients, wie den Moldavanern, Wallachen und Griechen Beistand und Schutz angedeihen. Zuerst und beiderseits waren es die Dienstleistungen auf dem Gebiete der kirchlichen Angelegenheiten und des Verkehres, wo die europäischen Großmächte ihren Glaubensgenossen beigestanden sind. Die glänzenden Siege des Prinzen Eugen

von Saroyen haben einige Hoffnungen der Serben
und Wallachen geweckt; aber einen mächtigen Einfluß
und starke Anziehungskraft auf die christlichen Nationalitäten der Balkanhalbinsel. übten: die Oesterreicher
in XVIII. Jahrhunderte nicht aus. Die russisch-türkischen Kriege im Laufe des XVIII. Jahrhunderts
waren jedoch den Christen sehr günstig, und die ersten
Unternehmungen der christlichen Nationalitäten, um das
türkische Joch abzuschütteln, fallen mit den russischen
Kriegen zusammen, als die Christen der Türkei den
Hochmuth der Türken durch die Siege der Russen
gebrochen sahen. Wenn auch im Anfange des Kampfes
um die nationale Unabhängigkeit der christliche Glaube
im Gegensatze zum Mohamedanismus alle Christen gegen
die herrschende islamitische Macht vereinigte, so haben
im Laufe der Zeit die christlichen Völkerschaften auf
Grundlage des Nationalitätenprincips sich einzeln
herausgebildet, wie die Rumänen, Griechen und Slaven,
welche die türkische Macht auf der Halbinsel gänzlich
umschließen. Jenem Zeitgeiste gemäß war die Integrität der Türkei nothwendig, weil sonst diese Völker
den benachbarten Staaten als Beute anheim fallen
würden. Es sind aber die christlichen Völker auf Grund
des Nationalitätenprincips in der Türkei anerkannt und
erhalten, indem jede Nationalität auf Grund ihrer
Gemeindeverwaltung und Absonderung in Constantinopel
ein abgeschlossenes Ganze bildet, welches einen entwickelten Organismus mit seiner eigenthümlichen Cultur
und Geschichte, eigene Sitten und Gebräuche darstellt
und sich in dem Streben bekundet, eine unabhängige
staatliche Existenz zu erlangen, was theilweise schon
erreicht wurde. Die nationalen Sonderbestrebungen
dauern fort in der Türkei und wirken schwächend und
auflösend auf die herrschende islamitische Macht, denn
die Türken haben bis heute die Fähigkeit nicht bewiesen,
die Existenz ihres Reiches mit den abgesonderten Be-

ſtrebungen der Chriſten in Einklang zu bringen und einen gemeinſamen Fortſchrittsſtaat zu bilden. Gemäß des Berliner Vertrages wurden die Völker der Türkei, welche ihr nationales Leben bekunden und entfalten, als ſolche bezeichnet, die zur organiſchen Einzeln-Entwickelung die Bedingungen zu geben vermögen; in Europa die Griechen, Serben, Montenegriner, Bulgaren, in Aſien Armenier ꝛc. Die Exiſtenzbedingungen dieſer kleinen Völker befinden ſich noch in einer Uebergangsperiode, und wie ein aufbrauſender Vulkan machen ſie von Zeit zu Zeit viel von ſich reden und verſetzen die Gemüther von Europa in Aufregung.

Wenn ſchon bei friedlichem Zuſtande des türkiſchen Reiches die chriſtlichen Unterthanen gedeihen und durch Entwickelung ihrer Exiſtenzbedingungen die türkiſche Macht ſchmälern, ſo müſſen noch andere Factoren in Erwägung gezogen werden, nämlich: der Einfluß der europäiſchen Großmächte, welche eine neue ſtaatliche Einrichtung den Ländern der türkiſchen Machtſphäre geben oder die türkiſche Herrſchaft in anderer Richtung theilweiſe erſetzen können.

Wenn wir das bisher Erörterte kurz zuſammenfaſſen, ſo ergeben ſich bezüglich der Entſtehung des Nationalitätenprincips bei den Chriſten der Türkei nachfolgende Bemerkungen und Schlußfolgerungen:

1. Das Nationalitätsprincip entſtand allmälig aus der Sonderung der chriſtlichen Gemeinden.

2. Fördernd wirkte der Beiſtand der europäiſchen Mächte, beſonders Frankreichs für die katholiſchen und Rußlands für die orientaliſchen Chriſtengemeinden.

3. Die Offenſiv-Kriege zuerſt Oeſterreichs dann Rußlands wirkten ſchwächend auf die Türkei, deren innerer Verfall und allmälige Zerſetzung für die Chriſten günſtig war und in ihnen die Hoffnung auf Befreiung weckte.

4. Die Principien der französischen Revolution, die allgemeine Gährung in Europa, und die Kriege Napoleons weckten alle Unterthanen der Türkei, und besonders die Christen, zu neuem Leben auf; seit Beginn dieses Jahrhundertes führte das Nationalitäts= princip der Christen zur allmäligen Selbstständigkeit und Unabhängigkeit nach den Zeit= und Ortsumständen.

5. Die Integrität der Türkei nach dem Pariser und Berliner Vertrage war sehr vortheilhaft für die Aufrechthaltung des Nationalitätsprincipes im Sinne der nationalen Entwickelung der Christen.

6. Der letztere Umstand, die nationale Strebung und Entwickelung der Christen, vernichtet die Türkei als bestehenden Staat und führt zu deren Ersatze zur Errichtung neuer Staaten.

Was die Christen der europäischen Türkei noch anbetrifft, so kommen jetzt noch die Griechen von Epirus, welche auf Griechenland, ferner die Bewohner von Alt= Serbien, welche auf Serbien, und die Bulgaren von Macedonien, die auf Groß = Bulgarien ihre Blicke wenden.

Die Zukunft der Griechen.

Es ist von Wichtigkeit, zu wissen, daß die Erbschaft der Türkei im Allgemeinen den Griechen zugesprochen wurde, nicht nur von Diplomaten und Politikern der neuesten Zeit und dieses Jahrhunderts, sondern auch schon in dem vorigen ist diese Frage viel und mannigfaltig besprochen worden.

Die Frage in Betreff der Herrschaft der Griechen in Constantinopel und Erweiterung ihrer politischen Machtsphäre hat seit dem Anfange dieses Jahrhunderts bis auf unsere Tage viele Staatsmänner beschäftigt, von denen manche für und die anderen gegen die Herrschaft der Griechen plaidiren.

Nach der Eroberung Constantinopels durch die Türken haben die Griechen unter den ersten Sultanen eine besondere, von den Mohamedanern gänzlich geschiedene Gemeinde, mit dem Patriarchen als Oberhaupt, gebildet. Dadurch ist sowohl den Griechen als auch den Mohamedanern ein großer Dienst erwiesen worden, denn für die Letzteren vereinfachte sich die Verwaltung, und die Ersteren, nämlich die Griechen, konnten unter dem Schutze des Patriarchen ihre kirchlichen und nationalen Vorrechte und Traditionen besser bewahren.

Im Laufe der 370 Jahre, d. i. seit der Eroberung Constantinopels bis zur Proklamirung der Unabhängigkeit Griechenlands, griffen die Griechen vielfach zu den Waffen, um das türkische Joch abzuschütteln. Sie wendeten viel Geld auf zur Organisirung der Aufstände, viele Griechen fielen als Opfer der nationalen Hingebung, viele Städte und Dörfer Griechenlands wurden zerstört und gänzlich vernichtet, bis sie endlich es erreichten, daß ein kleiner Landstrich der Halbinsel, das alte Hellas, dem türkischen Joche entrissen und unabhängig wurde. Alle Männer, welche, von nationaler Begeisterung getragen, für die Wiederherstellung Griechenlands, sei es mit Wort oder That, gewirkt hatten, zogen alsdann nach Athen, welche Stadt, nach europäischem Muster mit modernen Einrichtungen versehen, eine zahlreiche Bevölkerung — über 70.000 Einwohner — jetzt aufzuweisen hat. Künste und Wissenschaften gedeihen hier unter der Fürsorge der jungen Regierung in Gemeinschaft der vielen reichen Griechen, die colonieartig in der ganzen Welt zerstreut, einen Theil ihrer durch Handelsunternehmungen und Sparsamkeit erzielten bedeutenden Einkünfte zum Wohle und Aufbaue des Vaterlandes verwenden. Alle Griechen erkennen jedoch an, daß die jetzigen territorialen Grenzen für ihr weiteres Gedeihen viel zu enge sind.

Die Griechen von Constantinopel haben einen sehr beschränkten Wirkungskreis ihrer Thätigkeit. Dieselben beschäftigen sich ausschließlich mit dem auf Gewinn berechneten Handel, es haben jedoch auch aus ihrer Mitte Viele zur Entwickelung und Bildung ihrer Landsleute durch Gründung von Schulen, deren Zahl von Jahr zu Jahr steigt, beigetragen. Auf die Gründung und Erhaltung von Schulen und anderer Wohlthätigkeits-Anstalten beschränkt sich jedoch die gesammte nationale Thätigkeit der Griechen am Bosporus. Aber inwiefern diese Schulen bis dahin den nationalen Geist geweckt und entwickelt haben, darüber läßt sich fast gar nichts sagen. Von den circa 200.000 Griechen in Constantinopel gehört nur ein kleiner Theil den Beamten und der Lehrerschaft an, während die übrigen Griechen ausschließlich Handelsgeschäfte betreiben. Dieselben sind nur dem täglichen Gewinne zu ihrer Existenz gewidmet, ihre Schulen eröffnen ihnen keinen weiteren Gesichtskreis, ebenso können ihre Stellung und ihre Lebensbedingungen in Constantinopel in ihnen keine großen Hoffnungen erwecken. Es gibt in Constantinopel keine solchen Griechen, die in freier Stellung alle ihre Einnahmen zum Zwecke der nationalen Interessen verwenden möchten. Die Griechen besitzen hier gar keine Gesellschaftskreise, die durch Traditionen und Erinnerungen mit dem Boden und Lande verwachsen wären. Sie besitzen in Constantinopel keine Männer der höheren Bildung, geschweige der Kunst und Wissenschaft, die durch ihre hervorragende Stellung eine Führerrolle für ihre Landsleute übernehmen, ihnen auf dem Wege des Fortschrittes voranleuchten und eine Partei mit nationalen Bestrebungen bilden möchten. Es müßte den Griechen ihre ganze Vergangenheit, das Glück und Unglück der Nation vorgeführt und ihnen gezeigt werden, wessen sie bedürfen, um jedes Joch abzuschütteln und sich eine freie Stellung am Bosporus zu erringen.

Doch das gemeinsame griechische Volk in Constantinopel befindet sich in dieser Hinsicht in großer Unwissenheit, geht nur ausschließlich dem Erwerbe nach, und wenn hie und da ein nationaler Gedanke in ihm rege wird, so ist derselbe noch ganz unbestimmter und verschwommener Natur.

Es ist eine geschichtliche Thatsache, daß im Laufe des jetzigen Jahrhunderts oft die Frage erhoben wurde: Wem soll die Erbschaft der Türken, wenn die Herrschaft derselben auf diese oder jene Art beseitigt wird, zufallen? Das ist eine sehr ernste Frage, welche oft am grünen Tische bei geheimen Unterhandlungen der Diplomaten aufgeworfen wurde, aber bis heute noch nicht endgiltig entschieden ist. Es gibt Stimmen, welche auf gesetzlicher Grundlage, in Folge der geschichtlichen Ereignisse die Griechen für directe rechtmäßige Erben der Türken in Constantinopel halten, aber gleichzeitig circuliren in dieser Beziehung andere und widersprechende Meinungen. Die Kriege Rußlands gegen die Türkei unter Katharina wurden in dieser Absicht geführt und noch Wellington zu Beginn dieses Jahrhunderts äußerte dem Grafen Eszterhazy gegenüber, es sei ausgemacht, daß die Türken durch die Griechen zu ersetzen seien. Wie aber und in welcher Form die Griechen die Erb= schaft anzutreten haben, darüber ist kein Beschluß gefaßt worden, denn die Errichtung eines Kaiserthums am Bosporus, wie manche der Griechen daran denken und dafür schwärmen, ist eine Absurdität von höchsten Grade. Dieses Kaiserthum könnte sich nicht auf das Nationali= tätsprincip stützen, sondern höchstens wie ehemals auf das griechische Religionsbekenntniß. Es ist dies jedoch heute undenkbar in Folge des auf die höchste Spitze getriebenen Nationalitätscultus.

Wenn man die Griechen von dem Standpunkte als Erben der Türken anführt, so fügt man hinzu, daß dieses Volk sich noch in den Kinderjahren befindet; es möge sich zuerst dazu vorbereiten und dann daran denken, eine leitende Rolle auf der Balkanhalbinsel und im Archipelagos zu übernehmen. Wenn man alle Um= stände der Lage der gegenwärtigen Griechen in's Auge faßt, so muß man zugestehen, daß die Griechen wirklich noch nicht genügend vorbereitet sind, um einen Plan, der auf Jahrzehnte hinaus ihre Politik bestimmen würde, in's Werk zu setzen. Unter den gegenwärtigen politi= schen Verhältnissen ist für die Herrschaft und Macht= entfaltung einer Nation vor Allem nothwendig, daß alle Schichten der Bevölkerung in materieller und intellec= tueller Hinsicht entwickelt sind, ferner, daß man auf die Unterstützung einer benachbarten Großmacht stets rechnen

kann und daß die innere Organisation und Rechtsord=
nung auf fortschrittlicher nationaler Grundlage auf=
gebaut sei, denn mit bloßem Enthusiasmus und patrioti=
scher Begeisterung ohne entsprechende Thatkraft und
Wirken kann das Ziel niemals erreicht werden.

Unter den obwaltenden Umständen sind die
Griechen nicht in der Lage an den Ufern des Bosporus
(Panhellenismus), wo jedes politische Problem so vielen
Schwankungen unterworfen ist, sich in politische Compli=
cationen einzulassen. Nach vierzig, fünfzig Jahren, in
dritter Generation könnten für die Griechen die günstigen
Umstände eintreten, wo sie sich, nachdem sie alle ihre
materiellen und intellectuellen Kräfte in der Begeiste=
rung für die nationale Sache großgezogen haben, die
Unabhängigkeit der gesammten Nation zu erkämpfen,
befähigt sein. Die Griechen haben im Laufe ihrer
mehr als tausendjährigen Existenz den höchsten Punkt
der Entwicklung auf dem Gebiete der Philosophie und
Poesie erreicht, heroische Thaten vollbracht und große
Triumphe im Kampfe mit den Feinden erfochten, später
jedoch fielen sie in der Knechtschaft und Erniedrigung,
und ihrer nationalen Existenz drohte selbst Gefahr und
Vernichtung, doch trotz alledem lebt und hofft noch
immer das Volk. Die Griechen bildeten eine weithin
strahlende Leuchte in der geistigen Verfinsterung Europas
während des Mittelalters; sie bewahrten und über=
brachten Westeuropa die alten Classiker, Philosophen,
Geschichtschreiber und Dichter. Diese Meisterwerke
bildeten die Grundlage des Wiederauflebens und Wieder=
erwachens der Künste und Wissenschaften in Europa
und des Fortschrittes seiner Völker. Im Verlaufe der
ganzen Zeit der neueren Geschichte bis auf unsere Tage
leiten die griechischen Classiker die Völker auf dem
Wege der Civilisation und die ausgezeichnetsten Männer
der Wissenschaft und Kunst in Europa sind mit der
griechischen Literatur und Cultur des Alterthums zur

Zeit, als sie das goldene Zeitalter erreichte, viel be-
kannter und vertrauter als die Griechen der Gegenwart selbst.

Die langjährige Knechtschaft hält theilweise noch
heute die Griechen in großer Stagnation. Ihre dunklen
Vorurtheile stellen sie in einen ungleichen Kampf mit
der nationalen Wiedererstehung. Es steht daher dem
Griechen noch eine große Arbeit bevor, bis er sich von
der geistigen Knechtschaft befreit haben wird und bis
er zur eigenen nationalen Erkenntniß gelangt, seine
Unabhängigkeit und Freiheit erreicht haben wird. Der
Eintritt eines so glücklichen Zustandes für den Griechen
kann nicht in nahe Aussicht gestellt werden. Es hängt
sehr viel von der nationalen Begeisterung und dem Bestreben ab, sich auf Grundlage moderner Cultur zu
vervollkommnen: dann kann er sich vielleicht die Gunst
einer benachbarten Großmacht erwerben und auch vielleicht der Hilfsleistung von ganz Europa sicher sein.

Was die Diplomatie betreffs der Griechen anbelangt, so überläßt sie es fatalistisch dem Gange der
Ereignisse. Sie kann mehr oder weniger befördernd
einwirken, aber jedenfalls versteht es die moderne
Diplomatie nicht, den Griechen einen neuen National-
organismus zu schaffen. Wenn aber die Griechen
selbst fortschreiten und sich ihren National-Organismus
erweitern werden, alsdann werden die Diplomaten die
bestehenden Verhältnisse sanctioniren, weil in diesem
Falle die Logik der Thatsachen — logique des faits
— den Diplomaten die Regel vorschreiben wird. Die
Diplomatie, welche sich in orientalischen Angelegenheiten oft dazu entschließen muß, was sie nicht will,
hat zu dem, was sie wollen soll, kein Programm und
es mangelt ihr an jeder Initiative. Die historischen
Entwicklungen sind mächtiger und gewaltiger und
nehmen für die Diplomatie oft einen unerwarteten
Verlauf.

Um von dem gegenwärtigen Standpunkte der
Griechen, ihrer Fähigkeiten und Meinungen einen
Blick auf die Zukunft zu werfen, so ist Folgendes zu
bemerken: Wenn auch das Lebensideal der Griechen
das schöne Gutseinlassen und zu oft der süße Müßig-
gang ausmacht, so ist doch der Grieche zu gleicher Zeit
ein Naturkind des Meeres und seine Thätigkeit von
Kinderbeinen an dem Handel gewidmet. Wenn diese
Natureigenschaften der Griechen in ihrer Entwicklung
durch Nichts beeinträchtigt werden, so kann sehr leicht
geschehen, daß ihre Herrschaft sich nicht auf den Bosporus, sondern auch auf das Schwarze und Mittel-
ländische Meer erstrecken wird. Die Griechen würden
alsdann die erste Stelle bezüglich der Schiffahrt und
des Handels im Oriente einnehmen, was selbststrebend
den Neid und die Eifersucht der anderen Mächte hervorrufen müßte. Daß diese Erwägungen und Be-
denken, welche die Großmächte schon in Berücksichtigung
gezogen haben, die endgültige Entscheidung der Frage
bezüglich der Griechen am Bosporus außerordentlich
schwierig und complicirt gestaltet, ist einleuchtend. Vor
allem Rußland, wiewohl desselben religiösen Bekennt-
nisses, wird alle Hindernisse machen, alle Mittel und
Mittelchen in Bewegung setzen, um seinen Besitz am
Schwarzen Meere vor der griechischen Concurrenz zu
schützen. Rußland wird darnach trachten, daß, im
Falle es nicht selbst die Herrschaft am Bosporus erhält, dort wenigstens eine schwache Nachbarmacht, eine
kleine Nation die Herrschaft innehabe. Andererseits
wird England als erste Seemacht, dessen Handelsthätigkeit und Wirkungssphäre alle Meere umfaßt, nicht
zugeben, daß eine große Machtentfaltung Griechenlands
in den südlichen europäischen Gewässern platzgreife,
denn sonst würde die handelspolitische Stellung Englands im Oriente einem empfindlichen Hindernisse begegnen. Oftmals wurde es unter Staatsmännern

Englands besprochen und auch schriftlich verfaßt, daß
die Vereinigung Italiens und die für die Zukunft sich
ergebende Verstärkung der italienischen Flotte ungünstig
auf Englands Handel und Schiffahrt im Mittelmeere
zurückwirken würde; es gab auch in der That in
England eine Partei, welche den nationalen Bestre=
bungen der Italiener sehr abhold war. In England
sieht man die Folgen voraus, welche es haben würde,
wenn zu der allerdings noch kleinen italienischen Flotte
auch noch die griechische sich gesellen würde, denn beide
vereint und entwickelt, würden sie die englische Flagge
ganz aus dem Oriente verdrängen.

Diese Zeilen waren schon geschrieben, als die
letzte Blokade der griechischen Häfen stattfand, und
dies Vorgehen der Großmächte rechtfertigt unsere oben
ausgesprochene Meinung, daß diese Mächte der Ent=
wicklung und Vergrößerung Griechenlands, zumal seiner
Flotte kein Wohlwollen entgegenbringen; wie wir
Solches vor Jahren schon mehreren einflußreichen
Griechen Constantinopels gegenüber zum Ausbruck ge=
bracht haben.

In den letzten Decennien bestreben sich auch
Oesterreich und Deutschland ihren Wirkungskreis und
ihre Handelsbeziehungen an den Küsten des Mittel=
meeres und im Oriente auszudehnen, es ist daher
schwierig zu sagen und zu entscheiden, ob diese beiden
Großmächte auf das Emporblühen und Emporsteigen
der Griechen im Mittelmeere und im Oriente günstig
schauen werden; das Gegentheil dürfte eher der
Fall sein.

Aus Allem diesem folgt, daß den Griechen außer=
ordentliche Schwierigkeiten bevorstehen, um die türkische
Erbschaft zu übernehmen. Die wirkliche Sachlage recht=
fertigt vollkommen die Klage manches griechischen
Patrioten, daß seit den Befreiungskriegen der Griechen
die europäischen Großmächte Griechenland nur platonische

Anhänglichkeit erweisen, jedoch einen offenen Beistand
und Hilfsleistung stets versagen. Es ist ferner noch
wichtig zu wissen, daß die gänzliche politische Unabhängigkeit der Griechen auch davon bedingt ist, in
welcher Richtung sie dieselbe zu erreichen sich bestreben
werden. In dieser Hinsicht muß die Thatsache bemerkt werden, daß einige Länder, welche seit uralter
Zeit als griechische bekannt sind, jetzt größtentheils von
Slaven besetzt sind, wie z. B. Rumelien, Macedonien.
In diesen Provinzen sind nur an den Küstenstrichen die
Griechen stark vertreten, während im Innern es schwer
ist, den Bulgaren vom Griechen zu unterscheiden. Es
gibt keine Demarkationslinie in diesem Theile des
Landes zwischen Bulgaren und Griechen, aber die
Inseln des Archipelagos und Candia, die westliche Küste von
Kleinasien, wo Smyrna als eine bedeutende griechische
Handelsstadt sich erhebt, und andere Küstenstriche Klein-
asiens sind ganz und gar von Griechen bevölkert und
stellen eine günstige Zukunft der Griechen in diesen
Landstrichen sicher.

Die auswärtige Hilfe und Unterstützung, welche
im Anfange dieses Jahrhundertes so vortheilhaft für
die Unabhängigkeit der Griechen war, überging allmälig auf die Slaven und im letzten Decennium
schuf man das bulgarische Fürstenthum, in dessen Zukunft noch mannigfaltige Ereignisse zu erwarten sind.
Nun übergehen wir zur Betrachtung der Zukunft
der Slaven auf der Balkan-Halbinsel:

Die Völker der Balkan-Halbinsel.

Die Balkanslaven besitzen ihre neue politische
Stellung und Umgestaltung im Vergleiche mit den
Griechen erst seit einer viel späteren Zeit, denn während
die Griechen, durch die maritime Lage begünstigt,
schon wiederholt für ihre Unabhängigkeit zu den Waffen

griffen, befanden sich die Serben und Bulgaren auf der
Halbinsel fest eingeschlossen noch lange im tiefen Schlafe.
Die österreichischen Siege über die Türken unter dem
Prinzen Eugen von Savoyen weckten zuerst die Serben,
bei welchen sich das Nationalitäts=Princip mehr er=
halten hatte, als bei den Bulgaren, aber doch auch
zu schwach, als daß sie sich der türkischen Machtsphäre
hätten früher entziehen können. In jener Zeit existirte
in Europa kein Nationalitäts=Princip, und Oesterreich,
durch die Angelegenheiten in den bis an die Donau
neu eroberten Ländern stark in Anspruch genommen,
konnte seine Aufmerksamkeit den Balkan=Christen nicht
zuwenden. Dagegen haben die russischen Kriege mit
der Türkei das orientalische Kreuz auf dem Schilde
getragen und die Russen haben ihre Glaubensgenossen
der Balkan=Halbinsel aufgemuntert, gegen den gemein=
schaftlichen Feind, die Mohamedaner, die Waffen zu
ergreifen.

Die Christen begrüßten die Russen in jener Zeit
als ihre Befreier; die Russen verbrüderten sich zur
Erleichterung des Kampfes mit allen Christen ohne
Unterschied, zogen dieselben mit in's Bündniß und
versahen sie mit Geld und Waffen. Wenn auch die
selbstständige Bestrebung bei allen Christen der Türkei
sich vom mohamedanischen Joche zu befreien, bekannt
war, so vermochten sie es nicht zu thun ohne äußere
Beihilfe. Die russischen Feldzüge waren es, welche
als Hebel in die Mitte der halb schlummernden Christen
der Türkei eingesetzt wurden und sie zu neuem Leben er=
weckten. Die Montenegriner, Moldau=Wallachen, die
Serben, die Griechen nacheinander und endlich die
Bulgaren wurden allmälig zur Selbstständigkeit
und Unabhängigkeit berufen; dies ist einer der wich=
tigsten und lehrreichsten Gegenstände der modernen
Geschichte im Allgemeinen und des Orients im Be=
sonderen. Nachdem Rußland viel im Anfange zur

Selbstständigkeit dieser Völker beigetragen hatte, über=
ließ es hernach, ob mit Recht oder Unrecht, ob
aus freiem Antrieb oder nicht, sie ihrem eigenen Schick=
sale. Wir sehen, daß im Laufe der Zeit die Moldau=
Wallachen, Serben, Griechen auf Grund ihrer National=
bestrebungen sich in kleine abgesonderte Staaten or=
ganisirt hatten, ferne vom directen Einflusse des Aus=
landes, nur manchmal sich zu jener oder dieser Groß=
macht hinneigend. Bezüglich ihrer Staatsgestaltung
und nationalen Entwicklung, ihrer Armeeorganisation
und innerer Verwaltung ließen sie sich durch die
Principien der Westmächte Europa's leiten, vorzüglich
durch jene Frankreichs, dessen Einfluß stets groß war.
In allen Angelegenheiten des inneren Lebens, der
Sitten und Gebräuche waren sie die größten Anhänger
und Nachahmer Frankreichs und ebenso hinsichtlich der
Bildung und des wissenschaftlichen Fortschrittes konnten
sie sich von Frankreich nicht wegwenden. Blos in ver=
einzelten Fällen und Angelegenheiten konnten Rußland
oder Oesterreich ihren Einfluß geltend machen. So
standen die Sachen bis zum russisch=türkischen Kriege
oder bis zum Berliner Vertrage, wo Bulgarien seine
Unabhängigkeit erlangte.

Jetzt änderte sich auf einmal das Bild. Alle
Großmächte schenkten die größte Aufmerksamkeit den
kleinen Staaten der Balkanhalbinsel; die kleinsten Er=
eignisse hierselbst wurden den europäischen Staaten be=
richtet und überall zahlreiche politische und Handels=
Agenten unterhalten. Das befreite Bulgarien war
Rußland mehr als alle übrigen kleinen Balkanvölker er=
geben und unterthänig, aber, das Letzte in der Reihe
der schon organisirten kleinen Staaten, begann es die=
jenige Richtung zu verfolgen, welche von seinen kleinen
Nachbarn eingeschlagen wurde, d. h. die Anbahnung
einer vollkommenen nationalen Selbständigkeit.

Die Patrioten und einheimischen Bürger dieser
kleinen Staaten trugen sich mit der Absicht um, — die
sie auch öffentlich aussprachen — ein festes Bündniß
im Sinne eines Defensiv- und Offensiv-Vertrages
zwischen den fünf Balkanstaaten: Rumänien, Serbien,
Griechenland, Montenegro und Bulgarien abzuschließen,
aber manche Vorurtheile, Sonderinteressen und Ungleichheit der Bildung ließen diesen Plan nicht zur Ausführung bringen, oder trugen zur Verschiebung eines
solchen Bündnisses bei.

Wenn eine solche Allianz der kleinen Donau- und
Balkanstaaten zu Stande kommen sollte, dann steht eine
Conföderation dieser Staaten im Sinne des Nationalitätsprincipes in nächster Zukunft bevor. Eine solche
Conföderation kann nur heterogener Natur sein, denn
die drei Völkerschaften: die Serben, Montenegriner und
Bulgaren einerseits und die Rumänen mit den Griechen
andererseits sind vom Standpunkte der Nationalität
heterogener Abstammung, und wenngleich sie alle einer
Kirche angehören, so fällt dieser Umstand weniger in
die Waagschale, da bei den gegenwärtigen Verhältnissen
das Nationalitätsprincip gänzlich die Angehörigkeit zu
einer und derselben Kirche überwiegt. Eine solche
Donau-Balkan-Conföderation kann nicht günstig sein
für die Herrschaft der Türken am Bosporus. Was die
Großmächte betrifft, so theilen sich ihre politischen Bestrebungen in die der Westmächte und jene Rußlands;
von den Westmächten sind besonders Oesterreich, Italien
und England durch die Balkan-Angelegenheiten vielfach
in Anspruch genommen, und ihr moralischer Einfluß befördert aus verschiedenen Gründen die Selbstgestaltung
der kleinen Staaten. Es gilt dies für Oesterreich besonders, dessen eigenes Staatsprincip auf der Erhaltung und Autonomie der einzelnen Nationalitäten sich
gründet; hingegen für Rußland bleibt immer e i n e
wichtige Frage, nämlich: die s l a v i s c h e, welche auf

die Gestaltung und den Ausbau der Balkanstaaten be=
fördernd, einwirken muß.

Durch Gründung und Entwickelung der conföde=
rativen Staaten wird auf der Balkanhalbinsel das
Gleichgewicht stabiler und in der Zukunft stark an die
österreichischen Slaven gravitiren.

Wenn aber aus der Mitte der Conföderation die
Slaven freiwillig oder in Folge von Umständen aus=
treten und Rußland die Hand reichen werden, dann
wird das Princip des Panslavismus unter Rußlands
Suprematie verwirklicht, und eine ganz neue Ordnung
und eine neue Richtung den Ereignissen für die Zukunft
gegeben. Im ersten oder zweiten Fall — ob Con=
föderation oder Suprematie Rußlands — werden die
Folgen für Oesterreich sehr verschieden sein.

Man ersieht demnach aus Allem, daß aus der
politischen Finsterniß, welche in Bezug auf die Völker
der Balkanhalbinsel immer herrschte, sich zwei politische
Strömungen gebildet haben, die beide im Kampfe gegen
und neben einander sind. Weder nach mathematisch=
statistischer, noch historisch=politischer Wahrscheinlichkeit
läßt sich jetzt die zukünftige Umgestaltung voraussagen,
im Falle sich die Westmächte Rußland gegenüber, oder
Rußland gegen die Westmächte nachgiebig zeigen
sollte. Für den Fall des Widerstandes ist der Krieg
unvermeidlich. Der Sieger kann für sich das Mittel=
meer=Bassin beanspruchen, und darin liegt die Bedeu=
tung des Sieges, in der Suprematie am Mittelmeere,
wozu die Balkanvölker und Constantinopel die einzelnen
Etappen sowohl für die Westmächte, als auch für
Rußland bilden. Und der Herrscher am Mittelmeere
wird an die Herrschaft über Asien denken; denn nach
der Lösung der nächsten Orientfrage wird sich dann
die asiatische Frage an die politische Tagesordnung vor=
drängen. Dies ist der Gang der modernen Welt=
geschichte.

Die Beziehungen Rußlands und der Westmächte zu den Völkern der Balkanhalbinsel.

Bereits seit ungefähr einem Jahrhundert ging Rußland allmälig unter dem Einflusse der Cultur Westeuropas aus dem Alt‑Russenthum in das moderne westeuropäisch civilisirte Russenthum über, als nämlich die Sitten, Gebräuche, das Schalten und Walten, die Literatur und Industrie nach damaliger herrschenden französischen Art in Rußland eingeführt wurden. Es fand sich damals in Zurückgezogenheit ein Kreis von Männern in Moskau zusammen, der es sich zur Aufgabe stellte, dem russischen Leben und der russischen Literatur das Gepräge des slavischen oder altrussischen Typus beizubehalten und von jedem fremden Einflusse des Westens rein zu halten. Die Männer dieser Categorie bereisten in verschiedenen Zeiten und besonders in den vierziger und fünfziger Jahren manche von den Slaven bewohnte Länder der Türkei, wo sie vorzüglich die slavischen Volkslieder, Legenden und Sagen sammelten und dieselben dann in Moskau verwertheten. Die Anhänger dieses slavischen Kreises, zu dessen Mitgliedern sich selbst Universitätsprofessoren rechneten, gingen offen in der slavischen Nationaltracht mit Hammelhut, hohen Stiefeln und einen ledernen Gürtel um den Leib herum, sie wurden als Slavophile bezeichnet und besaßen in ihrer Mitte bedeutende schriftstellerische Talente, welche es sich zur Aufgabe stellten, hinsichtlich der russischen Philologie und Literatur sich nur auf das Slavische als Grundlegende zu beziehen. In den sechziger Jahren erweiterte sich dieser Kreis sehr bedeutend und näherte sich den Regierungssphären. In Folge dessen wurden im Auftrage der Regierung Männer dieses Kreises nach den slavischen Ländern der Türkei geschickt und Regierungsstipendien an den Universitäten und Seminarien für Balkanslaven creirt. Der slavophile Kreis

der Russen in Moskau war bereits im Besitze bedeu=
tender Fonds und gründete eine Zeitung und eine Ge=
sellschaft. Im Anfange besaß dieser slavophile Kreis
eine ebensolche Stellung und Richtung wie die Gelehrten
und Alterthumsforscher in Deutschland, Frankreich,
England, welche nach Rom gingen, um durch wissen=
schaftliche Untersuchungen und Forschungen die Zusam=
mengehörigkeit der Cultur der westeuropäischen Völker
mit derjenigen Roms darzuthun und die Forschungen in
gemeinsame Bahnen zu lenken.

In späteren Jahren erlangte der slavophile Kreis
einen besonderen Aufschwung, es wurde nämlich mit
Genehmigung der Regierung ein slavischer Ausschuß in
Petersburg mit weitgehenden Vollmachten betreffs der
Balkanslaven gebildet. Es ist noch zu erwähnen: der
slavische Gelehrten = Kreis von Moskau veranstaltete
während der ethnographischen Ausstellung eine Versamm=
lung hervorragender Slaven aus allen slavischen Län=
dern der Türkei und Oesterreichs und alle eingeladenen
und zugereisten Gäste wurden auf Staatskosten nach
Moskau befördert und verpflegt. Während des russisch=
türkischen Krieges entfaltete der slavische Ausschuß seine
Thätigkeit in vollem Maße, die einen philanthropisch=
politischen Anstrich im Sinne der gemeinschaftlichen
slavischen Verbrüderung hatte. Der slavische Wirkungs=
kreis gewann allmälig in Rußland an Grund und
Boden, trotzdem daß manchmal die Stimmen von
Privaten und in den öffentlichen Blättern, die dem
entgegen spaltenlange Artikel über diesen Gegenstand
brachten, um von einer allgemeinen slavischen Bewegung
das Volk abzuhalten.

So und ähnlich, für und dawider sprachen viele,
aber der letzte russisch=türkische Krieg vom Jahre 1877
wurde unternommen, um die „Brüderchen" Slaven vom
Joche der Türken zu befreien. Die Serben eröffneten
unter Tschernajew den Krieg, und die bulgarischen

Freiwilligen neben der russischen Armee beendeten den=
selben, wodurch sich die Bulgaren ihre Selbständigkeit
und Unabhängigkeit erkämpften. Oesterreich verhielt sich
reservirt, Rußland praedominirte und die Verbrüderung
mit den Slaven des Balkans war eine vollständige.
Die Machtstellung der Serben, Bulgaren und Montene=
griner ruhte in den Händen der Russen, die über das
weitere Schicksal und die Grenzen ihrer Reiche zu ver=
fügen hatten. Die Grenzen Groß=Bulgariens und
damit des ganzen Slaventhums waren durch den Ver=
trag von San Stefano bis an das Egeische Meer
gezogen, und die zahlreichen Streitkräfte Rußlands
lagerten schon an den Küstenstrichen des Marmara=
und Egeischen Meeres. — Die Griechen waren regungs=
los, sogar ohnmächtig und rührten sich nicht, die Türken
befanden sich gedemüthigt, nahe ihrer Vernichtung und
Austreibung, und das Problem des Panslavismus
schwebte greifbar in der Luft. Ganz Europa schaute
bangen Herzens dem Endergebnisse der politischen Um=
gestaltung zu. Aber was geschah? — Statt Belohnung
und Krönung des Sieges traten die Russen .... zurück,
sie waren genöthigt, den Krieg abzuschließen und auf
dem Berliner Congreß ihre Rechte mit Mäßigung und
Nachgiebigkeit zur Geltung zu bringen. Die Ursachen
zu einer solchen Wendung der Dinge werden verschieden
in West=Europa und in Rußland angegeben. Bulgarien
war jedoch befreit und erhielt seine Selbständigkeit.

Es kommt hier noch ein wichtiger Punkt zur Er=
örterung, nämlich daß im Kreise der russischen Diplo=
maten und Staatsmänner Uneinigkeit und Widerspruch
herrschte betreffs des weiteren Schicksals des befreiten
Bulgarien. Wenn einige Bulgarien mit russischer
Verwaltung und russischen Einrichtungen zu versehen
dachten, wollten hingegen andere die Bulgaren ihrer
eigenen Initiative und ihrer eigenen Selbstbestimmung
überlassen ohne jedwede fremde Einmischung, zwischen

26*

diesen beiden sich so widersprechenden Ansichten konnte
Niemand die richtige maßhaltende Bahn einschlagen.

Um diese Zeit waren die Bulgaren noch ganz
fremd in der Verwaltung und sie besaßen keine bedeu=
tenden Männer in irgend welcher Hinsicht. Der neu=
gewählte Fürst war jung und unerfahren, und Rußland
hat außer einigen jungen Stabsoffizieren, die ihre
Pflicht ausgezeichnet vollführten, dem jungen Bulgarien
keine sachkundigen und erfahrenen Staatsmänner und
Staatsbeamte für das Gerichts=, Finanz= und Unter=
richtswesen geschickt, es mußten daher diese Agenden
anmaßenden und unwissenden Männern anvertraut
werden. Ebenso verhielt es sich mit dem Ackerbau und
der Landwirthschaft, dem Bergbau und Forstwesen,
welche sich in höchst verwahrlostem Zustande befanden,
so wie es die türkische Willkürherrschaft und Wirth=
schaft verlassen hatte; nirgends bemerkte man eine
Canalisation, Brücken= und Straßenbau, nur einige
steinerne Häuser wurden in Sophia und Philippopel
aufgeführt und noch einige Kleinigkeiten, dies war alles,
womit die Russen ihren Einfluß unter den Bulgaren
einführten. Statt ein Kind der geistig und körperlich
gesunden Amme anzuvertrauen, überließ man es dem eige=
nen Schicksale, und statt einer regelrechten Ernährung und
Erziehung wollte man das Kind mit Süßigkeiten und
Spielzeug sich begnügen lassen. Ein solches Kind war
eigentlich im Anfange seiner Unabhängigkeit Bulgarien,
das ähnlich den anderen befreiten christlichen Völkern
der Türkei seinen eigenen Weg auf die Selbsterhaltung
seiner Nationalität und Unabhängigkeit einschlug und
mit eigenen Kräften sich zu verjüngen dachte. Zahl=
reiche bulgarische Studirende füllen seither die Säle und
Hallen der Universitäten und Hochschulen Oesterreichs,
Deutschlands, der Schweiz, Frankreichs und Belgiens,
welche als Blüthe der neuen Generation sich zum natio=
nalen Aufschwung vorzubereiten trachten, ohne die russi=

schen Instructoren dazu zu bedürfen. Auch der militärische Einfluß Rußlands war allmälig in Bulgarien vernichtet, die russischen Offiziere sahen den Boden unter sich schwinden, fühlten sich schwer getroffen, bis auch sie endlich Bulgarien verließen und Bulgarien den Bulgaren allein verblieb.

Das ist eben jener Zustand, über den sich ein politischer Publicist an der Newa im Monate März 1886 in den Columnen der „Novoje Wremia" folgendermaßen äußerte: „Es genügte nicht mit Opfern des Blutes und Geldes allein Bulgarien uns zu verbinden, sondern die Bande der modernen Cultur und des Fortschrittes sollten uns mit Bulgarien vereinigen. Wir vermochten es nicht!" — Hierin liegt ein tiefer Sinn und Erkenntniß großer Unterlassungsfehler von Seiten Rußlands, denn in der Friedenszeit, wo die wahren Arbeitstage der humanen Entwickelung beginnen sollten, hatten die Bulgaren keine feste Grundlage und bewährte Führer zu ihrer Geistesarbeit und Entwickelung. Allmälig stürzte sich Alles, jung und alt, hoch und nieder, reich und arm, aber alle unbegabt an die Regierungsmaschine, und die Folge war, daß Herrschaft in allerlei schwankende politische Verwickelungen gerieth; jeder im Lande spielte sich auf den Politiker aus und beurtheilte alles aber ohne Urtheilsvermögen; jeder im Lande dachte ein bulgarischer Minister zu sein, das Land zu beglücken; alle Unzufriedenen in Ostrumelien zogen nach Bulgarien und aus Bulgarien nach Ostrumelien. Solche temporären Uebersiedelungen geschahen manchmal massenhaft, und nirgends vermochten die Unzufriedenen sich Befriedigung zu verschaffen. Die politische Intrigue in dem ersten Lustrum der bulgarischen Unabhängigkeit, welche von Philippopel aus in Gang gesetzt wurde, gab Niemandem Ruhe und Behaglichkeit; der allgemeine politische Wirrwarr war die Folge davon und bemächtigte sich aller Geister.

Im Allgemeinen gesagt wurde in dieser Zeit in Bulgarien sehr Vieles, sowohl Gutes als auch Schlechtes geschaffen. Inzwischen ist aber das oben angeführte Kind bereits gewachsen, hält sich fest an seine Selbständigkeit, nachdem sich die Zeiten geändert, zahlreiche Personen nach einander · in der Führung der Staatsgeschäfte gefolgt sind, und der politische Horizont seine Farbe vielfach gewechselt hat. Rußland, welches Bulgarien vom türkischen Joche befreit hat, will dasselbe durchaus nicht aus seiner Machtsphäre entrückt wissen, denn Bulgarien bietet eine wichtige strategische und politische Position für die weitere Verwirklichung der russischen Pläne im Oriente, welche jetzt in eine neue Phase ihrer Entwickelung einzutreten scheinen. Rußland, als eine große Militärmacht des Orientes, hatte wenigstens kein Vierteljahrhundert unterlassen, um seine traditionelle Politik gegen Süden nicht offenkundig zu verfolgen, sei es durch Kriege oder auf dem Wege der Diplomatie. Dies weiß und kennt man schon in Europa ganz gut (s. o.).

Wenn man den Gegenstand vom russischen Gesichtspunkte aus betrachtet, so ergeben sich viele Gründe dafür, die ihrer historischen Bedeutung durchaus nicht ermangeln. In früherer Zeit besonders, und auch jetzt noch, werden die · kirchlichen Angelegenheiten Rußlands mit Constantinopel in Verbindung gebracht, und ferner die ethnischen und Racenangelegenheiten bringen Rußland mit den slavischen Völkern des Balkan in Connexion.

Auf diesen zwei Elementen gründet sich jeder Schritt Rußlands, nach seinem „unverrückt verfolgten Ziele", dem Süden zuzustreben, und es ist ganz auffallend, daß diesem Streben die geschwächte Türkei nur sehr geringen Widerstand leisten kann, während Rußland von Jahr zu Jahr seine Machtstellung mehr und mehr entfaltet. Auch der gegenwärtige Moment ist ein bedeutender, denn Rußland brachte seine Seemacht am

Schwarzen Meere wiederum zur Geltung, seine Armee, schlagfertig vorbereitet und überlegt, schickt sich an, in Bulgarien einen militärischen Vorposten aufzustellen.

Wenn die großen Völkerracen, wie die romanische und germanische, sich zur ethnisch-historischen und leitenden Führung und Civilisation für die übrigen Welttheile emporgeschwungen hatten, ebenso strebt Rußland, diesem Principe folgend, als leitende Macht an die Spitze seiner Racenangehörigen, der Slaven, zu treten. Rußland befindet sich auf dem Wege dieses Bestrebens, jedoch welche Mittel es anwenden wird, um zu diesem Ziele zu gelangen, darüber läßt sich vorläufig nichts endgiltig entscheiden, nur dies mag bemerkt werden, daß militärische Eroberungen allein nicht zum wirklichen Uebergewicht in unserem Jahrhunderte führen. Mag es so oder anders geschehen, die Vereinigung aller Slaven unter der Suprematie Rußlands, wobei die kleinen Völker — wie Rumänen, Griechen ꝛc. — nicht in Betracht gezogen werden, denn sie müssen in der Fluth des Slaventhums aufgehen, wurde schon seit lange vorausgesehen,*) stößt auf außerordentliche Hinder-

---

*) Wir entnehmen aus dem Tagebuche des Dr. Barth O'Mera, eines englischen Arztes, der auf St. Helena den Napoleon pflegte und öfters über verschiedene politische Fragen mit demselben sich unterhielt, einige Betrachtungen Napoleon's über die Zukunft Rußlands, welche in neuer Zeit eine besondere Bedeutung haben. Im Monate Mai des Jahres 1817 sagte Napoleon zu seinem Arzte: „Es wird schon einmal der Tag kommen, wo Rußland Indien überfallen oder mit aller seiner Macht über Europas einen Punkt sich hermachen wird. Als der russische Kaiser Paul über England sehr erzürnt war, erbat er sich von mir einen Plan zur Eroberung Indiens, welchen ich ihm auch ganz detaillirt einsandte.“ Nachher fuhr Napoleon mit dem Finger über die Landkarte und sprach: „Um sich Central-Asiens zu bemächtigen, muß Rußland einen Hafen jenseits des Kaspischen Meeres besitzen. „Rußland“, bemerkte Napoleon weiter, wird entweder siegen oder gänzlich fallen, aber nach Allem ist vorauszusehen, daß Rußlands Größe und Macht steigen wird. Rußland

niſſe ſelbſt von Seite der Slaven und der anderen
kleinen Völker, welche in dem Anfangsstadium ihrer
ſtaatlichen Organiſation weitausgehendes Unabhängig-
keitsſtreben bekunden und nur höchſtens dann ſich unter
die Suprematie Rußlands neigen werden, wenn die
Vortheile, welche ſie im ruſſiſchen Einfluſſe bemerken
werden, ſchwerer in die Wagſchale fallen. Zu dieſen
Hinderniſſen geſellen ſich noch ferner die auswärtigen
ſeitens der Großmächte und beſonders von Seite des
angrenzenden Oeſterreich, hierauf von Italien, England
und eine Zeit lang auch von Seite Frankreichs, (als
letzteres noch Kaiſerthum war).

---

wird ſeinerzeit Indien angreifen, denn es ſind unwiderſtehliche
Bedingungen für Rußland vorhanden, welche es nach jener
Gegenden hintreiben“. Der Doctor meinte darauf, daß die Ent-
fernung bis nach Indien groß iſt, und daß Rußland zu ſo einem
rieſigen Unternehmen nicht ſo viel Geld habe. Darauf entgegnete
Napoleon: „Die Entfernung iſt hier nicht von ſo großem Belange, denn auf Kameelen können alle Bedürfniſſe des Heeres
transportirt werden und die Koſaken werden ſchon überall die
ihnen nothwendige Fourage finden. Was das Geld und die
Koſten anbetrifft, ſo findet es Rußland ſogleich, ſobald es nur
Indien betritt, und die Reichthümer einiger eroberten indiſchen
Städte werden hinlänglich genügen, um die Beuteluſt der Soldaten
zu ſtillen. Nachher“, ſetzte Napoleon mit beſtimmter Vorahnung
fort, „wird ein Tag kommen, an dem Rußland den ganzen Orient
in ſeinem Beſitze haben wird, ja ſogar auch Griechenland. Als
Herrſcher des Orientes wird Rußland im Beſitze einer großen
Seemacht ſein, und unter dieſen Umſtänden muß Rußland mit
England zu einer kriegeriſchen Auseinanderſetzung kommen, deren
Folge der Verluſt Indiens für England ſein wird“. Weiter be-
merkte Napoleon, daß er unter ſolchen Vorausſetzungen der
Machtentwickelung Rußlands entgegentreten wollte, und, um die
Gefahr von Europa abzuwenden, das Königreich Polen wieder
herzuſtellen gedachte. Aber dieſen ſeinen großen Bemühungen in
dieſer Hinſicht arbeitete die engliſche Diplomatie ihm entgegen,
jene Diplomatie, die, ſtatt zur Größe ihres Vaterlandes, zur
Größe Rußlands beitrug. Es ſind ungefähr 70 Jahre ver-
floſſen und jetzt kann Jeder beurtheilen, inwiefern Napoleon's
Ahnungen und Vorausſetzungen ſich ſchon verwirklicht haben.

Die Einflußnahme Oesterreichs auf die Völker der Balkan-Halbinsel war anfangs gering, unbestimmter, wandelbarer Natur. Zuerst bekannte man sich zu dem Princip der großen Kaiserin Maria Theresia, daß nämlich eine dauerhafte Allianz der Nachbarstaaten, wie Oesterreich und der Türkei, nicht nur dieselben selbst, sondern auch ganz Europa vor dem Uebergewichte des Slaventhums retten könne. Ihr berühmter Sohn, der Kaiser Josef II., kam nach langer Ueberlegung und Nachdenken über die Vertreibung der Türken aus Europa und Theilung ihrer Länder in Gemeinschaft mit der Kaiserin Katharina zu dem Endergebnisse, daß das Regime der Türken dem der Christen am Bosporus vorzuziehen sei, indem das erstere für Oesterreich stets vortheilhafter sein werde. Seit Beginn dieses Jahrhundertes bis zum letzten russisch-türkischen Kriege verhielt sich Oesterreich den Christen der Türkei gegenüber ganz neutral; es verfolgte in der Türkei weder besondere Kirchen- noch handelspolitische Angelegenheiten und Zwecke. Erst seit dem letzten Kriege und dem Berliner Vertrage des Jahres 1878, wo das Nationalitäts-Princip und die nationalen Forderungen der Balkanvölker anerkannt wurden, und keine zu ihrer Beschränkung geneigten Verhältnisse manifestirten, und als Oesterreich die Occupation Bosniens übernahm, war es genöthigt, als Nachbarland die Angelegenheiten dieser kleinen Völker in Erwägung zu ziehen. Durch Eröffnung neuer Verkehrswege und gesteigerte Handelsverbindungen in Constantinopel und den Balkanländern, ebenso wie durch staatsprincipielle Anerkennung der Autonomie seiner Völker begann Oesterreich die Sympathie der Balkanvölker zu gewinnen. Es gab vor einigen Jahren in Constantinopel eine Zeit, wo man es unumwunden aussprach, daß Constantinopel österreichisch sein werde; dieser Ausspruch war jedoch bald verklungen, er er-

schien und verschwand wie ein Sommernachtstraum. Es
unterliegt übrigens keinem Zweifel, daß durch die Eisen=
bahnverbindungen, welche in kurzer Zeit eröffnet werden
sollen, die Balkanvölker noch mehr an Oesterreich ge=
knüpft werden und die Einflußnahme Oesterreichs unter
denselben außerordentlich steigen wird, wenn nur von
Rußland keine Hindernisse gemacht werden, denn außer
Rußland wird daselbst kein europäischer Staat gegen
Oesterreich hinderlich auftreten. Man sieht hieraus,
daß aus den oben angeführten Gründen die Bestrebungen
Rußlands, sowie Oesterreichs in seiner Stellung als
Nachbarland, in welchem selbst siebzehn Millionen Slaven,
45 Percent seiner Bevölkerung durch Racenverwandt=
schaft zu den Balkanslaven neigen, sich Verhältnisse
rivalisirender Natur zwischen diesen Staaten entwickelt
haben und beide Staaten bezwecken und bestreben sich,
ihren Einfluß in den Balkanstaaten maßgebend zu
machen, resp. zur Herrschaft in denselben zu gelangen.
Die zukünftige Entwickelung der Verhältnisse jener Balkan=
staaten ist jedoch in dieser Hinsicht von der Klugheit,
Mäßigung und Nachgiebigkeit oder Widerstand der
leitenden Staatsmänner beider Reiche, Oesterreichs und
Rußlands abhängig. Angesichts der Balkanvölker können
leicht Zwistigkeiten zwischen Oesterreich und Rußland
hervorgerufen werden, ebenso wie zwischen ihnen Ver=
söhnung eintreten kann und beide alsdann die Supre=
matie über die Balkanvölker übernehmen.

Mehr oder weniger sind Italien und England an
der weiteren Umgestaltung der politischen Verhältnisse
am Balkan direct und indirect betheiligt.

Italien, das über die Adria hinüber nicht gleich=
gültig auf die Ereignisse der Balkanhalbinsel blickt,
sondern mit Aufmerksamkeit verfolgt, ist der am meisten
betheiligte Staat des Mittelmeerbeckens. Italien will
seine zukünftige Stellung und seine Interessen, wie es
einst Genua und Venedig besaßen, am Mittelmeere wahren,

deswegen beschäftigt die Umgestaltung der Völkerschaften
auf dem Balkan Italien direct in 'ausgedehntem Maße.
Ob eine einzige große Macht oder einige kleine Staaten
sich auf dem Balkan entwickeln werden, kann für Italien
nicht gleichgiltig sein, denn im ersten Falle, daß eine
große Macht auf der Balkanhalbinsel herrscht, wird
dieselbe auch eine große Bedeutung am Mitelmeere er=
langen und Italien in den Hintergrund drängen, wäh=
rend die kleinen Balkanstaaten Italien auf dessen Bahnen
nicht hindern werden. Dies ist der Hauptbeweggrund
für Italien, um seine Blicke vom Balkan nie abzu=
wenden.

Was England betrifft, dessen Absichten auf die
orientalischen Ländergebiete ebenso unverrückbar
verfolgte Ziele wie Rußland gesteckt sind, und
welches im Jahrhunderte langen Kampfe um eine tra=
ditionelle Stellung als Großmacht im Oriente seine
Existenzbedingungen erblickt, so ist es immer bestrebt,
alle möglichen Hindernisse der Erweiterung der Macht=
sphäre Rußlands gegen das Mittelmeer in den Weg
zu stellen. Dieser Widerstand, welchen England allein
und in Coalition mit anderen Großmächten gegenüber
Rußland einnimmt und jedesmal. offen fördert, hat es
den Russen noch nicht erlaubt, trotz ihrer ruhmreichen
Siege wie im Jahre 1829 unter der Führung von
Diebitsch und während des letzten russisch=türkischen
Krieges in Constantinopel einzuziehen, wie es andere
Sieger thaten, die nach der Niederwerfung des Feindes
in Paris, Berlin, Wien ihre Residenz aufschlugen.
Noch jedesmal waren die Russen, die nach ihren glän=
zenden Siegestriumphen bis in die Umgebung von
Constantinopel kamen, gezwungen, wieder zurückzutreten
und Constantinopel als ein werthvolles Juwel unan=
getastet zu lassen.

Seit der zweiten Hälfte des XVI. Jahrhunderts,
wo England zur Regierungszeit der Königin Elisabeth
in Handelsbeziehungen mit Constantinopel und dem
Orient trat und seit der Besitzergreifung und Festsetzung
in Indien, wodurch England seine Machtsphäre auf
allen Meeren erweitert und gesichert hat, ist es von
seinen asiatisch-indischen Angelegenheiten in hohem Maße
in Anspruch genommen und in eine so rege Verbindung
getreten, daß ein guter Theil seiner Thätigkeit und
sein Wirkungskreis sich im nahen und fernen Oriente
und in den orientalischen Gewässern entfaltet, wobei
Constantinopel und der Orient für Englands Handels-
und politische Stellung als die beste Verkehrs- und
Verbindungsstation für Indien erscheinen, das ferner
noch die zahlreichen, circa 50 Millionen zählenden Mu-
hamedaner Indiens mit ihrem ▆▆▆▆ Oberhaupte in
Constantinopel in Betracht kommen und somit England
zwingen, für dasselbe einzutreten. Hierin basirt die seit
mehr als einem Jahrhundert traditionelle historische
Politik Englands, die Türkei nach Möglichkeit aufrecht
zu erhalten und die Russen durch alle möglichen Mittel
zu verhindern, daß sie sich in den Ländern der Türkei
festsetzen. Die hervorragensten Männer Englands haben
mit außerordentlicher Zähigkeit an dieser Politik fest-
gehalten, und noch heute begeistert und belebt sie die
englischen Staatsmänner und treibt England sofort zum
Widerstande, sobald nur Rußland seine Stellung im
Süden zu erweitern sucht, es hat daher Graf Beaconsfield
nicht umsonst England als eine asiatische Großmacht bezeichnet. Um England näher zu characterisiren,
stellt man die Sache in einem Bilde so vor und sagt:
der britische Löwe liegt oder schläft Jahre lang ruhig,
wird dabei dick und fett, möge die ganze alte und neue
Welt auf seinem Kopfe tanzen, derselbe rührt sich nicht,
berührt man jedoch seine empfindliche Seite, welche dem
Oriente und Asien zugewendet ist, alsdann erwacht der

Löwe, rollt seine Augen, sträubt die Mähne, theilt wuchtige Hiebe nach rechts und links aus und setzt sich zur mächtigen Gegenwehr entgegen.

Worin liegt aber eigentlich die Macht Englands, welches ohne Armee und ohne genügend bewaffnete Streitkräfte schaltet und waltet, sowohl im Inneren als auch nach Außen, und bietet kühn die Stirn einer jeden Gefahr. Darüber wurde schon viel gestritten. Es ist Thatsache, daß keine Macht bis heute so leicht Coalitionen gegen den Feind bilden konnte als England. In den meisten großen Kriegen hat England einen oder mehrere Verbündete an seiner Seite. Im Anfange dieses Jahrhunderts nach der Niederlage und Verlust Nordamerikas war England noch im Stande, einen außerordentlichen Widerstand dem großen corsischen Eroberer in allen Ländern, wohin derselbe seine Kriegszüge unternahm, im Oriente, Spanien, Deutschland entgegenzusetzen, und jener Todesstoß, den Napoleon England zu geben versprach, wurde gänzlich abgeschlagen, bis der große Feldherr sich vor England zu beugen genöthigt sah. England pflegt überall, wo eine fremde Macht in seine Interessen-Sphäre eingreift, so stark als möglich sich dagegen zu sträuben, oder im entgegengesetzten Falle geht es in Compromisse ein und wartet den günstigen Moment ab, und hierin liegt die außerordentliche, elastische Macht Englands, wodurch es immer unverletzbar werden kann.

England ist, nach einigen Stimmen, bestrebt, den Absichten Rußlands Constantinopel und Calcuta zu erreichen, mit allen Mitteln entgegenzutreten und es zu verhindern......., um den Status quo im Orient zu erhalten und damit die Bedingungen der englischen Machtgröße bestmöglichst zu wahren; dies bildet die große Gefahr des Krieges zwischen den beiden Reichen, deren Streitkräfte zu Lande und zu Wasser verschieden und nicht gleichbedeutend sind. Gemäß der Tradition der

englischen Politiker soll die Türkei und besonders Constantinopel den Kriegsschauplatz jenes Kampfes abgeben, der
über die Suprematie über Asien zwischen Rußland und
England, deren Machtsphären allmälig aber stetig näher
aneinanderrücken, entscheiden soll. Es ist aber wichtig zu
berücksichtigen, daß England ein Land zweier entgegengesetzter Strömungen ist. Wenn auch einerseits noch
die alten Traditionen die Masse des Volkes beherrschen,
Volksvorurtheile, kirchlicher Aberglaube und eigenartiger
Sinn der Engländer sich ungeschwächt aufrecht erhält
und den modernen Fortschritt hemmend einen unfrucht-
baren Boden zur weiteren normalen Entwickelung und
Gedeihen des Volkes bildet, so verbreiten sich anderseits
in Folge der näheren Bekanntschaft mit den Verhältnissen des Continents ganz neue Anschauungen im
Lande und führen zu ganz neuen Forderungen und
Aufgaben, deren Lösung jedoch im Lande der Tradition
und des Aberglaubens außerordentliche Schwierigkeit in
der inneren Verwaltung darbietet und in Folge der
Parteikämpfe und Entzweiungen auf die traditionelle
Politik Englands hemmend einwirkt. Die Staatsmänner und Vertreter dieser zweiten Categorie sind
noch nicht sehr zahlreich, aber sie sind bestrebt, neue
sociale und politische Gesichtspunkte dem Volke vorzu-
zeichnen und eine neue Richtung der britischen Interessen
sowohl im Innern als auch nach Außen anzuschlagen.
Dieselben behaupten in Betreff der auswärtigen Angelegenheiten, Englands Machtsphäre stehe so fest und so
groß da, daß Constantinopel und einige Besitzungen der
Türkei die englischen Staatsinteressen gar nicht berühren,
und daher können dieselben ohne etwaigen Nachtheil für
England den Bestrebungen Rußlands anheim fallen.
Diese Staatsmänner finden sogar, daß selbst Indien
nicht mehr jene Vortheile wie in früheren Zeiten für
England darbiete. Und andere wortführende Politiker
und Staatsmänner Englands sprechen es ganz offen

aus, daß die Erweiterung der Machtsphäre Rußlands im Süden und im Mittelmeere den englischen Einfluß und Handel durch das Mittelmeer und den Suezkanal nicht beeinträchtigen kann, und überdies durch die Eröffnung des Panamakanals bietet sich der beste Weg nach Indien dar oder man könnte sogar über Canada den Handel mit Indien leiten. Aus diesem Allem ist nach der Meinung Einiger zu ersehen, daß England in seinem erfinderischen Geiste nicht zu verzweifeln braucht, selbst wenn das Mittelmeer der Machtsphäre Englands entrückt werden sollte. Aber England besitzt einige Inseln als stark befestigte Meeresstationen im Mittelmeere und wird sich dieselben nicht ohne hartnäckigen Kampf entreißen lassen, wenn Englands Sonderinteressen noch in diesem Jahrhunderte angetastet würden. Mag es nun so oder so kommen, immerhin ist es aber schwer zuzugeben, daß England seine traditionelle Politik ohne Kampf aufgeben werde und dann wird die Türkei wohl möglich der Schauplatz dieses Entscheidungskampfes wie es sich Slade, der lange Zeit in der Türkei weilte, vorstellt: „he considers Turkey as only destined to be a field of battle between the rival empires, between the Russia and England." Sollte jedoch England die Unmöglichkeit, auf Grund seiner traditionellen Politik fortzuschreiten, einsehen, alsdann wird es sich in Compromisse einlassen und sich mit dem fait accompli begnügen, wie es nach dem Unabhängigkeitskampfe Nordamerikas war, und sich neue Länder als Ersatz zu unterwerfen trachten. Da ist das politische Princip Englands und hierin ist dessen geschichtliche Entwickelung zu suchen. England wird es an keinem Mittel fehlen lassen, um die Türkei aufrecht zu erhalten, sobald es aber nicht mehr möglich sein wird, alsdann wird sich Englands Bestreben dahin richten, die kleinen Völker der Türkei an Stelle derselben zur Entwickelung und Consolidirung

zu bringen, um auf diese Weise der Ausbreitung Rußlands in diesen Ländern Hindernisse zu bereiten. In
dieser Bestrebung wird England unter den Continental-
Mächten Verbündete mit gleichem Bestreben und gleichem
Ziele finden.

Nach alledem, was für und wider besprochen und
betrachtet wurde, wird, wenn Rußland seine traditionellen Pläne in Betreff Constantinopels und des Panslavismus fortsetzen und in Ausführung zu bringen
trachten wird, wenn ferner Oesterreich-Ungarn als
Nachbarland nicht wünschen kann, daß sein Einfluß und
Stellung durch den Panslavismus geschmälert werde,
und England in seiner traditionellen Politik ohne Nachgiebigkeit verharrt, ein heftiger Krieg nicht ausbleiben,
und der Schauplatz dieses Krieges wird sich nicht blos
auf die Türkei, sondern auf viele andere Länder — in
Europa und Asien — erstrecken.

Bei den drei an dem Schicksale der Türkei hauptsächlich betheiligten Mächten: Oesterreich, Rußland und
England sind die Meinungen betreffs der Türkei sehr
auseinandergehend: In Oesterreich-Ungarn ist in der
Hauptsache die Ansicht vorherrschend, daß den kleinen
Völkern des Balkan ihre Rechte zur Selbständigkeit
und Unabhängigkeit gewährt werden müssen, um die
österreichisch-ungarischen Interessen auf diese Weise am
besten vor fremden Anfechtungen zu wahren. — In
Rußland sind die Meinungen bezüglich des Balkan und
Constantinopels sehr auseinandergehend, und in verschie-
denen Zeiten herrscht bei Manchen diese, bei anderen
jene Ansicht vor. so wird einerseits die Meinung der
Nichteinmischung hervorgehoben und andererseits findet
die gegentheilige Ansicht ihre Vertreter. Der verstorbene
Fürst Gortschakow, der mehrere Jahre Botschafter in
Wien und dann Minister und Kanzler des russischen
Reiches war, hat bezüglich der Lösung der Balkan- und
Constantinopel-Frage gesagt, daß der Weg nach Con-

stantinopel über Wien führt und General Skobelew,
der nicht nur ein tapferer Feldherr, sondern sogar ein
gewiegter und mit Bildung ausgestatteter Schriftsteller
war, hat in seinen hinterlassenen Schriften die Meinung
ausgesprochen, daß der beste Weg nach Constantinopel
über Judostan geht. England sieht in der Erhaltung
der Türkei oder an deren Stelle die Entfaltung der
kleinen Völker den besten Schutz und Gewährleistung
seiner asiatischen Besitzungen gegenüber den Angriffen
Rußlands.

Man sieht aus alledem, daß die definitive Lösung der
Orient-Frage für die drei am meisten betheiligten Mächte,
Rußland, England und Oesterreich-Ungarn, eine ernste
und wichtige Staatsfrage bildet, und die Weltgeschichte
kann keine andere, ihr vergleichbare aufweisen. Die
großartigen Folgen der definitiven Lösung dieser Frage
müssen äußerst stark auf die Umgestaltung der Existenzbedingungen der betheiligten Staaten selbst einwirken.

Von diesem Standpunkte aus betrachtet würde
eine Theilung der Türkei unter den Großmächten oder
Nachbarmächten, wie Oesterreich-Ungarn und Rußland,
nicht erfolgreich ausfallen und nur die Ursache fernerer
gegenseitiger Zwistigkeiten sein, welche dann sehr schnell
wieder blutige Kriege heraufbeschwören würden. Die
Unterthanen würden in Folge dessen aus der Machtsphäre einer Großmacht in diejenige einer anderen
überliefert und die Bevölkerung gegen die betheiligte
Macht aufhetzen, was nur die Ursache beständiger innerer
Unruhen wäre, welche weder für die betheiligten Großmächte, noch für die Unterthanen und getheilten Völkerschaften von Vortheil wäre, denn die Folge wäre eine
allgemeine Wirrniß.

Wir übergehen am Schlusse des Werkes zu der
höchst wichtigen Frage, die zu verschiedenen Zeiten auf-

geworfen wurde und die Politiker beschäftigt hat, näm=
lich, was ist bezüglich der Zukunft Constanti=
nopels zu sagen und zu erwarten? Die Unmöglich=
keit einer leichten und befriedigenden Lösung dieser
Frage hat stets alle übrigen politischen Verwickelungen
am Balkan in den Hintergrund treten lassen, und alle
politischen Bestrebungen auf diesem Gebiete sind ebenso
jetzt wie früher auf dem halben Wege ihrer Lösung
und Entwickelung stehen geblieben. Es ist aber nicht
zu verkennen, daß die politischen Zustände der Balkan=
völker mehr oder weniger die politische Stellung Con=
stantinopels bedingt haben und auch in der Zukunft hin
bedingen werden. Je mehr und bestimmter sich die
politische Umgestaltung der Balkanvölker vollzieht, desto
klarer und genauer hebt sich auch die Stellung Con=
stantinopels in dem Zukunftsbilde ab mit Beibehaltung
jener Eigenthümlichkeiten, welche mit den Existenzbedin=
gungen Constantinopels auf das Engste verknüpft sind.

Die besondere Eigenthümlichkeit dieser Stadt,
welche sich seit der alten Zeit bis auf unsere Tage
erhält und der Metropole des Orients jene Mannig=
faltigkeit und Vielgestaltigkeit verleiht, ist der Inter=
nationalismus ihrer Bevölkerung. — Durch die welt=
berühmte Lage an dem frequentesten Verkehrswege be=
günstigt, hat Constantinopel mit der Gründung das
internationale Gepräge erhalten und bildete schon da=
mals eine Heimstätte für alle Völker der alten Welt.
Zur Regierungszeit Constantins des Großen bildete
Constantinopel nicht blos für die Römer und Griechen
sondern auch für die verschiedenen Völker Europas,
Asiens und Afrikas einen Wohn=, Verkehrs=, Versamm=
lungs= und Vergnügungsort. Dieses Verhältniß steigerte
sich noch mehr unter den nachfolgenden römischen und
griechischen Kaisern, — zur Zeit eines Justinian, Basilius,
und der Komnenen traf man hier Abkömmlinge aller
Völker in großer Anzahl. Nach der Eroberung Con=

stantinopels durch die Türken, trotz des türkischen Despotismus, trotz der außerordentlichen Be-
schränkungen und Erpressungen, denen die Ankömmlinge
und Ausländer von Seiten der Türken ausgesetzt
waren, blieb Constantinopel in Folge der Handelsbeziehungen immer eine Stätte für fremde Völkerschaften.
Im Laufe der Jahrhunderte machten die verschiedenartigsten Völkergemische, die sich hier bewegten, den
herrschend-nationalen Charakter Constantinopels, sei es
als römische, griechische oder türkische Stadt, verschwinden. Keine andere Stadt Europas oder anderer Welttheile konnte in der Zeit ihres Bestehens eine solche
Anziehungskraft auf alle Völker ausüben wie Constantinopel. Trotz der sehr schlechten Verhältnisse der
letzten Zeiten in Bezug auf Handel und Volkswirthschaft hat doch Constantinopel über 100.000 Ausländer,
die eine maßgebende Stellung einnehmen und die leitenden Kreise der Bevölkerung ausmachen.

Die internationalen Verhältnisse und Bedingungen
Constantinopels wirkten und wirken bis heute als ein
paralysirendes Reagens auf die herrschende Race, sie
hemmen, stören jede größere Machtentfaltung der Herrscher am Bosporus und untergraben allmälig und
stetig die noch bestehende Machtstellung des die Herrschaft innehabenden Volkes. Die internationale Bedeutung Constantinopels hat die Macht der Römer ebenso
wie die der Lateiner und Griechen nie recht zur vollen
Geltung kommen lassen, und jetzt geht das Regime
der Türken am Bosporus in Folge der anwachsenden
und aufsteigenden internationalen Anforderungen der einheimischen und ausländischen christlichen Völker, welche die
türkische Machtsphäre mehr und mehr einengen und beschränken, einer baldigen gänzlichen Auflösung entgegen.

Wir bezeichneten oben die beiden Möglichkeiten
für die Balkanvölker: Die heterogene Confederation
der Donau-Balkanstaaten oder das Slaventhum unter

27*

Rußlands Suprematie. Es sind dies die zwei möglichen Ausgangspunkte für die Zukunft der Balkanhalbinsel je nachdem der Einfluß der Westmächte oder der Rußlands prävaliren wird, welches zur Förderung des Slaventhums den Anstoß gibt oder geben wird. — — —

Das Türkenthum in Constantinopel befindet sich, wie auseinandergesetzt wurde, in Auflösung; die Türken am Bosporus im beständigen Verkehre mit Christen und Europäern haben sich allmälig europäisch umgewandelt; die türkische Macht existirt nur, aber sie lebt nicht und ist zum weiteren Gedeihen nicht fähig. Die Macht der Türken in Constantinopel ist in voller Anarchie und sie besitzt kaum die Fähigkeit, um die Rechte der Bürger zu schützen, wenn eine Verletzung und Schädigung der völkerrechtlichen Gesetzmäßigkeit eintreten wird. — Aber die Macht der europäischen Vertreter ist so groß und ihr Einfluß so maßgebend, daß sie bei einer gemeinschaftlichen Action in irgend einer Angelegenheit nicht nur die zehn- oder zwanzig Tausend Mann der türkischen Garnison paralisiren, sondern selbst die Stellung der Person des Sultans ohnmächtig machen wird. Dies ist der beste Beweis, daß die türkische Macht in Constantinopel existirt, aber nicht lebt. Der Sultan selbst fühlt diese ungünstige Stellung und seine Nachgiebigkeit dieser oder jener Macht gegenüber erklärt sich hiedurch vollständig.

Dazu kommt noch, daß die Gemeindevertretungen und besonders die christlichen der verschiedenen Völkergruppen eine solche feste und den Umständen angemessene Organisation besitzen, welche es ihnen ermöglicht, auf dem Wege der nationalen Ausbildung im Vereine mit dem kirchlichen Oberhaupte eine solche Stellung einzunehmen, um nach allgemeinem Dafürhalten ihre Selbständigkeit unbeschädigt behaupten zu können. Jedesmal, so oft die türkische Regierung mit unbesonnenen Forderungen an die christlichen Gemeindevertreter herangetreten ist, um deren Rechte aufzuheben oder zu beschränken, ist sie stets auf einen energischen Widerstand gestoßen. Dieses Vorgehen hat die türkische Regierung in verschiedenen Zeiten mehrmals, aber ohne Erfolg wiederholt. Die türkische Regierung konnte zeitweilig durch absurde Maßregeln die Beschlüsse der christlichen Rathsversammlungen mißachten, bei Seite legen oder nicht zur Ausführung gelangen lassen, aber nach Verlauf einiger Zeit sah sie sich stets genöthigt, in normale Beziehungen zu den Rathsmitgliedern zu treten, denn ihre Stellung ist ebenso wechselseitig und in manchen Fällen von den Gemeindevertretungen abhängig. Deshalb waren immer die gutgemeinten Regierungsmänner gegen die christlichen Gemeinden sehr nachsichtig und zuvorkommend.

Es ist bekannt, daß die Patriarchen, welche an der Spitze der Gemeindeverwaltung stehen, den Beistand und die Unterstützung einer der Großmächte anrufen können, und in der Metropole der nationalen Sonderbestrebungen wird sich bald eine Coalition, eine Macht gegen eine andere, die einheimischen Christen mit den Europäern gegen die Türken bilden, welch' letztere in einem solchen Falle immer nachgiebig sein müssen.

Auf diese Weise befindet sich die ganze christliche Bevölkerung von Constantinopel in dem Zustande einer freiheitlichen, selbständigen Herrschaft neben der anarchischen Richtung der gegenwärtigen türkischen Regierungskreise, was nur von Zeit zu Zeit Reibungen mit den Christen hervorrufen kann, sonst weiter keine nachtheiligen Folgen für diese haben wird. So lange diese schwankende Macht der Türken in Constantinopel dauern wird, werden sich die Christen, gemäß ihrer Vorrechte und selbständigen Thätigkeit, immer mehr entwickeln und die Grundlagen der Freiheit und des Fortschrittes werden noch stärker befestigt. Die Ausländer und die fremden Schutzbefohlenen, welche in Constantinopel an-

säßig sind, stehen unter dem Schuße ihrer Con=
sulate, sind unantastbar, und unter dem Einflusse des
Völkerrechtes finden sie ihre Ruhe und Ungestörtheit.
Solche Verhältnisse können mit der Zeit bei der all=
mäligen Abnahme der türkischen Macht als Grundlage
einer freiheitlichen Staatsbildung und Organisation
dienen, und Constantinopel mit dem erforderlichen Gebiet
an der Meeresküste kann in der Zukunft, wenn die
friedliche Entwicklung der Völkergruppen daselbst nicht
gestört wird, ein freier Staat mit internationalem
Volksgepräge und Verwaltung werden, der dann die
größte Anziehungskraft für alle Völkerschaften der Welt
in jeder Hinsicht hin ausüben würde.

Wenn man jedoch die beiden Möglichkeiten der
Lösung der Frage der Balkanvölker ins Auge faßt, so
kann Constantinopel bei der Conföderation der Balkan=
Völker neben seiner freistaatlichen internationalen Or=
ganisation noch der Vorort für die Fürsten und Re=
genten der kleinen Staaten behufs gemeinschaftlicher
Berathungen werden, zu welchem Zwecke die Conföderirten
sich von Zeit zu Zeit in Constantinopel versammeln
werden, ähnlich, wie es Frankfurt a. M. für die Fürsten
und Vertreter der deutschen Bundesstaaten bis zum
Jahre 1866 war.

Bildet sich aber die zweite Möglichkeit aus, daß
nämlich die Russen durch ihren wachsenden Einfluß auf
den Fortschritt des Slaventhums befördernd einwirken
werden, dann wird ohne Zweifel Constantinopel den
Russen anheimfallen und als eine russische Stadt be=
zeichnet werden müssen. Ob aber dann Constantinopel
eine Residenzstadt sein wird, wie es zur Zeit der Römer,
Griechen und Türken war, oder ob die Russen in
Constantinopel wie in einer Provinzstadt die Wacht am
Bosporus halten werden, das läßt sich nicht entscheiden
und die Folgen für Constantinopel selbst würden dann
selbstredend verschieden ausfallen. Abgesehen von diesen

Umständen, die wir soeben erörterten, kann Constantinopel dem russischen Eroberungszuge sehr leicht anheimfallen, wenn Rußland eine große Streitmacht auf
einmal in Anwendung bringt, denn die jetzigen Befesti-
gungswerfe Constantinopels können den Russen keinen
langen Widerstand leisten. Jetzt kommt aber die wichtige Frage, ob die Russen nach Eroberung Constantinopels diese Stadt für sich werden behalten können?
— Eine sehr schwerwiegende Eventualität, die zu beach-
ten ist.

Der Kampf, der um Constantinopel geführt wird,
ist ein Kampf zwischen Rußland und den europäischen
Westmächten, unter denen England und Oesterreich die
am meisten betheiligten sind. Rußland als eine große
Militairmacht kann in Folge seines inneren Staatsorganismus sich bequem mit dieser Aufgabe beschäftigen,
während Oesterreich, England, etc. mit ihren inneren
Staatsangelegenheiten stark in Anspruch genommen, nur
im äußersten Falle aus ihrer reservirten Stellung her-
vortreten werden, um Rußland zu hindern, daß es sich
auf der Balkanhalbinsel und in Constantinopel festsetze
und befestige. Rußland bedient sich in dieser Richtung
der Glaubensgemeinsamkeit und der Racengleichheit so
wie der Principien jener Kriege, welche es zur Befreiung der Balkanvölker geführt hat.

Aber zwischen einer prinzipiellen Verständigung
und deren Ausführung liegt eine große Distanz, worin
die Mittel nicht zweckmäßig angewendet werden und die
Russen bis heute zum Ziele nicht gelangen können. Das
ist es eben, worauf der verstorbene Gortschakow scherz-
weise anspielte, als er einmal sagte, daß die Besitznahme
Constantinopels durch die Russen eine „politische Mythologie" bildet (la mythologie politique). Es
kann erfolgen, was zu geschehen hat, und es ist nach
allen Thatsachen sicher, daß die Lösung des uns zunächst
liegenden europäischen Orients mit dem Schlusse dieses.

Jahrhunderts beendigt wird, und somit stehen wir der
Entscheidung ziemlich nahe. Man sieht nach Allem diesen,
daß Constantinopel seine merkwürdige Eigenschaft und
Stellung zur Anziehungskraft der Völker und Herrscher
noch in eben demselben Maße heute oder vielleicht noch
mehr als vor anderthalb Tausend Jahren besitzt, als
der Bosporus und die Darbanellen die einzigen lleber-
gangswege für die Völker von Osten nach Westen und
umgekehrt bildeten.

Es gibt aber eine Möglichkeit, der Position Constantinopels eine andere Stellung und Bedeutung zu
geben. Zu verschiedenen Zeiten wurde ein Entwurf
ausgearbeitet, um den nahe an Constantinopel gelegenen Meerbusen, nämlich die Bucht von Ismib, welche
auch die Nikomedische heißt, durch einen Canal ähnlich
dem von Suez mit dem Schwarzen Meere zu verbinden und so eine Wasserstraße für alle Schiffe zu
bilden. Dieser Plan wurde zuerst von dem Könige
Bithyniens entworfen; Plinius der Jüngere, als er
römischer Prätor (Verwalter) von Bithynien war, legte
dem Kaiser Trajan ein ähnliches Project vor und auch
später wurde mehrmals daran gedacht. Während der
türkischen Herrschaft zur Regierungszeit des Suleiman
Kanuni wurde von seinem Architecten Sinan die Durchstechung geplant, ebenso zur Zeit des Sultans Murad III
von seinem Groß-Vezir Sinan-Pascha. Dieses Project
wurde zur Zeit des Sultans Mustapha III von französischen und englischen Technikern wieder aufgenommen,
aber ohne Erfolg und wartet noch heute auf die Ausführung. Die Realisirung dieses Planes wird die politische
Bedeutung Constantinopels in hohem Maße ändern,
und es wird jenen Beziehungen, welche bis heute verschiedene Völker zu Constantinopel gehabt hatten, neue
Richtung und anderweitige Bestrebung gegeben. Es

unterliegt keinem Zweifel, daß ein solches Unternehmen nicht türkisches Werk sein kann, sondern ein internationales, für welches diejenigen Staaten, welche am meisten an dem Handel des Orients Theil nehmen, für dieses Unternehmen größeres Interesse und größere Geldopfer entgegen bringen sollten.

Was die Art und Weise dieses Unternehmens betrifft, so wird es keine so hohen Summen kosten als die Durchstechung des Isthmus von Suez oder Corinth, denn die Bodenformation dieses Theiles bietet keineswegs besondere Schwierigkeiten und die musterhaften geologischen Forschungen Klein-Asiens von Herrn Tihatschef beweisen genügend, daß die geologischen Schichten dieser Gegend der Ausführung des Projectes keinen großen Widerstand, wie er am Panamacanal zu treffen ist, bereiten werden.

Mit der Ausführung dieses Projectes wäre einer der bedeutendsten Theile der Orientfrage ohne Diplomatie und Krieg der Lösung zugeführt. Wir wollen es sehen und abwarten!

Noch eine andere und viel höhere Bedeutung kann Constantinopel zu Theil werden, im Falle die Wasserstraße vom Bosporus mit Asien respective Central-Asien in directe Verbindung durch einen Verkehrsweg zu Wasser gebracht würde, was zu bewerkstelligen keine unüberwindlichen Schwierigkeiten darbieten würde.

Es handelt sich nämlich um ein Project, das seine Rechtfertigung auf einem natürlichen Wege findet, wenn man die früheren Bedingungen der geographischen Lage der Wasservertheilung und der Wasserläufe ins Auge faßt. Nördlich der Kaukasus-Gebirgskette strömen zwei Flüsse in entgegengesetzter Richtung, der eine in das Azow'sche, der andere in das Kaspische Meer. Diese beiden Flüsse, deren Ursprungsquellen sich unweit von einander befinden, waren einst vereinigt, besaßen ein weites und tiefes Strombett und bildeten einen natür- lichen Wassercanal zwischen dem Asow'schen und Kaspi- schen Meer. Das Kaspische Meer selbst hatte in früherer Zeit eine andere Configuration, und der Aral- see, der sich jetzt ostwärts davon befindet, existirte gar nicht, und die beiden mächtigen Flüsse Centralasiens, der Sir (Jaxartes) und Amur-Daria (Oxus), die jetzt in den Aralsee münden, strömten direct in das Kaspische Meer. Bis heute noch ist das frühere tiefe Strombett des Amur-Daria, das in der Richtung gegen den Kaspisee verläuft, wohl sichtbar und meßbar und der Forschung zugänglich, aber mit Sand überschüttet. — Im Dogenpalaste zu Venedig ist eine Landkarte im fünfzehnten Jahrhunderte von einem venetianischen Geographen Fra-Mauro (camaldolese cartografo veneziano del secolo XV. molte ignorate regioni d'Africa et d'Asia primo delineo) angefertigt (1459), und dieselbe enthält die sehr merkwürdige Bestätigung aller jener Angaben und Ausführungen über die natürlichen Wasserläufe wie wir sie dargestellt haben. Es sind dies die natürlichen Wasserwege, die in Folge der bar- barischen und räuberischen Umtriebe in diesen Gegenden, in Folge der Zerstörung der Dörfer und Städte, Aus- rottung der Wälder und allerlei Art von Verwüstun- gen allen Wechselwirkungen des Wetters, des Klimas und der menschlichen Willkür, die hier geherrscht haben, anheimfielen und im Laufe der Zeit gänzlich die Strom- richtung und den Wasserlauf änderten, wie es bei vielen anderen Flüssen auch allmälig geschieht.

Die zwei Flüsse Kuban und Terek auf der Nord- seite des Kaukasus sind zum Theile schiffbar. Die weitere technische Ausführung dieses höchst wichtigen und erfolgreichen Unternehmens würde sich zwar kost- spielig gestalten, es würden jedoch ganz neue Quellen des Reichthums eröffnet werden und zugleich diese spärlich bewohnten Gegenden sich dicht mit neuen Ansieblern füllen, wodurch dem Reiche und der Menschheit weiterer Wohlstand und Gedeihen erstehen und nach den entlegenen Gebieten Central=Asiens die Früchte der Civilisation zugeführt würden. Constantinopel wird alsdann mit seinem bunten Völkergemisch in Wirklichkeit eine centrale Stätte außer der bekannten und vielbesprochenen Länder auch für diese entfernten Gebiete.

Constantinopel braucht vom Standpunkte der Civilisation wegen seiner Lage keine Eroberungen zu treiben und keinen Eroberungen anheimzufallen, weil es für alle Nationen ohne Unterschied leicht zugänglich ist und weil trotz der zeitweiligen Willkürherrschaft seiner Machthaber es den internationalen Charakter stark beibehalten hat; übrigens gelangt man durch friedliche Unternehmungen viel sicherer zur moralischen Beherrschung von Ländern und Völkern als durch Kriege. — Rußland als Militärmacht flößt den orientalischen Völkern Achtung vor sich ein, aber sein moralischer Einfluß bei den Völkern, insbesondere des nächsten Orients, ist im Vergleiche zu dem der Westmächte bis heute sehr gering. Die Gründe dafür sind sehr mannigfaltig und tiefgreifend, deren Erörterung und Besprechung gehört jedoch nicht hieher.

Nachdem der Krieg um dieses merkwürdige Landgebiet am Bosporus wohl zwei Jahrtausende zwischen den Völkern Asiens und Europas währte, dauert er noch heute zwischen Rußland und den Westmächten Europas fort. Während es das Ziel der Asiaten war, sich der europäischen Länder zu bemächtigen, handelt es sich jetzt für die Europäer um die Erlangung der Suprematie über das Mittelmeer und Asien. Ueberdies enthält die nahe und weite Orientfrage eine sehr wichtige Bedeutung in sich, wenn man den Gegenstand nach dem inneren Sinne betrachtet und beurtheilt. Die

Lösung der Orientfrage bedeutet nämlich auch die Befrei=
ung der geknechteten Völker und vorzüglich derjenigen,
welche sich im beständigen Kampfe um ihre Selbst=
erhaltung noch als lebende Merkmale des weit vergan=
genen Alterthums und Mittelalters im neuen Kampfe
ums Dasein erhalten haben und den Wetteifer bekunden,
mit an dem Fortschritte und den Bestrebungen des
Jahrhunderts theilzunehmen.

Wie Constantinopel einst das Bollwerk der Civili=
sation war und dem heranbrechenden asiatischen
Barbarismus den größten Widerstand leistete, so ist es
jetzt, nachdem es in die Hände der Türken gefallen,
eine asiatische Bastion gegenüber der europäischen Civili=
sation, die sich am Bosporus allmälig und stufenweise
ihren Weg bricht, um später ihre civilisatorische Macht
in Vorder= und Centralasien zu bethätigen und die
dortigen Völker von brutalem und tyrannischem Joche
zu befreien. Aber jetzt ist der theils offene theils
latente Kampf um Constantinopel, wo sich die Principien
der Freiheit, der Humanität und Civilisation mit den
veralteten Grundsätzen der Bedrückung und Knechtschaft
begegnen, im vollen Gange, seinetwegen „die Völker
aufeinanderschlagen" die nach der tiefsinnigen Ironie
des Mephistopheles:

> „Sie streiten sich, so heißt's, um Freiheitsrechte;
> „Genau besehen, sind's Knechte gegen Knechte.

> „Ein offenbar Geheimniß, wohl verwahrt,
> „Und wird nur spät den Völkern offenbart.

Das ist der Lauf der Welt!

Anhang.

A. Chronologische Tafel über die Regierungszeit der römischen, griechischen und lateinischen Kaiser, sowie der türkischen Sultane.

Die den Namen beigesetzten Jahreszahlen bezeichnen das Ende der Regierung des betreffenden Regenten in Folge des Todes oder der gewaltsamen Entthronung. Die mit einem vorgesetzten * bezeichneten Jahreszahlen deuten an, daß der betreffende Herrscher gewaltsam, sei es durch Verbannung, Klostersperre, Verstümmelung oder durch Ermordung des Thrones verlustig wurde.

1.	Constantin der Große	337
2.	Constantius	361
3.	Julian	*363
4.	Jovian	364
5.	Valentinian	375
6.	Valens	*378
7.	Theodosius der Große	395
8.	Arcadius	408
9.	Theodosius II.	450
10.	Marcian	457
11.	Leo I.	474
12.	Leo II.	474
13.	Zeno	491
14.	Anastasius I.	518
15.	Justin I.	527
16.	Justinian I.	566
17.	Justin II.	578
18.	Tiberius	582
19.	Mauricius	*602
20.	Phocas	*610
21.	Heraclius	641
22.	Constantin Novus	*641

23. Heraclion *641
24. Constans. *665
25. Constantin Pogonatus 685
26. Justinian II. *711
27. Philippicus Bardan *713
28. Anastasius II. *716
29. Theodosius III. *717
30. Leo III., der Isaurier 741
31. Constantin V., Kepronim. 775
32. Leo IV. (der Khazar) 780
33. (Constantin) Irene *795
34. Nikephorus I. *811
35. Stavrakius. 812
36. Michael Rhangabe. *813
37. Leo V., der Armenier *820
38. Michael II., der Stotterer 829
39. Theophilos. 842
        Seine Frau Theodora 867
40. Michael III., der Säufer *866
41. Basilius I., der Macedo 838
42. Leo VI., der Philosoph 911
43. Roman I., Lekapen *944
44. Constantin VII., Porphiragenetus . *959
45. Roman II. 963
46. Nikephor Phocas *969
47. Johann Zemifchius *975
48. Basilius II. 1025
49. Constantin VIII. 1025
50. Roman III., Argir *1032
51. Michael IV., Paphlagon. 1041
52. Michael V., Kalafat. *1042
53. Constantin IX., Monomachos . . . 1054
54. Michael VI., Heron *1057
55. Isaak I., Komnenos *1059
56. Constantin X., Dukas 1067
57. Roman IV., Diogen. *1071
58. Michael VII., Parapinakis *1078
59. Nikephor III., Botaniat *1081
60. Alexius I., Komnenos 1118
61. Joann II., Komnen *1143
62. Manuel I.. 1180
63. Alexius II., Komnen. *1183
64. Andronikos I. *1185
65. Isaak II., Angelos *1195
66. Alexius III *1203

67. Alexius IV., Angelos *1104
68. Alexius V., Murzufl *1204

69. Balduin I. *1205
70. Heinrich *1206
71. Robert 1208
72. Balduin II. *1261
73. Theodor Lascaris 1222
74. Joann III., Bataji 1255
75. Theodor II., Lascaris 1259
76. Joann IV., Lascaris 1260
77. Michael VIII., Paleolog 1282
78. Andronik II. *1328
79. Michael IX. *1332
80. Andronik III. 1341
81. Joann V. *1357
82. Joann VI., Kantakuzen *1373
83. Manuel II. *1423
84. Joann VII. 1448
85. Constantin XI. *1453
    a) Osmann I., der Begründer des Türkenreiches
      und der türkischen Dynastie (1299) . 1327
    b) Orkhan 1360
    c) Murad I. 1389
    d) Bgazed I. 1413
    e) Mohamed I. 1421
    f) Murad II. 1451
86. Mohamed II., der Eroberer und der erste türkische
    Sultan von Constantinopel 1481
87. Bajazed II. 1512
88. Selim I. 1520
89. Suleiman I., Kanuni 1566
90. Selim II. 1574
91. Murad III. 1595
92. Mohamed III. 1603
93. Ahmet I. 1617
94. Mustapha I. *1618
95. Osman II. *1622
96. Murad IV. *1640
97. Ibrahim I. *1648
98. Mohamed IV. *1687
99. Suleiman II. 1691
100. Ahmet II. 1695
101. Mustapha II. 1702

102. Ahmet III.	. . . .	*1730
103. Mahmud I.	. . . .	1754
104. Osman III.	. . . .	1757
105. Mustapha III.	. . . .	1773
106. Abdul-Hamid I.	. . . .	1789
107. Selim III.	. . . .	*1807
108. Mustapha IV.	. . . .	*1808
109. Mahmud II.	. . . .	1839
110. Abdul-Medschid	. . . .	1861
111. Abdul-Azis	. . . .	*1876
112. Murad	. . . .	*1876
113. Abdul-Hamid	. . . .	

B. Chronologische Tafel
der merkwürdigsten historischen und Naturereignisse in Constantinopel

Jahr

330 Erdbeben und Pest. 362, 372 die stärksten Erdbeben.

330 Erhebung Constantinopels zur Residenz des ost- und weströmischen Reiches, als welche es bis zum Jahre 395 verblieb. In diesem Jahre wurde das Reich in das ost- und weströmische getheilt. Constantinopel wurde die Residenz des oströmischen, dessen erster Kaiser Arkadius war.

394, 399, 402, 407, 460, 517, 536, 550 fürchterliche Erdbeben.

401 zur Regierungszeit des Arcadius war das Meer 20 Tage lang gefroren (unter normalen Umständen friert der Bosporus nicht ein); in Folge eines Erdbebens wurden die Stadtmauern beschädigt und restaurirt.

413 zur Zeit der Minderjährigkeit des Kaisers Theodosius II. hat der Stadtpräfect Antemius die Stadtmauern restaurirt und erweitert und zwar in dem Umfange, wie sie heute noch stehen.

447 die Stadtmauern wurden durch ein Erdbeben zerstört, der Stadtpräfect Cyrus ließ dieselben binnen zwei Monaten wieder herstellen.

451 das große Concil zu Khalcedon. Constantinopel wurde als die erste Stadt nach Rom bezeichnet und das kirchliche Oberhaupt von Constantinopel stand über alle anderen Bischöfe.

458 großes Erdbeben in Constantinopel, gleichzeitig auch in Klein-Asien und Thracien.

465 eine Feuersbrunst zerstört die Hälfte der Stadt.

478 großes Erdbeben, bei welchem die Statue der Kaiserin Theodora auf dem Theodosius-Platz herabfiel.

491 ein Aufstand der grünen Führer des Hippodrom verursacht eine Feuersbrunst, wobei der größere Theil der Stadt mit vielen Denkmälern und öffentlichen Gebäuden zerstört wurde.

Jahr
499 die Bulgaren fallen in das Kaiserreich ein.

512 der Kaiser Anastasius erbaut eine dicke und hohe Mauer
von der Landseite zwischen Silivri und Derkos zum
Schutze gegen die häufigen Ueberfälle der Barbaren.

531 begann die Pest, welche mit geringen Unterbrechungen
50 Jahre dauerte.

532 großer Aufstand unter der Bezeichnung „Nika". Während
desselben entstand eine große Feuersbrunst, welche einen
bedeutenden Theil der Stadt zerstörte. 40.000 Menschen
kamen bei diesem Aufstande und Brande um's Leben

537 Einweihung der großen Kirche „Aja Sofia", welche der
Kaiser Justinian durch seinen Architekten Antemius an Stelle
der hölzernen Kirche der „Aja Sofia", die in dem Aufstande Nika ebenfalls niederbrannte, wieder aufgebaut hatte.
Die Kirche ist eine der ältesten, welche in der Christen-
welt existiren.

541 eine große Pestepidemie. Durch vier Monate fielen täglich 4 – 10.000 Menschen ihr zum Opfer.

542 in Folge des Erdbebens stürzte die heilige Pike von
der Bildsäule (Denkmal Constantins des Großen auf dem
Platze von Constantin.)

543 Aufstellung des großen Pferdedenkmals des Kaisers Justinian
gegenüber der Kirche von St. Sofia. Dieses Denkmal
wurde bei der Eroberung Constantinopels von den Türken
zerstört. Die Bruchstücke blieben länger als hundert Jahre
liegen, bis sie endlich in die Kanonengießerei wanderten
und zu Kanonen gegossen wurden.

550 Einweihung der Kirche der Apostel (Stt. Andreas, Lucas
und Timotheus). An deren Stelle befindet sich jetzt die
Moschee des Eroberers Mohamed II.

553 kirchliches Concil zu Constantinopel. In demselben Jahre
brachten zwei Mönche in ihren Pilgerstäben die Eier des
Seidenfalters aus China. Die erste Seidenfabrikation
wurde zu Constantinopel etablirt.

553 Erdbeben 40 Tage lang, 554 Erdbeben, 558 Erdbeben
10 Tage lang.

558 Erdbeben, während desselben stürzte die Kuppel der Sofien-
kirche ein.

559 die Hunnen überfallen das Reich und greifen Constantinopel an.

616 die Stadt wird von den Persern belagert.

626 wurde Constantinopel von den Avaren belagert. Die Perser,
welche bis Khalcedon vordrangen, konnten aus Mangel an
Ueberfuhrschiffen den Avaren keine Hilfe leisten.

Jahr

629 drangen die Avaren durch eine Bresche in der Mauer, welche von der Landseite unter Anastasius erbaut wurde, in Constantinopel ein.

654, 667, 672, 679, 715, 743, 780, 798 wurde die Stadt wiederholt aber vergeblich von den Arabern belagert, denn sie wurden mittelst des griechischen Feuers stets wieder vertrieben.

660 die Erfindung des griechischen Feuers durch den griechischen Techniker Kalinikos.

678 errichteten die Bulgaren ein Königthum südlich der Donau.

680 und 681 kirchliches Concil in Constantinopel.

715 die Muselmanen errichten eine Moschee neben der Kirche St. Irene und halten hier, in Folge der Willfährigkeit der damals sehr schwankenden Regierung, ihren Gottesdienst frei und ungestört.

717 und 718 belagern die Araber Constantinopel 13 Monate lang.

732 ein großes Erdbeben zerstört die Kirche von St. Irene und die Bildsäule des Kaisers Arcadius auf dem Xerolophus.

740 ein Erdbeben zerstört das Denkmal des Theodosius auf dem Platze des Constantin.

763 starke außerordentliche Kälte; das Meer war auf hundert Schritte von der Küste aus gefroren, und die großen Eisschollen erschütterten die Fundamente der Stadtmauern, welche von neuem wieder hergestellt werden mußten.

789 797 Erdbeben.

813 Khrum, der Bulgarenfürst belagert Constantinopel.

822 ein Aufwiegler Namens Thomas, der sich für einen Sohn des Constantius und der Irene ausgibt, belagert Constantinopel, aber ohne Erfolg, ebenso in dem darauffolgenden Jahre.

831 der Kaiser Theophilus läßt die Stadtmauern auf dem goldenen Horn erbauen.

861 Erdbeben 40 Tage lang.

862, 864, 870, 915, 961, 986, 1011, 1032 Erdbeben.

865 Rhos oder Russen, die Völkerschaften von Südrußland greifen Constantinopel an.

875 durch ein Erdbeben wurden mehr als 400.000 Personen unter den Trümmern begraben.

913 Simeon, Fürst der Bulgaren, belagert Constantinopel, gibt aber in Folge reicher Geschenke die Belagerung auf.

987 ist das Kuppel-Gewölbe der St. Sofia-Kirche wiederum eingestürzt.

1033 Erdbeben, das unaufhörlich durch 140 Tage andauerte.

Jahr

1037 Erdbeben, Hungersnoth und Pest.

1038, 1040, 1041, 1061, 1064 Erdbeben, Hungersnoth und Pest.

1070, 1095, 1111, 1185 Erdbeben.

1096 Ende Juli Ankunft der ersten Kreuzfahrer in Constantinopel unter der Führung des Peter von Amiens; im Dezember kam ferner Gottfried von Bouillon mit seiner Armee an. Diese Truppen blieben in der Umgebung von Constantinopel bis zum April des Jahres 1097.

1101 Juni, Ankunft von 100,000 Kreuzfahrern aus Deutschland.

1102 Ankunft einer Armee von Kreuzfahrern, bestehend aus Frauen, Kindern, Mönchen und Greisen.

1147 Ankunft in Constantinopel des Kaisers Conrad von Teutschland und einen Monat später im October Ankunft Ludwig VII. von Frankreich mit ihren Kreuzfahrer-Heeren.

1199 bildete sich in Folge des Erdbebens eine Erdspalte, von der sehr viele Menschen und darunter die Familie des Kaisers Alexius verschlungen wurden.

1203 die vereinigten Flotten der Franzosen und Venezianer erscheinen vor St. Stefano (23. Juni). Nach Eroberung von Khalcedon (24. Juni) verschanzten sich die abendländischen Truppen in Scutari (27. Juni), lagern sich ferner (6. Juli) unweit von Galata und erobern und besetzen von hier aus den nördlichen Theil von Constantinopel (17. Juli).

Es war zur Zeit des Kaisers Alexius IV., wo die Kreuzfahrer unter Führung des Grafen Balduin und des alten Dogen Dandolo Constantinopel eroberten, nachdem kurz zuvor Alexius III. in Folge seiner Unfähigkeit die Stadt verlassen hatte und Alexius IV., der ihm nachfolgte, die Forderungen der Kreuzfahrer nicht zu erfüllen vermochte. Das Volk war gegen denselben so erbittert, daß es ihn ermordete. Die Stadt wurde erobert, geplündert, gesengt und viele Mordthaten verübt.

Die Lateiner begründeten auf den Ruinen des griechisch-orientalischen Kaiserthums das lateinische Kaiserthum, welches 57 Jahre dauerte.

Am 13. April erfolgte die Eroberung Constantinopels durch die Kreuzfahrer und

1204 am 9. Mai wurde Balduin zum Kaiser erwählt und in der Kirche von St. Sofia öffentlich gekrönt.

1231, 1287, 1317, 1332 Erdbeben, in Folge dessen alle Kreuze von Kirchenkuppeln herabfielen.

Jahr

1261 Juli. Michael Paläologus erobert Constantinopel wieder, aber der Niedergang und Verfall der Residenz ist offenbar und nicht mehr aufzuhalten.

1296, 1305, 1331, 1344, 1412 durch außerordentliche Erdbeben wird die Stadt wiederholt heimgesucht.

1331 durch starken Wogenanprall wurden die Stadtmauern beschädigt. Andronikus II. ließ sie wieder herstellen.

1344 wurden doppelte Wallmauern vom goldenen Horn bis zum Marmara-Meer aufgeführt.

1351 als die Genueser von Galata aus die Stadt bedrohten, wurden die Stadtmauern von der Nordseite mit tiefen Gräben umgeben, um dieselben mit Wasser füllen zu können.

1393 ging die Stadt auf die schmähliche Capitulation ein, kraft deren der Sultan Bajazed von der Belagerung abstehen und den Türken ein eigener Stadtbezirk, Gerichtshof und Moschee eingeräumt wurde, was alles die baldige Eroberung der Stadt durch die Türken prophezeite.

1424 erschienen die Türken wiederum vor den Mauern von Constantinopel unter Murad II. Der griechische Kaiser Manuel II. und seine Anhänger hatten keinen Erfolg im Widerstande gegen die Türken und waren daher genöthigt, die türkischen Bedingungen zu erfüllen.

1422 die Stadt wurde von den Türken belagert, aber ohne Erfolg.

1433 Der Kaiser Johann V. befahl die Stadtmauern von der Landseite wieder von Neuem aufzubauen.

1438 Kaiser Johann VI. machte den letzten Versuch, um durch eine Union der griechischen Kirche mit der lateinischen die westlichen Staaten Europas zur Vertheidigung Constantinopels gegen die Türken zu bewaffnen; aber die ausschließliche Macht des Kaiserthums erstreckte sich nur noch bis an die Stadtmauern und der Fall des Kaiserthums war unausbleiblich.

1452 Der Sultan Mohamed II. befahl an der engsten Stelle der Küste des Bosporus eine Festung, Rumeli-Hassar, zu erbauen.

1453 erschien Mohamed vor den Mauern Constantinopels, belagerte die Stadt, und am 29 Mai wurde dieselbe von der Land- und Seeseite im Sturme genommen. Constantin XI. der letzte Kaiser wurde unter den todten Vertheidigern der Stadt gefunden. — Seitdem ist Constantinopel die Residenz der türkischen Sultane und die Kirche St. Sofia, die Hauptmoschee, dem Islamismus geweiht.

Jahr

1458 die Wiederherstellung der während der Belagerung zerstörten
Stadtmauern (Mohamed suchte durch verschiedene Vorrechte,
welche er den Genuesern und anderen Völkern einräumte,
den Wohlstand der Stadtbevölkerung und das Gedeihen der
Hauptstadt zu fördern. Nach dem Tode des Sultans
Suleiman Kanuni schwindet allmälig der Glanz der türkischen Herrschaft von ihrem Gipfelpunkte..).

1464 die Kirche der Apostel wird durch Mohamed II. in eine
Moschee verwandelt.

1470 die Gründung der Kanonengießerei in Tophhane.

1498 die Moschee des Sultans Bajazed II. wurde erbaut.

1509, 1510, 1512, 1514, 1553, 1557, 1648 Erdbeben.

1516 die Gründung des Arsenals am Goldenen Horn.

1550—1558 die Moschee Suleimans wurde erbaut.

1511,1592, 1635, 1718, 1729, 1754, 1763, 1765 wurden durch
Erdbeben Kirchen, Moscheen, Häuser und Stadtmauern
beschädigt; die Stadtmauern wurden im Jahre 1635 von
Murad und im Jahre 1721—1723 von Achmed III.
wieder hergestellt.

1603 das Tabakrauchen in Constantinopel eingeführt.

1618 große Feuersbrunst und starkes Erdbeben.

1633 eine drei Tage und drei Nächte andauernde Feuersbrunst.

1640 Schnupftabak kommt unter den Türken in Gebrauch.

1652 Feuersbrunst.

1660 brannten im Laufe eines Tages und zweier Nächte zwei
Drittel der Stadt nieder.

1665, 1672, 1677 Feuersbrünste.

1679 große Feuersbrunst; in Phanar allein wurden 1500 griechische Häuser ein Opfer der Flammen.

1687 siebenmal große Feuersbrunst.

1689 sechsmal große Feuersbrunst.

1690, 1719, 1754, 1755, 1766, 1790 große Feuersbrünste und
Erdbeben mehrere Tage lang.

1718 ungewöhnliche Feuersbrunst ein und ein halber Tag lang;
50 000 Häuser und 15.000 Menschen fielen ihr zum Opfer.

1723 Gründung der ersten türkischen Buchdruckerei in Scutari.

**1729, 1740, 1746, 1755, 1756, 1762, 1767, 1770, 1782, 1784,
1795** große und mehrmalige Feuersbrünste.

1778 herrschte eine furchtbare Pest-Epidemie; im Laufe von 6
Minuten starben 29 Menschen und nach wenigen Monaten
waren 100.000 Einwohner von ihr hingerafft. Bei einer
Feuersbrunst desselben Jahres gingen 4000 nur allein
armenische Häuser in Flammen auf.

Jahr

1782 fünf Feuersbrünste, die auch sechs griechische Kirchen ein-äscherten.

1784 eine großartige Feuersbrunst zerstörte 5000 Häuser, 2 gr. Kirchen und den ganzen Stadtbezirk Phanar.

1790 drei Feuersbrünste.

1791 Feuersbrunst, die in sechs Stunden die reichsten Magazine der Stadt zerstörte.

1792 zwei Feuersbrünste, von denen die erste alle Häuser der vornehmsten Einwohner zerstörte.

1795 Feuersbrunst.

1826 Vernichtung der Janitscharen-Miliz.

1827 Gründung der medizinischen Schule Galata-Serai.

1837 Errichtung der oberen hölzernen Brücke zwischen Galata und Stambul.

1845 Eröffnung einer zweiten hölzernen Brücke an der Mündung des Goldenen Horns. Dieselbe wurde im Jahre 1880 durch eine eiserne Brücke ersetzt.

1860 Eröffnung der armenischen National-Versammlung und ihrer gewählten Deputirten-Kammer.

1870 außerordentliche Feuersbrunst, wobei meistens die armenischen Häuser von Pera und Taxim zerstört wurden, von denen mehrere noch heute in Ruinen liegen.

1871 Einführung der Tramway in Constantinopel (Stambul.)

1882 Tramway auf Pera.

1883 Eröffnung der großen griechischen Knabenschule in Phanar

1885 Eröffnung der großen griechischen Mädchenschule (Zappion) von Taxim.

C. Die auf die Geschichte Constantinopels Bezug neh-
menden Literaturwerke und Urkunden alter und
neuer Zeit, welche sich in der venetianischen Bibliothek im
Dogenpalaste und in den Wiener k. k. Bibliotheken (der
Hofburg und Universität etc.) vorfinden und von mir benutzt
wurden, sind folgende:

1. Alberoni, — Le projet pour la régénération de l'Orient.
2. Alix, — Histoire de l'empire ottoman. 3 Vol.
3. Andreossy, — Constantinopel und der Bosporus 1828. (deutsch.)
4. Arif (Le muschir —) Les costumes anciens de l'empire Ottoman.
5. Banduri, — Imperium Orientale.
6. Baudier, — Histoire du Serail. 1626.
7. Beaujour, — Handel in Griechenland. 1801 (deutsch) aus dem Franz.
8. Belgiojoso (Mme. la princesse) —, Asie Mineure et Syrie, — 1858.
9. Boué Ami, — La Turquie d'Europe 1854.
10. Braun Jul., — Die mohamedanische Welt — 1870.
11. Burkhardt, — Die Zeit Constantins des Grossen, 2. Auflage. 1880.
12. Carrière, — Die Kunst im Zusammenhang der Cultur-entwicklung und die Ideale der Menschheit Bd. III 1880.
13. Castellan, — La Moree 1808
14. Chalkokondilas, — L'histoire générale de la decadence de l'empire grec et de l'etablissement ce celui des Turcs. 2 Tomes. 1662.
15. Clark, — The races of europ. Turkey. 1878.
16. Cunibert, — Revolution en Serbie 1855.
17. Dallaway, — Constantinople anc. et moder. 2 Vol. Trad. d. l'anglais 1800.
18. Denton, — Christen in der Türkei 1863.
19. Dethier, — Le Bosphore et Constantinople 1873.
20. Dieffenbach, — Volksstämme der europ. Türkei 1877.
21. Dixon, — The free Russia 1873.

22. Dschevdet pascha, — Geschichte des osman. Reiches (türkisch) 1886 (wird fortgesetzt.)
23. Du Cange. Constantinopolis christiana 2 Bd.
24. Eton, — Tableau historique, politique et moderne de l'empire ottom. 2 Vol. Trad. de l'anglais 1799.
25. Fallmerayer, — Fragmente aus dem Oriente, 2 Bände, 1845.
26. Fergusson, — A history of architecture in all contries. Vol II. 1874.
27. Finlay, — History of Greece ed. by Tezer 7 Vol. 1877.
28. Florschütz, — Türken und Türkenthum 1855
29. Gatterer, — Handelsrang der Türken. 1792.
30. Gfrörer, — Byzantinische Geschichte 3 Bde. 1882.
31. Gibbon, — The history of the declin and fall of the roman Empire, with notes by dean Milman and Guizot, with additional notes by Will. Smith 8 Vol. 1862.
32. Gioia, — La question d'Orient 1878.
33. Goedike, — Die europäische Türkei. 1821.
34. Golubinsky, — Hist. russk. zerkvi 1880. 2 Bde.
35. Guer, — Moeurs et usages des Turcs. 2 Volumes, 1747.
36. Hamdy-bey, — Les costumes de la population de differentes provinces de la Turquie d'Europe et d'Asie.
37. Hammer-Purgstall, — Constantinopel und der Bosporus. 1821.
38. Hammer-Purgstall, — Geschichte des osmanischen Reiches. 1827. 4 Bde.
39. Helle von Samo, — Völker des osman. Reiches. 1877.
40. Hertzberg, — Geschichte Griechenlands. 4 Bde. 1876.
41. Hertzberg, — Geschichte d. byzantin. Reiches 1884.
42. Heuschling, — L'empire de Turquie, 1860.
43. Irecek, — Geschichte der Bulgaren. 1877.
44. Juchereau de St. Denys, — Hist. de l'empire ottoman, 4 Volumes. 1844.
45. Kantemir, — Geschichte d. osman. Reiches, 1745.
46. Knolles, — The turkish history, 1687.
47. Krause, — Die Byzantiner des Mittelalters. 1868.
48. Krause, Eroberung von Constaninopel. 1870.
49. Kremer, — Geschichte der herrschenden Ideen des Islams.
50. Kremer, -- Streifzüge des Islam.
51. Labarde, — Les palais imper. d. Constantinople et ses abords etc. au X siècle. 1861.
52. Lamartine, — Geschichte der Türkei, aus dem Franz.
53. Le-Beau, — Hist. d. Bas-Empire 20 Vol. (St. Martin).

54 Lechevalier, — Voyage de la Propontide et du Pont-
Euxin 1800.

55. Lenormand, — La grande Grèce 2 T. 1881--84.

56. Lewenklau — Annales Sultanorum othmanidarum.1590/96.

57. Marcellus, — Souvenier du l'Orient.

58. Marsigli, — Stato militari degli ottomani. 1732.

59. Maurer, — Das griechische Volk. 1835.

60. Mirchond, — Geschichte der Seldschukiden (aus dem
persischen). 1838.

61 Mommsen,—Römische Geschichte. Römische Forschungen.

62. Mordtmann, — Die Belagerung von Constantinopel.

63. Muradgea d'Ohsson, — Schilderung des ottomanischen
Reiches. 1788—93.

64 (Rizzo) Nerulos, — Geschichte der griechischen Revolution (aus dem griech.)

65. Osman (pseudonym), — Stambul und das moderne
Türkenthum 1878.

66. Paparigopulo, — Histoire de la civilisation hellénique.
1878.

67. Parvillée, — Architecture et decoration turques au XV
siècle avec un préface de Violet le Duc. — 1874.

68. Peyssonel, — Le commerce de la mer noire. 1787.

69. Pizipios, — L'Orient, 1858.

70. Polith, — Die orientalische Frage. 1862.

71. Poujade, — Les Chretiens et les Turcs, 1859.

72. Poujoulat, — Voyage à Constantinople 1860.

73. Rambaud, — L'empire grec au X siècle. 1870.

74. Ranke, — Die Völker und Fürsten von Süd-Europa,
4 Bde. 1839. — Weltgeschichte. Franz. Geschichte des
XVI. und XVII. Jahrh.

75. Reden, — Die Entwicklungsfähigkeit der Türkei und
Griechenlands.

76 Ricaut, Histoire de l'état present de l'empire ottoman.
1670

77. Rigler, — Die Türkei und deren Bewohner, 2 Bd. 1852.

78. Robert, Slaven in der Türkei. 1847.

79. Rolland, — La Turquie contemporaine, — hommes et
choses, études sur l'Orient. 1854.

80 Salzenberg, — Alt-christliche Baudenkmale von Constantinopel vom V. bis XII. Jahrhundert 1854.

81. Sathas, — Documents inédits relatifs à l'histoire du
moyen-âge Tom. IV. 1883.

82. Schlechta-Wschehrd, — Die Revolution in Constantinopel.
1807.

83. Schmitt, — Imperatores Ottomanici. 1760.

84. Sevin, — Lettres sur Constantinople. 1802.
85. Scarlati Byzantios, — Kostantinopolis, 2 Bde.
86. Skene, — Les trois époques de l'histoire de Turquie. 1851.
87. Slade. — Turkey, Greece and Malta. 2 Vol. 1837.
88. Soutzo, — Histoire de la Revolution grecque.
89. Tafferner, — Legatio im Jahre 1668.
90. Tavernier. — L'interieur du Serail. 1678.
91. Tchihatchef, — Le Bosphore et Constantinople. 1864.
92. Tholdt, — Die politischen Phasen der Türken 1860.
93. Tott, — Memoire sur les Turcs. 1785.
94. Ubicini, — Les lettres sur la Turquie. 2 Vol. 1854.
95. Urgewitter, — Türkei in der Gegenwart. 1850.
96. Urquhart, — La Turquie 1837. (Trad. de l'angl.)
97. Urquhart, — Der Geist des Orients. 1839. (aus d. Engl.).
98. Ville-Harduin, — La conquête de Constantinople.
99. Villemain, — Les Grecs du XV siècle. 1825.
100. Vlasto, — Les derniers jours de Constantinople 1883.
101. Voigt, — Die wachsende, blühende, verwelkende Türkei. 1684. (Aus dem schwed.)
102. White, — Leben und Sitten der Türken (deutsch). 1844.
103. Wratislaw, — Gesandtschaftsreisen nach Constantinopel. 1786.
104. Zinkeisen, Geschichte des osman. Reiches. 7 Bde. 1847.

Ohne Namensangabe der Verfasser:

105. Capitale de l'empire ottom. (la) 1822.
106. Constantinople 1825.
107. Constantinopel in den Händen der europäischen Völker. 1859.
108. Constantinopel und die Dardanellen. 1808.
109. Hist. secrète de la maison ottom. 4 tom. 1722.
110. Russisch-türkischer Krieg. 1854.
111. Serail und Hohe Pforte. 1879.
112. Südslavische Pläne. 1861.
113. Türkische Rathstube 2 Bde. 1684.

Sachregister.

Vorrede.

   Seite

I. Die Römer, ihre Welteroberungszüge, ihre Herrschaft im Orient. Constantin der Große, die Gründung von Constantinopel . . . . . 5— 59

II. Die Griechen und Constantinopel im Mittelalter . . . . 60— 96

III. Die Türken nnd ihre Herrschaft in Constantinopel . . . . 97—141

IV. Wechselseitige Beziehungen der Türkei und der europäischen Staaten: in der zweiten Hälfte des XV. J., im XVI., XVII., XVIII. und XIX. Jahrhunderte bis auf unsere Tage . . 142—289

V. Topographie Constantinopels . . . . . . 290—300

VI. Die Bevölkerung nnd Nationalgemeinden . . 301—313

VII. Handelsverhältnisse Constantinopels . . . . 314—330

VIII. Unterrichtswesen . . . . 331—351

IX. Das sociale Leben und Verhältniß von Constantinopel in der Neuzeit . . . . 352—359

X. Die politische Umgestaltung der Türkei in der Zukunft vom Standpunkte der Vergangenheit und Gegenwart. — Existenzbedingungen der Türken für und dawider. — Die Integrität der Türkei. — Die Zukunft der Griechen. — Die Völker der Balkanhalbinsel. — Die Beziehungen Rußlands und der Westmächte, Oesterreichs, Italiens, Englands zu den Völkern der Balkanhalbinsel. — Die Zukunft Constantinopels. — Project einer Wasserstraße zwischen dem Schwarzen und dem Marmarameere. — Project einer Wasserstraße zwischen dem Azowischen und Kaspischen Meere und weiter in das Innere Asiens. — Schluß . . 360—432

Anhang:

a) Chronologische Tafel der Kaiser und Sultane in Constantinopel. — b) Chronologische Tafel der historischen und Naturereignisse in Constantinopel

c) Verzeichniß der Literaturwerke . . . . 438—447